회사에서 바로 통하는 현장 밀착형 입문서

엑셀+파워포인트+워드 2013

# 일 잘하는 직장인이 추천하는 최고의 시리즈

## 10년간 100만 독자들과 함께 성장했습니다

6년 전 막 회사 생활을 시작했을 때 회사에서 바로 통하는 시리즈가 큰 힘이 됐습니다. 실무에서 어떤 기능을 써야 할지 갈피를 잡지 못할 때 종종 책을 찾아보던 기억이 납니다. 지금 막 회사 생활을 시작하는 신입 사원에게 추천하고 싶은 책입니다.
● **김지연** | 제약회사 개발본부

회사에서 바로 통하는 시리즈에는 업무를 하면서 바로 활용할 수 있는 형태의 실습이 수록되어 있어서 프로그램을 익히는 데 큰 도움이 되었습니다. 생략 없이 상세한 단계별 설명과 그림 덕분에 쉽게 멋진 보고서를 만들 수 있게 되었습니다.
● **전성종** | IT서비스회사 재경정보팀

프레젠테이션 업무를 처음 받은 날이 생각납니다. 준비하는 시간이 턱없이 부족했어요. 인터넷으로 검색하며 밤새워 준비하다가 다음 날 아침 서점으로 달려가《회사에서 바로 통하는 파워포인트》를 샀습니다. 그리고 책을 보면서 무사히 업무를 마무리 지을 수 있었습니다. 생각해보니 밤새 진땀 흘린 시간이 너무 아까웠어요.
● **김태우** | 여행사 마케팅팀

대학 때 인문 계열을 전공해서 입사하기 전까지 엑셀을 거의 사용해보지 않았습니다. 신입 사원일 때는 선배들도 모두 바빠 보이고, 괜히 일을 못하는 사람처럼 보일까봐 물어보기도 곤란했어요. 입사 동기와 함께 공부하는 데 회사에서 바로 통하는 시리즈가 큰 힘이 되었습니다. 경력이 쌓인 지금도 책을 곁에 두고 필요할 때마다 펼쳐보곤 합니다.
● **문아라** | 은행 근무

업무 특성상 엑셀을 자주 사용하는데, 스스로 해결하지 못하는 문제가 있을 때마다《회사에서 바로 통하는 엑셀》을 찾아봤습니다. 과장님들께 배우지 못한 업무 기술이 책 곳곳에 녹아 있어 참 많은 도움이 되었습니다.
● **장승희** | 제약회사 구매팀

회사에서 바로 통하는 시리즈는 초급자나 중급자, 누구에게나 꼭 필요한 기능을 담은 가장 효율적인 교과서!
● **안상민** | 회계사

# 회사에서 바로 통하는 엑셀 파워포인트 워드 2013

전미진 · 이화진 · 신면철 지음

한빛미디어
Hanbit Media, Inc.

**지은이 전미진** (smileimp@naver.com)

삼성전자, 삼성항공, 삼성코닝, 삼성멀티캠퍼스, 삼성석유화학, 대우건설, 서울통신, 지역난방공사, 농협대학, 한양대학, 유니텔캠퍼스, 효성그룹, 대우기술원 등에서 업무 개선을 위한 엑셀과 파워포인트, 프로그래밍 관련 강의를 진행했습니다. 현재 삼성토탈, 대우증권, 인키움, 경기중소기업센터 등에서 강의하고 있으며, 저서로는 《회사에서 바로 통하는 엑셀+파워포인트+워드 2013&한글 2014》(한빛미디어, 2015), 《회사에서 바로 통하는 엑셀+파워포인트 2013&한글 2014》(한빛미디어, 2015), 《회사에서 바로 통하는 엑셀+파워포인트+워드 2013(개정판)》(한빛미디어, 2014), 《회사에서 바로 통하는 엑셀+파워포인트+워드 2010》(한빛미디어, 2011) 등이 있습니다.

**지은이 이화진** (yeki78@naver.com)

삼성물산, 삼성증권, 삼성생명, KT, 포스코, 농협, 마이크로소프트, 아모레퍼시픽, 유한킴벌리, LG인화원, 한국MSD, 해양경찰청, 국회사무처, 경희대학교, 인하대학교 등에서 프레젠테이션 제작 및 강의를 진행했습니다. 현재 오피스튜터 프레젠테이션 강사, 한국워킹맘연구소 이사, 극동대학교 외래 교수로 활동하고 있습니다. 저서로는 《회사에서 바로 통하는 엑셀+파워포인트+워드 2013&한글 2014》(한빛미디어, 2015), 《회사에서 바로 통하는 엑셀+파워포인트 2013&한글 2014》(한빛미디어, 2015), 《회사에서 바로 통하는 엑셀+파워포인트+워드 2013(개정판)》(한빛미디어, 2014), 《회사에서 바로 통하는 엑셀+파워포인트+워드 2010》(한빛미디어, 2011) 등이 있습니다.

**지은이 신면철** (bavo@paran.com)

(주)익스터디 대표이사, 두목넷 사무자동화 부분 대표 강사로 IT 자격증 분야에서 '왕두목'이라는 애칭으로 활발히 활동하고 있습니다. 경기공업대학 외래 교수, 철도대학 특강 교수로 강의했습니다. 저서로는 《회사에서 바로 통하는 엑셀+파워포인트+워드 2013&한글 2014》(한빛미디어, 2015), 《회사에서 바로 통하는 엑셀+파워포인트 2013&한글 2014》(한빛미디어, 2015), 《회사에서 바로 통하는 한글 2014》(한빛미디어, 2015), 《회사에서 바로 통하는 엑셀+파워포인트+워드 2013(개정판)》(한빛미디어, 2014), 《회사에서 바로 통하는 엑셀+파워포인트+워드 2010》(한빛미디어, 2011), 《족보집 정보처리기사 실기》(한빛미디어, 2010) 등이 있습니다.

회사에서 바로 통하는
# 엑셀+파워포인트+워드 2013(개정판)

**초판발행** 2014년 10월 31일
**3쇄발행** 2015년 7월 8일

**지은이** 전미진, 이화진, 신면철 / **펴낸이** 김태헌
**펴낸곳** 한빛미디어(주) / **주소** 서울시 마포구 양화로 7길 83 한빛미디어(주) 실용출판부
**전화** 02-336-7129 / **팩스** 02-336-7124
**등록** 1999년 6월 24일 제10-1779호 / **ISBN** 978-89-6848-136-9 13000

**총괄** 임규근 / **책임편집** 전정아 / **기획** 배윤미 / **편집** 배윤미, 방현규
**디자인** 표지 오필민, 내지 김연정
**영업** 김형진, 김진불, 조유미 / **마케팅** 박상용, 서은옥

이 책에 대한 의견이나 오탈자 및 잘못된 내용에 대한 수정 정보는 한빛미디어(주)의 홈페이지나 아래 이메일로 알려주십시오. 잘못된 책은 구입하신 서점에서 교환해 드립니다. 책값은 뒤표지에 표시되어 있습니다.
**한빛미디어 홈페이지** www.hanbit.co.kr / **이메일** ask@hanbit.co.kr

Published by HANBIT Media, Inc. Printed in Korea
Copyright © 2014 전미진, 이화진, 신면철 & HANBIT Media, Inc.
이 책의 저작권은 전미진, 이화진, 신면철과 한빛미디어(주)에 있습니다.
저작권법에 의해 보호를 받는 저작물이므로 무단 복제 및 무단 전재를 금합니다.

지금 하지 않으면 할 수 없는 일이 있습니다.
책으로 펴내고 싶은 아이디어나 원고를 메일(**writer@hanbit.co.kr**)로 보내주세요.
한빛미디어(주)는 여러분의 소중한 경험과 지식을 기다리고 있습니다.

머리말

### 엑셀, 회사에서 바로 통하는 실무 예제로 시작하자!

이 책의 엑셀편은 기업에서 많이 사용하는 실무 예제를 중심으로 바쁜 직장인들이 필요한 기능을 바로 찾아 쓸 수 있도록 핵심 기능을 모아 구성했습니다. 간단한 엑셀 문서 작업에도 몇 시간이 걸리고, 문서가 조금만 변형되어도 어디서부터 손대야 할지 몰라 막막했던 경험이 있다면 이 책으로 쉽게 엑셀 2013의 기능을 익혀 실무에 활용할 수 있을 것입니다. 집필하는 동안 여러모로 힘이 되어준 가족과 책이 완성되기까지 애써주신 한빛미디어㈜ 관계자 분들에게 감사의 말씀을 드립니다. 이 책이 엑셀을 사용하는 모든 분들의 기본서로 학습 및 업무 효율성 향상에 도움이 되기를 바랍니다.

전미진

### 파워포인트, 정보를 가장 효과적으로 표현하자!

프레젠테이션의 의도를 좀 더 효과적으로 표현하기 위해서 많은 사람들이 파워포인트를 활용합니다. 저 또한 파워포인트를 많이 활용하는 편인데, 파워포인트는 사용 방법이 쉽고 다른 사람들과 파일을 공유하는 것도 편리합니다. 이 책에는 프레젠테이션 관련 수업을 진행해온 제 오랜 경험을 바탕으로 파워포인트 2013의 핵심적인 내용을 담았습니다. 특히 부록 부분에서는 실제 프레젠테이션 디자인을 잘하기 위해 반드시 거쳐야 하는 단계인 프레젠테이션 디자인 기획 시트 제작에 관한 내용을 자세히 수록했습니다. 저의 경험과 노하우가 여러분의 성공 프레젠테이션 제작을 위한 밑거름이 되길 바랍니다.

이화진

### 워드, 실무 문서를 능숙하게 작성하자!

워드는 일상 업무에서 문서를 작성할 때 많이 사용되는 프로그램입니다. 이 책에서는 다양한 문서를 작성해야 하는 실무 담당자를 위해 워드의 주요 기능을 바로 찾아 사용할 수 있도록 구성했습니다. 특히 직장에서 사용할 수 있는 실무 문서뿐만 아니라 일상적인 문서 작업에도 활용할 수 있는 예제를 폭넓게 다뤄주었습니다. 워드 2013에서는 간단한 기능만으로도 세련되고 깔끔한 문서 작성이 가능합니다. 몇 분이면 해결할 문제들을 이리저리 인터넷으로 검색하며 골머리 썩인 경험이 있다면 이 책으로 그 답답함을 한 번에 해결할 수 있을 것입니다. 이 책이 워드 2013의 기능을 익히고 활용하는 데 도움이 되기를 바랍니다.

신면철

회사에서 바로 통하는 이유

# '핵심기능'으로 오피스 기능을 빠르게 익히고, '실무활용 예제'로 실무에 최적화된 업무 문서를 마스터한다!

## 효율적인 학습을 위한 3단계 학습법 한눈에 살펴보기

## 3단계 학습법이 회사에서 바로 통하는 이유

### 회사에서 바로 통하는 실무 예제로 바로 배워 바로 써먹는다!

업무에 당장 써먹을 수 있는 예제만 철저하게 선별해 수록했습니다. '핵심기능실습'에 수록된 예제는 엑셀, 파워포인트, 워드의 기능을 배우면서 동시에 실무 활용 능력까지 업그레이드할 수 있는 최적화된 실무 문서입니다. 회사 업무와 프레젠테이션 현장, 일상적인 문서 작업에도 사용할 수 있는 예제이므로 미리 알아두면 문서 작업 능력 향상에 큰 도움이 됩니다.

회사에서 바로 통하는 이유

## 01 '핵심기능'으로 오피스 기본 기능을 빠르게 익힌다!

엑셀, 파워포인트, 워드를 다루는 데 반드시 알고 있어야 할 기능으로 구성했습니다. 기본 기능부터 필수 기능까지 빠르게 익혀 오피스를 능숙하게 다룰 수 있도록 도와줍니다. 업무 시 궁금한 부분이 있다면 그때그때 해당 기능을 찾아 익힐 수 있습니다.

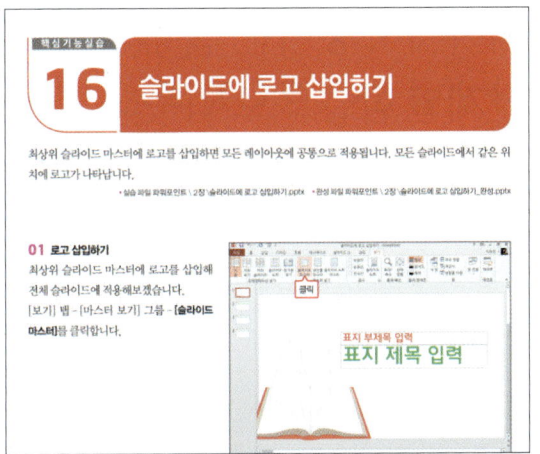

## 02 '실무활용예제'로 업무 활용 능력을 업그레이드한다!

회사에서 업무를 할 때 자주 사용하는 문서로 구성했습니다. 이 책에 수록된 예제로 오피스 기능과 활용 방법을 익혀두면 업무 효율을 단숨에 향상시킬 수 있습니다. 따라하기 과정에서 헷갈리기 쉬운 내용은 '바로 통하는 TIP'에서 바로 해결할 수 있습니다.

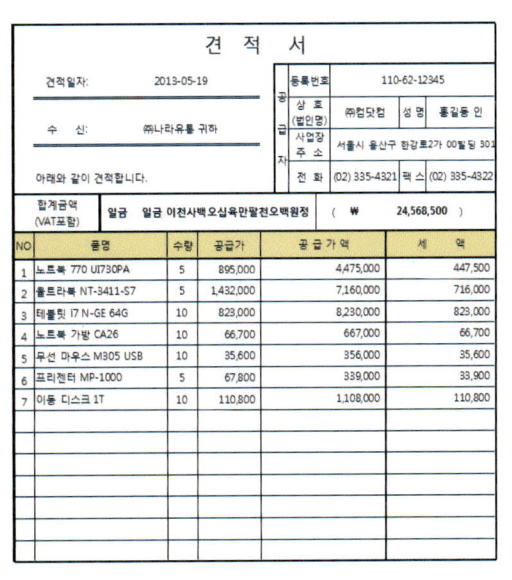

## 03 '실무활용노트'로 응용력을 기른다!

예제 실습이나 문서 작업 시 자주 부딪히는 문제는 '실무활용노트'를 참고해 도움을 얻을 수 있습니다. 엑셀, 파워포인트, 워드 각 프로그램을 사용할 때 꼭 알아두어야 할 핵심 노하우가 수록되어 있어 문제 해결 및 응용력을 업그레이드하는 데 도움을 줍니다.

회사에서 바로 통하는 오피스 2013 단계별 학습 전략

# 회사에서 통하는 절대 한 수!
# 단계별 학습으로 업무의 달인이 된다!

## 오피스 활용 능력

**왕초보라도 괜찮아!**
초급 사용자

### STEP 01
프로그램을 다루는 데 필요한 기본 기능 익히기

**기본기 다지기**

기초부터 착실하게 문서 작성의 기본을 배워봅니다.

---

**문서 좀 다룰 줄 아는 직장인!**
중급 사용자

### STEP 02
프로그램을 좀 더 깊이 있게 다루는 데 필요한 기능 익히기

**포지션 획득하기**

엑셀의 수식이나 함수 등을 이용한 문서 자동화 방법을 공부합니다. 파워포인트나 워드의 경우에는 슬라이드나 문서 꾸미기 작업이 이 단계에 포함됩니다.

---

**업무의 달인!**
고급 사용자

### STEP 03
업무의 효율성을 높일 수 있는 실전 문서 만들기

**파워 유저로 거듭나기**

엄청난 데이터 관리와 분석도 엑셀로 척척! 청중을 사로잡는 프레젠테이션 문서를 만들고, 업무에 필요한 문서도 워드로 한 번에 작성할 수 있습니다.

회사에서 바로 통하는 오피스 2013 단계별 학습 전략

| 엑셀 | 파워포인트 | 워드 |
|---|---|---|
| **CHAPTER 01**<br>문서 작성하기 | **CHAPTER 01**<br>기본 프레젠테이션 만들기<br>**CHAPTER 02**<br>프레젠테이션 슬라이드 배경 서식 만들기<br>**CHAPTER 03**<br>프레젠테이션 내용 작성 및 서식 지정하기 | **CHAPTER 01**<br>워드 2013 기본기 다지기<br>**CHAPTER 02**<br>입력 및 기본 편집하기 |
| **CHAPTER 02**<br>문서 편집 및 인쇄하기<br>**CHAPTER 03**<br>수식 작성 및 함수 활용하기<br>**CHAPTER 04**<br>차트 만들기 | **CHAPTER 04**<br>프레젠테이션 시각화 및 서식 지정하기<br>**CHAPTER 05**<br>프레젠테이션에 멀티미디어 삽입 및 서식 지정하기 | **CHAPTER 03**<br>글꼴 꾸미기<br>**CHAPTER 04**<br>단락 꾸미기<br>**CHAPTER 05**<br>도형 및 객체 활용하기<br>**CHAPTER 06**<br>표 꾸미기 |
| **CHAPTER 05**<br>데이터베이스 관리/분석 및 자동화하기 | **CHAPTER 06**<br>프레젠테이션 슬라이드 정리 및 저장하기<br>**CHAPTER 07**<br>프레젠테이션 발표 준비 및 발표하기 | **CHAPTER 07**<br>페이지 관리하기<br>**CHAPTER 08**<br>출력 기능 알아보기 |

## 이 책의 구성

### 실습 파일 & 완성 파일
엑셀, 파워포인트, 워드의 기능을 익히는 데 최적화된 예제만 선별해 수록했습니다. 예제를 따라 한 후 결과를 비교해볼 수 있습니다.

### 핵심기능실습
엑셀, 파워포인트, 워드를 다룰 때 반드시 알아야 할 기본 기능과 활용 방법을 소개합니다. 핵심기능을 따라하면서 기본 기능을 충실히 익힐 수 있습니다.

### 실행 결과 보기
단계별 따라하기 완료 후 확인할 수 있는 실행 결과 및 주요 변화 내용을 한 번 더 설명해줍니다.

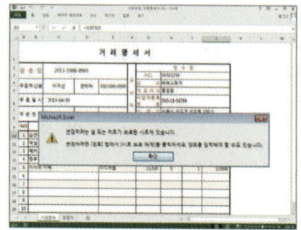

### 바로 통하는 TIP
예제 실습 중 헷갈리기 쉬운 부분을 정리해줍니다.

### 실무활용노트
엑셀, 파워포인트, 워드를 다루는 데 필요한 유용한 정보, 알고 넘어가면 좋을 참고 사항을 상세히 소개합니다.

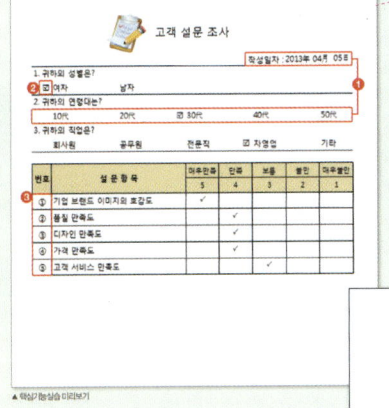

## 완성 화면 및 주요 기능 미리 보기

실습 완료 후 확인할 수 있는 완성 화면 및 따라하기 과정에서 주요하게 학습할 기능을 미리 보며 학습을 준비합니다.

## 책 속 특별부록

핵심기능실습을 활용해 업무에서 유용하게 쓰이는 나만의 실무 템플릿을 만들어볼 수 있습니다. 차근차근 따라하다 보면 오피스 활용 실무 노하우를 얻을 수 있습니다.

예제 파일 다운로드 및 구성 소개

# 회사에서 바로 통하는
# 실습 예제 다운로드하기

이 책에 사용된 모든 실습 예제는 한빛미디어 홈페이지(www.hanbit.co.kr)에서 다운로드할 수 있습니다. 예제 파일은 따라하기를 진행할 때마다 사용되므로 컴퓨터에 복사해두고 활용합니다.

1. 한빛미디어 홈페이지(www.hanbit.co.kr)로 접속합니다. 메인 화면에서 [부록/학습자료] 버튼을 클릭합니다.

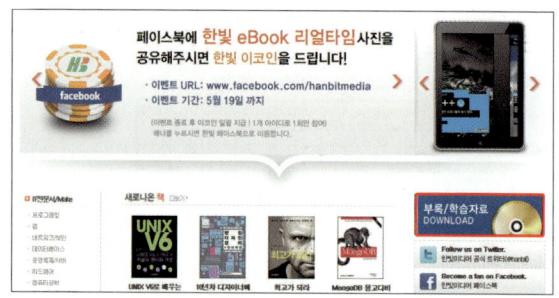

2. 검색 창에서 도서명을 입력하고, 입력한 도서가 나타나면 [다운받기] 버튼을 클릭합니다.

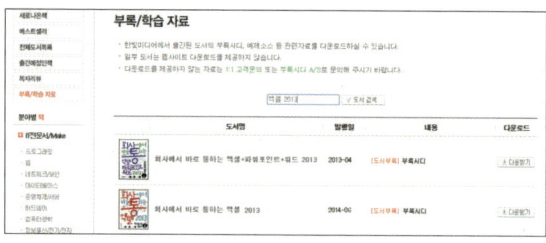

3. 회원이라면 아이디와 비밀번호를 입력하고 [로그인]합니다. 비회원은 [비회원 인증] 항목에 이메일 주소를 입력한 후 [확인]을 클릭합니다.

4. 자료 다운로드 화면에서 [다운받기] 버튼을 클릭하여 예제 파일을 다운로드합니다.

예제 파일 다운로드 및 구성 소개

# 실습 예제 파일의 구성 알아보기

실습 예제 폴더에는 실습에 필요한 예제 파일 및 완성 파일이 들어 있습니다. 실습을 진행하는 해당 프로그램과 장을 확인한 후 예제 파일을 불러와 사용합니다. 실습을 완료한 후에는 본인이 작업한 파일과 완성 파일을 비교해보면서 한 번 더 실습한 내용을 확인해볼 수 있습니다.

## 독자 Q&A

### 궁금한 내용은 묻고 답하기에서 바로 해결한다!

《회사에서 바로 통하는 엑셀+파워포인트+워드 2013》을 학습하다 부딪히는 문제는 한빛미디어 홈페이지(www.hanbit.co.kr)의 '묻고 답하기' 게시판에 올리거나 이메일 ask@hanbit.co.kr 혹은 저자 이메일로 보내 쉽게 해결할 수 있습니다.

# CONTENTS

## PART 01 | 엑셀 2013

### CHAPTER 01  문서 작성하기 … 027

| | | |
|---|---|---|
| 들어가기전에 00 | 엑셀 2013 기본 화면 구성 살펴보기 | 028 |
| 핵심기능실습 01 | 엑셀 서식 파일로 열고 통합 문서 저장하기 | 032 |
| 핵심기능실습 02 | PDF 파일로 저장하기 | 034 |
| 핵심기능실습 03 | 엑셀 화면 구성 요소 보이기/숨기기 | 035 |
| 핵심기능실습 04 | 키보드로 셀 범위 지정하기 | 036 |
| 핵심기능실습 05 | 이름 정의로 셀 범위 지정하기 | 037 |
| 핵심기능실습 06 | 행과 열 너비 조정하기 | 039 |
| 핵심기능실습 07 | 너비를 유지하여 붙여넣기 및 선택하여 붙여넣기 | 040 |
| 핵심기능실습 08 | 그림으로 연결하여 붙여넣기 | 043 |
| 핵심기능실습 09 | 워크시트 이름 변경 및 탭 색 변경하기 | 045 |
| 핵심기능실습 10 | 워크시트 이동/복사/삭제하기 | 046 |
| 핵심기능실습 11 | 워크시트 보호하기 | 048 |
| 핵심기능실습 12 | 문자/숫자 데이터 입력하기 | 050 |
| 핵심기능실습 13 | 날짜/시간 입력하기 | 052 |
| 핵심기능실습 14 | 한자/기호 입력하기 | 053 |
| 핵심기능실습 15 | 데이터 수정 및 행 삽입/삭제하기 | 056 |
| 핵심기능실습 16 | 채우기 핸들을 이용해 데이터 채우기 | 058 |
| 핵심기능실습 17 | 빠른 채우기로 신속하게 데이터 열 채우기 | 061 |
| 핵심기능실습 18 | 데이터 유효성 검사로 한글/영문 모드 설정하기 | 062 |
| 핵심기능실습 19 | 데이터 유효성 검사로 목록 설정하기 | 064 |

### CHAPTER 02  문서 편집 및 인쇄하기 … 067

| | | |
|---|---|---|
| 핵심기능실습 20 | 표 서식 스타일과 셀 스타일 적용하기 | 068 |
| 핵심기능실습 21 | 표 디자인 변경 및 범위로 변환하기 | 070 |
| 핵심기능실습 22 | 글꼴 그룹에서 서식 지정하기 | 072 |
| 핵심기능실습 23 | 맞춤, 표시 형식 그룹에서 서식 지정하기 | 075 |

| 핵심기능실습 24 | 문자, 숫자 데이터 표시 형식 사용자 지정하기 | 078 |
| --- | --- | --- |
| 핵심기능실습 25 | 숫자를 한글로 표시하는 서식 지정하기 | 081 |
| 핵심기능실습 26 | 숫자 데이터 표시 형식 양수/음수/0 서식 지정하기 | 083 |
| 핵심기능실습 27 | 숫자 백만 단위 이하 자르기/만 단위에 쉼표 표시하기 | 084 |
| 핵심기능실습 28 | 요일과 누적 시간 사용자 지정 표시 형식 설정하기 | 086 |
| 핵심기능실습 29 | 셀 강조와 상위/하위 규칙으로 조건부 서식 지정하기 | 088 |
| 핵심기능실습 30 | 색조, 아이콘으로 조건부 서식 지정하기 | 090 |
| 핵심기능실습 31 | 막대로 조건부 서식 지정 및 규칙 편집하기 | 092 |
| 핵심기능실습 32 | 수식으로 조건부 서식 지정하기 | 095 |
| 핵심기능실습 33 | 빠른 분석 도구를 사용하여 표, 조건부 서식 지정하기 | 097 |
| 핵심기능실습 34 | 틀 고정하기 | 099 |
| 핵심기능실습 35 | 문서를 바둑판식으로 정렬해서 작업하기 | 100 |
| 핵심기능실습 36 | 인쇄 미리 보기에서 인쇄 선택 영역 및 여백 설정하기 | 101 |
| 핵심기능실습 37 | 반복 인쇄할 제목 행 지정하기 | 103 |
| 핵심기능실습 38 | 페이지 나누기 미리 보기 및 인쇄 배율 지정하기 | 104 |
| 핵심기능실습 39 | 페이지 나누기 구분선 수정하기 | 105 |
| 핵심기능실습 40 | 페이지 레이아웃 보기에서 머리글/바닥글 설정하기 | 106 |
| 핵심기능실습 41 | 배경 그림 삽입하기 | 107 |

## CHAPTER 03  수식 작성 및 함수 활용하기  109

| 핵심기능실습 42 | 상대 참조로 수식 만들기 | 110 |
| --- | --- | --- |
| 핵심기능실습 43 | 절대 참조로 수식 만들기 | 112 |
| 핵심기능실습 44 | 혼합 참조로 수식 만들기 | 114 |
| 핵심기능실습 45 | 이름으로 수식 만들기 | 115 |
| 핵심기능실습 46 | 자동 합계 기능으로 수식 계산하기 | 117 |
| 핵심기능실습 47 | 표에서 구조적 참조를 이용해 한 번에 수식 계산하기 | 118 |
| 핵심기능실습 48 | 표에서 요약 행 지정하기 | 120 |
| 핵심기능실습 49 | 함수 라이브러리와 수식 자동 완성 이용해<br>MAX, LARGE 함수로 최댓값 구하기 | 122 |
| 핵심기능실습 50 | COUNTA, COUNTBLANK 함수로 인원수 구하기 | 125 |
| 핵심기능실습 51 | ROUNDDOWN, FORMULATEXT 함수로 내림과 함수식 표시하기 | 127 |

# CONTENTS

| | | |
|---|---|---|
| 핵심기능실습 52 | QUOTIENT, MOD 함수로 몫, 나머지 값 표시하기 | 129 |
| 핵심기능실습 53 | ROW, SUMPRODUCT 함수로 번호와 합계 금액 구하기 | 131 |
| 핵심기능실습 54 | RANK.EQ, RANK.AVG 함수로 순위 구하기 | 133 |
| 핵심기능실습 55 | IF 함수로 과정 수료자와 교육비 구하기 | 135 |
| 핵심기능실습 56 | 중첩 IF 함수로 신용 평가 등급 구하기 | 137 |
| 핵심기능실습 57 | IF, AND, OR 함수로 기업 신용도 분류하기 | 139 |
| 핵심기능실습 58 | COUNTIF, COUNTIFS 함수로 조건을 만족하는 인원수 구하기 | 142 |
| 핵심기능실습 59 | SUMIF, SUMIFS 함수로 조건을 만족하는 합계 계산하기 | 145 |
| 핵심기능실습 60 | FREQUENCY 함수로 연령대 분포 빈도수 구하기 | 147 |
| 핵심기능실습 61 | CHOOSE, MID 함수로 성별 구하기 | 148 |
| 핵심기능실습 62 | DATE, LEFT, MID 함수로 생년월일 계산하기 | 150 |
| 핵심기능실습 63 | LEFT, FIND, SUBSTITUTE 함수로 아이디와 이메일 주소 수정하기 | 151 |
| 핵심기능실습 64 | DATEDIF, EOMONTH 함수로 근무 기간과 퇴직금 지급일 구하기 | 153 |
| 핵심기능실습 65 | HLOOKUP, VLOOKUP 함수로 제품명, 단가, 할인율 표시하기 | 156 |
| 핵심기능실습 66 | IFERROR 함수로 오류 처리하기 | 160 |
| 핵심기능실습 67 | INDEX, MATCH 함수로 최우수 평가 기업 표시하기 | 162 |

## CHAPTER 04  차트 만들기    165

| | | |
|---|---|---|
| 핵심기능실습 68 | 데이터에 적합한 차트 만들고 차트 종류 변경하기 | 166 |
| 핵심기능실습 69 | 차트 레이아웃, 색, 스타일, 필터링하기 | 168 |
| 핵심기능실습 70 | 차트의 눈금 간격 조절 및 레이블, 범례 표시하기 | 171 |
| 핵심기능실습 71 | 차트 배경 설정 및 눈금선 없애기 | 173 |
| 핵심기능실습 72 | 콤보(이중 축 혼합) 차트 만들기 | 175 |
| 핵심기능실습 73 | 원형 차트 3차원 서식 및 테마 바꾸기 | 177 |
| 핵심기능실습 74 | 스파크라인 차트 삽입하고 종류 변경하기 | 179 |
| 핵심기능실습 75 | 스파크라인 차트 스타일과 디자인 변경하기 | 181 |

## CHAPTER 05  데이터베이스 관리/분석 및 자동화하기    183

| | | |
|---|---|---|
| 핵심기능실습 76 | 텍스트 나누기 | 184 |
| 핵심기능실습 77 | 중복 데이터 삭제하기 | 186 |

| | | |
|---|---|---|
| 핵심기능실습 78 | 동일한 항목으로 데이터 통합하고 빠른 서식 적용하기 | 188 |
| 핵심기능실습 79 | 셀 값을 기준으로 정렬하기 | 191 |
| 핵심기능실습 80 | 사용자가 지정한 순서로 정렬하기 | 193 |
| 핵심기능실습 81 | SUBTOTAL 함수를 이용해 데이터 필터하기 | 195 |
| 핵심기능실습 82 | 자동 필터로 데이터 추출하기 | 197 |
| 핵심기능실습 83 | 서식 필터로 데이터 추출하기 | 199 |
| 핵심기능실습 84 | 평균과 상위 10 기준으로 데이터 추출하기 | 200 |
| 핵심기능실습 85 | 여러 그룹으로 다중 부분합 작성하기 | 201 |
| 핵심기능실습 86 | 부분합의 요약된 결과만 복사하기 | 203 |
| 핵심기능실습 87 | 추천 피벗 테이블 만들기 | 205 |
| 핵심기능실습 88 | 사용자 지정 새 피벗 테이블 만들기 | 206 |
| 핵심기능실습 89 | 피벗 테이블 그룹 지정 및 필드 필터링하기 | 208 |
| 핵심기능실습 90 | 피벗 테이블 레이아웃 및 디자인 변경하기 | 210 |
| 핵심기능실습 91 | 피벗 테이블 슬라이서, 시간 표시 막대 삽입/제거하기 | 213 |
| 핵심기능실습 92 | 개발 도구 탭 추가 및 매크로 보안 설정하기 | 216 |
| 핵심기능실습 93 | 자동 매크로 기록 및 저장하기 | 217 |
| 핵심기능실습 94 | 바로 가기 키와 양식 컨트롤로 매크로 실행하기 | 221 |
| 핵심기능실습 95 | 매크로 편집하기 | 224 |
| 핵심기능실습 96 | 매크로 삭제하기 | 227 |
| 책속특별부록 | 엑셀 핵심 기능으로 실무 문서 완성하기 | 228 |

# CONTENTS

## PART 02 파워포인트 2013

### CHAPTER 01 기본 프레젠테이션 만들기    243

| | | |
|---|---|---|
| 들어가기전에 00 | 파워포인트 2013 기본 화면 구성 살펴보기 | 244 |
| 핵심기능실습 01 | 원하는 테마 선택하기 | 247 |
| 핵심기능실습 02 | 슬라이드 크기 변경하기 | 248 |
| 핵심기능실습 03 | 슬라이드 추가 및 레이아웃 변경하기 | 249 |
| 핵심기능실습 04 | 슬라이드 이동/복사/삭제하기 | 250 |
| 핵심기능실습 05 | WordArt 텍스트 상자를 사용해 텍스트 입력하기 | 252 |
| 핵심기능실습 06 | 도형 그린 후 빠른 스타일 적용하기 | 253 |
| 핵심기능실습 07 | 그림 삽입 후 빠른 스타일 적용하기 | 254 |
| 핵심기능실습 08 | 표 삽입 후 빠른 스타일 적용하기 | 256 |
| 핵심기능실습 09 | 차트 삽입 후 빠른 스타일 적용하기 | 258 |
| 핵심기능실습 10 | 프레젠테이션 문서 열기 및 저장하기 | 260 |
| 핵심기능실습 11 | 나만의 리본 메뉴 만들기 | 262 |

### CHAPTER 02 프레젠테이션 슬라이드 배경 서식 만들기    265

| | | |
|---|---|---|
| 핵심기능실습 12 | 새 테마 글꼴 만들기 | 266 |
| 핵심기능실습 13 | 새 테마 색 만들기 | 267 |
| 핵심기능실습 14 | 슬라이드 배경 서식 변경하기 | 269 |
| 핵심기능실습 15 | 제목 슬라이드 배경 서식만 변경하기 | 271 |
| 핵심기능실습 16 | 슬라이드에 로고 삽입하기 | 273 |
| 핵심기능실습 17 | 슬라이드에 번호 삽입하기 | 275 |
| 핵심기능실습 18 | 새 테마 저장하기 | 277 |

### CHAPTER 03 프레젠테이션 내용 작성 및 서식 지정하기    279

| | | |
|---|---|---|
| 핵심기능실습 19 | 슬라이드에 텍스트 입력하기 | 280 |

| 핵심기능실습 20 | 글꼴, 글꼴 크기, 글꼴 색 변경하기 | 282 |
| 핵심기능실습 21 | 글머리 기호 설정 및 서식 변경하기 | 284 |
| 핵심기능실습 22 | 글머리 기호를 번호로 변경하기 | 286 |
| 핵심기능실습 23 | 줄 및 단락 간격 조정하기 | 288 |
| 핵심기능실습 24 | 목록 수준 조정하기 | 291 |

## CHAPTER 04  프레젠테이션 시각화 및 서식 지정하기    293

| 핵심기능실습 25 | 정원 그리고 서식 지정하기 | 294 |
| 핵심기능실습 26 | 여러 도형을 병합하여 새로운 도형 만들기 | 296 |
| 핵심기능실습 27 | 도형의 크기 변경 및 수평 복사하기 | 298 |
| 핵심기능실습 28 | 균등한 간격으로 도형 정렬하기 | 299 |
| 핵심기능실습 29 | 스포이트를 사용하여 원하는 색 추출 후 도형에 적용하기 | 301 |
| 핵심기능실습 30 | 멋진 도형 서식을 다른 도형에 똑같이 적용하기 | 302 |
| 핵심기능실습 31 | 평면 도형을 입체 도형으로 만들기 | 305 |
| 핵심기능실습 32 | SmartArt 그래픽 삽입 후 텍스트 입력하기 | 308 |
| 핵심기능실습 33 | SmartArt 그래픽 색상 및 스타일 변경하기 | 309 |
| 핵심기능실습 34 | SmartArt 그래픽에 도형 추가 및 모양 변경하기 | 310 |
| 핵심기능실습 35 | 텍스트 또는 그림을 SmartArt 그래픽으로 변환하기 | 311 |
| 핵심기능실습 36 | 표 디자인하기 | 313 |
| 핵심기능실습 37 | 차트 디자인하기 | 317 |
| 핵심기능실습 38 | 잘 만든 차트 서식 저장 후 재활용하기 | 321 |
| 핵심기능실습 39 | 그림의 특정 부분만 강조하기 | 323 |
| 핵심기능실습 40 | 그림 서식 변경 후 서식은 유지하고 그림만 변경하기 | 325 |
| 핵심기능실습 41 | 그림에서 불필요한 부분 제거하기 | 328 |
| 핵심기능실습 42 | 그림을 원하는 모양으로 자르고 용량 줄이기 | 330 |

## CHAPTER 05  프레젠테이션에 멀티미디어 삽입 및 서식 지정하기    333

| 핵심기능실습 43 | 오디오 클립 삽입 후 특정 슬라이드까지 실행하기 | 334 |
| 핵심기능실습 44 | 전체 오디오 클립 중 원하는 부분만 남기기 | 337 |

# CONTENTS

| | | |
|---|---|---|
| 핵심기능실습 45 | 부드럽게 시작하고 부드럽게 끝나는 오디오 클립 만들기 | 338 |
| 핵심기능실습 46 | 비디오 삽입 후 빠른 스타일 적용하기 | 339 |
| 핵심기능실습 47 | 비디오 클립의 모양 및 서식 변경하기 | 342 |
| 핵심기능실습 48 | 전체 비디오 클립 중 원하는 부분만 남기기 | 344 |
| 핵심기능실습 49 | 비디오 클립에 특정 지점 지정하기 | 345 |
| 핵심기능실습 50 | 비디오 클립의 미리 보기 이미지 설정하기 | 346 |
| 핵심기능실습 51 | 미디어 파일 압축하기 | 348 |

## CHAPTER 06 프레젠테이션 슬라이드 정리 및 저장하기    349

| | | |
|---|---|---|
| 핵심기능실습 52 | 슬라이드를 구역으로 나누어 정리하기 | 350 |
| 핵심기능실습 53 | 프레젠테이션 저장하기 | 354 |
| 핵심기능실습 54 | PDF 문서 만들기 | 356 |
| 핵심기능실습 55 | 비디오 파일 만들기 | 357 |
| 핵심기능실습 56 | 그림 프레젠테이션 만들기 | 359 |
| 핵심기능실습 57 | CD에 프레젠테이션 저장하기 | 360 |

## CHAPTER 07 프레젠테이션 발표 준비 및 발표하기    361

| | | |
|---|---|---|
| 핵심기능실습 58 | 개체에 애니메이션 적용하기 | 362 |
| 핵심기능실습 59 | 애니메이션 추가하고 다른 개체에 똑같이 적용하기 | 365 |
| 핵심기능실습 60 | 슬라이드에 화면 전환 효과 적용하기 | 368 |
| 핵심기능실습 61 | 슬라이드 쇼 설정하기 | 370 |
| 핵심기능실습 62 | 슬라이드 쇼 재구성하기 | 372 |
| 핵심기능실습 63 | 발표 원고 작성하고 인쇄하기 | 374 |
| 핵심기능실습 64 | 청중 유인물 만들고 인쇄하기 | 376 |
| 핵심기능실습 65 | 발표 전 예행 연습하기 | 378 |
| 핵심기능실습 66 | 슬라이드 쇼 시작하기 | 380 |
| 핵심기능실습 67 | 발표자 도구를 사용하여 발표하기 | 382 |
| 핵심기능실습 68 | 슬라이드 쇼 녹화하기 | 386 |
| 핵심기능실습 69 | 온라인으로 프레젠테이션 진행하기 | 387 |

| 책속특별부록 | 파워포인트 핵심 기능으로 프레젠테이션 디자인 기획 시트 완성하기 | 390 |

# PART 03 | 워드 2013

## CHAPTER 01  워드 2013 기본기 다지기    403

- 들어가기전에 00   워드 2013의 기본 화면 구성 살펴보기    404
- 핵심기능실습 01   새 문서 만들고 저장하기/다른 형식으로 저장하기    406
- 핵심기능실습 02   문서에 암호 지정 및 해제하기    408
- 핵심기능실습 03   화면 확대/축소하기와 보기 옵션 변경하기    411

## CHAPTER 02  입력 및 기본 편집하기    413

- 핵심기능실습 04   한자 입력 및 변환하기/자주 사용하는 한자 등록하기    414
- 핵심기능실습 05   특수 기호와 수식 입력하기    418
- 핵심기능실습 06   단위 기호 입력과 자동 고침 사용 및 해제하기    423
- 핵심기능실습 07   찾기 및 찾아 바꾸기    427
- 핵심기능실습 08   실행 취소 및 다시 실행하기    430
- 핵심기능실습 09   문장 이동 및 복사하기/엑셀 표를 워드로 가져오기    431
- 핵심기능실습 10   메모 삽입하고 표시하기/숨기기/삭제하기    435
- 핵심기능실습 11   맞춤법 검사기를 이용해 문서 오류 수정하기    437

## CHAPTER 03  글꼴 꾸미기    439

- 핵심기능실습 12   글꼴, 글꼴 색, 글꼴 크기, 밑줄 및 음영 지정하기    440
- 핵심기능실습 13   글자 간격과 장평 조정하기    444

# CONTENTS

| | | |
|---|---|---|
| 핵심기능실습 14 | 그림자 효과 및 윗주 지정하기 | 448 |
| 핵심기능실습 15 | 첨자, 원 문자, 강조점 입력하기 | 451 |

## CHAPTER 04　단락 꾸미기　　455

| | | |
|---|---|---|
| 핵심기능실습 16 | 단락에 번호 삽입하기/번호 서식 및 시작 번호 변경하기 | 456 |
| 핵심기능실습 17 | 단락에 글머리 기호, 그림 글머리 기호 삽입하기 | 459 |
| 핵심기능실습 18 | 첫 줄 들여쓰기와 둘째 줄 이하 들여쓰기 | 462 |
| 핵심기능실습 19 | 단락 줄 간격 조정하기 | 465 |
| 핵심기능실습 20 | 단락 음영 색 적용 및 서식 복사하기 | 466 |
| 핵심기능실습 21 | 다단 지정하기 | 468 |
| 핵심기능실습 22 | 스타일 모음을 이용하여 스타일 지정 및 수정하기 | 470 |
| 핵심기능실습 23 | 스타일 새로 만들기 | 473 |

## CHAPTER 05　도형 및 객체 활용하기　　475

| | | |
|---|---|---|
| 핵심기능실습 24 | 검색한 약도 이미지 삽입하고 서식 지정하기 | 476 |
| 핵심기능실습 25 | 문서 안에서 그림 배치 설정하기 | 480 |
| 핵심기능실습 26 | 도형 삽입하고 서식 변경하기/도형 안에 텍스트 입력하기 | 483 |
| 핵심기능실습 27 | 도형 복사, 정렬, 회전하기 | 485 |
| 핵심기능실습 28 | WordArt 삽입 및 수정하기 | 487 |
| 핵심기능실습 29 | SmartArt로 다이어그램 만들기 | 489 |
| 핵심기능실습 30 | 차트 삽입하고 스타일, 종류, 크기 변경하기 | 491 |
| 핵심기능실습 31 | 차트 레이아웃 설정, 데이터 변경하기 | 494 |

## CHAPTER 06　표 꾸미기　　497

| | | |
|---|---|---|
| 핵심기능실습 32 | 표 삽입, 크기 조절, 이동, 셀 합치기 및 나누기 | 498 |
| 핵심기능실습 33 | 표에 행/열 삽입, 삭제하고 문자열 정렬하기 | 501 |
| 핵심기능실습 34 | 셀 테두리 및 음영 지정하기 | 504 |
| 핵심기능실습 35 | 표 스타일 적용 및 캡션 붙이기 | 507 |

| 핵심기능실습 36 | 표 내용을 오름차순이나 내림차순으로 정렬하기 | 510 |
| 핵심기능실습 37 | 수식 기능 이용하여 표 내용 자동 계산하기 | 512 |

## CHAPTER 07 페이지 관리하기 515

| 핵심기능실습 38 | 페이지 삽입과 페이지 나누기 | 516 |
| 핵심기능실습 39 | 페이지 구역 나누고 구역별로 페이지 방향 및 테두리 지정하기 | 518 |
| 핵심기능실습 40 | 문서에 머리글/바닥글 지정하기 | 521 |
| 핵심기능실습 41 | 구역별로 머리글/바닥글 삽입하기 | 523 |
| 핵심기능실습 42 | 짝/홀수 페이지별로 바닥글 지정하고 머리글/바닥글 삭제하기 | 525 |
| 핵심기능실습 43 | 페이지 번호 삽입하고 번호 서식 변경하기/페이지 번호 삭제하기 | 527 |
| 핵심기능실습 44 | 페이지에 각주와 미주 삽입하기 | 529 |
| 핵심기능실습 45 | 목차 만들기 | 531 |
| 핵심기능실습 46 | 문서에 표지 삽입하고 배경색 및 워터 마크 지정하기 | 533 |

## CHAPTER 08 출력 기능 알아보기 535

| 핵심기능실습 47 | 페이지 및 여백 설정하기 | 536 |
| 핵심기능실습 48 | 인쇄 미리 보기 및 인쇄하기 | 538 |
| 핵심기능실습 49 | 편지 병합 기능으로 주소록을 초대장 문서에 인쇄하기 | 541 |
| 핵심기능실습 50 | 받는 사람 주소를 레이블 용지에 출력하기 | 544 |
| 핵심기능실습 51 | 원드라이브에서 웹 오피스 사용하기 | 547 |

**책속특별부록** 워드 핵심 기능으로 실무 문서 완성하기 550

**INDEX** 찾아보기 558

# PART 01

## 엑셀 2013

EXCEL 2013

CHAPTER
# 01

# 문서 작성하기

엑셀과 빨리 친숙해지려면 엑셀의 구성 요소들을 잘 다룰 수 있어야 합니다. 엑셀의 구성 요소들을 익숙하게 다룰 수 있게 되면 문서 작성의 기본인 데이터를 효율적으로 입력하는 방법을 익혀야 전체 작업 시간을 줄일 수 있습니다.

엑셀의 기본 화면에 대해 살펴보고 각 구성 요소를 잘 다루는 방법 및 데이터를 입력하여 통합 문서를 작성하는 방법에 대해서 알아보겠습니다.

### 들어가기 전에

## 00 엑셀 2013 기본 화면 구성 살펴보기

엑셀 2013의 인터페이스는 2010 버전에 비해 좀 더 업그레이드되었습니다. 메뉴가 아이콘 형식으로 되어 있어서 쉽게 명령을 실행할 수 있으며, 탭 형식으로 메뉴가 배치되어 있어 빠르게 필요한 명령을 찾아 사용할 수 있습니다.

### 기본 화면 구성

엑셀을 실행했을 때 나타나는 기본 화면입니다. 크게 ① 리본 메뉴, ② 워크시트, ③ 상태 표시줄로 구성되어 있습니다.

● 리본 메뉴

리본 메뉴는 화면 상단에 있는 텍스트 형태의 메뉴와 아이콘 형태의 명령을 모아놓은 부분입니다.

① **파일 탭** : 파일을 관리하는 메뉴가 모여 있으며 개인 정보를 설정하고 저장, 공유, 인쇄 및 옵션과 관련된 설정을 실행할 수 있습니다.

② **빠른 실행 도구 모음** : 자주 사용하는 기능을 추가하여 빠르게 실행할 수 있습니다.

③ **제목 표시줄** : 프로그램 이름과 현재 작업 중인 파일 이름이 표시되며 작업 상태에 따라 [읽기 전용], [호환 모드], [공유], [그룹] 등이 표시됩니다.

④ **탭** : 비슷한 종류의 명령을 그룹별로 모아놓은 메뉴 부분입니다. 기본적으로 파일, 홈, 삽입, 페이지 레이아웃, 수식, 데이터, 검토, 보기로 구성되어 있습니다.

⑤ **그룹** : 각각의 탭과 관련 있는 기능을 세부적으로 구분해놓았습니다.

⑥ **도움말 버튼** : 엑셀 도움말 창을 엽니다. 단축키 F1을 눌러도 됩니다.

⑦ **리본 메뉴 표시 옵션** : 리본 메뉴를 [자동 숨기기], [탭 표시], [모두 보이기]로 옵션을 선택할 수 있으며 작업 영역의 넓이를 조절할 수 있습니다.

⑧ **프로그램 창 조절 버튼** : 엑셀 창을 최소화/최대화하거나 닫을 때 사용합니다.

⑨ **오피스 로그인 버튼** : 마이크로소프트 계정으로 로그인하여 웹 클라우드인 원드라이브(OneDrive)에 오피스 문서를 온라인으로 [업로드], [열기], [공유]할 수 있습니다.

⑩ **리본 메뉴 축소 버튼** : 리본 메뉴를 축소하여 리본 메뉴 탭만 표시합니다.

- **워크시트(작업 영역)**

워크시트는 모눈종이처럼 보이는 공간입니다.

① **이름 상자** : 셀 주소와 정보 또는 수식이나 함수 목록이 나타납니다.

② **입력 취소** : 셀에 입력한 내용을 취소합니다. ESC를 누르는 것과 같습니다.

③ **입력 확정** : 셀에 입력한 내용을 확정합니다. Enter를 누르는 것과 같습니다.

④ **함수 삽입** : 함수 마법사를 실행하여 함수를 삽입합니다.

⑤ **수식 입력줄** : 선택한 셀에 입력한 내용이나 수식이 나타나며 셀 내용을 직접 입력하거나 수정할 수 있습니다.

⑥ **수식 입력줄 확장/축소** : 수식 입력줄을 확장/축소합니다.

⑦ **셀** : 행과 열이 만나는 격자 형태의 사각형 영역으로 데이터나 수식 등을 입력할 수 있습니다.

⑧ **셀 포인터** : 셀이 선택되었다는 표시로 굵은 테두리가 셀 주위에 표시됩니다.

⑨ **채우기 핸들** : 셀 포인터 오른쪽 아래에 검은 점입니다. 채우기 핸들을 드래그하면 셀 내용을 연속적으로 채울 수 있습니다.

⑩ **열 머리글** : 열 이름이 표시되는 곳으로 A열부터 XFD열까지 16,384개의 열이 있습니다.
⑪ **행 머리글** : 행 번호가 표시되는 곳으로 1행부터 1,048,576행까지 있습니다.
⑫ **시트 탭 이동 버튼** : 시트 개수가 많아 가려진 시트 탭이 있을 경우 시트 탭으로 이동할 수 있습니다.
⑬ **수직 이동줄** : 화면을 위/아래로 옮기면서 볼 수 있습니다.
⑭ **시트 탭** : 현재 통합 문서에 있는 시트와 이름이 표시됩니다.
⑮ **워크시트 삽입 버튼** : 새 워크시트를 삽입할 수 있습니다.

● 상태 표시줄

상태 표시줄에서는 현재의 작업 상태를 확인할 수 있습니다.

① **셀 모드** : 준비, 입력, 편집 등의 셀 작업 상태를 표시합니다.
② **표시 영역** : 키보드 기능키의 선택 상태를 표시합니다. 숫자가 입력된 셀 범위를 지정하면 자동 계산 결과를 표시합니다.
③ **보기 바로 가기** : 기본, 페이지 레이아웃, 페이지 나누기 미리 보기 등 워크시트 보기 상태를 선택합니다.
④ **확대/축소 슬라이더** : 확대/축소 버튼을 클릭하여 10% 단위로 확대/축소하거나 조절 바를 드래그하여 확대/축소할 수 있습니다.
⑤ **확대/축소 비율** : [확대/축소]를 지정하는 대화상자를 열어 원하는 배율을 지정합니다.

## 작업 영역의 기본 구조

엑셀은 통합 문서, 워크시트(Worksheet), 셀(Cell)로 이루어져 있습니다. 엑셀의 기본 구조를 살펴보면 엑셀의 동작 원리와 용도를 명확하게 알 수 있습니다.

● 셀과 셀 주소

모눈종이 형태의 작업 영역은 가로 행과 세로 열이 교차하여 생긴 격자 모양의 직사각형으로 이루어져 있습니다. 이 격자 모양의 직사각형 하나를 **셀(Cell)**이라고 부릅니다. 데이터를 입력(저장)할 수 있는 공간으로, 각 셀에는 고유한 주소가 있으며 이것을 **셀 주소**라고 부릅니다. 셀 주소는 열 머리글과 행 머리글을 조합해서 만듭니다. 예를 들어 C열과 2행이 만나는 셀의 주소는 **C2**가 됩니다.

▲ 셀 포인터와 셀 주소

● **셀이 모여 이뤄지는 워크시트**

1,048,576행과 16,384열의 셀이 모여 문서를 만들고 편집하는 공간이 **워크시트**입니다. 엑셀을 실행하면 기본으로 [Sheet1] 한 개의 워크시트가 생성되며 총 255개까지 워크시트를 삽입할 수 있습니다. 장부에 견출지를 붙여서 내용을 구분하는 것처럼 각 워크시트 또한 이름이나 탭 색으로 구분할 수 있습니다.

● **워크시트가 모여 이뤄지는 통합 문서**

엑셀은 관련 있는 워크시트(개별 문서)를 묶어서 관리합니다. 이것을 **통합 문서**라고 부릅니다. 엑셀은 통합 문서 단위로 문서를 저장하므로 관련 있는 문서는 하나로 묶어서 관리하는 것이 좋습니다. 예를 들어 교육 회계 문서에는 일계표, 월계표, 총계장, 수입결의서, 지출결의서 등의 문서가 모두 들어 있도록 작업하는 것입니다.

## 엑셀 빠르게 시작하기

엑셀 2013을 시작하면 [엑셀 빠르게 시작하기] 화면이 나타납니다. [최근에 사용한 항목], [다른 통합 문서 열기], [새 통합 문서], [둘러보기], [서식 통합 문서] 중에서 사용자가 원하는 문서를 선택하여 엑셀을 시작할 수 있습니다.

① **최근에 사용한 항목** : 최근에 작업한 통합 문서 목록에서 통합 문서를 불러옵니다.
② **다른 통합 문서 열기** : 기존에 작업했던 통합 문서를 온/오프 저장 공간(컴퓨터/원드라이브 등)에서 찾아옵니다.
③ **새 통합 문서** : 새로운 통합 문서를 열어 데이터 입력, 편집, 서식 적용 등을 할 수 있습니다.
④ **서식 통합 문서** : 자주 사용하는 엑셀 문서의 서식 파일을 열어 빠르게 문서 작업을 할 수 있습니다.

[핵심기능실습]

# 01 엑셀 서식 파일로 열고 통합 문서 저장하기

엑셀에서 문서를 작성할 때는 새 통합 문서를 열어 빈 워크시트에서 작업하거나 마이크로소프트에서 제공하는 기본 서식을 사용할 수도 있습니다. 다양한 서식 파일을 이용해 쉽게 문서를 만들고 저장하는 방법에 대해서 알아보겠습니다.

▪ 완성 파일 엑셀 \ 1장 \ 저장_일별작업일정_완성.xlsx

**01** 엑셀에서 기본으로 제공하는 서식 파일을 열어서 문서를 작성해보겠습니다.
① **[파일]** 탭 클릭
② **[새로 만들기]** 선택
③ **[일정]**을 선택합니다.

**02** 일정과 관련된 서식 파일 목록이 나타납니다. **일별 작업 일정**을 더블클릭합니다.

Office.com 온라인에서 다운로드한 후 파일이 열립니다.

## 03

① 서식에 맞게 **일정** 입력
② 빠른 실행 도구 모음에서 [**저장**]을 클릭합니다.

## 04

① [다른 이름으로 저장]에서 [**컴퓨터**] 선택
② [**찾아보기**]를 클릭합니다.

[다른 이름으로 저장] 대화상자가 활성화됩니다.

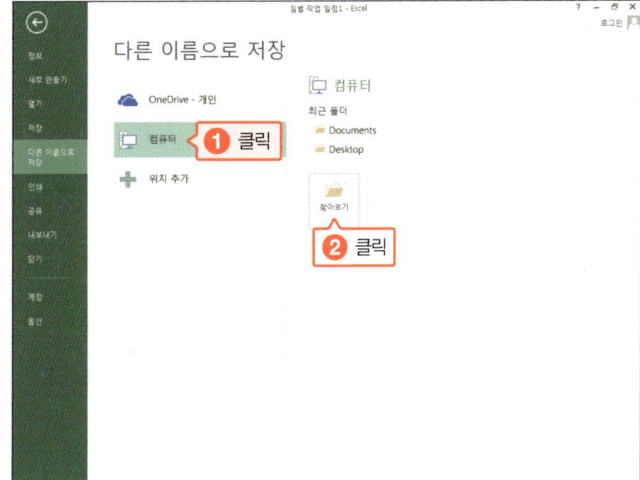

## 05

① [다른 이름으로 저장] 대화상자에서 [파일 이름]에 **일별 작업 일정1** 입력
② [**저장**]을 클릭해서 통합 문서를 저장합니다.

완성된 내용은 1장 폴더 내 '저장_일별작업일정_완성.xlsx'에서 확인할 수 있습니다.

핵심기능실습

## 02 PDF 파일로 저장하기

엑셀 문서를 전자 문서인 PDF 또는 XPS 파일로 저장할 수 있습니다. 전자 문서로 저장하면 온라인상에서 공유하거나 인쇄할 때 원하는 형식이 그대로 유지되며 데이터를 쉽게 변경할 수 없습니다.

• 실습 파일 엑셀 \ 1장 \ 저장_견적서.xlsx   • 완성 파일 엑셀 \ 1장 \ 저장_견적서.pdf

**01** 엑셀이 설치되지 않은 컴퓨터에서도 견적서 파일 내용을 확인할 수 있도록 PDF 형식으로 저장해보겠습니다. ① **[파일]** 탭 클릭 ② **[내보내기]** 선택 ③ **[PDF/XPS 문서 만들기]** 선택 ④ **[PDF/XPS 만들기]** 클릭 ⑤ **저장_견적서.pdf** 입력 ⑥ **[게시]**를 클릭합니다.

**바로 통하는 TIP** PDF나 XPS 형식으로 저장할 때 인쇄 품질을 높이려면 최적화 항목에서 [표준(온라인 게시 및 인쇄)]을 선택하고 파일 크기를 줄이려면 [최소 크기(온라인 게시)]를 선택합니다. 그밖에 파일의 옵션을 설정하려면 [옵션]을 클릭합니다.

**02** PDF 파일을 볼 수 있는 뷰어 프로그램(PDF Reader)을 통해 저장한 PDF 문서를 확인할 수 있습니다.

**바로 통하는 TIP** PDF Reader가 설치되어 있지 않으면 PDF 파일을 볼 수 없습니다.

## 핵심기능실습 03 엑셀 화면 구성 요소 보이기/숨기기

문서를 작성할 때는 수식 입력줄, 열/행 머리글, 워크시트에 나타나는 눈금선이 편리하지만 결과물을 보여줄 때는 눈에 거슬리는 요소일 수 있습니다. 엑셀 화면의 구성 요소들은 임의로 보여주거나 숨길 수 있습니다.

• 실습 파일 엑셀\1장\화면구성_경력증명서.xlsx

### 01 눈금선 숨기기

[보기] 탭의 [표시] 그룹에서 **[눈금선]**을 클릭하여 체크 표시를 해제합니다. 완성된 경력 증명서를 확인할 때 눈금선과 같은 불필요한 요소를 숨기면 편리합니다.

**바로 통하는 TIP** 눈금선 외에 수식 입력줄, 머리글 등의 요소도 같은 방법으로 숨길 수 있습니다.

### 02 리본 메뉴 축소하기

① **[리본 메뉴 축소 ^]** 클릭. 리본 메뉴가 축소되면서 작업 창의 문서 내용을 좀 더 넓은 영역에서 볼 수 있습니다.
② **[리본 메뉴 표시 옵션 ↑]** 클릭 ③ **[탭 및 명령 표시]**를 선택하면 다시 원상태로 돌아갑니다.

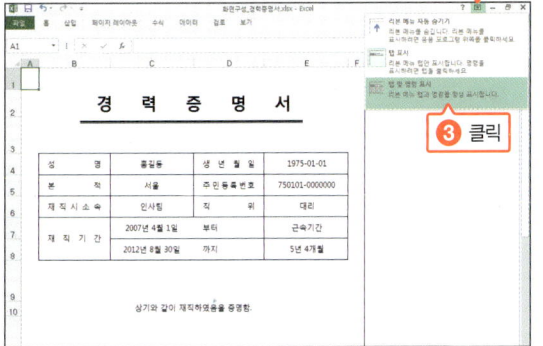

**바로 통하는 TIP** 임의의 리본 탭을 더블클릭하거나 단축키 Ctrl + F1 을 눌러도 리본 메뉴를 축소/확장할 수 있습니다.

핵심기능실습

# 04 키보드로 셀 범위 지정하기

데이터를 입력하거나 서식을 꾸미려면 셀을 선택해야 합니다. 하나의 셀을 선택하거나 여러 셀을 범위로 지정하는 방법에 대해서 살펴보겠습니다.

▪ 실습 파일 엑셀 \ 1장 \ 셀범위_거래처판매현황.xlsx

## 01 행 범위 지정하기

① [A3] 셀 클릭
② Ctrl + Shift + →를 누릅니다. [A3:H3] 셀까지 범위가 지정됩니다.

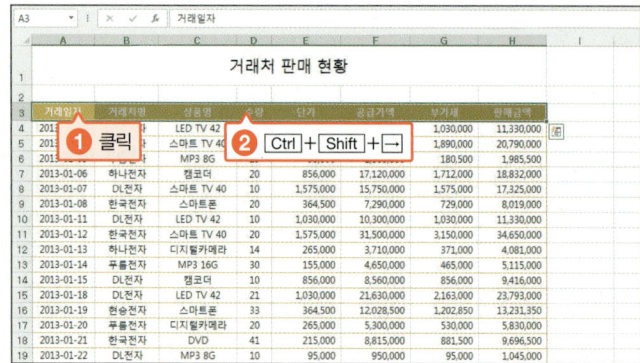

## 02 전체 데이터 범위 지정하기

데이터 목록에서 임의의 셀을 선택한 후 Ctrl + A 를 누르면 데이터가 입력된 전체 범위가 선택됩니다.

**바로 통하는 TIP** 워크시트 전체를 선택할 때는 [A1] 셀 왼쪽 위에 있는 [전체 선택 ◢]을 클릭합니다.

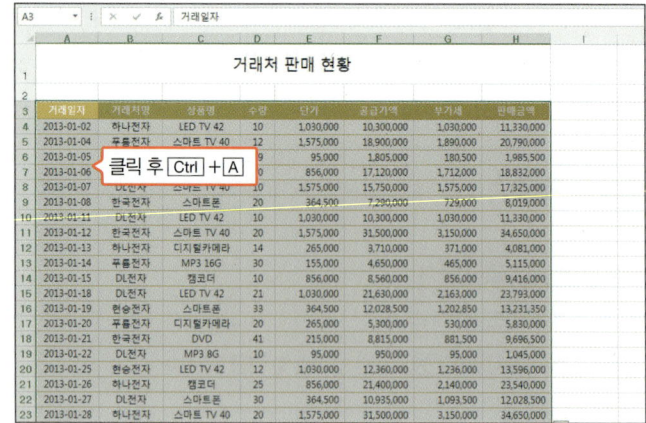

---

| 실무활용노트 EXCEL | 키보드를 이용해 범위 지정하기 |
|---|---|
| Ctrl + Shift + ↑, ↓, ←, → | 데이터가 입력된 현재 셀에서 열의 첫 행 또는 마지막 행, 첫 열 또는 마지막 열까지 범위를 지정합니다. 단, 데이터가 입력되지 않았을 때는 현재 열/행의 처음 또는 마지막 셀까지 범위가 지정됩니다. |
| Ctrl + Shift + * | 데이터가 입력된 전체 범위를 지정합니다. 단, 데이터가 입력되지 않았을 때는 범위가 지정되지 않습니다. |
| Ctrl + A | 데이터가 입력된 전체 범위를 지정합니다. 단, 데이터가 입력되지 않았을 때는 현재 워크시트의 전체 셀 범위가 지정됩니다. |

핵심기능실습

# 05 이름 정의로 셀 범위 지정하기

엑셀에서는 참조 셀을 잘못 지정해서 생기는 오류를 줄이기 위해 셀이나 선택 범위에 이름을 정의할 수 있습니다. 이름 정의 방법을 살펴보겠습니다.

■ 실습 파일 엑셀\1장\셀범위_거래처판매현황.xlsx   ■ 완성 파일 엑셀\1장\셀범위_거래처판매현황_완성.xlsx

**01 셀 범위 이름으로 정의하기**
셀이나 셀 범위를 선택한 후 이름 상자에 이름을 입력하고 Enter 를 누르면 이름을 정의할 수 있습니다.
① **[A4:H24]** 셀 드래그
② [이름 상자]에 **거래_1월**을 입력한 후 Enter 를 누릅니다.

[A4:H24] 셀 범위가 '거래_1월' 이름으로 정의되었습니다.

**02**
① 임의의 셀 선택
② [이름 상자 목록▼] 클릭
③ **거래_1월**을 선택합니다.

[A4:H24] 셀에 해당하는 1월 판매 데이터 범위가 선택됩니다.

**바로 통하는 TIP** 특정 범위를 이름으로 정의하려면 범위를 선택하고 [이름 상자]에 이름을 입력한 후 Enter 를 누릅니다.

CHAPTER 01 문서 작성하기 • **037**

## 03 선택 영역에서 이름 만들기

[선택 영역에서 만들기]를 이용하면 제목에 해당하는 데이터의 [첫 행]이나 [왼쪽 열], [끝 행]이나 [오른쪽 열]은 매번 범위를 지정하지 않고도 한 번에 셀 이름을 지정할 수 있습니다.

① 전체 데이터를 선택하기 위해 **[A3]** 셀 클릭 후 Ctrl + Shift + *
② [수식] 탭–[정의된 이름] 그룹–[**선택 영역에서 만들기**] 클릭
③ [선택 영역에서 이름 만들기] 대화상자에서 [**첫 행**]에 체크 표시
④ [**확인**]을 클릭합니다.

---

선택 범위에서 각 열의 첫 행이 범위 이름으로 정의됩니다.

## 04

① [**이름 상자 목록**] 클릭
② 앞서 정의한 범위 이름 중에 **상품명**을 선택합니다. [상품명] 열이 선택됩니다.

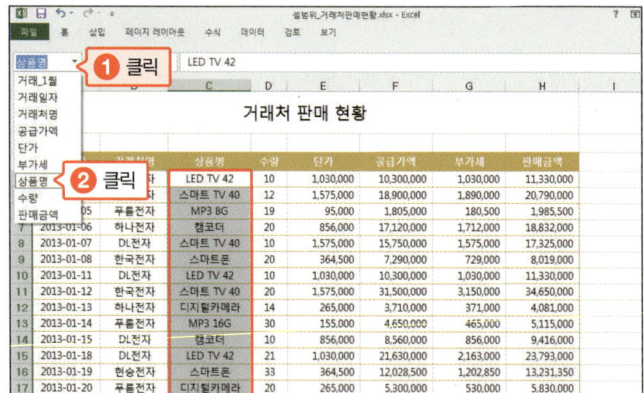

---

**실무활용노트 EXCEL** | 이름 관리자로 셀 이름 정의/수정/삭제하기

정의한 셀 이름은 [수식] 탭 – [정의된 이름] 그룹 – [이름 관리자]에서 확인할 수 있습니다. [이름 관리자] 대화상자에서는 이름을 수정하거나 삭제할 수 있으며, 이름을 새로 정의할 수도 있습니다.

## 핵심기능실습 06 행과 열 너비 조정하기

행과 열의 너비를 조정하는 기능을 이용하여 데이터의 높이와 너비에 맞게 편집하는 방법에 대해 알아보겠습니다.

• 실습 파일 엑셀\1장\행열너비_청구서.xlsx   • 완성 파일 엑셀\1장\행열너비_청구서_완성.xlsx

### 01 행 너비 조절하기

① **2행 머리글**을 선택하고 행 머리글에서 마우스 오른쪽 버튼 클릭 ② **[행 높이]** 선택 ③ [행 높이] 대화상자에 **50 입력** ④ **[확인]** 클릭. 선택한 행의 높이가 50으로 바뀝니다. ⑤ **4~21행 머리글 드래그** ⑥ **5행 머리글 경계선**에 마우스 포인터를 위치시키고 아래쪽으로 드래그합니다. 드래그해서 조절한 5행의 높이만큼 선택한 나머지 행의 높이도 일괄적으로 변경됩니다.

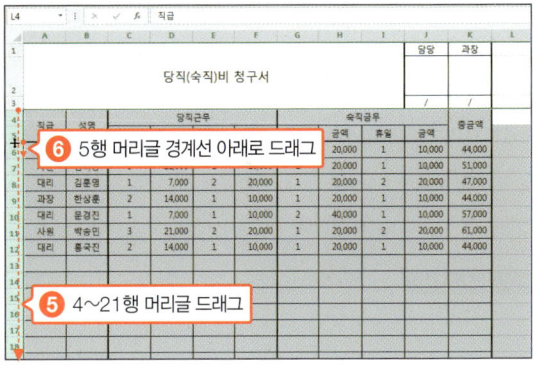

### 02 열 너비 조절하기

① **C열 머리글** 선택 ② Ctrl 을 누른 상태에서 **E, G, I열** 클릭 ③ 선택한 임의의 **열 머리글 사이 경계선**에 마우스 포인터를 위치시키고 더블클릭합니다. 선택한 범위의 데이터 너비만큼 열 너비가 일괄적으로 자동 조절됩니다.

> **바로 통하는 TIP**  행/열 머리글에서 행의 아래쪽 및 열의 오른쪽 경계선을 더블클릭하면 행/열의 너비가 자동으로 조절됩니다.

핵심기능실습

# 07 너비를 유지하여 붙여넣기 및 선택하여 붙여넣기

데이터를 옮기거나 붙여 넣는 방법으로 [선택하여 붙여넣기] 기능을 쓸 수 있습니다. 셀 수식, 값, 서식 등을 붙여 넣을 수 있을 뿐만 아니라 연산 기능 등의 옵션도 선택해 붙여 넣을 수 있습니다.

- 실습 파일 엑셀\1장\복사_개인고객정보.xlsx  · 완성 파일 엑셀\1장\복사_개인고객정보_완성.xlsx

**01 너비를 유지하여 붙여넣기**

[고객정보] 시트의 카드 번호, 이름, 사용한도 항목을 [한도조회] 시트에 열 너비를 유지한 채 붙여 넣어보겠습니다.

① [고객정보] 시트의 **[B3:B26]** 셀 드래그
② Ctrl 을 누른 상태에서 **[D3:D26]** 셀, **[G3:G26]** 셀 드래그
③ 범위에서 마우스 오른쪽 버튼 클릭
④ **[복사]**를 선택합니다.

선택한 범위의 데이터가 복사됩니다.

**바로 통하는 TIP** 복사의 단축키는 Ctrl + C , 잘라내기는 Ctrl + X , 붙여넣기는 Ctrl + V 입니다.

**02**

① **[한도조회]** 시트 클릭
② **[A3]** 셀에서 마우스 오른쪽 버튼 클릭
③ [선택하여 붙여넣기]의 옵션 목록에서 **[원본 열 너비 유지 ]**를 선택한 후 ESC 를 눌러 복사 모드를 해제합니다.

원본 데이터와 동일하게 열 너비가 유지되도록 붙여 넣었습니다.

**바로 통하는 TIP** 데이터를 복사하면 범위로 지정한 테두리가 깜빡거립니다. 이는 원본 데이터를 계속 붙여 넣을 수 있다는 의미입니다. 더 이상 붙여 넣지 않으려면 ESC 를 누릅니다.

## 03 곱하여 붙여넣기

사용한도 금액은 10000단위가 절사되어 있습니다. [선택하여 붙여넣기] 기능을 이용해 사용한도 금액에 10000을 곱해서 표시해보겠습니다.

① **[E3] 셀**에 **10000** 입력 후 Enter
② **[E3] 셀**을 선택한 후 Ctrl + C 를 누릅니다.

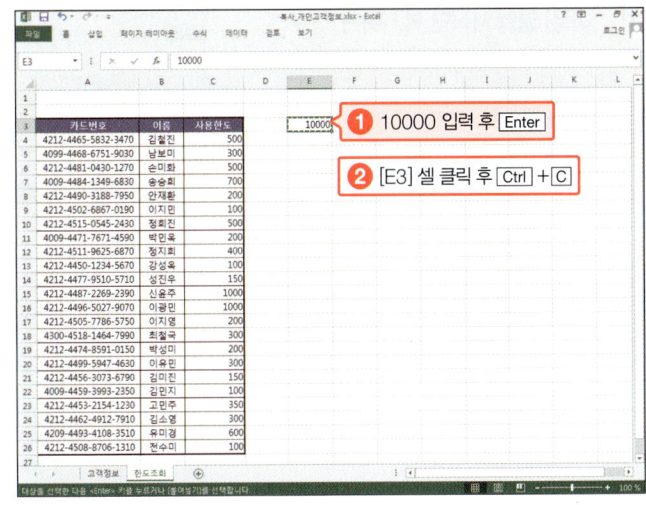

## 04

① **[C4:C26] 셀** 드래그
② 마우스 오른쪽 버튼 클릭
③ [선택하여 붙여넣기]에서 **[선택하여 붙여넣기]**를 선택합니다.

**바로 통하는 TIP** 선택하여 붙여넣기 단축키는 Ctrl + Alt + V 입니다.

## 05

① [선택하여 붙여넣기] 대화상자에서 **[곱하기]** 선택
② **[확인]** 클릭
③ [사용한도] 열 값이 10000을 곱한 값으로 바뀌면 **[E3] 셀**에서 Delete 를 눌러 값을 삭제합니다.

## 06 [이름] 열의 서식만 복사하기

[이름] 열에 지정된 서식을 복사하여 [사용한도] 열에 적용해보겠습니다.

① [B4:B26] 셀 드래그
② [홈] 탭-[클립보드] 그룹-[서식 복사 ✸]를 클릭합니다.

## 07
마우스 포인터가 모양으로 변경됩니다. [C4] 셀을 클릭하면 [이름] 열의 서식이 [사용한도] 열로 복사됩니다.

**바로 통하는 TIP** [서식 복사 ✸]를 더블클릭하면 동일한 서식을 여러 군데에 반복해서 복사할 수 있습니다. 서식 복사를 중단하고 싶을 때는 ESC를 누릅니다.

---

### 실무활용노트 EXCEL  실행 취소와 다시 실행

[실행 취소]나 [다시 실행] 기능을 이용하면 잘못 실행한 작업이나 명령을 100단계까지 취소하거나 다시 실행할 수 있습니다. 단, [메뉴] 탭을 선택하거나 [시트 보호], [통합 문서 저장], [매크로 실행] 등의 일부 작업은 취소할 수 없습니다. [실행 취소]와 [다시 실행] 명령은 [빠른 실행 도구 모음]에 있으며 단축키는 Ctrl + Z 와 Ctrl + Y 입니다.

**실행 취소(Ctrl + Z)**
최근 작업이나 그 이전 작업을 취소하려면 [빠른 실행 도구 모음]에서 [실행 취소 ↺]를 클릭합니다.

**다시 실행(Ctrl + Y)**
실행 취소한 최근 작업을 다시 실행하려면 [빠른 실행 도구 모음]에서 [다시 실행 ↻]을 클릭합니다.

핵심기능실습

# 08 그림으로 연결하여 붙여넣기

열 너비에 관계없이 여러 종류의 표를 한곳에 모아놓을 때 그림으로 연결하여 붙여넣기 기능을 이용하면 편리합니다.

•실습 파일 엑셀\1장\복사_인사평가표.xlsx  •완성 파일 엑셀\1장\복사_인사평가표_완성.xlsx

## 01 평가정보 복사하기

[평가정보] 시트에 작성된 표를 복사하여 [평가표] 시트에 그림으로 붙여 넣어보겠습니다. 각 시트에 작성된 표의 열 너비는 서로 다릅니다.

① [평가정보] 시트 선택
② [A3:I5] 셀을 드래그한 후 Ctrl + C 를 눌러 복사합니다.

## 02 그림으로 붙여넣기

① [평가표] 시트 선택
② [A2] 셀에서 마우스 오른쪽 버튼 클릭
③ [선택하여 붙여넣기] – [기타 붙여넣기 옵션]에서 [연결된 그림]을 클릭한 후 ESC 를 눌러 복사 모드를 해제합니다.

**바로 통하는 TIP** [연결된 그림]을 사용하면 원본 데이터에 따라 연결된 데이터가 자동으로 수정됩니다. 만약 원본 데이터의 영향을 받지 않으려면 [그림]을 선택합니다.

**03** 붙여 넣은 **그림 개체**를 선택하고 조절점을 드래그하여 크기를 조절합니다.

> **바로 통하는 TIP** 개체를 선택한 후 방향키(←, ↑, →, ↓)를 눌러 위치를 옮길 수 있습니다.

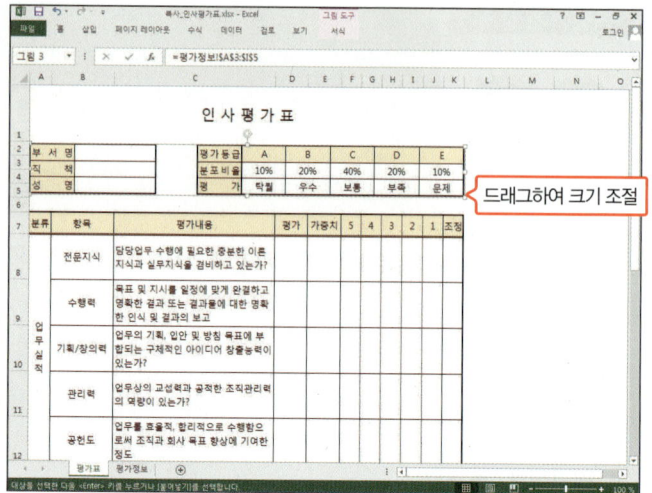

---

### 실무활용노트 EXCEL | 선택하여 붙여넣기 옵션 살펴보기

마우스 오른쪽 버튼을 클릭하면 나타나는 메뉴는 붙여넣기 옵션 지정을 아이콘으로 제공합니다. 이 메뉴를 이용하면 좀 더 쉽고 다양하게 붙여넣기 옵션을 지정할 수 있습니다.

| | 붙여넣기 옵션 | 설명 |
|---|---|---|
| 붙여넣기 | : 붙여넣기 | 모든 셀 내용과 수식 및 서식 붙여넣기 |
| | : 수식 | 수식 입력줄에 입력한 대로 수식만 붙여넣기 |
| | : 수식 및 숫자 서식 | 수식 입력줄에 입력한 대로 수식과 숫자 서식 붙여넣기 |
| | : 원본 서식 유지 | 원본 서식을 유지하면서 셀 내용과 수식 붙여넣기 |
| | : 테두리 없음 | 테두리 없이 셀 내용과 서식 및 수식 붙여넣기 |
| | : 원본 열 너비 유지 | 원본 열 너비를 유지하면서 셀 내용과 서식, 수식 붙여넣기 |
| | : 바꾸기 | 행과 열을 바꿔서 셀 내용과 서식, 수식 붙여넣기 |
| 값 붙여넣기 | : 값 | 셀 내용만 붙여넣기 |
| | : 값 및 숫자 서식 | 셀 내용과 숫자 서식만 붙여넣기 |
| | : 값 및 원본 서식 | 셀 내용과 서식 붙여넣기 |
| 기타 붙여넣기 | : 서식 | 셀 서식만 붙여넣기 |
| | : 연결하여 붙여넣기 | 셀 내용만 연결하여 붙여넣기 |
| | : 그림 | 원본과 연결하지 않고 그림으로 붙여넣기 |
| | : 연결된 그림 | 원본과 연결하여 그림으로 붙여넣기 |

## 핵심기능실습 09

# 워크시트 이름 변경 및 탭 색 변경하기

워크시트는 문서를 만들고 편집하는 공간입니다. 워크시트 이름을 정의하거나 시트 탭의 색을 수정해서 표시해 놓으면 여러 파일을 관리할 때 쉽게 구분할 수 있어 편리합니다.

• 실습 파일 엑셀\1장\시트_실적현황1.xlsx   • 완성 파일 엑셀\1장\시트_실적현황1_완성.xlsx

**01** ① [**Sheet1**] 시트 더블클릭 후 **1주** 입력 ② 같은 방법으로 [**Sheet2**]와 [**Sheet3**] 시트에 **2주**, **3주**를 각각 입력합니다.

**바로 통하는 TIP** 시트 이름 위에서 마우스 오른쪽 버튼을 클릭합니다. [이름 바꾸기]를 선택해 이름을 바꾸거나 [탭 색]을 선택해 탭을 원하는 색으로 바꿀 수 있습니다. 워크시트 이름은 31자를 넘지 않아야 하며 ₩ / ? * [ ] '를 포함하지 않아야 합니다.

**02** ① [**1주**] 시트 선택 후 마우스 오른쪽 버튼 클릭 ② [탭 색]에서 [**진한 빨강**] 선택 ③ 같은 방법으로 [2주]와 [3주] 시트의 색을 [**노랑**], [**연한 녹색**]으로 변경합니다.

핵심기능실습

# 10 워크시트 이동/복사/삭제하기

워크시트는 문서를 만들고 편집하는 공간으로 필요에 따라 이동, 추가하고 삭제하면서 효과적으로 데이터를 관리할 수 있습니다. 워크시트의 이동, 복사, 삭제 방법에 대해서 알아보겠습니다.

- 실습 파일 엑셀 \ 1장 \ 시트_실적현황2.xlsx  - 완성 파일 엑셀 \ 1장 \ 시트_실적현황2_완성.xlsx

## 01 워크시트 복사하기

4주간의 매출 실적을 각각의 시트에 기록하려고 합니다. [3주] 시트를 복사한 후 '4주'로 이름을 바꿔보겠습니다.

① **[3주]** 시트 클릭
② Ctrl 을 누른 상태에서 시트를 오른쪽으로 드래그합니다.

[3주] 시트가 [3주 (2)] 시트로 복제됩니다.

## 02 워크시트 이름 바꾸기

복제된 시트를 더블클릭하고 **4주**라고 입력합니다.

## 03 워크시트 삽입 및 이동하기

새 워크시트를 만들고 워크시트의 위치를 이동해보겠습니다.

① [새 시트 ⊕] 클릭
② 새로운 시트 더블클릭
③ **월간시트** 입력 후 Enter
④ [월간시트] 시트를 드래그하여 **[1주]** 시트 **왼쪽**으로 옮깁니다.

**바로 통하는 TIP** 새로 만든 통합 문서에는 기본적으로 한 개의 워크시트가 있습니다. 개수를 조정하려면 [파일] 탭에서 [옵션]을 선택한 후 [옵션] 대화상자를 엽니다. [일반] 항목의 [포함할 시트 수]에 1~255 사이의 값을 입력합니다.

## 04 워크시트 삭제하기

앞서 추가한 [4주] 시트를 다시 삭제해보겠습니다.

① [4주] 시트 클릭 후 마우스 오른쪽 버튼 클릭
② [삭제] 선택
③ 삭제하려는 시트에서 데이터를 삭제해도 되는지 물어보는 대화상자가 나타납니다. **[삭제]**를 클릭합니다.

**바로 통하는 TIP** 여러 개의 워크시트를 한 번에 선택할 때는 Shift 와 Ctrl 을 이용합니다. Shift 를 누른 상태에서 워크시트를 클릭하면 처음 선택한 워크시트와 마지막에 선택한 워크시트 사이에 위치한 모든 워크시트가 선택됩니다. Ctrl 을 누른 상태에서 워크시트를 클릭하면 클릭한 워크시트만 선택됩니다.

**핵심기능실습**

# 11 워크시트 보호하기

시트 보호하기를 설정하면 편집이 허용되지 않는 범위는 마음대로 편집할 수 없기 때문에 데이터를 보호할 수 있습니다. 범위 편집 허용과 시트 보호하기 기능은 둘 중 하나만 쓰는 기능이 아니라 순차적으로 실행해야 효과를 발휘하는 기능입니다. 견적서나 거래명세서처럼 폼이 정해진 문서의 변형을 막을 수 있습니다.

• 실습 파일 엑셀\1장\시트보호_거래명세서.xlsx    • 완성 파일 엑셀\1장\시트보호_거래명세서_완성.xlsx

## 01 범위 편집 허용

거래명세서에서 문서의 지정한 범위 외에는 수정할 수 없도록 편집 허용 범위를 설정해보겠습니다.

① [C2] 셀 클릭
② [C4:C7] 셀 Ctrl+드래그
③ [E4], [E7] 셀 Ctrl+클릭
④ [B10:I19] 셀 Ctrl+드래그
⑤ [검토] 탭-[변경 내용] 그룹-**[범위 편집 허용]**을 선택합니다.

[범위 편집 허용] 대화상자가 활성화됩니다.

## 02

① [범위 편집 허용] 대화상자에서 **[새로 만들기]** 클릭
② [새 범위] 대화상자의 [제목]에 **거래내용수정범위** 입력
③ **[확인]** 클릭
④ [범위 편집 허용] 대화상자의 **[확인]**을 한 번 더 클릭합니다.

'거래내용수정범위'로 지정한 [C2] 셀, [C4:C7] 셀, [E4] 셀, [E7] 셀, [B10:I19] 셀만 수정할 수 있습니다.

## 03 시트 보호하기

데이터와 서식 중 시트의 내용이 변경되지 않도록 시트 보호하기를 설정해보겠습니다.

① 임의의 셀 클릭

② [검토] 탭-[변경 내용] 그룹-[**시트 보호**] 클릭

③ [시트 보호] 대화상자에서 [**확인**]을 클릭합니다.

**바로 통하는 TIP** [시트 보호 해제 암호]를 입력하면 시트 보호를 해제할 때 반드시 암호를 입력해야 합니다. [시트 보호 해제 암호]를 지정할 경우에는 암호를 잊어버리지 않도록 주의합니다.

---

### 실무활용노트 EXCEL  [검토] 탭의 [변경 내용] 그룹 살펴보기

개인 사용자나 공유된 문서를 사용하는 여러 사용자가 실수나 고의로 워크시트 또는 통합 문서의 중요한 데이터를 변경, 이동, 삭제할 수 없도록 암호를 설정하여 워크시트나 통합 문서의 요소를 보호할 수 있습니다.

① **시트 보호** : 데이터 수정, 서식 변경, 행과 열 삽입/삭제 등 워크시트에서 허용할 요소와 보호할 내용을 선택하고 보호를 해제할 수 없도록 암호를 설정하여 시트를 보호합니다.

② **통합 문서 보호** : 시트의 이동, 삭제, 추가 등의 문서의 구조를 보호하고 해제할 수 없도록 암호를 설정하여 통합 문서를 보호합니다.

③ **통합 문서 공유** : 통합 문서를 네트워크나 원드라이브(OneDrive)에 저장한 경우 동시에 여러 사용자가 같은 문서에서 작업할 수 있도록 통합 문서를 공유합니다.

④ **통합 문서 보호와 공유** : 통합 문서를 공유하면서 다른 사용자가 [변경 내용 추적]을 해제할 수 없도록 암호를 설정하여 문서를 보호합니다.

⑤ **범위 편집 허용** : 시트를 보호할 경우 편집을 허용할 범위를 설정합니다.

⑥ **변경 내용 추적** : 여러 사용자가 작업할 경우 변경된 내용을 추적 표시하고, 변경된 내용을 적용할 것인지 취소할 것인지 선택합니다.

---

**04** 편집 범위를 허용한 **운송장, 주문하신분, 연락처, 주문일시, 주문번호, 받는분, 상품명, 출판사, 단가, VAT, 수량** 이외의 셀에 있는 데이터를 수정하려고 하면 경고 메시지가 나타납니다.

**바로 통하는 TIP** 시트 보호를 해제하려면 [검토] 탭의 [변경 내용] 그룹에서 [시트 보호 해제]를 클릭합니다.

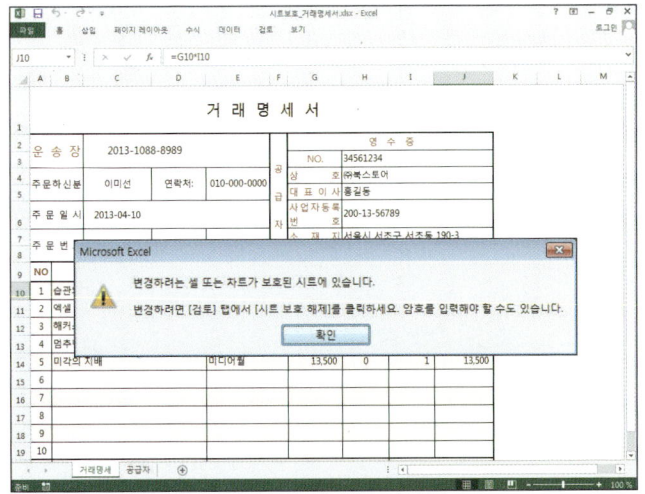

핵심기능실습

# 12 문자/숫자 데이터 입력하기

셀에는 문자 데이터, 숫자 데이터, 수식 등을 입력할 수 있습니다. 문자 데이터는 한글, 한자, 일본어, 특수 문자 등과 같이 계산할 수 없는 데이터를, 숫자 데이터는 숫자, 날짜, 시간처럼 계산할 수 있는 데이터를 의미합니다.

•실습 파일 엑셀\1장\데이터입력.xlsx [문자], [숫자] 시트  •완성 파일 엑셀\1장\데이터입력_완성.xlsx [문자], [숫자] 시트

## 01 문자 데이터 입력하기

① [문자] 시트에서 [C4] 셀에 **1분기 실적** 입력 후 Enter
② [C5] 셀에 **2013년** 입력 후 Alt + Enter
③ **실적 보고서**를 입력하고 Enter 를 누릅니다. **2013년 실적 보고서**가 두 줄로 입력됩니다.

 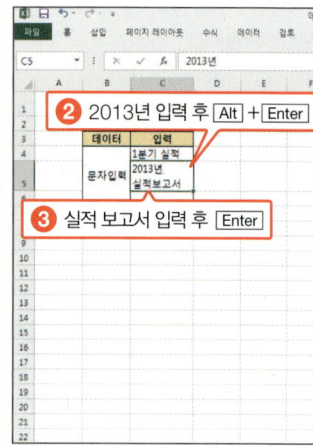

**바로 통하는 TIP** 문자 데이터는 입력했을 때 셀 내에서 왼쪽 정렬됩니다.

## 02

① [C6] 셀에 **'2013**을 입력 후 Enter
② [C6] 셀 옆에 있는 [오류 표시] 클릭
③ [오류 무시]를 선택해서 오류 표시를 지웁니다.

 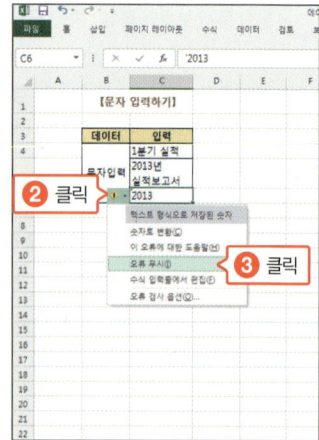

**바로 통하는 TIP** 아포스트로피(')는 숫자를 계산하지 않는 문자로 입력할 때 사용하는 기호입니다. 엑셀에서는 숫자 데이터에 아포스트로피가 붙어 있으면 문자 데이터로 인식합니다.

## 03 숫자 데이터 입력하기

① [숫자] 시트에서 [C4] 셀에 **4500** 입력 후 Enter

② [C5] 셀에 **123456789012**를 입력한 후 Enter를 누릅니다.

숫자 데이터는 셀 너비가 좁거나 12자리 이상이면 지수 형태로 표시됩니다.

**바로 통하는 TIP** 숫자 데이터는 입력했을 때 셀 내에서 오른쪽 정렬됩니다.

## 04 [C6] 셀에 **123,456,789,123**을 입력한 후 Enter를 누릅니다.

숫자 데이터의 가짓수에 비해 셀 너비가 좁으면 ####으로 표시됩니다.

**바로 통하는 TIP** C열 머리글의 경계를 오른쪽으로 드래그하여 셀 너비를 조정하면 '123,456,789,123' 값이 나타납니다. 셀 너비를 데이터 너비에 맞춰 자동으로 조절하려면 C열 머리글의 오른쪽 영역을 더블클릭합니다.

## 05 [C7] 셀에 **0 1/4**을 입력한 후 Enter를 누릅니다. 분수로 입력됩니다.

'0 1/4'라고 입력하면 셀에는 '1/4'로 표시되고 수식 입력줄에는 0.25로 나타납니다.

**바로 통하는 TIP** 숫자 데이터 중 분수를 표현하려면 0 이상의 숫자를 입력한 후 한 칸 띄고 분자/분모 값을 입력합니다.

## 핵심기능실습 13 — 날짜/시간 입력하기

엑셀에서 날짜나 시간은 정해진 형식에 맞춰 입력해야 합니다. 날짜를 입력할 때는 슬래시(/)나 하이픈(-)을 구분 기호로 사용하고(년-월-일 또는 년/월/일), 시간은 콜론(:)을 구분 기호로 넣어 입력합니다(시:분:초). 시간을 입력한 후 한 칸을 띄우고 AM이나 PM을 입력하면 12시간제로 표시되고 입력하지 않으면 24시간제로 표시됩니다.

- 실습 파일 엑셀\1장\데이터입력.xlsx [날짜시간] 시트  • 완성 파일 엑셀\1장\데이터입력_완성.xlsx [날짜시간] 시트

### 01 날짜 입력하기

① [날짜시간] 시트에서 **[C4] 셀**에 **4-20** 입력 후 Enter
올해 년도를 기준으로 **4월 20일**이 입력됩니다.

② [C5] 셀을 선택하고 **2012/3/5**를 입력한 후 Enter 를 누릅니다.

'2012/3/5'라고 입력하면 년-월-일로 인식해 '2012-03-05'라고 표시됩니다.

**바로 통하는 TIP** 현재 날짜를 입력하려면 Ctrl + ; 을 누릅니다. 컴퓨터에 설정된 오늘 날짜가 자동으로 입력됩니다.

### 02 시간 입력하기

① [C6] 셀에 **8:20:45** 입력 후 Enter
② [C7] 셀에 **21:15:30**을 입력한 후 Enter 를 누릅니다.

[C6] 셀, [C7] 셀을 클릭하면 수식 입력줄에 각각 8:20:45 AM, 9:15:30 PM이 표시됩니다.

**바로 통하는 TIP** 현재 시간을 입력하려면 Ctrl + Shift + ; 을 누릅니다. 컴퓨터에 설정된 현재 시간이 자동으로 입력됩니다.

핵심기능실습

# 14 한자/기호 입력하기

한자를 입력할 때는 한글을 입력한 후 [한자]를 누르거나 [검토] 탭의 [언어] 그룹에서 한글/한자 변환 기능을 이용합니다. 반대로 한자를 한글로 변환할 때도 [한자]를 누르거나 한글/한자 변환 기능을 이용할 수 있습니다. 특수 문자를 입력하려면 [삽입] 탭의 [기호] 그룹에서 [Ω 기호]를 클릭하고 [기호] 대화상자에서 [글꼴]과 [하위 집합 목록]을 선택합니다.

•실습 파일 엑셀\1장\데이터입력_설문조사.xlsx　•완성 파일 엑셀\1장\데이터입력_설문조사_완성.xlsx

▲ 핵심기능실습 미리보기

❶ 한자 변환하기
❷ 기호 입력하기
❸ [한자]를 이용해서 특수 문자 입력하기

## 01 한자로 바꿀 범위 지정하기

고객 설문 조사 양식에서 한자로 바꿀 범위를 지정한 후 한글을 한자로 바꿔보겠습니다.

① [J4] 셀 클릭
② [C8:K8] 셀 Ctrl+드래그
③ [검토] 탭-[언어] 그룹-[한글/한자 변환]을 클릭합니다.

## 02 한자로 바꾸기

① [한글/한자 변환] 대화상자에서 年(년) 선택
② [변환]을 클릭하여 한자를 변환합니다.

## 03

①②③④⑤⑥ 月(월), 日(일), 代(대)를 순서대로 변환합니다. 한자 변환이 모두 끝났다는 메시지 창이 나타나면 [확인]을 클릭해서 변환을 마칩니다.

**바로 통하는 TIP** 글자를 입력하면서 한 글자씩 한자로 변환하려면 한자를 눌러 변경합니다.

## 04 기호 입력하기

① [B6] 셀 클릭
② [삽입] 탭-[기호] 그룹-[**기호 Ω 기호**] 클릭
③ [기호] 대화상자에서 [글꼴]의 [목록 ▼]을 클릭하여 [Wingdings 2] 선택
④ [**체크 표시 ☑**] 더블클릭
⑤ [**닫기**]를 클릭한 후 Enter 를 누릅니다.

## 05 한자 를 이용하여 기호 입력하기

① [B14] 셀에 ㅇ 입력 후 한자
② 목록에서 ①을 선택한 후 Enter 를 누릅니다.

---

**실무활용노트 EXCEL** 　한자 를 이용해서 특수 문자 입력하기

한글 자음을 입력한 후 한자 를 눌러서 특수 문자를 입력할 수 있습니다. 자음을 입력한 후 한자 를 누르면 특수 문자 목록이 나타납니다. 여기에서 원하는 특수 문자를 선택하거나 특수 문자 옆에 있는 숫자를 입력합니다.

핵심기능실습

# 15 데이터 수정 및 행 삽입/삭제하기

데이터의 일부를 수정할 때는 수식 입력줄을 이용합니다. 또는 셀을 더블클릭하거나 F2를 눌러 편집 상태로 만든 후 내용을 수정할 수도 있습니다. 데이터를 지울 때는 Delete를 누르거나 [홈] 탭 – [편집] 그룹 – 지우기 를 클릭합니다. 또한 필요에 따라 행이나 열을 삽입하거나 삭제할 수 있습니다.

- 실습 파일 엑셀 \ 1장 \ 수정_대출금.xlsx  - 완성 파일 엑셀 \ 1장 \ 수정_대출금_완성.xlsx

## 01 데이터 수정하기

셀을 더블클릭하여 데이터를 수정할 수 있습니다. [F1] 셀을 더블클릭하여 **6.5**로 수정한 후 Enter를 누릅니다.

연이율에는 백분율 서식이 지정되어 있으므로 6.5로 수정하면 '%'가 자동으로 입력됩니다.

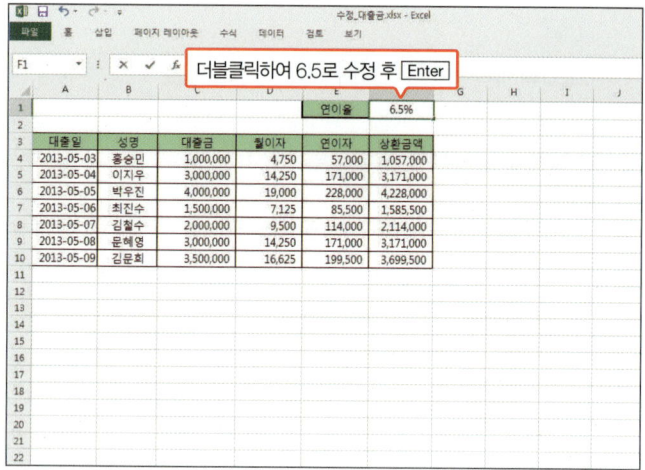

## 02

F2를 누르면 셀을 편집 상태로 만들어 데이터를 수정할 수 있습니다.

① [A3] 셀 클릭 후 F2를 눌러 **대출연도**로 수정
② [A4:A10] 셀 드래그
③ 수식 입력줄에서 **2013**이라고 입력한 후 Ctrl + Enter를 눌러 지정한 범위에 같은 값을 넣습니다.

대출연도 열에는 날짜 서식이 지정되어 있어 '2013'으로 수정하면 '1905-07-05'로 입력됩니다. 다음 과정에서 서식을 지워보도록 하겠습니다.

## 03 서식 지우기

셀에 지정된 서식을 지워보겠습니다.

① **[A4:A10]** 셀 드래그

② [홈] 탭-[편집] 그룹-**[지우기 ]** 클릭

③ **[서식 지우기]**를 선택합니다. 범위에 적용된 날짜 서식이 지워져서 '2013'이라는 숫자만 나타납니다.

> **바로 통하는 TIP** [지우기]에는 4가지 옵션이 있습니다. [모두 지우기]는 셀에 입력된 서식, 내용, 메모를 모두 지웁니다. [서식 지우기]는 셀에 입력된 내용은 남겨두고 서식만 지웁니다. [내용 지우기]는 셀에 입력된 서식은 남겨두고 내용만 지웁니다. [메모 지우기]는 셀에 입력된 메모만 지웁니다.

## 04 행 삽입하기

① **1행 머리글** 선택 후 마우스 오른쪽 버튼 클릭 ② **[삽입]** 선택. 행이 삽입됩니다. ③ **[삽입 옵션 ]** 클릭 ④ **[서식 지우기]**를 선택합니다.

 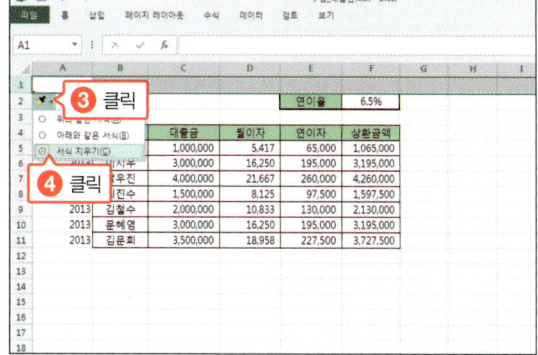

> **바로 통하는 TIP** 행을 삽입하는 단축키는 Ctrl + Shift + + 입니다.

> **바로 통하는 TIP** 서식이 지정된 행을 선택하고 행을 삽입하면 [삽입 옵션 ]이 나타납니다. 삽입 옵션에서는 [위와 같은 서식], [아래와 같은 서식], [서식 지우기] 옵션을 선택할 수 있습니다. [삽입 옵션]은 다른 셀을 편집하면 바로 사라집니다.

## 05 행 삭제하기

① **[A1]** 셀에 **2013년 대출금과 상환금** 입력

② **7행 머리글** 선택 후 마우스 오른쪽 버튼 클릭

③ **[삭제]**를 선택해서 행을 삭제합니다.

> **바로 통하는 TIP** 행을 삭제하는 단축키는 Ctrl + - 입니다.

## 핵심기능실습 16
## 채우기 핸들을 이용해 데이터 채우기

연속적인 데이터나 일정한 규칙이 있는 데이터를 채워야 할 때는 채우기 핸들을 사용합니다. 셀 포인터 오른쪽 아래에 나타나는 검은 점(▇)을 '채우기 핸들'이라고 부릅니다. 마우스 포인터를 채우기 핸들로 가져가면 ✚와 같이 십자가 모양으로 바뀌며, 이때 채우기 핸들을 드래그하면 드래그한 방향으로 데이터를 채울 수 있습니다. 문자 데이터는 같은 내용으로 채워지며, 문자와 숫자가 혼합된 데이터는 숫자만 1씩 증가하며 채워집니다. 또한 숫자 데이터 두 셀을 범위로 지정하고 드래그하면 두 셀의 차이만큼 데이터가 증감합니다. '1월~12월', '1사분기~4사분기'와 같이 시작과 끝 값이 정해진 상태에서 반복되는 데이터는 사용자 지정 목록에 등록되어 있으며 필요에 따라 사용자 지정 목록에 추가해 사용할 수 있습니다.

■ 실습 파일 엑셀\1장\채우기_생산현황.xlsx     ■ 완성 파일 엑셀\1장\채우기_생산현황_완성.xlsx

### 01 같은 내용으로 채우기

연간 제품 생산 현황표에서 제품 및 생산 공장에 해당하는 내용을 채우기 핸들을 이용해 채워 넣어보겠습니다.

① [A4] 셀 클릭
② 채우기 핸들을 [A12] 셀까지 드래그하면 데이터가 채워집니다.

**바로 통하는 TIP** 채우기 핸들을 드래그해서 값을 채우고 나면 마지막 셀 아래쪽에 자동 채우기 옵션(▣)이 나타납니다. 채우기 옵션을 이용하면 셀 복사, 연속 데이터 채우기, 서식만 채우기, 서식 없이 채우기 중 하나를 선택하여 데이터를 채울 수 있습니다.

### 02

① [A13] 셀 클릭
② 채우기 핸들을 [A21] 셀까지 드래그하면 데이터가 채워집니다.

**바로 통하는 TIP** 문자 데이터를 채우기 핸들로 드래그하면 내용이 변하지 않고 동일한 내용으로 복제됩니다.

## 03 숫자만 바꾸면서 채우기

① **[B4]** 셀 클릭

② 채우기 핸들을 **[B12]** 셀까지 드래그합니다. 문자와 숫자가 혼합된 데이터에서 채우기 핸들을 드래그하면 문자는 그대로 인 채로 숫자만 1씩 증가하므로 **1공장, 2공장, 3공장** 순서로 채워집니다.

## 04

① **[B4:B12]** 셀 드래그

② Ctrl 을 누른 상태에서 채우기 핸들을 **[B21]** 셀까지 드래그합니다. 지정한 범위 안의 내용이 반복해서 채워집니다.

**바로 통하는 TIP** Ctrl 을 누른 상태에서 채우기 핸들을 드래그하면 숫자 데이터가 증가하지 않고 동일한 내용이 복제됩니다.

## 05 숫자 1씩 증가하면서 채우기

월에 해당하는 항목에 12월까지 숫자를 채워보겠습니다.

① **[D3:E3]** 셀 드래그

② 채우기 핸들을 **[O3]** 셀까지 드래그

③ **[자동 채우기 옵션]** 클릭

④ **[서식 없이 채우기]**를 선택합니다.

서식은 그대로 유지되고, 숫자가 1씩 증가하면서 번호가 채워집니다.

**바로 통하는 TIP** 숫자 데이터인 두 셀을 범위로 지정하고 채우기 핸들을 드래그하면 두 셀 값의 차이만큼 데이터가 증감하면서 채워집니다. 이때 두 셀의 차이에 관계없이 1씩 증가하면서 채우고 싶을 때는 Ctrl 을 누른 상태에서 채우기 핸들을 드래그합니다.

## 06 사용자가 지정한 목록으로 채우기

① [파일] 탭 클릭 ② [옵션]을 선택합니다.

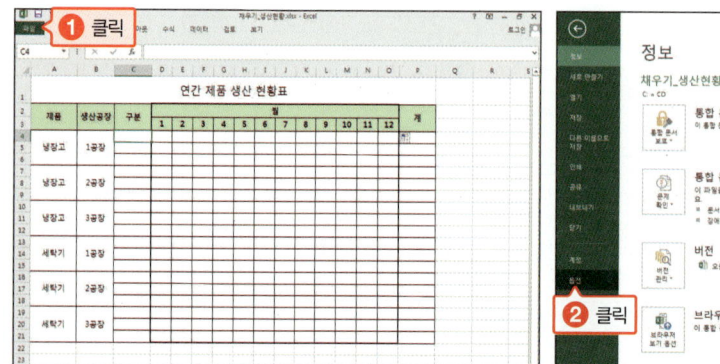

**07** ① [Excel 옵션] 대화상자에서 [고급] 항목 선택 ② [일반]에서 **[사용자 지정 목록 편집]** 클릭 ③ [사용자 지정 목록] 대화상자의 [목록 항목]에 **목표, 생산, 불량** 입력. Enter를 눌러 구분해줍니다. ④ **[추가]** 클릭. 사용자 지정 목록에 등록합니다. ⑤ **[확인]** 클릭 ⑥ [Excel 옵션] 대화상자에서 **[확인]**을 클릭해서 대화상자를 닫습니다.

> **바로 통하는 TIP** [목록 항목]을 입력할 때 각 항목은 Enter 나 콤마(,)로 구분합니다.

## 08

① [C4] 셀에 **목표** 입력
② [C4] 셀의 채우기 핸들을 [C21] 셀까지 드래그합니다.

사용자 지정 목록에 추가한 목표, 생산, 불량 순서대로 셀이 채워집니다.

## 핵심기능실습 17
# 빠른 채우기로 신속하게 데이터 열 채우기

엑셀 2013에 추가된 기능으로 한 셀에 있는 데이터를 여러 개의 열로 분할해야 할 때 편리하게 사용할 수 있습니다. 엑셀에서 사용자가 입력하는 패턴을 인식할 경우에 작동하고, 그에 따라 나머지 데이터를 채울 수 있습니다.

• 실습 파일 엑셀\1장\채우기_제품목록.xlsx   • 완성 파일 엑셀\1장\채우기_제품목록_완성.xlsx

**01 빠른 채우기로 같은 패턴의 분할 데이터 입력하고 채우기**

① [B4] 셀에 **냉장고** 입력
② [B4:B30] 셀 드래그
③ [홈] 탭-[편집] 그룹-[채우기] 클릭
④ [빠른 채우기]를 선택합니다.

[A4:A30] 셀에 있는 제품명이 채워집니다.

**바로 통하는 TIP** 빠른 채우기 기능으로 항상 데이터를 채울 수 있는 것은 아닙니다. 데이터에 일관성이 있는 경우에 사용하는 것이 가장 적합합니다. 여기에서는 제품명에 입력된 데이터의 패턴을 분석하여 '제품 공백 용량'으로 입력된 형식에서 제품 이름만 빠른 채우기로 채운 것입니다.

**02** ① [C4] 셀에 **300** 입력 ② [C5] 셀에 **4**를 입력하면 빠른 데이터 채우기가 제안한 목록이 나타납니다. Enter 를 눌러 빠르게 데이터를 채웁니다. 제품 용량이 반복해서 채워집니다.

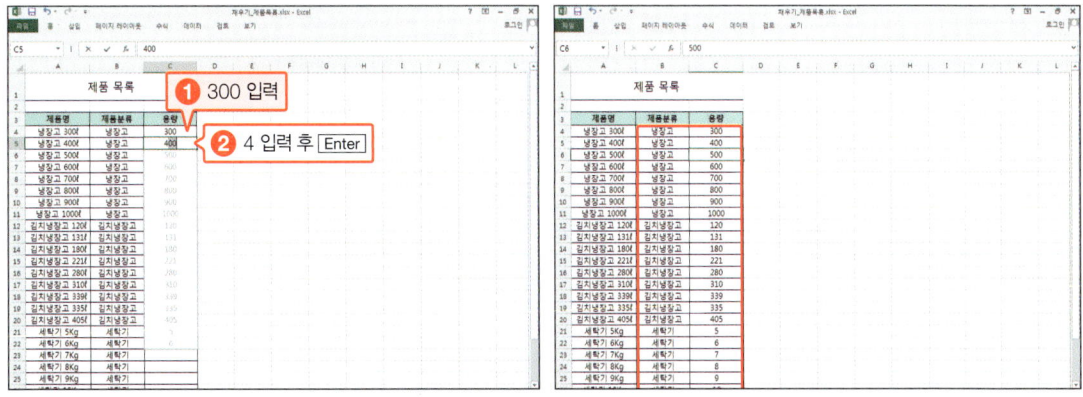

**바로 통하는 TIP** 빠른 채우기에서 제안한 목록으로 채우지 않으려면 끝까지 데이터 값을 입력하거나 ESC 를 누릅니다.

## 핵심기능실습 18
## 데이터 유효성 검사로 한글/영문 모드 설정하기

데이터를 입력할 때 데이터의 입력 오류를 줄이고 유효한 데이터만 입력할 수 있도록 데이터 유효성 검사를 설정하는 방법에 대해서 알아보겠습니다. 또한 [한/영]을 눌러 한글과 영문을 바꿀 필요 없이 셀에 설정한 형식으로 데이터를 입력할 수 있는 한글/영문 IME 모드 설정 방법에 대해서 알아봅니다.

• 실습 파일 엑셀\1장\유효성_직무교육1.xlsx  • 완성 파일 엑셀\1장\유효성_직무교육1_완성.xlsx

**01 아이디에 데이터 유효성 검사 설정하기**
데이터 유효성 검사를 설정하여 아이디 항목에는 영문만 입력할 수 있도록 변경해보겠습니다.
① [A4:A24] 셀 드래그
② [데이터] 탭-[데이터 도구] 그룹-[**데이터 유효성 검사**]를 클릭합니다.

**02**
① [데이터 유효성] 대화상자에서 [**IME 모드**] 탭 클릭
② [입력기]에서 [**모드**▼] 클릭
③ [**영문**] 선택
④ [**확인**]을 클릭합니다.

**바로 통하는 TIP** 입력기 모드를 적용한 셀은 [한/영]을 눌러 한글과 영문을 바꾸지 않아도 설정한 형식이 기본 모드가 되어 데이터를 입력할 수 있습니다.

062 • PART 01 엑셀 2013

## 03 이름에 데이터 유효성 검사 설정하기

데이터 유효성 검사를 설정하여 이름 항목에는 한글만 입력할 수 있도록 변경해보겠습니다.

① **[B4:B24] 셀 드래그**
② [데이터] 탭–[데이터 도구] 그룹–**[데이터 유효성 검사]**를 클릭합니다.

## 04

① [데이터 유효성] 대화상자에서 **[IME 모드]** 탭 클릭
② [입력기]에서 **[모드 ▼]** 클릭
③ **[한글]** 선택
④ **[확인]**을 클릭합니다.

## 05

① [A4] 셀에 **hong001** 입력 후 Tab
② [B4] 셀에 **홍길동**을 입력합니다.

**바로 통하는 TIP** [IME 모드]에서 [한글] 또는 [영문] 모드를 설정하면 한/영 을 눌러 한글과 영문으로 바꾸지 않아도 설정한 형식으로 데이터를 입력할 수 있습니다.

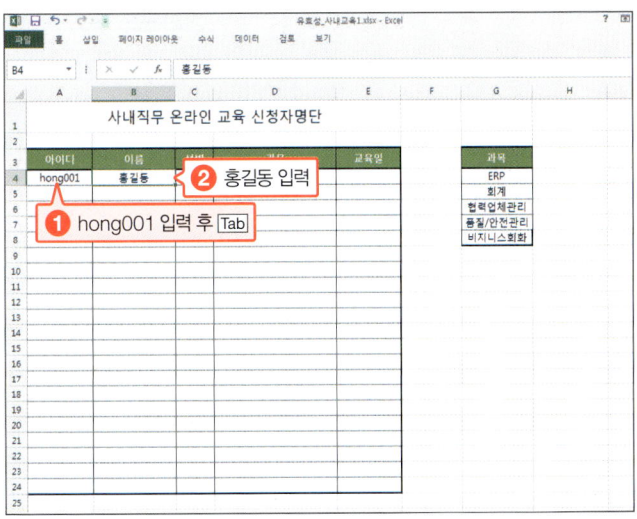

핵심기능실습

# 19 데이터 유효성 검사로 목록 설정하기

사용자가 데이터를 입력할 때 자동으로 오류를 검색하여 셀에 유효한 데이터만 입력되도록 목록, 숫자, 날짜 등을 설정할 수 있습니다. 사용자에게는 입력 방법에 대한 도움말을 제공하고 잘못된 데이터를 입력하면 경고 메시지를 표시해서 데이터를 입력할 때 생기는 오류를 최소로 줄일 수 있습니다.

•**실습 파일** 엑셀\1장\유효성_직무교육2.xlsx  •**완성 파일** 엑셀\1장\유효성_직무교육2_완성.xlsx

**01 성별에 데이터 유효성 검사 설정하기**
데이터를 입력하기 전에 성별, 과목, 교육일 입력 셀에 데이터 유효성 검사를 설정하여 유효한 데이터만 입력할 수 있도록 사내 직무 온라인 교육 신청자 명단을 만들어보겠습니다.

① **[C4:C24]** 셀 드래그
② [데이터] 탭-[데이터 도구] 그룹-[**데이터 유효성 검사**]를 클릭합니다.

**02** 성별 셀을 클릭했을 때 목록에서 남, 여를 고를 수 있도록 설정해보겠습니다.

① [설정] 탭에서 [제한 대상]으로 [**목록**] 선택
② [원본]에 **남,여** 입력
③ [**확인**]을 클릭합니다.

**바로 통하는 TIP** 원본 항목에 입력되는 데이터는 콤마(,)로 각 데이터를 구분합니다.

## 03 과목에 데이터 유효성 검사 설정하기

과목 셀은 G열에 입력되어 있는 데이터 범위에서만 값을 고를 수 있도록 설정해보겠습니다.
① **[D4:D24]** 셀 드래그 ② [데이터] 탭 - [데이터 도구] 그룹 - **[데이터 유효성 검사]** 클릭 ③ [설정] 탭에서 [제한 대상]으로 **[목록]** 선택 ④ **[원본]** 클릭 ⑤ [원본] 내용을 채우기 위해 **[G4:G8]** 셀 드래그 ⑥ **[확인]**을 클릭합니다.

**바로 통하는 TIP** [설정] 탭에서 설정한 사항은 입력 데이터에 대한 제한 조건이며 각 셀마다 서로 다른 조건을 설정할 수 있습니다.

## 04 교육일에 데이터 유효성 검사 설정하기

특정 날짜 범위에서만 교육일을 표시할 수 있도록 설정해보겠습니다.
① **[E4:E24]** 셀 드래그
② [데이터] 탭 - [데이터 도구] 그룹 - **[데이터 유효성 검사]**를 클릭합니다.

## 05

① [데이터 유효성] 대화상자의 [설정] 탭에서 [제한 대상]으로 **[날짜]** 선택
② [시작 날짜]에 **2013-1-1** 입력
③ [끝 날짜]에는 **2013-12-31**을 입력합니다.

**06 날짜에 유효한 데이터 값을 설명하기 위한 메시지 입력하기**

데이터 유효성 검사에서 설정한 유효 값 이외의 값을 입력했을 때 보여줄 오류 대화상자 내용을 입력합니다.

① [데이터 유효성] 대화상자에서 **[설명 메시지]** 탭 클릭

② [제목]에 **교육일** 입력

③ [설명 메시지]에 **교육일은 2013-01-01~2013-12-31** 입력

④ **[확인]**을 클릭합니다.

**바로 통하는 TIP** 유효성 검사에서 설정한 유효 값 이외의 값을 입력하면 나타나는 오류 메시지는 [오류 메시지] 탭에 입력합니다.

**07** 유효성 검사를 모두 설정했습니다. [성별]과 [과목] 열에서 셀을 클릭한 후 목록 상자에서 원하는 항목을 선택하거나 목록에 있는 내용을 직접 입력합니다. 교육일에는 2013-01-01~2013-12-31 사이의 날짜를 입력할 수 있고 잘못 입력하면 오류 메시지가 나타납니다.

CHAPTER 02

# 문서 편집 및 인쇄하기

문서를 구체적이고 명확하게 볼 수 있도록 깔끔하고 보기 좋게 만들려면 셀 서식을 잘 다루어 문서를 편집할 수 있어야 합니다. 또한 인쇄 미리보기를 통해 인쇄될 문서의 모양을 확인하고 다양한 인쇄 옵션을 설정하면 용지 낭비를 최소화할 수 있습니다.
이번 장에서는 엑셀 문서 내의 셀 스타일, 표 서식, 글꼴, 맞춤, 표시 형식, 조건부 등의 서식을 꾸며 완성된 문서의 용지, 여백, 배율, 제목, 페이지를 나누고 미리 보기로 확인한 후 인쇄하는 방법에 대해서 알아보겠습니다.

핵심기능실습

# 20 표 서식 스타일과 셀 스타일 적용하기

표 서식과 셀 스타일을 이용하면 클릭 한 번으로 셀 서식을 지정할 수 있습니다. 일일이 서식을 지정할 필요가 없고 디자인도 깔끔해서 문서 서식을 지정할 때 유용합니다. 간편하게 문서를 꾸미는 방법에 대해서 알아보겠습니다.

- 실습 파일 엑셀\2장\서식_교통비지불증1.xlsx  ▪ 완성 파일 엑셀\2장\서식_교통비지불증1_완성.xlsx

## 01 표 서식 적용하기

표 서식과 셀 스타일을 이용해 여비·교통비 지불증을 빠르게 꾸며보겠습니다.

① **[A11]** 셀 클릭
② [홈] 탭-[스타일] 그룹-**[표 서식]** 클릭
③ [밝게] 영역의 **[표 스타일 밝게 6]**을 선택합니다.

**바로 통하는 TIP** 표 서식을 적용할 범위에 병합된 셀이 있으면 자동으로 병합이 해제됩니다.

## 02 [표 서식] 대화상자가 나타나면 표에 사용할 데이터를 범위로 지정합니다.

① **[A11:F17]** 셀 드래그
② **[머리글 포함]**에 체크 표시
③ **[확인]**을 클릭해서 서식을 적용합니다.

[표 스타일 밝게 6] 서식이 적용됩니다. 표 서식을 적용하면 열 머리글에는 필터 단추가 나타나는데, 필터 단추를 사용하면 데이터를 빠르게 필터링하고 정렬할 수 있습니다.

**바로 통하는 TIP** 표 서식의 첫째 행이 제목 행일 경우 [머리글 포함]에 체크 표시합니다. 체크 표시하지 않으면 선택 범위 맨 위에 열1, 열2, 열3,… 순으로 임시 제목 행이 삽입됩니다.

## 03 셀 스타일 적용하기

① [A1] 셀 클릭

② [홈] 탭-[스타일] 그룹-[셀 스타일] 클릭

③ [제목 및 머리글] 영역의 [제목]을 선택해서 스타일을 변경합니다.

**바로 통하는 TIP** 셀 스타일에서 [표준]을 선택하면 셀 무늬나 글자 색, 데이터 형식 등이 모두 표준 표시 형식으로 변경됩니다.

## 04 숫자 서식 셀 스타일 적용하기

① [C5] 셀 클릭

② [F12:F17] 셀 Ctrl + 드래그

③ [홈] 탭-[스타일] 그룹-[셀 스타일] 클릭

④ [숫자 서식] 영역에서 [쉼표 [0]]을 선택합니다. 숫자에 천 단위로 쉼표가 표시됩니다.

**바로 통하는 TIP** 숫자 서식에서 [쉼표]와 [쉼표 [0]]은 둘 다 천 단위로 쉼표를 표시합니다. 그러나 [쉼표]는 소수 둘째 자리까지 표시하고 [쉼표 [0]]은 정수로 표시합니다.

핵심기능실습

# 21 표 디자인 변경 및 범위로 변환하기

표 서식이 적용된 디자인은 [표 도구]-[디자인] 탭에서 언제든지 다른 스타일로 변경할 수 있습니다. 또한 일부 셀을 삭제해야 할 때, 셀을 병합할 때, 표 디자인이 마음에 들지 않을 때는 표를 데이터 범위로 돌려놓을 수 있습니다.

■ **실습 파일** 엑셀 \ 2장 \ 서식_교통비지불증2.xlsx   ■ **완성 파일** 엑셀 \ 2장 \ 서식_교통비지불증2_완성.xlsx

**01 표 스타일 변경하기**
① 표 영역에서 임의의 셀 클릭
② [표 도구]-[디자인] 탭-[표 스타일 옵션] 그룹의 **[첫째 열]**, **[마지막 열]**에 추가로 체크 표시
옵션을 변경합니다.
③ [표 스타일] 그룹-**[자세히▼]** 클릭
④ [보통] 영역의 **[표 스타일 보통 12]**를 선택합니다. 표 스타일이 변경됩니다.

[표 스타일 보통 12] 서식이 적용됩니다. 첫째 열과 마지막 열이 굵게 처리되어 데이터를 쉽게 구분할 수 있습니다.

**02** 그림과 같이 **[A18:F18]** 셀에 **7, 5-23, 워크샵 참석, 기흥, 자동차, 23000**을 각각 입력합니다. 표 서식이 자동으로 확장됩니다.

여비·교통비 지불증의 데이터 범위에 표 서식을 적용해두었기 때문에 사용자가 내용을 입력할 때마다 표 서식이 자동으로 확장된 것입니다.

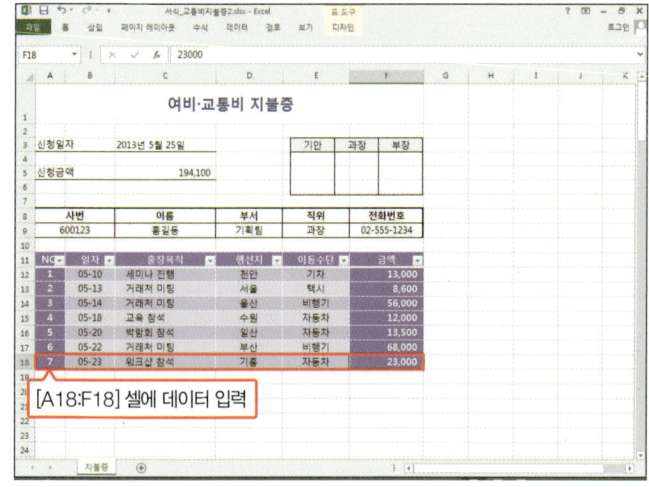

**03 표 서식을 범위로 변환하기**

① 표 영역에서 임의의 셀 선택
② [표 도구] - [디자인] 탭 - [표 스타일] 그룹 - **[자세히]**를 클릭합니다.

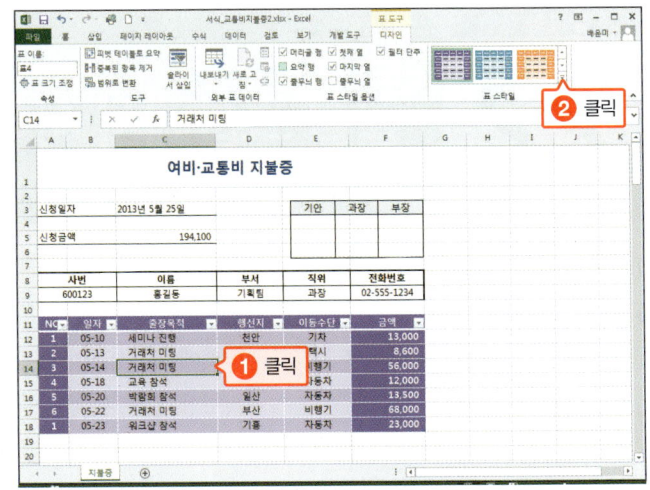

**04** [밝게] 영역에서 **[없음]**을 선택합니다.

표 스타일이 [없음]으로 변경됩니다.

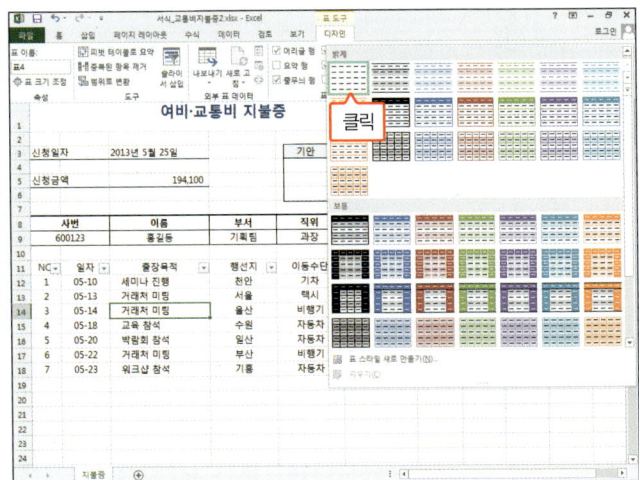

**05** 표 스타일은 변경되었지만 아직 표 서식이 적용되어 있습니다. 표 범위를 일반 데이터 범위로 변경해보겠습니다.

① [표 도구] - [디자인] 탭 - [도구] 그룹 - **[범위로 변환]** 클릭
② 나타난 대화상자에서 **[예]**를 클릭합니다. 표가 데이터 범위로 바뀝니다.

핵심기능실습

# 22 글꼴 그룹에서 서식 지정하기

표 서식과 셀 스타일로 간편하게 표를 만들고 셀 서식을 지정할 수 있지만 일부 마음에 들지 않는 부분이 있다면 사용자가 직접 서식을 지정할 수 있습니다. [홈] 탭-[글꼴] 그룹 및 [셀 서식] 대화상자에서 제공하는 기능을 이용해 글꼴, 크기, 테두리, 색 등 서식을 지정하는 방법에 대해서 알아보겠습니다.

- 실습 파일 엑셀\ 2장\ 서식_세금계산서.xlsx　- 완성 파일 엑셀\ 2장\ 서식_세금계산서_완성.xlsx

▲ 핵심기능실습 미리보기

❶ 전체 글꼴 지정하기
❷ 제목 글꼴 크기 지정하기
❸ 테두리 설정하기
❹ 채우기 색 지정하기

## 01 글꼴 지정하기

표 서식과 셀 스타일을 이용해 계산서 양식을 완성해보겠습니다.

① [셀 전체 선택 ] 버튼 클릭

②③ [홈] 탭의 [글꼴] 그룹에서 [맑은 고딕]을 선택합니다.

워크시트 전체가 범위로 지정되고 글꼴이 [맑은 고딕]으로 변경됩니다.

## 02 글꼴 크기 지정하기

표 서식과 셀 스타일을 이용해 계산서 양식을 완성해보겠습니다.

① [B2] 셀 클릭

② [홈] 탭-[글꼴] 그룹에서 글꼴 크기로 [22] 선택

③ [굵게 [가]]를 클릭해서 글꼴 크기를 키우고 굵게 표시합니다.

## 03 테두리 설정하기

① [B2:AG21] 셀 드래그

② [홈] 탭-[글꼴] 그룹-[테두리 ] 클릭

③ [다른 테두리]를 선택합니다.

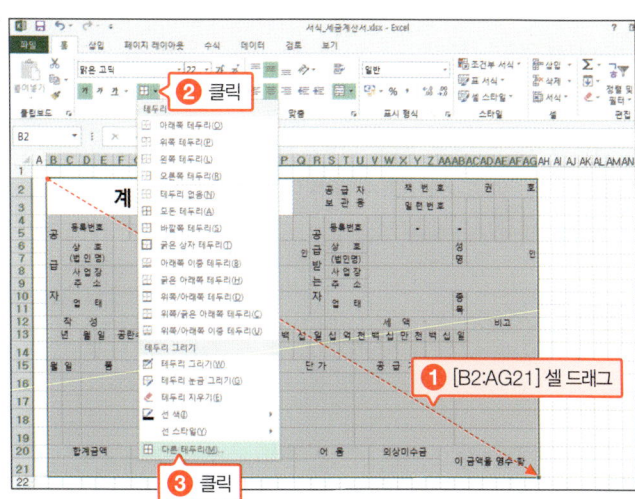

## 04

① [중간 굵기] 선택
② [윤곽선] 클릭
③ [실선] 선택
④ [안쪽] 클릭
⑤ [확인]을 클릭합니다.

## 05

① [F4:M6] 셀 드래그
② [V4:AG4] 셀 Ctrl+드래그
③ [B12:AC13] 셀 Ctrl+드래그
④ [홈] 탭-[글꼴] 그룹-[테두리 ] 클릭
⑤ [굵은 상자 테두리]를 선택해서 각 선택 영역의 윤곽선을 그립니다.

**바로 통하는 TIP** 테두리 그리기 항목에서 테두리 그리기는 마우스로 드래그한 범위 바깥쪽의 가로/세로 선만 그릴 수 있으며 테두리 눈금 그리기는 드래그한 범위의 안쪽 가로/세로 선까지 그릴 수 있습니다. 테두리를 그린 후에는 ESC를 눌러 테두리 그리기를 해제합니다.

## 06 채우기 색 지정하기

① [B4] 셀 클릭
② [R4] 셀 Ctrl+클릭
③ [B15:AB15] 셀 Ctrl+드래그
④ [홈] 탭-[글꼴] 그룹-[채우기 색 ] 클릭
⑤ 테마 색에서 [황금색, 강조 4, 80% 더 밝게]를 선택해서 셀에 색을 채웁니다.

계산서 양식이 완성됩니다.

## 23 맞춤, 표시 형식 그룹에서 서식 지정하기

맞춤 서식에서는 셀에 입력되어 있는 데이터의 쓰기 방향, 회전 방향, 병합, 줄 바꿈 등을 지정합니다. 표시 형식에서는 문자와 수치 데이터가 화면에 어떻게 보일지 결정합니다. 숫자, 통화, 회계, 날짜, 시간, 문자, 사용자 지정 형식이 있습니다.

• 실습 파일 엑셀\2장\서식_실적분석.xlsx    • 완성 파일 엑셀\2장\서식_실적분석_완성.xlsx

**01 병합하고 가운데 맞춤 지정하기**

① [A1:H1] 셀 드래그
② [홈] 탭-[맞춤] 그룹-[**병합하고 가운데 맞춤**]을 클릭합니다.

이웃한 셀들이 하나로 병합되고 텍스트는 가운데로 정렬됩니다.

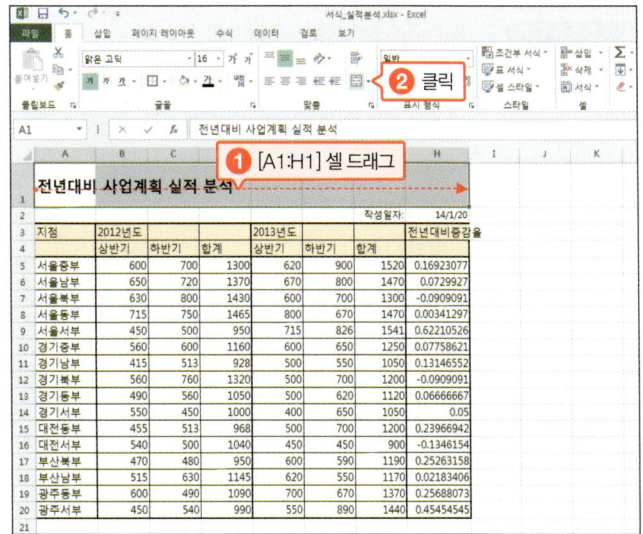

**02** 병합하고 가운데 맞춤할 범위가 떨어져 있는 경우에는 Ctrl 을 누른 상태에서 각각의 범위를 지정해 한 번에 맞춤 기능을 적용할 수 있습니다.

① [A3:A4] 셀 드래그
② [B3:D3] 셀 Ctrl +드래그
③ [E3:G3] 셀 Ctrl +드래그
④ [H3:H4] 셀 Ctrl +드래그
⑤ [홈] 탭-[맞춤] 그룹-[**병합하고 가운데 맞춤**]을 클릭합니다.

**03** '전년대비증감율'이 표시된 [H3] 셀은 데이터의 길이가 길어 텍스트 전체가 다 보이지 않습니다. 텍스트를 줄 바꿈하여 데이터가 한 셀에 모두 표시되도록 수정해보겠습니다.

① [H3] 셀 클릭
② [홈] 탭-[맞춤] 그룹-[**텍스트 줄 바꿈**]을 클릭합니다.

셀 너비에 맞춰 자동 줄 바꿈됩니다.

> **바로 통하는 TIP** [Alt]+[Enter]를 눌러 텍스트의 줄을 바꿀 수도 있습니다.

**04**
① [셀 전체 선택] 클릭
② [홈] 탭-[맞춤] 그룹-[**가운데 맞춤**]을 클릭해서 가운데 정렬합니다.

문서 전체의 텍스트가 셀을 기준으로 가운데 정렬됩니다.

> **바로 통하는 TIP** 맞춤 옵션을 상세하게 지정하려면 [맞춤 설정] 표시 아이콘을 클릭해서 [셀 서식] 대화상자를 불러옵니다.

**05 날짜 형식 표시하기**
'작성일자'를 년-월-일 형태로 표시해보겠습니다.

① [H2] 셀 클릭
② [홈] 탭-[표시 형식] 그룹-[**표시 형식 목록**] 클릭
③ [**간단한 날짜**]를 선택해서 날짜 형식을 **년-월-일** 형태로 바꿉니다.

## 06 숫자 세 자리마다 쉼표 넣기

숫자 세 자리마다 구분 기호로 쉼표가 표시되도록 수정해보겠습니다.

① [B5:G20] 셀 드래그
② [홈] 탭-[표시 형식] 그룹-[**쉼표 스타일** ,]을 클릭합니다.

숫자 세 자리마다 쉼표가 표시됩니다.

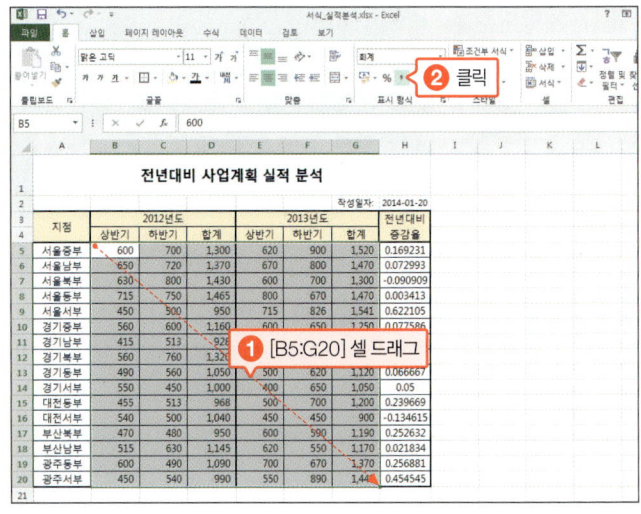

## 07 백분율 기호 넣기

'전년대비증감율'을 백분율 형식으로 표시해보겠습니다.

① [H5:H20] 셀 드래그
② [홈] 탭-[표시 형식] 그룹-[**백분율 스타일** %]을 클릭해서 숫자에 백분율 기호를 넣습니다.

## 08 소수 자릿수 늘리기

[홈] 탭-[표시 형식] 그룹-[**자릿수 늘림**]을 두 번 클릭해서 소수 둘째 자리까지 표시합니다.

소수 자릿수를 줄이려면 줄일 자릿수만큼 [자릿수 줄임]을 클릭합니다.

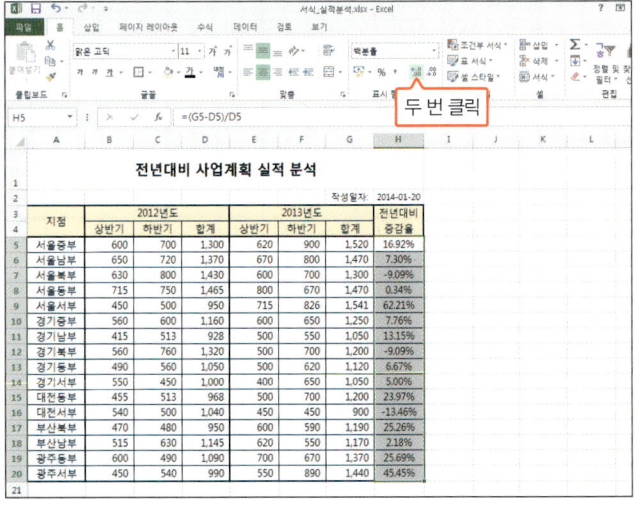

핵심기능실습

# 24 문자, 숫자 데이터 표시 형식 사용자 지정하기

사용자 지정 표시 형식을 만들 때는 데이터 형식별로 약속된 기호가 있습니다. 문자는 @ 기호, 수치 데이터는 #, 0 등의 기호로 직접 표시 형식을 지정할 수 있습니다.

▪실습 파일 엑셀 \ 2장 \ 서식_표시형식.xlsx [견적서] 시트   ▪완성 파일 엑셀 \ 2장 \ 서식_표시형식_완성.xlsx [견적서] 시트

▲ 핵심기능실습 24, 25 공통 미리 보기

❶ 문자 표시 형식 사용자 지정하기
❷ 숫자 표시 형식 사용자 지정하기
❸ 숫자를 한글로 표시하는 사용자 지정하기

## 01 문자 표시 형식 사용자 지정하기

고객 명단이나 세미나 참석자 명단, 수신인 등을 표시할 경우 이름 뒤에 '님'이나 '귀하'를 붙이기도 합니다. 문자 사용자 코드인 @를 사용해 이름 뒤에 반복되는 문자를 표시할 수 있습니다.

① **[G7] 셀** 클릭

② [홈] 탭–[표시 형식] 그룹–**[표시 형식 ]** 표시 아이콘을 클릭합니다.

## 02

① [셀 서식] 대화상자의 [표시 형식] 탭의 [범주] 목록에서 **[사용자 지정]** 선택

② [형식] 입력란에 **@ 귀하** 입력

③ **[확인]**을 클릭해서 셀에 입력한 내용에 **귀하**가 자동으로 붙도록 서식을 적용합니다.

'㈜나라유통 귀하'와 같이 수신 이름 뒤에 '귀하'가 붙어 표시됩니다.

## 03 숫자 표시 형식 사용자 지정하기

계좌번호나 사업자 등록번호, 신용카드 일련번호와 같이 숫자의 자릿수를 맞춰 표시해야 하는 경우가 있습니다. 사업자 등록번호 10자리를 3자리–2자리–5자리 형식으로 표시해보겠습니다.

① **[R4] 셀** 클릭

② [홈] 탭–[표시 형식] 그룹–**[표시 형식 ]** 표시 아이콘을 클릭합니다.

## 04

① [표시 형식] 탭의 [범주] 목록에서 **[사용자 지정]** 선택

② [형식] 입력란에 **000-00-00000** 입력

③ **[확인]**을 클릭해서 서식을 적용합니다.

**바로 통하는 TIP** 0은 유효한 자릿수가 아니더라도 숫자의 자릿수를 맞추는 기호로, 000-00-00000은 사업자등록번호를 3자리-2자리-5자리 형식으로 표시합니다.

### 실무활용노트 EXCEL — 사용자 지정 표시 형식

사용자 지정 형식을 만들 때는 다음과 같이 데이터 형식별로 약속된 기호가 있습니다.

| 데이터 형식 | 서식 기호 | 기능 |
| --- | --- | --- |
| 숫자 | # | 유효한 숫자를 표시하는 기호(무효한 0은 표시 안 함)입니다. |
| | 0 | 숫자를 표시하는 기호(무효한 0을 표시하여 자릿수를 맞춤)입니다. |
| | ? | 숫자를 표시하는 기호(무효한 0을 공백으로 표시하여 자릿수를 맞춤)입니다. |
| | % | 백분율을 표시합니다. |
| | . | 소수점을 표시합니다. |
| | , | 숫자 세 자리마다 구분 기호를 표시합니다. |
| | ₩, $, ¥ | 통화 유형 기호를 표시합니다. |
| 문자 | @ | 문자를 대표하는 형식으로 문자에 특정 문자를 표시하고 싶을 때 사용합니다. |

핵심기능실습

# 25 숫자를 한글로 표시하는 서식 지정하기

엑셀에서는 숫자 데이터가 커지면 값을 잘못 읽어 오해를 일으킬 가능성이 있습니다. 이런 경우에는 숫자를 한글이나 한자로 변경하여 숫자를 직관적으로 읽을 수 있도록 합니다.

• 실습 파일 엑셀\2장\서식_표시형식.xlsx [견적서] 시트   • 완성 파일 엑셀\2장\서식_표시형식.xlsx [견적서] 시트

**01 합계금액을 한글로 표시하는 사용자 지정하기**

견적서의 '합계금액'이 너무 커서 직관적으로 읽기 어렵습니다. 숫자를 정확히 읽을 수 있도록 한글로 바꿔 표시해보겠습니다.

① [I12] 셀 클릭
② Ctrl + 1 을 누릅니다.

[셀 서식] 대화상자가 활성화됩니다.

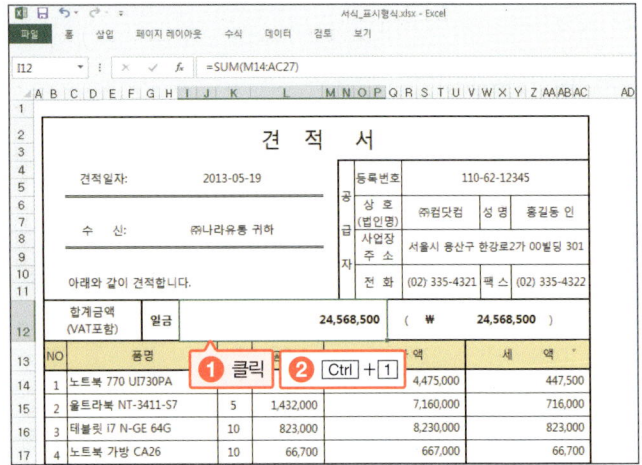

**02**
① [표시 형식] 탭의 [범주] 목록에서 [기타] 선택
② [형식]에서 [숫자(한글)]을 선택합니다.

**바로 통하는 TIP** 숫자(한글) 서식은 숫자를 입력하면 한글로 표시하는 서식으로 [형식] 목록에 숫자(한글)가 없다면 [로컬(위치)]를 [한국어]로 변경합니다.

## 03

① [범주] 목록에서 [사용자 지정] 선택

②③ [형식]에 입력되어 있는 서식 코드 맨 앞에 **일금**, 맨 뒤에 **원정** 입력

④ [확인]을 클릭해서 숫자(한글) 서식을 수정해서 적용합니다.

숫자가 한글로 표기되며 앞에 일금, 뒤에 원정이 붙습니다.

---

### 실무활용노트 EXCEL — 숫자를 한글, 한자로 표시하는 형식 코드

| 형식 코드 | 설명 | 표시 형식 |
| --- | --- | --- |
| [DBNum1][$-412]G/표준 | 한자로 표시 | 一千二百五十万 |
| [DBNum2][$-412]G/표준 | 한자 갖은자 표시 | 壹阡貳百伍拾萬 |
| [DBNum3][$-412]G/표준 | 단위만 한자로 표시 | 千2百5十万 |
| [DBNum4][$-412]G/표준 | 한글로 표시 | 일천이백오십만 |

## 핵심기능실습 26 숫자 데이터 표시 형식 양수/음수/0 서식 지정하기

사용자 지정 형식은 한 번에 네 개까지 지정할 수 있으며 세미콜론(;)을 구분 기호로 사용합니다. 기본적으로 0보다 크면 양수 형식, 0보다 작으면 음수 형식, 0이면 0 형식, 문자면 문자 형식으로 지정할 수 있습니다. 양수 형식;음수 형식;0;문자 형식 으로 표시합니다.

- 실습 파일 엑셀\2장\서식_표시형식.xlsx [실적분석] 시트
- 완성 파일 엑셀\2장\서식_표시형식_완성.xlsx [실적분석] 시트

### 01 양수, 음수, 0의 형식 지정하기

전년대비 실적이 증가했을 때와 하락했을 때, 0인 경우를 구분하여 셀에 표시해보겠습니다.

① [실적분석] 시트 클릭

② [H5:H20] 셀 드래그 후 [셀 서식] 대화상자를 불러오기 위해 Ctrl + 1

③ [표시 형식] 탭의 [범주] 목록에서 [사용자 지정] 선택

④ [형식] 입력란에 서식 코드 [파랑]▲0.00% ;[빨강]▼0.00%;# 입력

⑤ [확인]을 클릭합니다.

**바로 통하는 TIP** 서식 설명 : [색] 양수의 형식;[색] 음수의 형식;0의 형식
[파랑]▲#,##0;[빨강]▼#,##0;#
지정한 범위의 숫자가 양수면 파랑색에 ▲이 표시되고, 음수면 빨간색에 ▼이 표시됩니다. 0일 때는 0을 셀에 표시하지 않습니다. 색상은 [검정], [파랑], [녹청], [녹색], [자홍], [빨강], [흰색], [노랑]으로 8가지입니다.

### 02 증감율 범위에 양수, 음수, 0의 형식이 적용되어 나타납니다.

핵심기능실습

# 27 숫자 백만 단위 이하 자르기 / 만 단위에 쉼표 표시하기

자릿수가 큰 숫자는 셀 공간을 많이 차지하기도 하고 데이터를 읽기도 불편합니다. 이때는 자릿수를 세 자리씩 잘라서 표시할 수 있으며 네 자리마다 콤마를 붙여 만 단위, 억 단위로 표시할 수도 있습니다.

• 실습 파일 엑셀\2장\서식_표시형식.xlsx [매출액] 시트  • 완성 파일 엑셀\2장\서식_표시형식_완성.xlsx [매출액] 시트

## 01 백만 단위 이하는 잘라서 표시하기

자릿수가 큰 매출 목표의 숫자를 백 만원 단위로 잘라서 간단하게 표시해보겠습니다.

① [매출액] 시트 클릭
② [C4:C7] 셀을 드래그 후 Ctrl + 1 을 누릅니다.

[셀 서식] 대화상자가 활성화됩니다.

## 02

① [표시 형식] 탭의 [범주] 목록에서 [사용자 지정] 선택
② [형식] 입력란에 #,##0,, 입력
③ [확인]을 클릭합니다.

**바로 통하는 TIP** 천 단위 또는 백만 단위로 표시하기
사용자 형식 코드 단위(천 원) : #,##0,
사용자 형식 코드 단위(백만 원) : #,##0,,
쉼표(,)는 세 자리마다 콤마를 표시하는 형식과 세 자릿수가 잘려 표시되는 쉼표(,) 형식이 있습니다.

## 03 네 자리마다 쉼표로 표시하기

숫자 네 자리마다 쉼표를 표시해 만 단위, 억 단위로 읽을 수 있도록 수정해보겠습니다. **[D4:D7]** 셀을 드래그한 후 Ctrl + 1 을 누릅니다.

[셀 서식] 대화상자가 활성화됩니다.

## 04

① [표시 형식] 탭의 [범주] 목록에서 **[사용자 지정]** 선택
② [형식] 입력란에 **[>99999999]####","####","####; ####","####** 입력
③ **[확인]**을 클릭합니다.

**바로 통하는 TIP** 서식 설명
[조건] 서식1;서식2
조건을 만족하면 서식1을 적용하고, 조건을 만족하지 않으면 서식2를 적용합니다.
[>99999999]####","####","####;####","####
자릿수가 12자리일 경우와 8자리일 경우에 따라 쉼표(,)가 찍혀야 할 자릿수가 달라지므로 8자리가 초과되면 ####","####","#### 서식을 적용하고, 8자리 이하가 되면 ####","#### 서식을 적용합니다.

## 05 매출액에 네 자리마다 쉼표가 표시됩니다.

## 핵심기능실습 28

# 요일과 누적 시간 사용자 지정 표시 형식 설정하기

날짜 형식은 년-월-일 형태의 yyyy-mm-dd 형태의 서식을, 시간 형식은 시:분:초 형태의 h:m:s 형식을 주로 사용합니다. 날짜 형식에서 요일은 표시 방식에 따라 aaa, aaaa, ddd, dddd 기호를 사용합니다.

- 실습 파일 엑셀\2장\서식_표시형식.xlsx [출근표] 시트    - 완성 파일 엑셀\2장\서식_표시형식_완성.xlsx [출근표] 시트

## 01 요일 표시하기

① [출근표] 시트에서 **[A3:A11]** 셀 드래그 후 [셀 서식] 대화상자를 블러오기 위해 Ctrl + 1

② [표시 형식] 탭의 [범주] 목록에서 **[사용자 지정]** 선택

③ [형식] 입력란에 **yyyy-mm-dd(aaa)** 입력

④ **[확인]**을 클릭해서 셀에 입력한 내용에 요일이 나타나도록 서식을 적용합니다.

'2013-05-13(월)'과 같이 연도와 월, 일이 각각 4자리-2자리-2자리로 표시되고 괄호 안에 요일이 한글한 자리로 표시됩니다.

## 02 근무 시간 표시하기

**[D3:D11]** 셀을 드래그한 후 Ctrl + 1 을 누릅니다.

[셀 서식] 대화상자가 활성화됩니다.

## 03

① [표시 형식] 탭의 [범주] 목록에서 **[사용자 지정]** 선택
② [형식] 입력란에 **[h]** 입력
③ **[확인]**을 클릭합니다.

출근시간부터 퇴근시간까지 24시간을 넘어서는 누적 시간이 표시됩니다. 시간이 '12', '8' 등과 같이 0~23 형식으로 수정됩니다.

---

**실무활용노트 EXCEL** — 날짜/시간 사용자 지정 형식에 사용되는 기호 살펴보기

날짜 형식은 주로 년-월-일 형태의 표시 형식을 사용합니다.

| 데이터 형식 | 서식 기호 | 기능 |
|---|---|---|
| 날짜 | YY/YYYY | 연도를 두 자리 또는 네 자리로 표시합니다. |
| | M/MM/MMMM | 월을 1~12 또는 01~12로 표시합니다. |
| | D/DD | 일을 1~31 또는 01~31로 표시합니다. |
| | DDD/DDDD | 요일을 영문 세 자리 또는 영문으로 표시(예 : Mon 또는 Monday)합니다. |
| | AAA/AAAA | 요일을 한글 한 자리 또는 한글로 표시(예 : 월 또는 월요일)합니다. |

시간 형식은 주로 시:분:초 형태의 h:m:s 표시 형식을 사용합니다. 시간 형식에서 24시간을 넘는 누적 시간을 표시해야 할 때는 대괄호 [ ]와 함께 h, m, s 기호를 사용합니다.

| 데이터 형식 | 서식 기호 | 기능 |
|---|---|---|
| 시간 | H/HH | 시간을 0~23 또는 00~23으로 표시합니다. |
| | M/MM | 분을 0~59 또는 00~59로 표시합니다. |
| | S/SS | 초를 0~59 또는 00~59로 표시합니다. |

---

**04** 출근시간부터 퇴근시간까지 걸린 시간, 즉 '퇴근시간 - 출근시간'이 표시되도록 서식이 적용되었습니다.

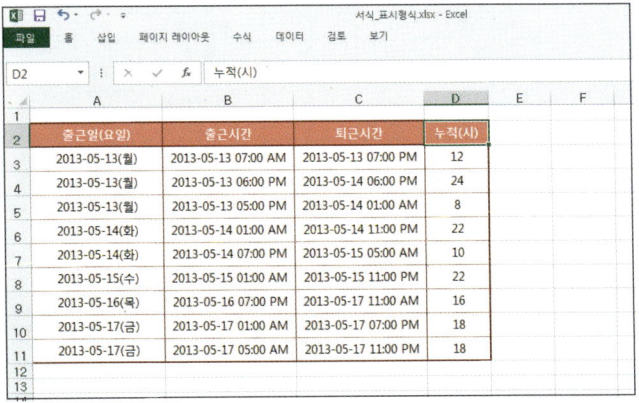

**핵심기능실습**

# 29 셀 강조와 상위/하위 규칙으로 조건부 서식 지정하기

조건부 서식이란 셀에 사용자가 지정한 조건이나 셀 값을 기준으로 서로 다른 서식을 적용하는 규칙입니다. 조건부 서식 중 셀 강조 규칙은 지정한 데이터 범위에서 비교 연산자를 기준으로 조건에 맞는 셀을 찾아 사용자가 지정한 셀 서식을 적용합니다. 상위/하위 규칙은 지정한 데이터 범위에서 셀 값을 기준으로 상위 값 또는 하위 값을 찾아 지정한 서식을 적용합니다.

- **실습 파일** 엑셀 \ 2장 \ 서식_신용평가.xlsx
- **완성 파일** 엑셀 \ 2장 \ 서식_신용평가_완성.xlsx

### 기업별 신용 위험도 평가표

| 회사명 | 평가점수 | 신용평가 | 신용분류 | 위험도 평가 |
|---|---|---|---|---|
| 호스비안 | 80 | B | 유동성부족 | 정상기업 |
| 인즈테크 | 91 | A | 정상 | 정상기업 |
| 고비테크 | 92 | A | 정상 | 정상기업 |
| 나사월드 | 75 | B | 유동성부족 | 정상기업 |
| 기브테크 | 90 | A | 정상 | 정상기업 |
| 홍인닷컴 | 88 | A | 정상 | 정상기업 |
| 미앤뷰컴 | 60 | C | 부실징후 | 워크아웃 |
| 모바일닷컴 | 71 | C | 부실징후 | 워크아웃 |
| 미래창조 | 60 | C | 부실징후 | 워크아웃 |
| 디자인테크 | 97 | A | 정상 | 정상기업 |
| 사이버월드 | 61 | C | 부실징후 | 워크아웃 |
| 아트라인 | 58 | D | 부실 | 법정관리 |
| 뷰라인사 | 70 | C | 부실징후 | 워크아웃 |
| 한미테크 | 92 | A | 정상 | 정상기업 |
| 파스벨트 | 83 | B | 유동성부족 | 정상기업 |
| 호야테크 | 79 | B | 유동성부족 | 정상기업 |
| 컴앤뷰스 | 82 | B | 유동성부족 | 정상기업 |
| 이즈비안 | 90 | A | 정상 | 정상기업 |
| 텍크벨트 | 84 | B | 유동성부족 | 정상기업 |
| 갬닥월드 | 92 | A | 정상 | 정상기업 |
| 컴닷컴 | 72 | C | 부실징후 | 워크아웃 |
| 미즈테크 | 88 | A | 정상 | 정상기업 |
| 자바닷컴 | 70 | C | 부실징후 | 워크아웃 |
| 씨테크넷 | 65 | C | 부실징후 | 워크아웃 |
| 다바벨트 | 88 | A | 정상 | 정상기업 |
| 앤컨테크 | 90 | A | 정상 | 정상기업 |
| 나노테크 | 84 | B | 유동성부족 | 정상기업 |
| 테크빌리 | 75 | B | 유동성부족 | 정상기업 |
| 텔리테크 | 87 | A | 정상 | 정상기업 |
| 나라닷컴 | 88 | A | 정상 | 정상기업 |
| 로인테크 | 60 | C | 부실징후 | 워크아웃 |
| 데몬닷컴 | 71 | C | 부실징후 | 워크아웃 |

❶ 조건부 서식의 셀 강조 규칙 지정하기
❷ 조건부 서식의 상위/하위 규칙 지정하기

▲ 핵심기능실습 미리보기

## 01 조건부 서식의 셀 강조 규칙 적용하기

위험도 평가에서 '정상'이 포함된 셀의 경우 녹색으로 강조해보겠습니다.

① **[E4:E35] 셀 드래그**

② **[홈] 탭-[스타일] 그룹-[조건부 서식]** 클릭

③ **[셀 강조 규칙]** 선택

④ **[텍스트 포함]** 클릭

⑤ **[텍스트 포함]** 대화상자의 서식을 지정할 셀 값에 **정상** 입력

⑥ **[적용할 서식]** 목록에서 **[진한 녹색 텍스트가 있는 녹색 채우기]** 선택

⑦ **[확인]**을 클릭해서 **정상**이라는 텍스트를 포함하는 셀에 서식을 적용합니다.

**바로 통하는 TIP** 조건부 서식을 수정 또는 삭제하거나 [스타일] 그룹에서 [조건부 서식]-[규칙 관리]를 선택합니다. [조건부 서식 규칙 관리자] 대화상자가 활성화되면 규칙을 수정 또는 삭제합니다.

## 02 조건부 서식의 상위/하위 규칙 적용하기

평가점수의 평균을 초과하는 셀의 경우 글꼴을 굵게, 빨간색으로 표시해보겠습니다.

① **[B4:B35] 셀 드래그**

② **[홈] 탭 [스타일] 그룹-[조건부 서식]** 클릭

③ **[상위/하위 규칙]** 선택

④ **[평균 초과]** 선택

⑤ [평균 초과] 대화상자가 활성화되면 [적용할 서식]에서 **[사용자 지정 서식]**을 선택합니다.

## 03

① [셀 서식] 대화상자의 **[글꼴]** 탭 클릭

②③ [글꼴 스타일]은 **[굵게]**, [색]은 **[빨강, 강조 2]** 선택

④ **[확인]**을 클릭해서 대화상자를 닫습니다.

평가점수가 평균 초과인 셀에 서식이 적용됩니다.

핵심기능실습

# 30 색조, 아이콘으로 조건부 서식 지정하기

색조는 지정한 범위의 셀 값에 따라 최솟값과 최댓값으로 나눈 두 가지 색, 또는 최대/중간/최소로 나눈 세 가지 색을 지정해서 셀을 강조합니다. 아이콘 집합은 임계 값 3~5개의 범위에 따라 아이콘의 형태를 달리하여 지정한 데이터의 값을 비교해서 나타냅니다.

■ 실습 파일 엑셀\2장\서식_예산집계표1.xlsx   ■ 완성 파일 엑셀\2장\서식_예산집계표1_완성.xlsx

## 01 색조로 조건부 서식 지정하기

2012년과 2013년 예산액을 녹색과 흰색의 두 가지 색조로 표시한 후 비교해보겠습니다.

① **[H5:I13]** 셀 드래그
② **[홈]** 탭-**[스타일]** 그룹-**[조건부 서식]** 클릭
③ **[색조]** 선택
④ **[녹색, 흰색 색조]**를 선택합니다.

큰 값일수록 녹색에, 작은 값일수록 흰색에 가깝게 표현됩니다.

## 02 아이콘으로 조건부 서식 지정하기

2012년 대비 2013년의 수입이나 지출이 증가했을 때, 감소했을 때, 그대로일 경우를 비교해 아이콘으로 표시해보겠습니다.

① **[A5:A11]** 셀 드래그
② **[F5:F13]** 셀을 Ctrl +드래그
③ **[홈]** 탭-**[스타일]** 그룹-**[조건부 서식]** 클릭
④ **[아이콘 집합]** 선택
⑤ **[기타 규칙]**을 선택합니다.

## 03

① 아이콘 스타일에서 [삼각형 3개 ▲ ━ ▼] 선택

② [아이콘만 표시]에 체크 표시

③ [다음 규칙에 따라 아이콘 표시] 영역에서 [아이콘 ▲] 값에 [>, 0, 숫자] 지정

④ [아이콘 ━] 값에 [>=, 0, 숫자] 지정

⑤ [확인]을 클릭하여 대화상자를 닫습니다.

**바로 통하는 TIP** 셀 값을 기준으로 백분율, 숫자, 백분위수, 수식으로 변경할 수 있습니다. 백분율과 백분위수는 0~100 사이 값을 입력합니다.

## 04
셀 값이 0 초과이면 ▲, 0이면 ━, 0 미만이면 ▼ 아이콘이 표시됩니다. 아이콘에 맞춰서 A열과 F열의 너비를 적당히 조절합니다.

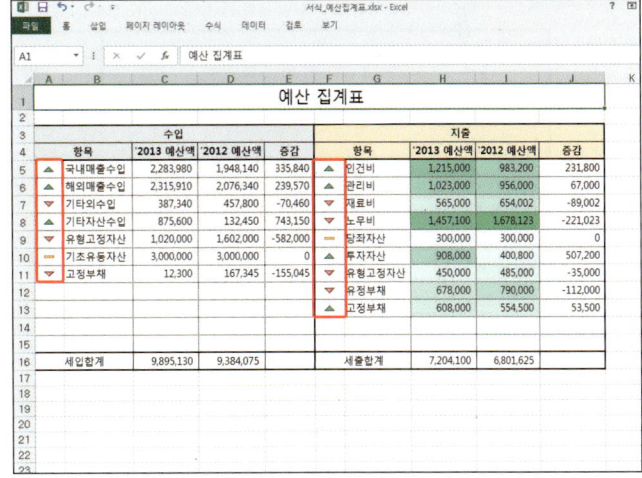

핵심기능실습

# 31 막대로 조건부 서식 지정 및 규칙 편집하기

데이터 막대는 셀 값에 따라 막대의 길이를 다르게 표시하여 시각화합니다. 데이터를 시각화하면 전체적인 추세를 한눈에 볼 수 있습니다.

• 실습 파일 엑셀 \ 2장 \ 서식_예산집계표2.xlsx    • 완성 파일 엑셀 \ 2장 \ 서식_예산집계표2_완성.xlsx

## 예산 집계표

| | 수입 | | | | 지출 | | | |
|---|---|---|---|---|---|---|---|---|
| 항목 | 2013 예산액 | 2012 예산액 | 증감 | 항목 | 2013 예산액 | 2012 예산액 | 증감 |
| ▲ 국내매출수입 | 2,283,980 | 1,948,140 | 335,840 | ▲ 인건비 | 1,215,000 | 983,200 | 231,800 |
| ▲ 해외매출수입 | 2,315,910 | 2,076,340 | 239,570 | ▲ 관리비 | 1,023,000 | 956,000 | 67,000 |
| ▼ 기타외수입 | 387,340 | 457,800 | -70,460 | ▼ 재료비 | 565,000 | 654,002 | -89,002 |
| ▲ 기타자산수입 | 875,600 | 132,450 | 743,150 | ▼ 노무비 | 1,457,100 | 1,678,123 | -221,023 |
| ▼ 유형고정자산 | 1,020,000 | 1,602,000 | -582,000 | — 당좌자산 | 300,000 | 300,000 | 0 |
| — 기초유동자산 | 3,000,000 | 3,000,000 | 0 | ▲ 투자자산 | 908,000 | 400,800 | 507,200 |
| ▼ 고정부채 | 12,300 | 167,345 | -155,045 | ▼ 유형고정자산 | 450,000 | 485,000 | -35,000 |
| | | | | ▼ 유정부채 | 678,000 | 790,000 | -112,000 |
| | | | | ▲ 고정부채 | 608,000 | 554,500 | 53,500 |
| 세입합계 | 9,895,130 | 9,384,075 | | 세출합계 | 7,204,100 | 6,801,625 | |

▲ 핵심기능실습 미리보기

❶ 데이터 막대로 조건부 서식 지정하기
❷ 음수와 양수 막대로 조건부 서식 지정하기

## 01 데이터 막대로 조건부 서식 지정하기

2012년과 2013년 예산액에 해당하는 각 셀 값을 전체 셀 값과 비교했을 때 예산액이 차지하는 비율을 데이터 막대 길이로 표시해보겠습니다.

① [C5:D11] 셀 드래그
② [홈] 탭-[스타일] 그룹-[조건부 서식] 클릭
③ [데이터 막대] 선택
④ [그라데이션 채우기]-[주황 데이터 막대]를 선택합니다. 셀 값에 따라 막대 길이가 다르게 표시됩니다.

## 02
2012년 대비 2013년의 수입이나 지출이 증가했을 때, 감소했을 때, 그대로일 경우를 비교해 데이터 막대로 표시해보겠습니다.

① [E5:E11] 셀 드래그
② [J5:J13] 셀 Ctrl +드래그
③ [홈] 탭-[스타일] 그룹-[조건부 서식] 클릭
④ [데이터 막대] 선택
⑤ [그라데이션 채우기]-[연한 파랑 데이터 막대]를 선택합니다. 셀 값에 따라 음수와 양수 막대로 표시됩니다.

예산액이 증가한 경우 파란색 데이터 막대가 오른쪽으로 길게 표시되고 감소한 경우 빨간색 데이터 막대가 왼쪽으로 길게 표시됩니다.

## 03 음수와 양수 막대를 반대 방향으로 표시하기

예산액 증감이 표시된 데이터 막대의 방향을 바꿔보겠습니다.

① 범위가 지정된 상태에서 [홈] 탭-[스타일] 그룹-[조건부 서식] 클릭
② [규칙 관리]를 선택합니다.

## 04

① [조건부 서식 규칙 관리자] 대화상자에서 **[데이터 막대]** 규칙 선택

② **[규칙 편집]**을 클릭합니다.

## 05

① [서식 규칙 편집] 대화상자의 [규칙 설명 편집] 영역에서 [막대 방향]-**[오른쪽에서 왼쪽]** 선택

② **[음수 값 및 축]**을 클릭합니다.

## 06 예산액 증감이 표시된 데이터 막대의 중심축을 셀 가운데로 바꿔보겠습니다.

① [음수 값 및 축 설정] 대화상자의 [축 설정]에서 **[셀 중간점]** 선택

② **[확인]**을 클릭하고 대화상자를 모두 닫습니다.

막대의 방향이 오른쪽에서 왼쪽으로 변경되고 중심축이 셀 중간으로 변경됩니다.

핵심기능실습

# 32 수식으로 조건부 서식 지정하기

조건부 서식을 이용하면 셀 값에 따라 조건을 지정하여 셀 서식을 강조할 수 있지만, 함수나 논리 수식 등을 사용하면 조건을 보다 다양하게 지정하고 행 전체를 강조할 수 있습니다.

• 실습 파일 엑셀\2장\서식_실적현황.xlsx   • 완성 파일 엑셀\2장\서식_실적현황_완성.xlsx

### 실적 현황표

| 날짜 | 성명 | 부서 | 직위 | 목표 | 실적 | 목표달성 |
|---|---|---|---|---|---|---|
| 2013-10-01 | 송수정 | 기획부 | 부장 | 1,050,000 | 1,470,000 | 달성 |
| 2013-10-02 | 박영주 | 기획부 | 차장 | 1,750,000 | 1,330,000 | 미달성 |
| 2013-10-03 | 최영도 | 총무부 | 과장 | 1,400,000 | 1,242,500 | 미달성 |
| 2013-10-04 | 표영주 | 기획부 | 대리 | 1,400,000 | 1,435,000 | 달성 |
| 2013-10-05 | 박성호 | 영업부 | 사원 | 1,050,000 | 1,365,000 | 달성 |
| 2013-10-06 | 백이승 | 영업부 | 사원 | 1,050,000 | 973,000 | 미달성 |
| 2013-10-07 | 김미진 | 관리부 | 부장 | 1,050,000 | 805,000 | 미달성 |
| 2013-10-08 | 김준호 | 영업부 | 대리 | 1,050,000 | 1,575,000 | 달성 |
| 2013-10-09 | 한수희 | 기획부 | 부장 | 1,750,000 | 1,155,000 | 미달성 |
| 2013-10-10 | 양민주 | 기획부 | 차장 | 1,050,000 | 1,645,000 | 달성 |
| 2013-10-11 | 문준혁 | 총무부 | 과장 | 1,050,000 | 973,000 | 미달성 |
| 2013-10-12 | 김수진 | 기획부 | 대리 | 1,050,000 | 1,330,000 | 달성 |
| 2013-10-13 | 홍진희 | 영업부 | 사원 | 1,400,000 | 1,242,500 | 미달성 |
| 2013-10-14 | 이영희 | 영업부 | 사원 | 1,750,000 | 1,435,000 | 미달성 |
| 2013-10-15 | 박영주 | 관리부 | 부장 | 1,050,000 | 1,365,000 | 달성 |
| 2013-10-16 | 배수정 | 기획부 | 부장 | 1,050,000 | 973,000 | 미달성 |
| 2013-10-17 | 민호준 | 기획부 | 차장 | 1,050,000 | 805,000 | 미달성 |
| 2013-10-18 | 박미호 | 총무부 | 과장 | 1,400,000 | 1,575,000 | 달성 |
| 2013-10-19 | 한봉주 | 기획부 | 대리 | 1,050,000 | 973,000 | 미달성 |
| 2013-10-20 | 손귀화 | 총무부 | 과장 | 1,050,000 | 1,645,000 | 달성 |
| 2013-10-21 | 진선미 | 관리부 | 부장 | 1,750,000 | 1,470,000 | 미달성 |
| 2013-10-22 | 한선희 | 영업부 | 사원 | 1,400,000 | 1,330,000 | 미달성 |
| 2013-10-23 | 나철수 | 영업부 | 사원 | 1,400,000 | 1,242,500 | 미달성 |
| 2013-10-24 | 강민욱 | 관리부 | 부장 | 1,050,000 | 1,435,000 | 달성 |
| 2013-10-25 | 정상호 | 영업부 | 대리 | 1,050,000 | 1,365,000 | 달성 |
| 2013-10-26 | 전상철 | 기획부 | 부장 | 1,400,000 | 973,000 | 미달성 |
| 2013-10-27 | 이진우 | 기획부 | 차장 | 1,050,000 | 805,000 | 미달성 |
| 2013-10-28 | 김시형 | 총무부 | 과장 | 1,050,000 | 1,575,000 | 달성 |
| 2013-10-29 | 최나영 | 기획부 | 대리 | 1,050,000 | 973,000 | 미달성 |
| 2013-10-30 | 박민규 | 총무부 | 과장 | 1,400,000 | 1,645,000 | 달성 |
| 2013-10-31 | 신승훈 | 관리부 | 과장 | 1,050,000 | 1,470,000 | 달성 |
| 2013-11-01 | 선예진 | 영업부 | 사원 | 1,400,000 | 1,330,000 | 미달성 |
| 2013-11-02 | 고민호 | 영업부 | 사원 | 1,400,000 | 1,242,500 | 미달성 |
| 2013-11-03 | 이동완 | 관리부 | 부장 | 1,750,000 | 1,435,000 | 미달성 |
| 2013-11-04 | 차미연 | 영업부 | 대리 | 1,400,000 | 1,365,000 | 미달성 |
| 2013-11-05 | 이현준 | 기획부 | 부장 | 1,050,000 | 973,000 | 미달성 |
| 2013-11-06 | 민대철 | 기획부 | 차장 | 1,400,000 | 805,000 | 미달성 |
| 2013-11-07 | 김우진 | 총무부 | 과장 | 1,400,000 | 1,575,000 | 달성 |
| 2013-11-08 | 이형국 | 기획부 | 대리 | 1,400,000 | 1,155,000 | 미달성 |
| 2013-11-09 | 최민규 | 총무부 | 과장 | 1,400,000 | 1,645,000 | 달성 |

❶ 수식을 사용하여 조건부 서식 지정하기

▲ 핵심기능실습 미리보기

## 01 수식을 사용하여 조건부 서식 지정하기

목표 실적을 달성한 경우 해당 행을 연한 주황색으로 채울 수 있도록 수식을 사용하여 조건부 서식을 지정해보겠습니다.

① [A4:G65] 셀 드래그
② [홈] 탭-[스타일] 그룹-[조건부 서식] 클릭
③ [새 규칙]을 선택합니다.

## 02

① [새 서식 규칙] 대화상자에서 [수식을 사용하여 서식을 지정할 셀 결정] 선택
② 목표를 달성한 행 전체에 서식을 적용하기 위해 수식 입력란에 **=$G4="달성"** 입력
③ [서식]을 클릭합니다.

## 03

① [채우기] 탭 클릭
② [연한 주황] 선택
③ [확인]을 클릭해서 서식을 적용합니다.

목표를 달성한 [달성] 셀만 강조할 수도 있지만 수식을 지정하면 [달성] 행 전체가 지정한 서식(연한 주황)으로 바뀝니다.

핵심기능실습

# 33 빠른 분석 도구를 사용하여 표, 조건부 서식 지정하기

엑셀 2013의 새로운 기능인 빠른 분석 도구를 이용하면 한두 단계만으로 데이터를 표나 차트로 변환할 수 있으며 조건부 서식, 스파크라인 등을 간단히 적용할 수 있습니다.

▪ **실습 파일** 엑셀\2장\서식_수출입추이.xlsx　▪ **완성 파일** 엑셀\2장\서식_수출입추이_완성.xlsx

### 연도별 수출입 추이

| 연도 | 수출 | 수입 | 수출증가율 | 수입증가율 |
|---|---|---|---|---|
| 1995년 | 465 | 512 | -5.6% | 3.9% |
| 1996년 | 498 | 531 | 7.1% | 0.8% |
| 1997년 | 575 | 536 | 15.6% | -8.8% |
| 1998년 | 596 | 515 | 3.6% | -14.8% |
| 1999년 | 646 | 439 | 8.4% | -35.2% |
| 2000년 | 634 | 280 | -1.8% | -37.0% |
| 2001년 | 566 | 176 | -10.8% | -39.9% |
| 2002년 | 535 | 106 | -5.5% | -28.7% |
| 2003년 | 502 | 75 | -6.1% | 8.1% |
| 2004년 | 515 | 81 | 2.5% | 22.2% |
| 2005년 | 592 | 99 | 15.1% | 38.7% |
| 2006년 | 727 | 138 | 22.7% | 44.8% |
| 2007년 | 944 | 200 | 29.8% | 51.9% |
| 2008년 | 1147 | 305 | 21.5% | 38.4% |
| 2009년 | 1439 | 422 | 25.5% | 35.8% |
| 2010년 | 1527 | 573 | 6.1% | 16.2% |

▲ 핵심기능실습 미리보기

① 빠른 분석 도구에서 표 서식 지정하기
② 빠른 분석 도구에서 색조로 조건부 지정하기
③ 빠른 분석 도구에서 막대로 조건부 지정하기

## 01 표 서식 지정하기

데이터 범위를 지정했을 때 범위 끝에 자동으로 표시되는 빠른 분석 도구를 이용해 표 서식을 지정해보겠습니다.

① [A3:E19] 셀 드래그
② 표의 오른쪽 아래에 나타나는 [빠른 분석 📊] 클릭
③ [표] 선택
④ [표]를 선택하여 지정한 범위에 표 서식을 적용합니다.

표 스타일이 적용되고 머리글 행에 필터 단추가 나타납니다.

## 02 색조로 조건부 서식 지정하기

수출증가율이 클 때와 낮을 때를 비교하여 색조로 표시해보겠습니다.

① [D4:D19] 셀 드래그
② [빠른 분석 📊] 클릭
③ [서식] 선택
④ [색조]를 선택하여 3가지 색조로 서식을 적용합니다.

3가지 색조인 [녹색-흰색-빨강] 색조가 범위에 적용됩니다.

## 03 막대로 조건부 서식 지정하기

① [E4:E19] 셀 드래그
② [빠른 분석 📊] 클릭
③ [서식] 선택
④ [데이터 막대]를 선택하여 데이터 막대 서식을 적용합니다.

음수는 빨간색, 양수는 파란색의 데이터 막대로 표시됩니다.

## 핵심기능실습 34 틀 고정하기

워크시트에 많은 양의 데이터가 입력되어 있다면 제목 행이나 제목 열과 같은 특정 셀을 고정시켜두는 것이 편리합니다. [틀 고정] 기능으로 특정 셀을 고정해보겠습니다.

•실습 파일 엑셀\2장\틀고정_매출표.xlsx

### 01 틀 고정하기

상반기 상품 매출표에서 화면을 이동해도 표 제목과 항목 이름, 연번과 일자, 담당자가 계속해서 보여지도록 특정 셀을 고정해보겠습니다.

① **[D4] 셀 클릭** ② [보기] 탭 – [창] 그룹 – **[틀 고정] 클릭** ③ **[틀 고정]**을 선택합니다. 틀 고정을 하면 **셀 포인터를 기준으로 위쪽과 왼쪽에 있는 셀이 고정**됩니다. 그러므로 화면을 이동해도 [D4] 셀 위쪽인 1~3행, 왼쪽인 A~C열은 계속해서 나타납니다.

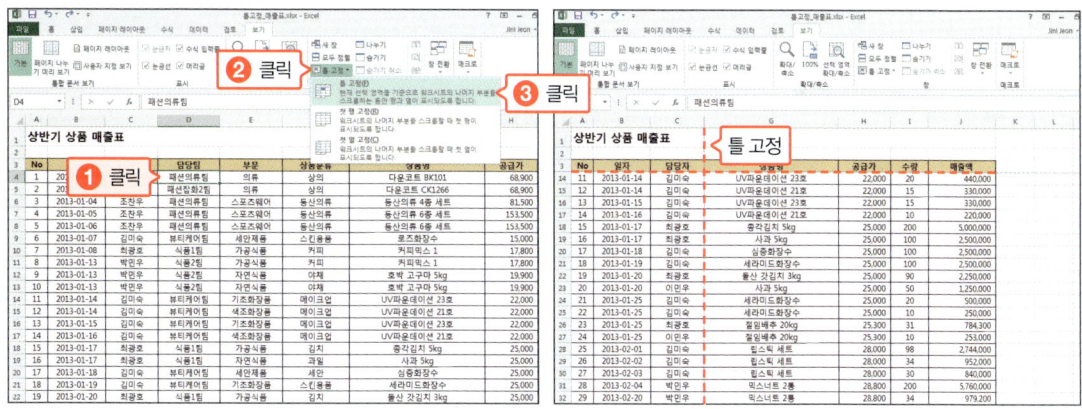

### 02 틀 고정 취소하기

① 임의의 셀 클릭
② [보기] 탭 – [창] 그룹–**[틀 고정] 클릭**
③ **[틀 고정 취소]**를 선택합니다.

핵심기능실습

# 35 문서를 바둑판식으로 정렬해서 작업하기

여러 개의 엑셀 문서를 띄워놓고 작업할 때 다양한 형태의 화면 보기 방법이나 창 정렬 기능을 이용하면 좀 더 편하게 작업할 수 있습니다.

■ 실습 파일 엑셀\2장\창_매출실적.xlsx

## 01 바둑판식으로 창 정렬하기

매출 실적 파일에 있는 [상반기]와 [하반기] 시트를 한 화면에 표시해보겠습니다. 엑셀 창을 추가로 열고 원하는 시트를 선택한 후 창을 정렬하면 됩니다.

① 작업 중인 문서를 새 창에 띄우기 위해 [보기] 탭-[창] 그룹-[**새 창**] 클릭 ② [보기] 탭-[창] 그룹-[**모두 정렬**] 클릭 ③ [창 정렬] 대화상자에서 [**바둑판식**] 선택 ④ [**확인**]을 클릭합니다. 작업 창 두 개가 바둑판식으로 정렬됩니다.

## 02 창 나란히 비교하기

오른쪽 창에서 [**하반기**] 시트 탭을 클릭해서 [상반기] 시트와 [하반기] 시트를 비교하면서 작업합니다.

> **바로 통하는 TIP** [보기] 탭-[창] 그룹에서 [창 전환]을 클릭하면 '창_매출실적.xlsx:1', '창_매출실적.xlsx:2' 두 개의 문서가 열려 있는 것을 확인할 수 있습니다. 현재 열려 있는 문서를 새 창에서 한 번 더 열었다는 의미입니다.

핵심기능실습

# 36 인쇄 미리 보기에서 인쇄 선택 영역 및 여백 설정하기

인쇄 미리 보기는 [파일] 탭을 클릭할 때 나타나는 오피스 백스테이지 [인쇄] 탭에서 확인할 수 있습니다. 인쇄와 관련된 모든 작업과 메뉴가 모여 있어서 업무 처리 시간을 단축할 수 있습니다. 인쇄 시에는 워크시트에 있는 내용 전체를 인쇄할 수도 있지만 일부만 인쇄 영역을 설정하여 인쇄할 수도 있습니다.

• 실습 파일 엑셀 \ 2장 \ 인쇄_주간일정표.xlsx   • 완성 파일 엑셀 \ 2장 \ 인쇄_주간일정표_완성.xlsx

## 01 인쇄 영역 설정하기

① [1주] 시트 클릭
② [4주] 시트 Shift +클릭
③ 인쇄 영역을 지정하기 위해 [A2:D38] 셀 드래그
④ [파일] 탭을 클릭합니다.

**바로 통하는 TIP** Shift 는 '~부터 ~까지'라는 개념이고, Ctrl 은 'A와 B'라는 개념입니다. 따라서 Shift 를 누르면 처음 선택한 워크시트부터 마지막 워크시트까지 선택되고, Ctrl 을 누르면 처음 선택한 워크시트와 각각 선택한 워크시트만 선택됩니다.

## 02

① [인쇄] 선택
   오피스 백스테이지에 인쇄 관련 메뉴와 미리 보기가 나타납니다.
② [인쇄 대상] 클릭
③ [선택 영역 인쇄]를 선택합니다.

[1주]~[4주] 시트에서 [A2:E38] 셀의 범위가 인쇄되도록 영역이 설정되었습니다.

**바로 통하는 TIP** 편집 화면에서 단축키 Ctrl + P 를 누르면 인쇄 미리 보기가 바로 실행됩니다.

## 03 용지 여백 설정하기
용지 여백을 설정해보겠습니다.
① 백스테이지 미리 보기에서 [여백 표시 ▦]
   클릭
② 여백이 너무 넓으므로 [여백 설정] 클릭
③ [좁게]를 선택하여 여백을 조절합니다.

## 04
① [페이지 설정] 클릭 ② [페이지 설정] 대화상자에서 [여백] 탭 클릭 ③ [페이지 가운데 맞춤]에서 [가로], [세로]
에 체크 표시 ④ [확인]을 클릭하여 문서 내용을 페이지 가운데로 정렬합니다.

## 05 인쇄 미리 보기 확대/축소하기
① 백스테이지 미리 보기에서 [이동] 클릭
② 다른 페이지를 보거나 화면 오른쪽 아래
   의 [페이지 확대/축소 ▦]를 클릭해서 미리
   보기 화면을 확대/축소할 수 있습니다.

## 핵심기능실습 37 반복 인쇄할 제목 행 지정하기

인쇄할 페이지 수가 많을 경우에는 첫 페이지에 표시되는 제목 행과 열을 반복하여 다음 페이지에 인쇄되도록 인쇄 제목을 지정할 수 있습니다.

▪실습 파일 엑셀\2장\인쇄_업무추진비1.xlsx  ▪완성 파일 엑셀\2장\인쇄_업무추진비1_완성.xlsx

**01 페이지마다 제목행이 반복 인쇄되도록 설정하기**
① 상태 표시줄에서 [페이지 레이아웃 ▦] 클릭 ② [페이지 레이아웃] 탭-[페이지 설정] 그룹-[인쇄 제목] 클릭 ③ [페이지 설정] 대화상자의 [반복할 행] 입력란 클릭 ④ 3행 머리글 클릭. 반복할 행이 선택됩니다. ⑤ [확인]을 클릭합니다.

**02** 각 페이지로 이동하면서 살펴보면 제목이 반복되어 나타납니다.

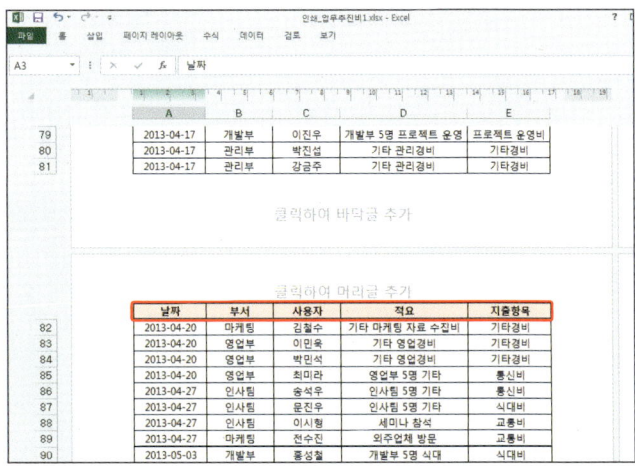

핵심기능실습

# 38 페이지 나누기 미리 보기 및 인쇄 배율 지정하기

페이지 나누기 미리 보기를 사용하면 인쇄할 문서 영역을 페이지 구분선으로 나눠볼 수 있습니다. 특히 용지 방향, 인쇄 배율 등을 변경했을 때 자동 페이지 나누기에 어떤 영향이 있는지 직접 확인할 수 있습니다.

▪실습 파일 엑셀 \ 2장 \ 인쇄_업무추진비2.xlsx   ▪완성 파일 엑셀 \ 2장 \ 인쇄_업무추진비2_완성.xlsx

## 01 페이지 나누기 미리 보기 모드로 변경하기

상태 표시줄에서 [페이지 나누기 미리 보기]를 클릭합니다. 페이지 나누기 창에서 인쇄 영역 전체는 **파란색 실선**으로, 자동으로 나눠진 페이지 구분선은 **파란색 점선**으로 표시됩니다.

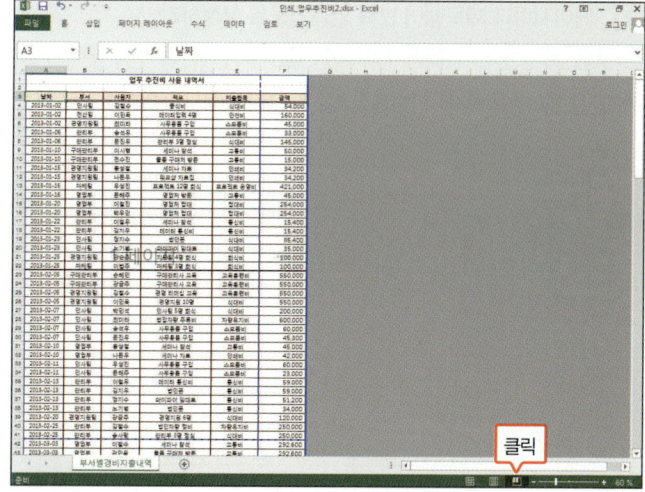

## 02 인쇄 배율 조정하기

[페이지 레이아웃] 탭-[크기 조정] 그룹-[너비]를 [1페이지]로 선택합니다.

인쇄 가로 배율이 [89%]로 조정되었습니다.

## 핵심기능실습 39 페이지 나누기 구분선 수정하기

페이지 나누기를 이용하면 자동으로 설정된 페이지 영역을 임의로 수정하여 사용자가 원하는 페이지 영역으로 구분할 수 있습니다. 페이지 수를 정확히 맞춰 인쇄하려면 마우스로 페이지 구분선을 드래그해 한 페이지에서 인쇄할 내용을 조절할 수 있습니다.

- **실습 파일** 엑셀\2장\인쇄_업무추진비3.xlsx
- **완성 파일** 엑셀\2장\인쇄_업무추진비3_완성.xlsx

**01** 1~6월까지의 매출 보고 실적 데이터를 월별로 나누겠습니다. ① 1페이지 나누기 구분선을 **41행** 위치로 드래그 ② 2페이지 나누기 구분선을 **85행** 위치로 드래그합니다.

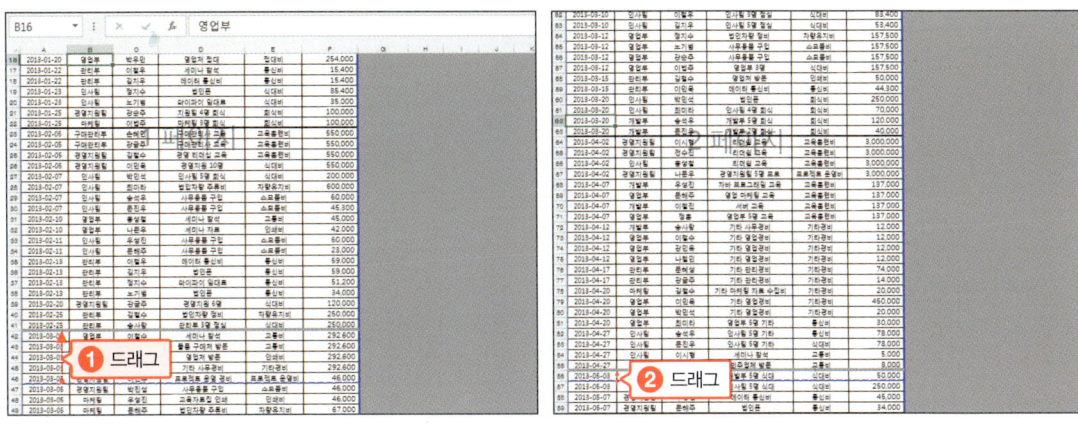

**02** 3페이지 나누기 구분선을 **113행** 위치로 드래그합니다. 월별로 매출 보고 실적 데이터의 페이지가 나눠졌습니다.

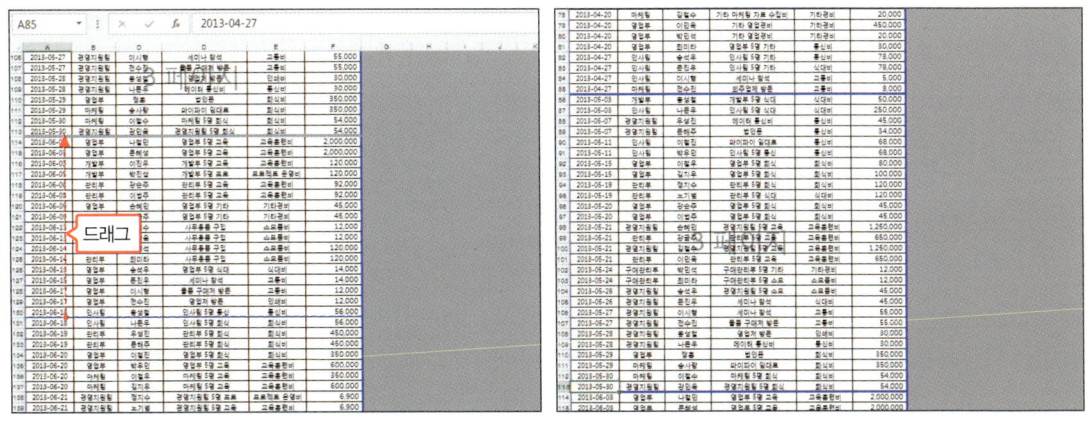

**바로 통하는 TIP** [페이지 레이아웃] 탭-[페이지 설정] 그룹-[나누기]를 클릭하여 [페이지 나누기 삽입], [페이지 나누기 제거]나 [페이지 나누기 모두 원래대로]를 선택하여 페이지 나누기를 수정할 수 있습니다.

## 핵심기능실습 40 페이지 레이아웃 보기에서 머리글/바닥글 설정하기

각 페이지의 상단이나 하단에 머리글/바닥글을 설정하여 날짜, 페이지 번호, 파일 이름 등을 표시할 수 있습니다. 머리글/바닥글은 페이지 레이아웃 보기에서 쉽게 설정할 수 있습니다.

- 실습 파일 엑셀\2장\인쇄_업무추진비4.xlsx    - 완성 파일 엑셀\2장\인쇄_업무추진비4_완성.xlsx

### 01 머리글에 현재 날짜 입력하기

① 상태 표시줄에서 [**페이지 레이아웃 보기** 📄] 클릭 ② [**클릭하여 머리글 추가**] 영역 오른쪽 빈칸 클릭 ③ **작성일자 : 입력**
④ [**머리글/바닥글 도구**] – [**디자인**] 탭 – [**머리글/바닥글 요소**] 그룹 – [**현재 날짜**]를 클릭해서 날짜를 표기합니다.

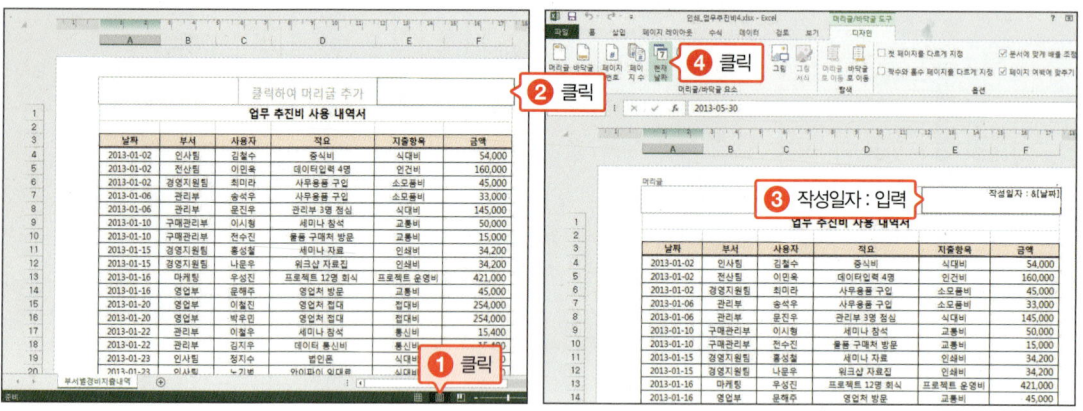

### 02 바닥글에 페이지 번호를 입력하기

① [**머리글/바닥글 도구**] – [**디자인**] 탭 – [**탐색**] 그룹 – [**바닥글로 이동**] 클릭 ② **바닥글** 가운데 영역 클릭 ③ [**머리글/바닥글 도구**] – [**디자인**] 탭 – [**머리글/바닥글 요소**] 그룹 – [**페이지 번호**] 클릭 ④ **/ 입력** ⑤ [**페이지 수**]를 클릭합니다. 바닥글이 **페이지 번호/전체 페이지 수** 형식으로 표기됩니다.

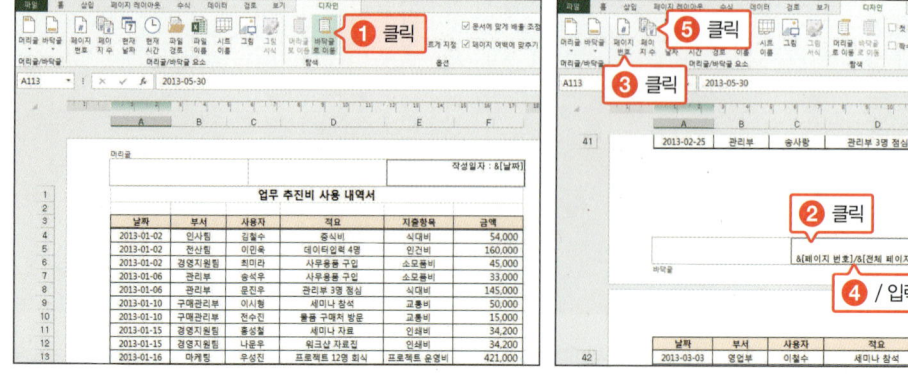

**바로 통하는 TIP** [머리글/바닥글 도구]-[디자인] 탭은 머리글 또는 바닥글 영역을 클릭한 상태에서만 나타납니다.

## 핵심기능실습 41 배경 그림 삽입하기

머리글/바닥글 영역에 그림을 배경으로 삽입하여 각 페이지마다 배경 그림을 표시할 수 있습니다. 경력증명서에 로고 그림이 배경으로 희미하게 삽입되도록 머리글을 설정해보겠습니다.

- 실습 파일 엑셀 \ 2장 \ 인쇄_경력증명서.xlsx
- 완성 파일 엑셀 \ 2장 \ 인쇄_경력증명서_완성.xlsx

**01 배경 그림 삽입하기**
① **[클릭하여 머리글 추가]** 영역의 가운데 빈 칸 클릭
② [머리글/바닥글 도구] – [디자인] 탭 – [머리글/바닥글 요소] 그룹 – **[그림]**을 클릭합니다.

[그림 삽입] 창이 실행됩니다.

**02** ① [그림 삽입] 창의 [파일에서] – **[찾아보기]** 클릭 ② [그림 삽입] 대화상자가 활성화되면 실습 폴더에서 logo. png 선택 ③ **[삽입]**을 클릭합니다.

## 03 배경 그림 서식 지정하기

① 그림을 가운데 배치하기 위해 **&[그림]** 앞에 커서를 두고 Enter 를 여러 번 누름
② **[머리글/바닥글 도구]** - **[디자인]** 탭 - **[머리글/바닥글 요소]** 그룹 - **[그림 서식]** 을 클릭합니다.

## 04

① **[그림 서식]** 대화상자의 **[그림]** 탭 클릭
②③ **[색]** 목록에서 **[희미하게]** 선택
④ **[확인]**을 클릭합니다.

머리글의 가운데 영역에 로고 그림이 배경으로 희미하게 삽입되었습니다.

---

### 실무활용노트 EXCEL [머리글/바닥글 도구]-[디자인] 탭 살펴보기

① **머리글/바닥글** : 미리 설정된 머리글/바닥글 목록 16개를 이용해서 머리글/바닥글을 설정합니다.
② **머리글/바닥글 요소** : 머리글과 바닥글에 삽입할 요소를 사용자가 직접 선택합니다.
③ **탐색** : 머리글과 바닥글로 이동할 수 있습니다.
④ **옵션** : 첫 페이지나 홀수와 짝수 페이지의 머리글과 바닥글을 각각 다르게 지정하여 사용할 수 있습니다.

CHAPTER
## 03

# 수식 작성 및 함수 활용하기

엑셀을 사용하는 가장 큰 이유는 복잡한 계산을 쉽고 빠르게 끝낼 수 있고, 복잡하고 반복되는 수식도 함수를 사용하면 간단하게 해결할 수 있기 때문입니다.
수식과 함수의 구조를 이해하고, 상대 참조/절대 참조/혼합 참조를 이용한 수식을 만들어보겠습니다. 실무에서 자주 쓰는 활용도 높은 함수를 사용하는 방법에 대해서 살펴보겠습니다.

## 핵심기능실습

# 42 상대 참조로 수식 만들기

상대 참조는 [A1], [B2]와 같은 일반적인 셀 주소 형식으로 수식을 입력하는 방식입니다. 수식을 복제하면 셀 위치에 따라 참조한 셀 주소도 바뀌기 때문에 엑셀에서 셀을 참조하여 수식을 만드는 방법 중 가장 많이 사용됩니다.

- 실습 파일 엑셀\3장\수식_셀참조.xlsx [상대참조] 시트   - 완성 파일 엑셀\3장\수식_셀참조_완성.xlsx [상대참조] 시트

**01 상대 참조로 재고량 구하기**

생산량에서 판매량을 빼면 재고량([D4] 셀)을 구할 수 있습니다. [상대참조] 시트에서 [D4] 셀을 선택하고 수식 **=B4-C4**를 입력한 후 Enter 를 누릅니다. 수식이 완성됩니다.

**02 상대 참조로 판매율 구하기**

판매율([E4] 셀)은 생산량에서 판매량을 나누어 구합니다. [E4] 셀에 **=C4/B4**를 입력하고 Enter 를 누릅니다.

## 03 수식 복사하기

재고량과 판매율의 수식을 복사해 각 셀에 결과 값을 표시해보겠습니다.

① [D4:E4]셀 드래그

② 채우기 핸들을 [E16]셀까지 드래그하여 수식을 복사합니다. 셀 위치에 따라 재고량과 판매율이 바뀝니다.

재고량과 판매율의 각 셀을 클릭해 수식 입력줄을 살펴보면 수식이 입력된 셀 위치에 따라 참조한 셀 주소가 변하는 것을 알 수 있습니다.

---

### 실무활용노트 EXCEL — 수식의 구조

수식은 등호(=)를 처음 입력하고 연산자, 피연산자, 함수 등을 조합하여 만듭니다. 피연산자는 숫자일 수도 있지만 셀 주소가 될 수도 있습니다. 연산자는 산술, 문자, 비교 연산자로 데이터를 계산하라는 명령 기호입니다.

=     피연산자     연산자     피연산자

① 등호   ② 숫자 또는 셀 주소   ③ 산술, 문자, 비교 연산자 등   ④ 숫자 또는 셀 주소

**연산자의 종류와 우선순위**

연산자는 산술, 비교, 문자, 참조 연산자가 있습니다. 산술, 문자, 참조 연산자는 수식에 직접 사용하지만 비교 연산자는 TRUE, FALSE 값을 결과로 표시하기 때문에 함수식에 주로 쓰입니다.

① 산술 연산자 : 더하기, 빼기, 곱하기와 같은 기본적인 수학 연산을 수행합니다.

| 기능 | 백분율 | 거듭제곱 | 곱하기 | 나누기 | 더하기 | 빼기 |
|---|---|---|---|---|---|---|
| 연산자 | % | ^ | * | / | + | - |

② 비교 연산자 : 두 값을 비교하여 참 또는 거짓으로 결과 값이 나타납니다.

| 기능 | 같다 | 크다 | 크거나 같다 | 작다 | 작거나 같다 | 같지 않다 |
|---|---|---|---|---|---|---|
| 연산자 | = | > | >= | < | <= | <> |

③ 문자 연결 연산자 : 문자열을 여러 개 연결해서 하나로 만듭니다.

| 기능 |   |
|---|---|
| 연산자 | & |

각 연산자 사이의 우선순위는 산술 연산자(-(음수), %, ^, *, /, +, -) → 문자 연결 연산자(&) → 비교 연산자(=, <, >, <=, >=, <>) 순입니다. 우선순위가 같은 연산자는 왼쪽에 있는 연산자를 먼저 계산합니다. 연산자의 우선순위를 바꾸려면 괄호( )를 씁니다. 괄호 연산자 안에 있는 수식을 가장 먼저 계산합니다.

핵심기능실습

# 43 절대 참조로 수식 만들기

절대 참조를 만들 때는 [$A$1] 또는 [$B$2] 형태로 열 머리글과 행 머리글 앞에 $ 기호를 붙입니다. 절대 참조 수식을 입력한 후에는 복제로 인해 셀 위치가 바뀌어도 셀 위치에 관계없이 참조한 셀 주소가 변하지 않고 고정됩니다.

- **실습 파일** 엑셀 \ 3장 \ 수식_셀참조.xlsx [절대참조] 시트    **완성 파일** 엑셀 \ 3장 \ 수식_셀참조_완성.xlsx [절대참조] 시트

### 커피 생두 수입표

| 환율 | ₩ 1,150 |

| 생두명 | 단가($) | 중량(kg) | 금액(원) |
|---|---|---|---|
| 콜롬비아 수푸리모 | $ 4.60 | 400 | ₩ 2,116,000 |
| 브라질 산토스 | $ 4.20 | 500 | ₩ 2,415,000 |
| 케냐 AA | $ 5.20 | 150 | ₩ 897,000 |
| 탄자니아 AA | $ 4.60 | 100 | ₩ 529,000 |
| 인도네시아 만델링 | $ 5.10 | 200 | ₩ 1,173,000 |
| 하와이 코나 | $ 6.20 | 100 | ₩ 713,000 |
| 자메이카 블루마운틴 | $ 5.70 | 120 | ₩ 786,600 |
| 에디오피아 이가체프 | $ 4.70 | 200 | ₩ 1,081,000 |
| 과테말라 SHB | $ 5.40 | 100 | ₩ 621,000 |
| 모카시다모 | $ 4.20 | 50 | ₩ 241,500 |
| 온두라스 SHB | $ 4.70 | 50 | ₩ 270,250 |
| 엘살바도르 팬시 SHB | $ 5.10 | 100 | ₩ 586,500 |

▲ 핵심기능실습 미리보기

❶ 상대 참조와 ❷ 절대 참조로 금액 계산하기
  단가(상대 참조)*환율(절대 참조)*중량(상대 참조)
❷ 서식 없이 수식 자동 채우기

## 01 절대 참조로 금액 구하기

생두의 단가를 원화로 환산하고 중량을 곱하여 금액([D5] 셀)을 구합니다.

① [절대참조] 시트에서 [D5] 셀에 수식 **=B5*D2** 입력

② [D2] 셀을 클릭한 후 F4를 눌러 절대 참조로 바꿉니다.

## 02

계속해서 ***C5**를 입력하고 Enter를 눌러 **=B5*$D$2*C5** 수식을 완성합니다.

**바로 통하는 TIP** 수식 완성 : 금액=단가*환율*중량

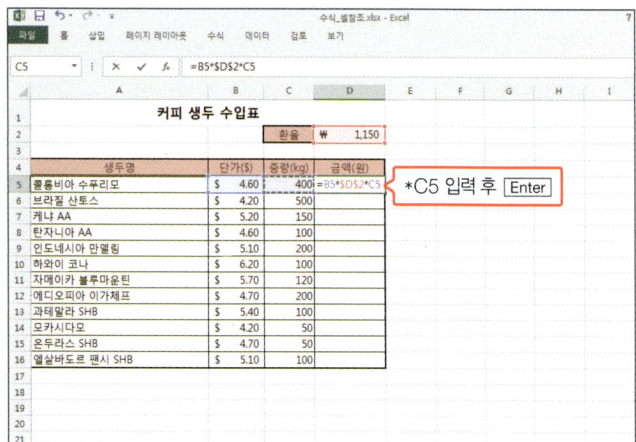

## 03 서식 없이 수식 자동 채우기

완성된 수식을 [D16] 셀까지 채워보겠습니다.

① [D5] 셀 클릭 후 채우기 핸들을 [D16] 셀까지 드래그

② [자동 채우기 옵션] 클릭

③ [서식 없이 채우기]를 선택하여 미리 지정되어 있는 서식을 유지합니다.

[D16] 셀까지 금액이 계산됩니다. 셀 주소를 고정할 때는 절대 참조를 사용합니다.

**바로 통하는 TIP** 상대, 절대, 혼합 참조의 유형 빠르게 변경하기

참조 영역을 고정할 때는 $ 기호를 직접 입력할 수도 있지만 F4를 누르면 셀 참조 유형을 빠르게 변경할 수 있습니다. 상대 참조 → 절대 참조 → 혼합 참조 순서로 바뀝니다.

## 핵심기능실습 44 혼합 참조로 수식 만들기

혼합 참조를 만들 때는 [A$1] 또는 [$B2]의 형태로 열 또는 행 중 한 군데만 $를 붙입니다. 혼합 참조 수식을 입력한 후 복제하면 셀 위치에 따라 $가 붙은 행(열)은 고정되고 열(행)만 바뀝니다.

- 실습 파일 엑셀\3장\수식_셀참조.xlsx [혼합참조] 시트 ● 완성 파일 엑셀\3장\수식_셀참조_완성.xlsx [혼합참조] 시트

### 01 혼합 참조로 예산 기본급 구하기

호봉에 따른 기본급을 기준으로 2013년 인상 기본급([C5] 셀)을 구합니다.

① [혼합참조] 시트에서 [C5] 셀 클릭 후 수식 =B5*C4+B5 입력

② 수식 내 B5를 각각 블록 설정한 후 F4 를 세번 눌러 $B5로 변경

③ C4를 블록 설정한 후 F4 를 두 번 눌러 C$4로 변경하고 Enter 를 누릅니다. =$B5*C$4+$B5 수식이 완성됩니다.

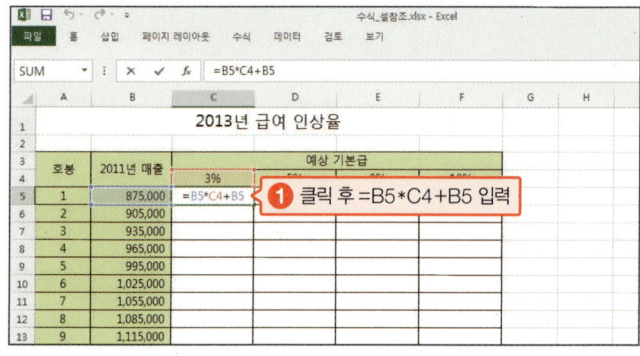

[C5] 셀의 수식을 복사해도 B열과 4행은 고정되어야 하므로 B와 4행 앞에 $ 기호를 붙여 각각 $B5와 C$4로 변환했습니다.

### 02

① [C5] 셀 클릭 후 채우기 핸들을 [C14] 셀까지 드래그

② [C5:C14] 셀 범위가 지정된 상태에서 [C14] 셀의 채우기 핸들을 [F14] 셀까지 드래그하여 수식을 복사합니다.

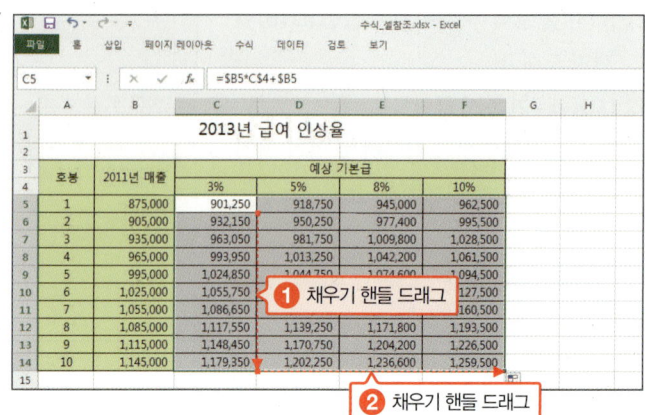

수식을 복사해도 B열과 4행은 변하지 않고 $ 기호가 붙지 않은 부분의 값만 변하는 혼합 참조 형태의 수식이 복사됩니다.

## 핵심기능실습 45

# 이름으로 수식 만들기

엑셀에서는 셀이나 선택 범위에 이름을 정의할 수 있습니다. 이름을 정의해두면 셀 주소를 사용한 선택 범위 대신 이름을 사용할 수 있습니다. 자주 참조하는 셀 주소를 셀 이름으로 지정하면 셀 주소를 수식으로 사용할 때 자주 나타나는 오류를 줄일 수 있고, 수식을 좀 더 직관적으로 만들 수 있습니다. 셀 이름을 정의하고 정의된 이름으로 수식을 만들어보겠습니다.

- 실습 파일 엑셀\3장\수식_셀참조.xlsx [이름참조] 시트
- 완성 파일 엑셀\3장\수식_셀참조_완성.xlsx [이름참조] 시트

**01 선택 영역에서 이름 정의하기**

[선택 영역에서 만들기]를 이용하면 셀 이름을 정의할 때마다 매번 범위를 지정할 필요 없이 데이터의 첫 행(제목 행)이나 왼쪽 열(제목 열)의 이름을 한 번에 셀 이름으로 지정할 수 있습니다. 열 이름인 배송료, 할인율, 세율을 셀 이름으로 정의해보겠습니다.

① [이름참조] 시트에서 **[A2:B4]** 셀 드래그
② [수식] 탭-[정의된 이름] 그룹-**[선택 영역에서 만들기]** 클릭
③ [선택 영역에서 이름 만들기] 대화상자에서 **[왼쪽 열]**에 체크 표시
④ **[확인]**을 클릭합니다.

지정된 범위에서 왼쪽 열에 해당하는 각 셀의 이름이 오른쪽 셀 범위의 이름으로 정의되었습니다.

**02** [이름 상자 목록]을 클릭하면 정의된 이름이 표시됩니다.

**바로 통하는 TIP** [수식] 탭의 [정의된 이름] 그룹에서 [이름 관리자]를 클릭하면 정의된 이름을 수정 및 삭제할 수 있습니다.

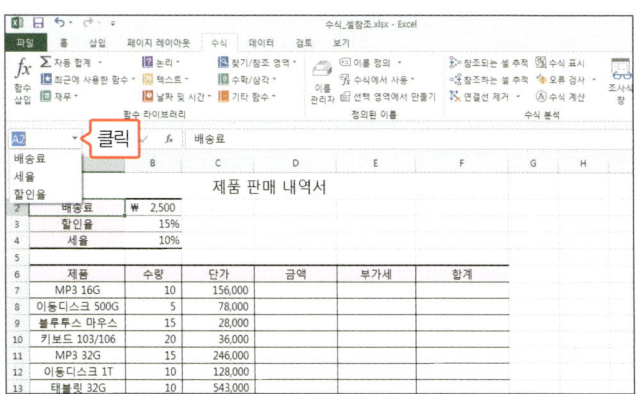

## 03 정의한 이름으로 수식 만들기

정의한 이름을 이용해 수식을 만들면 수식을 좀 더 직관적으로 이해할 수 있습니다.

① [D7] 셀에 수식 **=C7*(1-할인율)*B7** 입력 후 Enter

② [E7] 셀에 수식 **=D7*세율**을 입력한 후 Enter 를 누릅니다.

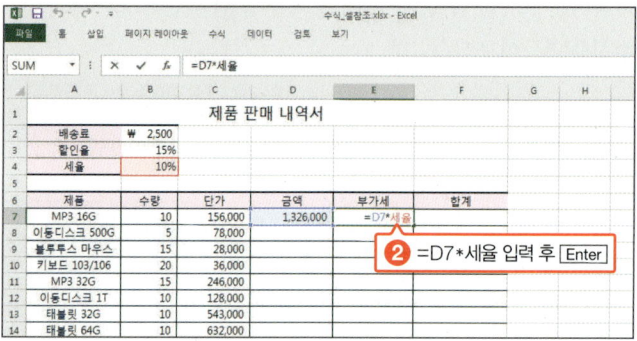

**04** [F7] 셀에 수식 **=D7+E7+배송료**를 입력한 후 Enter 를 누릅니다. 수식이 완성됩니다.

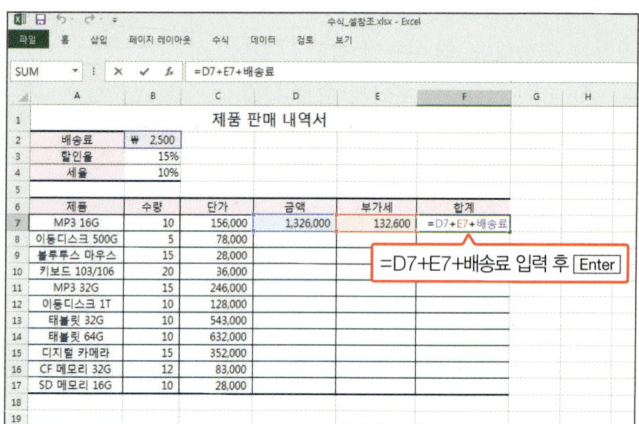

**05**

① [D7:F7] 셀 드래그

② 수식을 복사하기 위해 **채우기 핸들** 더블클릭

③ [**자동 채우기 옵션**] 클릭

④ [**서식 없이 채우기**]를 선택합니다.

전 제품의 금액, 부가세, 합계가 구해집니다.

## 핵심기능실습 46 자동 합계 기능으로 수식 계산하기

엑셀에서는 자주 사용하는 수식을 버튼으로 만들어놓아 사용자가 더 쉽게 계산할 수 있도록 도와줍니다. 합계, 평균, 개수와 최댓값, 최솟값 등의 함수를 이용한 수식은 자동 합계 기능을 사용하면 클릭 한 번으로 간편하게 값을 구할 수 있습니다.

• 실습 파일 엑셀 \ 3장 \ 수식_자동합계.xlsx   • 완성 파일 엑셀 \ 3장 \ 수식_자동합계_완성.xlsx

### 01 합 구하기

인사고과 집계표에서 평가 항목별 총점의 합계를 구해보겠습니다.

① [G4:G17] 셀 드래그
② [홈] 탭–[편집] 그룹–[**자동 합계 Σ**]를 클릭합니다.

행 방향으로 개인별 고과 점수 합계가 계산됩니다.

### 02 평균 구하기

인사고과 집계표에서 평가 항목별 점수의 평균을 구해보겠습니다.

① [H4] 셀 클릭
② [합계 목록 Σ] 클릭
③ [평균] 선택
④ [B4:F4] 셀 드래그 후 Enter
⑤ [H4] 셀의 채우기 핸들을 더블클릭하여 수식을 복사합니다.

핵심기능실습

# 47 표에서 구조적 참조를 이용해 한 번에 수식 계산하기

표 안의 데이터를 참조해 만든 수식은 대괄호([ ])와 열 머리글을 사용하는 구조적 참조 방식을 사용합니다. 구조적 참조를 사용하면 수식의 이해가 쉽고 표 안의 데이터가 수정, 추가, 삭제된다 하더라도 자동으로 셀 참조가 조정되기 때문에 일반 셀 참조에 비해 매우 유용합니다.

■ 실습 파일 엑셀 \ 3장 \ 수식_표수식.xlsx [표수식1] 시트    ■ 완성 파일 엑셀 \ 3장 \ 수식_표수식_완성.xlsx [표수식1] 시트

## 01 표 만들기

거래명세서에 표 서식을 적용해보겠습니다.

① [표수식1] 시트에서 임의의 데이터 셀 클릭
② [삽입] 탭-[표] 그룹-[표] 클릭
③ [표 만들기] 대화상자에서 표에 사용할 데이터 범위로 [A3:F10] 셀 드래그
④ [머리글 포함]에 체크 표시
⑤ [확인]을 클릭합니다.

**바로 통하는 TIP** 표 서식을 적용할 범위에 병합된 셀이 있으면 자동으로 병합이 해제됩니다. 표에 사용할 데이터로 지정한 범위의 첫째 행이 제목 행일 경우 [머리글 포함]에 체크합니다. 체크하지 않으면 선택 범위 맨 위에 열1, 열2, 열3,… 순으로 임시 제목 행이 삽입됩니다.

## 02 구조적 참조로 공급가액 구하기

상품의 수량과 단가를 곱해 공급가액을 계산해보겠습니다.

① [F4] 셀에 = 입력
② [D4] 셀 클릭
③ * 입력
④ [E4] 셀 클릭
=[@수량]*[@단가]로 수식이 자동 입력됩니다.
⑤ Enter 를 누릅니다.

표의 구조적 수식으로 공급가액 전체가 계산됩니다.

**바로 통하는 TIP** 표의 구조적 수식에서 [열 머리글]은 열 전체의 범위를 의미하고, [@열 머리글]은 열 전체 중에서 현재 셀이 위치하는 행을 의미합니다. 즉, [수량]이면 [D4:D10] 셀까지의 범위를 의미하고, [@수량]이면 각각의 [D4], [D5], … [D10] 셀을 의미합니다.

## 03 세액 열 추가하기

[G3] 셀에 **세액**을 입력한 후 Enter 를 누릅니다.

---

자동으로 표 구조가 오른쪽으로 확장됩니다.

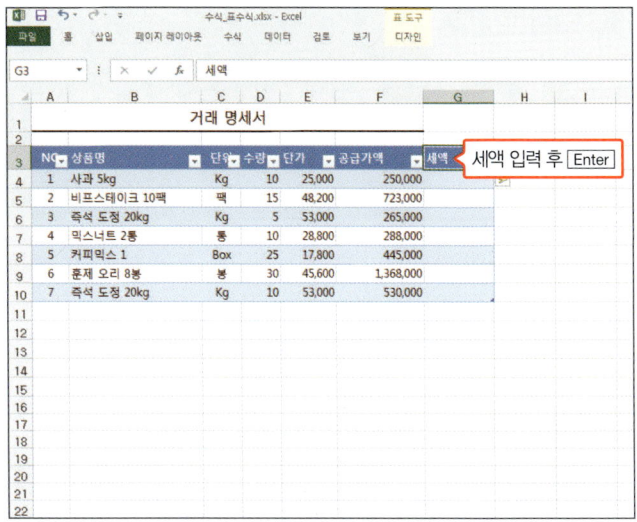

## 04 구조적 참조로 세액 구하기

① [G4] 셀에 **=** 입력
② [F4] 셀 클릭
③ **\*** 와 **10%** 를 입력합니다. **=[@공급가액]\*10%** 로 자동 입력됩니다. Enter 를 눌러 세액 전체를 구합니다.

---

### 실무활용노트 EXCEL | 표의 구조적 참조

구조적 참조는 일반적으로 사용하는 [A1], [B$1], [$A$2] 등의 셀 참조를 수식에서 사용하지 않는 대신에 표 이름과 행, 열 머리글을 참조하는 방식입니다.

| 구조적 참조 | 일반 셀 참조 |
| --- | --- |
| =[@수량]*[@단가]<br>거래 명세서의 [표1]의 수량*단가 | =D4*E4<br>거래 명세서의 수량*단가 |
| =SUM(표1[공급가액])<br>거래 명세서의 [표1] 공급가액 열의 합계를 계산 | =SUM(F4:F10)<br>거래 명세서의 [F4]~[F10] 셀 합계를 계산 |

CHAPTER 03 수식 작성 및 함수 활용하기 • **119**

핵심기능실습

# 48 표에서 요약 행 지정하기

표의 마지막 행에 계산 값을 넣을 수 있습니다. 요약 행은 열의 합계, 평균, 개수, 최댓값, 최솟값 등을 선택했을 때 자동으로 데이터를 요약해줍니다.

▪ 실습 파일 엑셀\3장\수식_표수식.xlsx [표수식2] 시트   ▪ 완성 파일 엑셀\3장\수식_표수식_완성.xlsx [표수식2] 시트

## 01 요약 행 표시하기

① [표수식2] 시트에서 표 안에 있는 임의의 데이터 셀 클릭
② [표 도구] - [디자인] 탭 - [표 스타일 옵션] 그룹 - [요약 행]에 체크 표시
표에 요약 행이 추가됩니다.
③ [F11] 셀 클릭
④ [요약 목록▼] 클릭
⑤ [합계]를 선택해서 공급가액의 합계를 구합니다.

표의 마지막 행에 요약 행이 삽입되어 열의 합계를 간단히 구할 수 있습니다.

## 02

① 같은 방법으로 [D11] 셀 클릭
② [요약 목록▼] 클릭
③ [합계]를 선택하여 수량의 합계를 구합니다.

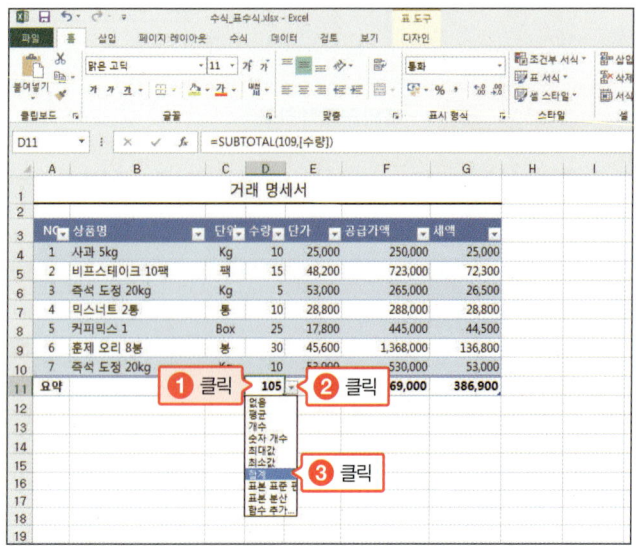

## 03 데이터 입력하기

표 범위에서 데이터의 마지막 셀인 [G10] 셀을 클릭하고 Tab을 누르면 자동으로 행이 추가됩니다.

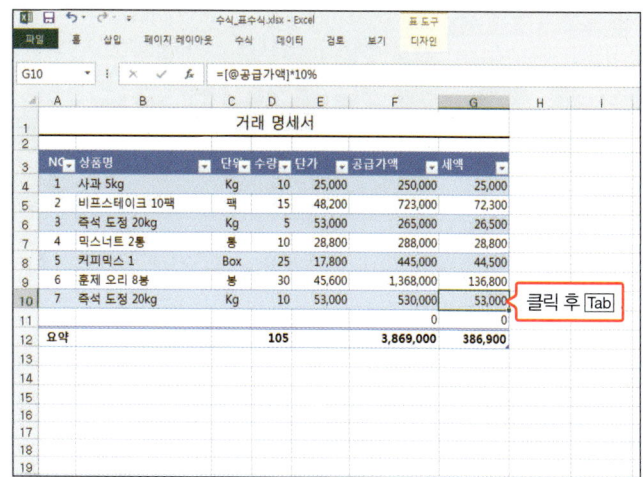

## 04

추가된 [A11:E11] 셀에 8, 불고기 10팩, 팩, 10, 59900을 각각 입력하면 '공급가액'과 '세액'이 자동 계산됩니다.

자동으로 표 스타일이 적용되면서 요약 행에는 합계가 계산됩니다.

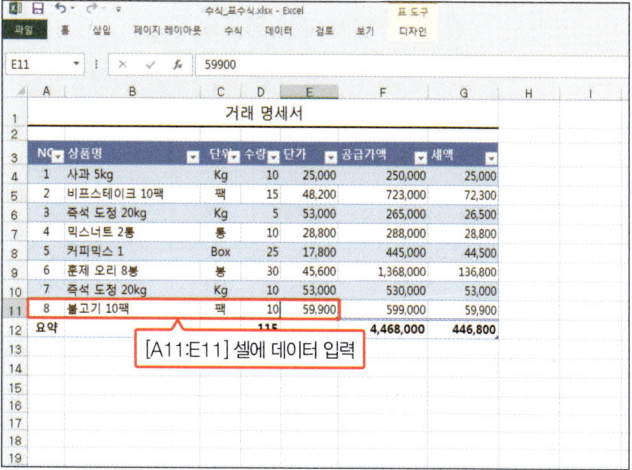

## 핵심기능실습 49
### 함수 라이브러리와 수식 자동 완성 이용해 MAX, LARGE 함수로 최댓값 구하기

함수는 계산에 필요한 값을 미리 만들어놓은 수식에 수치를 대입하여 계산한 결과 값을 반환해줍니다. 함수를 사용하려면 함수를 직접 입력하거나 함수 라이브러리의 범주에서 함수를 찾은 다음 [함수 인수] 대화상자에 값을 입력합니다.

- 실습 파일 엑셀\3장\함수_Max_인사고과.xlsx
- 완성 파일 엑셀\3장\함수_Max_인사고과_완성.xlsx

### 인사 고과 평가표

| 성명 | 부서명 | 직급 | 업적 | 능력 | 태도 | 평균 |
|---|---|---|---|---|---|---|
| 이중건 | 인사팀 | 대리 | 90 | 75 | 92 | 85.67 |
| 김수진 | 인사팀 | 부장 | 88 | 72 | 94 | 84.67 |
| 오민오 | 감사팀 | 차장 | 92 | 95 | 91 | 92.67 |
| 강희수 | 인사팀 | 사원 | 99 | 45 | 81 | 75.00 |
| 문상민 | 총무팀 | 대리 | 98 | 92 | 72 | 87.33 |
| 민재호 | 홍보팀 | 사원 | 88 | 94 | 93 | 91.67 |
| 박희재 | 총무팀 | 사원 | 85 | 91 | 91 | 89.00 |
| 이상철 | 기획팀 | 대리 | 91 | 81 | 76 | 82.67 |
| 최철구 | 감사팀 | 주임 | 92 | 72 | 77 | 80.33 |
| 이수민 | 인사팀 | 주임 | 92 | 93 | 92 | 92.33 |
| 성호중 | 기획팀 | 주임 | 88 | 91 | 93 | 90.67 |
| 송수진 | 총무팀 | 과장 | 91 | 95 | 91 | 92.33 |
| 민주리 | 인사팀 | 사원 | 76 | 82 | 82 | 80.00 |
| 최훈국 | 홍보팀 | 대리 | 77 | 75 | 83 | 78.33 |
| 이철명 | 총무팀 | 사원 | 92 | 56 | 91 | 79.67 |
| 박민우 | 기획팀 | 과장 | 79 | 63 | 85 | 75.67 |
| 이정길 | 홍보팀 | 차장 | 93 | 98 | 93 | 94.67 |
| 이정수 | 기획팀 | 주임 | 91 | 77 | 77 | 81.67 |
| 임수진 | 홍보팀 | 부장 | 82 | 67 | 91 | 80.00 |
| 전병철 | 감사팀 | 과장 | 83 | 92 | 95 | 90.00 |
| 전상민 | 홍보팀 | 사원 | 91 | 77 | 82 | 83.33 |
| 정수민 | 총무팀 | 과장 | 85 | 58 | 75 | 72.67 |
| 최민수 | 총무팀 | 부장 | 93 | 81 | 56 | 76.67 |
| 최철민 | 인사팀 | 사원 | 81 | 65 | 80 | 75.33 |

|  | 업적 | 능력 | 태도 |
|---|---|---|---|
| 최고점수 | 99 | 98 | 95 | ❶

|  | 1 | 2 | 3 |
|---|---|---|---|
| 최고평점 | 94.67 | 92.67 | 92.33 | ❷

▲ 핵심기능실습 미리보기

❶ 인사 고과 평가 항목의 최대 점수를 MAX 함수로 구하고 수식 복사하기
❷ 고과 점수 평점에서 첫 번째~세 번째 큰 값을 LARGE 함수로 구하고 수식 복사하기

**01 인사 고과 평가 항목의 최대 점수 구하기**

함수명은 알고 있지만 어떤 인수를 사용해야 할지 헷갈릴 때는 함수 라이브러리 범주에서 함수를 삽입하는 것이 편리합니다. 인사 고과의 평가 항목 중 업적, 능력, 태도의 최고 점수를 구해보겠습니다.

① [J4] 셀 클릭
② [수식] 탭-[함수 라이브러리] 그룹-[기타 함수] 클릭
③ [통계] 선택
④ [MAX]를 선택합니다.

**바로 통하는 TIP** MAX 함수는 최댓값을 구할 때 사용합니다.

**02 MAX 함수 인수 입력하기**

① [함수 인수] 대화상자의 [Number1]란에 **D4:D27** 입력
② [확인]을 클릭합니다.

선택한 범위에서 최댓값을 구합니다.

**바로 통하는 TIP** 셀과 셀 사이에 콜론(:)을 입력하면 '앞에 있는 셀부터 뒤에 있는 셀까지의 범위'라는 의미입니다. 완성 수식은 =MAX(D4:D27)입니다.

**03** [J4] 셀의 채우기 핸들을 [L4] 셀까지 드래그해서 수식을 복사합니다.

업적, 능력, 태도 항목에서 가장 높은 점수가 기록됩니다.

CHAPTER 03 수식 작성 및 함수 활용하기 • **123**

## 04 고과 점수 평점에서 첫 번째~세 번째 큰 값 구하기

인사 고과 평균 중 가장 높은 순서로 상위 세 개 점수를 구해보겠습니다.

① [J7] 셀에 **=L** 입력
② 수식 자동 완성 목록 상자에서 **LARGE**를 선택하고 Tab 을 누릅니다.

## 05 LARGE 함수 인수 입력하기

① [G4:G27] 셀 드래그 후 F4
② **,** 입력
③ [J6] 셀 클릭
④ **)**를 입력해서 수식을 완성하고 Enter 를 눌러 첫 번째로 큰 값을 구합니다.

**바로 통하는 TIP** LARGE 함수는 범위 내에서 몇 번째로 큰 값을 구할 때 사용합니다.

**바로 통하는 TIP** LARGE 함수는 두 번째 인수에 몇 번째로 큰 값을 구할 것인지 순번을 입력해야 하는데, 1을 직접 입력하는 대신 1 값이 입력된 [J6] 셀을 지정했습니다. 완성 수식은 =LARGE($G$4:$G$27,J6)입니다.

## 06 [J7] 셀의 채우기 핸들을 [L7] 셀까지 드래그해서 수식을 복사합니다.

[J7] 셀을 오른쪽 방향으로 드래그해서 수식을 복사하면 두 번째 인수 값이 자동으로 2, 3으로 변하면서 두 번째, 세 번째로 큰 평균 점수가 구해집니다.

**바로 통하는 TIP** 함수식 수정

함수식은 수식 입력줄에서 [함수 삽입]을 클릭하여 [함수 인수] 대화상자에서 수정할 수 있습니다. 직접 수정하려면 수식 입력줄을 클릭하거나 F2 를 눌러 함수식을 수정합니다.

핵심기능실습

# 50 COUNTA, COUNTBLANK 함수로 인원수 구하기

일정 범위에서 공백을 제외한 셀의 개수를 세는 COUNTA 함수와 빈 셀의 개수를 세는 COUNTBLANK 함수에 대해서 살펴보겠습니다.

- 실습 파일 엑셀 \ 3장 \ 함수_Counta_출석부.xlsx
- 완성 파일 엑셀 \ 3장 \ 함수_Counta_출석부_완성.xlsx

## 01 출석일수 구하기

1~5일까지 기간 중 어학 교육에 출석한 출석일을 구해보겠습니다.

① **[H3] 셀** 클릭

② **[수식] 탭**-**[함수 라이브러리] 그룹**-**[기타 함수]** 클릭

③ **[통계]** 선택

④ **[COUNTA]** 를 선택합니다.

**바로 통하는 TIP** COUNTA는 공백을 제외한 셀의 개수를 구하는 함수입니다.

## 02 COUNTA 함수 인수 입력하기

① **[함수 인수] 대화상자**의 **[Value1]**란에 **C3:G3** 입력

② **[확인]**을 클릭합니다.

범위([C3:G3] 셀)에서 공백을 제외한 셀의 개수를 구합니다. 출석일이 구해집니다.

**바로 통하는 TIP** 완성 수식은 =COUNTA(C3:G3)입니다.

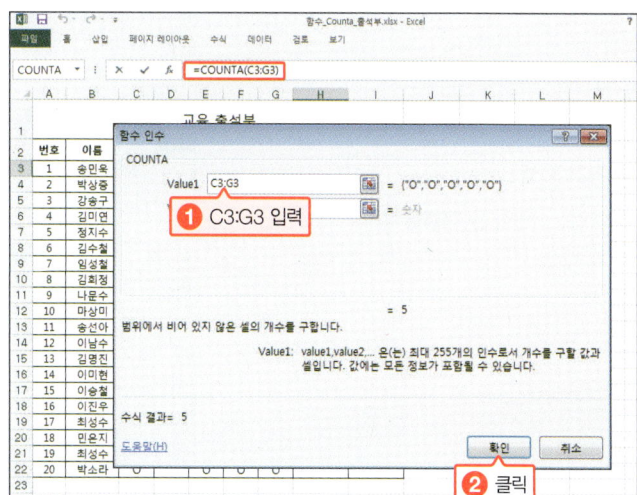

CHAPTER 03 수식 작성 및 함수 활용하기 • **125**

## 03 결석일수 구하기

1~5일까지 기간 중 어학 교육에 결석한 결석일을 구해보겠습니다.

① [I3] 셀 클릭
② [수식] 탭-[함수 라이브러리] 그룹-[기타 함수] 클릭
③ [통계] 선택
④ [COUNTBLANK]를 선택합니다.

**바로 통하는 TIP** COUNTBLANK는 공백 셀의 개수를 구하는 함수입니다.

## 04 COUNTBLANK 함수 인수 입력하기

① [함수 인수] 대화상자의 [Range]란에 **C3:G3** 입력
② [확인]을 클릭합니다.

범위([C3:G3] 셀)에서 빈 셀의 개수를 구합니다. 결석일이 구해집니다.

**바로 통하는 TIP** 완성 수식은 =COUNTBLANK(C3:G3)입니다.

## 05

① [H3:I3] 셀 드래그
② 채우기 핸들을 **더블클릭**하여 수식을 복사합니다.

어학 교육 출석 수강생의 전체 출석일과 결석일이 구해집니다.

핵심기능실습

# 51 ROUNDDOWN, FORMULATEXT 함수로 내림과 함수식 표시하기

ROUNDDOWN 함수는 내림하는 함수로, 지정된 자릿수 아래 값을 버립니다. FORMULATEXT 함수는 엑셀 2013에 새로 추가된 함수로, 함수식을 텍스트로 반환하는 함수입니다.

- 실습 파일 엑셀\3장\함수_Rounddown_외주인력.xlsx   ■ 완성 파일 엑셀\3장\함수_Rounddown_외주인력_완성.xlsx

## 01 함수식을 텍스트로 표시하기

평균 항목에는 부서별 외주 인력의 평균 인원수를 구하는 수식이 입력되어 있습니다. 수식을 텍스트로 변환해 표시해보겠습니다.

① [G3] 셀 클릭

② [수식] 탭-[함수 라이브러리] 그룹-[찾기/참조 영역] 클릭

③ [FORMULATEXT]를 선택합니다.

**바로 통하는 TIP** FORMULATEXT 함수는 셀이나 셀 범위 내 수식을 문자열로 반환합니다.

## 02 FORMULATEXT 함수 인수 입력하기

① [함수 인수] 대화상자의 [Reference]란에 F3 입력

② [확인]을 클릭합니다. 수식 =FORMULATEXT(F3)이 완성됩니다.

평균 수식을 텍스트로 표시합니다.

## 03 평균 인원수 소수 첫째 자리에서 내림하기

부서별 외주 인력의 평균 인원수에서 소수 첫째 자리를 내림해 값을 표시해보겠습니다.

① [H3] 셀 클릭

② [수식] 탭-[함수 라이브러리] 그룹-[수학/삼각] 클릭

③ [ROUNDDOWN]을 선택합니다.

**바로 통하는 TIP** ROUNDDOWN 함수는 지정한 자릿수 이하를 무조건 내림합니다.

## 04 ROUNDDOWN 함수 인수 입력하기

① [함수 인수] 대화상자의 [Number]란에 F3 입력

② [Num_digits]란에 0 입력

③ [확인]을 클릭합니다. 수식 =ROUNDDOWN(F3,0)이 완성됩니다.

평균 인원수를 소수 첫째 자리에서 내림해서 정수로 표시합니다.

**바로 통하는 TIP** 자릿수는 0을 기준으로 1, 2, 3,…과 같이 양수를 지정하면 소수 이하로 자릿수를 조정하고, -1, -2, -3,…과 같이 음수를 지정하면 소수점 이상으로 자릿수를 조정합니다.

## 05

① [G3:H3] 셀 드래그

② 채우기 핸들을 더블클릭하여 수식을 복사합니다.

## 핵심기능실습 52

# QUOTIENT, MOD 함수로 몫, 나머지 값 표시하기

QUOTIENT 함수는 피제수(나뉘는 수)에서 제수(나누는 수)를 나눠 몫의 정수 부분을 구할 때 사용합니다. MOD 함수는 나눗셈의 나머지를 구합니다. 즉, 피제수(나뉘는 수)에서 제수(나누는 수)를 나눠 나머지를 구할 때 사용합니다.

▪실습 파일 엑셀\3장\함수_Quotient_포장재.xlsx   ▪완성 파일 엑셀\3장\함수_Quotient_포장재_완성.xlsx

## 01 100개를 포장할 수 있는 포장재의 개수 구하기

생산라인의 생산량에 따라 100개를 포장할 수 있는 포장재의 개수를 구해보겠습니다.

① [C3] 셀 클릭
② [수식] 탭-[함수 라이브러리] 그룹-[수학/삼각] 클릭
③ [QUOTIENT]를 선택합니다.

**바로 통하는 TIP** QUOTIENT 함수는 나눗셈을 한 후 몫의 정수 부분을 구합니다.

## 02 QUOTIENT 함수 인수 입력하기

① [함수 인수] 대화상자의 [Numerator] 란에 **B3** 입력
② [Denominator]란에 **100** 입력
③ [확인]을 클릭합니다. 수식 **=QUOTIENT (B3,100)**이 완성됩니다.

생산수량에서 100개를 포장할 수 있는 포장재의 개수를 구합니다.

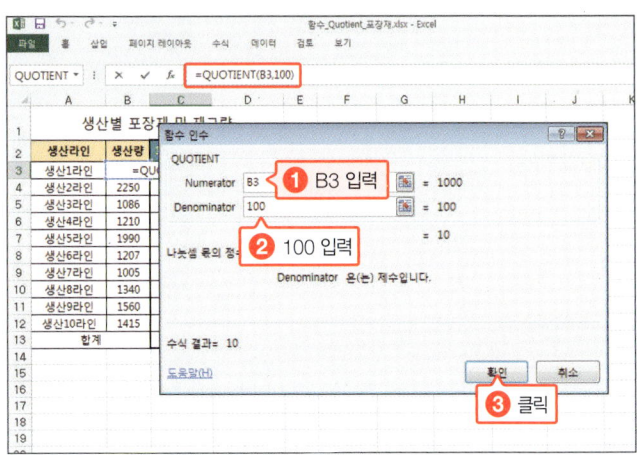

## 03 미포장한 재고량 구하기

생산량을 100개 단위로 포장하고 남은 미포장 재고의 수량을 구해보겠습니다.

① [D3] 셀 클릭
② [수식] 탭-[함수 라이브러리] 그룹-[수학/삼각] 클릭
③ [MOD]를 선택합니다.

## 04 MOD 함수 인수 입력하기

① [함수 인수] 대화상자의 [Number]란에 B3 입력
② [Divisor]란에 100 입력
③ [확인]을 클릭합니다. 수식 =MOD(B3, 100)을 완성합니다.

생산 수량에서 포장하지 못한 재고량의 수량을 구합니다.

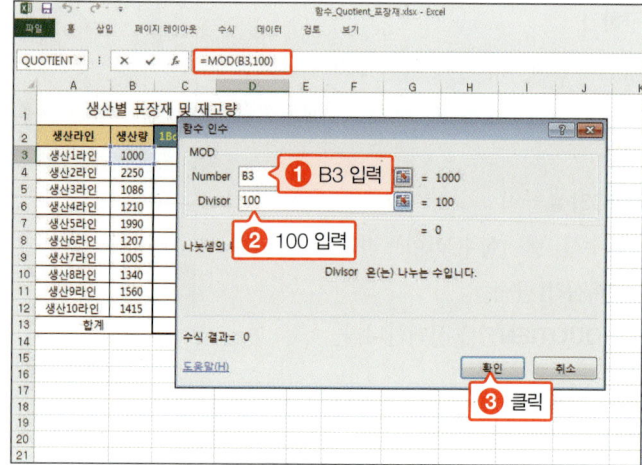

## 05

① [C3:D3] 셀 드래그
② 채우기 핸들을 더블클릭하여 수식을 복사합니다.

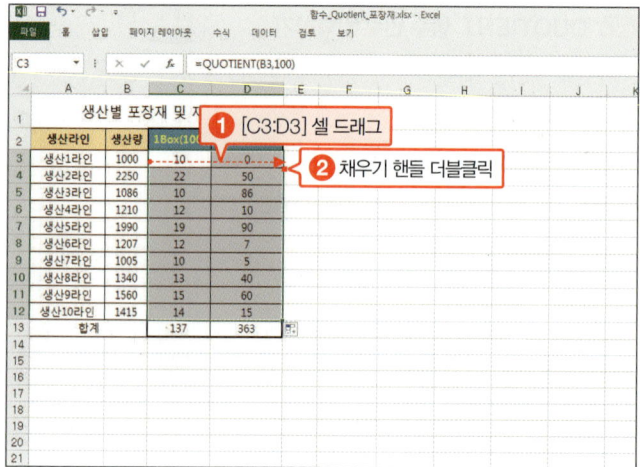

핵심기능실습

## 53 ROW, SUMPRODUCT 함수로 번호와 합계 금액 구하기

ROW 함수는 현재 셀이나 특정 셀의 번호를 구할 때 사용하고 SUMPRODUCT 함수는 배열 또는 범위의 대응하는 값끼리 곱하고 더할 때 사용합니다.

- 실습 파일 엑셀 \ 3장 \ 함수_Row_견적서.xlsx  - 완성 파일 엑셀 \ 3장 \ 함수_Row_견적서_완성.xlsx

**01 행 번호 구하기**

견적서에서 품명의 행 번호를 구해보겠습니다.

① **[B14]** 셀 클릭
② **=ROW()-13**을 입력하고 Enter 를 누릅니다.

[B14] 셀의 현재 행 번호는 14이므로 ROW 함수에서 13을 빼서 1을 표시했습니다.

**바로 통하는 TIP** ROW 함수는 현재 셀의 행 번호를 알려줍니다. 특정 셀의 번호를 알고 싶다면 인수에 셀 주소를 넣어서 사용합니다.

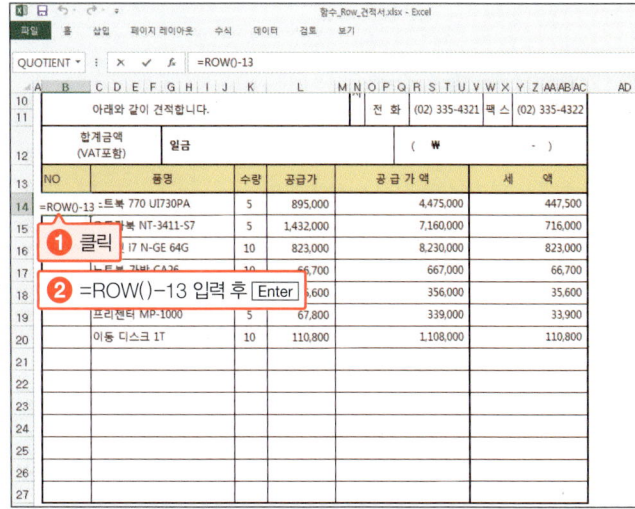

**02**

① **[B14]** 셀의 채우기 핸들을 **[B27]** 셀까지 드래그
② **[자동 채우기 옵션]** 클릭
③ **[서식 없이 채우기]**를 선택합니다.

[B27] 셀까지 행 번호가 채워집니다.

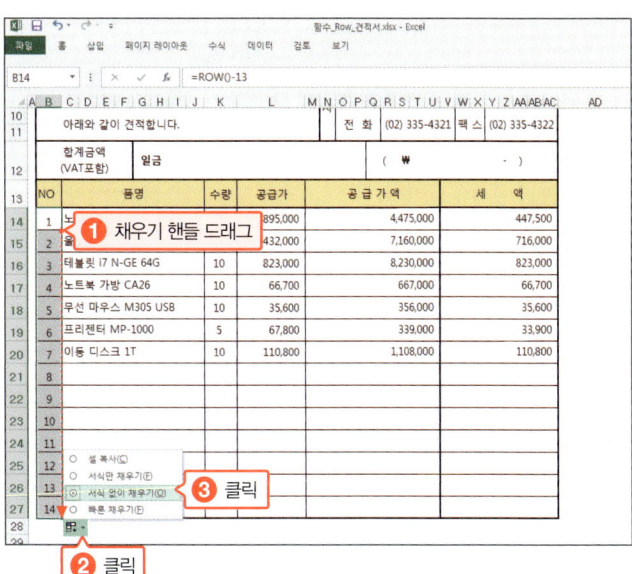

CHAPTER 03 수식 작성 및 함수 활용하기 • **131**

## 03 합계 구하기

수량과 공급가를 곱하고 더하여 합계 금액을 구합니다.

① [I12] 셀 클릭
② [수식] 탭-[함수 라이브러리] 그룹-[**수학/삼각**] 클릭
③ [SUMPRODUCT]를 선택합니다.

**바로 통하는 TIP** SUMPRODUCT 함수는 범위에서 대응되는 같은 행의 값끼리 곱하고 더해줍니다.

## 04 SUMPRODUCT 함수 인수 입력하기

① [함수 인수] 대화상자의 [Array1](대응하여 곱할 범위1)란에 **K14:K27** 입력
② [Array2](대응하여 곱할 범위2)란에 **L14:L27** 입력
③ [확인]을 클릭합니다. 수식 **=SUMPRODUCT(K14:K27,L14:L27)**이 완성됩니다.

범위의 수량과 공급가를 곱한 후 모두 더한 값이 구해집니다.

## 05 부가세 10%를 포함한 합계금액 구하기

합계금액에는 세금이 포함되므로 결과 값에 10%를 추가하겠습니다.

① [I12] 셀 클릭
② 수식 입력줄에서 수식의 마지막 부분에 **\*1.1**을 추가로 입력한 후 Enter를 누릅니다. 수식 **=SUMPRODUCT(K14:K27, L14:L27)\*1.1**이 완성됩니다.

공급가액에 10%가 추가되어 합계금액이 구해집니다.

# 54 RANK.EQ, RANK.AVG 함수로 순위 구하기

RANK.EQ는 데이터의 순위를 구하는 함수로 동순위가 나올 경우 동순위를 표시합니다. RANK.AVG는 동순위가 나올 경우 순위의 구간 평균 값을 표시합니다.

- 실습 파일 엑셀\3장\함수_Rank_보험계약.xlsx
- 완성 파일 엑셀\3장\함수_Rank_보험계약_완성.xlsx

## 01 합계를 기준으로 순위 구하기

서울 지역의 전체 계약 건수 중 보험 종류별로 가장 많이 계약된 보험의 순위를 알아보겠습니다.

① [B13] 셀 클릭
② [수식] 탭-[함수 라이브러리] 그룹-[기타 함수] 클릭
③ [통계] 선택
④ [RANK.EQ]를 선택합니다.

**바로 통하는 TIP** RANK.EQ는 순위를 구하는 함수로 동순위가 나올 경우 순위의 동순위로 표시됩니다.

**바로 통하는 TIP** 엑셀 2007 이전 버전과의 호환 함수를 사용하려면 [수식] 탭-[함수 라이브러리] 그룹-[기타 함수]-[통계]-[호환성]-[RANK] 함수를 사용합니다.

## 02 RANK.EQ 함수 인수 입력하기

① [함수 인수] 대화상자의 [Number](순위를 구할 셀)란에 **B12** 입력
② [Ref](순위를 구할 때 참조할 범위)란에 **$B$12:$E$12** 입력
③ [Order](오름차순/내림차순)란에 **0** 입력
④ [확인]을 클릭합니다. 수식 **=RANK.EQ(B12,$B$12:$E$12,0)**이 완성됩니다.

특정 셀(B12)이 범위([B12]~[E12] 셀)에서 몇 위인지 내림차순(0)으로 순위를 구합니다.

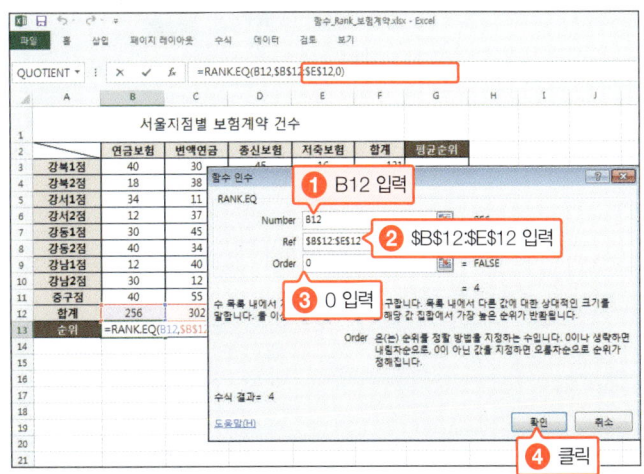

**바로 통하는 TIP** 순위를 계산할 때 큰 값에서 작은 값 순으로 순위를 계산하면 내림차순, 작은 값에서 큰 값 순으로 순위를 계산하면 오름차순입니다. 순위 결정 방법에 0을 입력하거나 생략하면 내림차순으로, 1을 입력하면 오름차순으로 순위를 구합니다.

**03** [B13] 셀의 채우기 핸들을 [E13] 셀까지 드래그해서 수식을 복사합니다.

가장 계약 건수가 많은 보험 순서대로 순위가 표시됩니다.

**04 RANK.AVG 함수로 합계의 평균 순위 구하기**

보험 계약 건수가 많은 서울 지역의 지점별 순위를 알아보겠습니다.

[G3] 셀에 **=RANK.AVG(F3,$F$3:$F$11,0)**을 입력하고 Enter 를 누릅니다.

**바로 통하는 TIP** RANK.AVG는 순위를 구하는 함수로 동순위가 나올 경우 순위의 구간 평균 값을 순위로 나타냅니다.

**05** [G3] 셀의 채우기 핸들을 [G11] 셀까지 드래그하여 수식을 복사합니다.

범위([F3:F11] 셀)는 동순위일 경우 순위의 구간 평균 값이 순위로 표시됩니다.

핵심기능실습

# 55 IF 함수로 과정 수료자와 교육비 구하기

IF 함수는 조건식에 따라 참 또는 거짓으로 구분할 때 사용합니다. 엑셀에서 가장 많이 사용하는 함수 중에 하나이고 쓰임새 또한 다양하므로 잘 알아두는 것이 좋습니다.

•실습 파일 엑셀\3장\함수_If_과정수료.xlsx  •완성 파일 엑셀\3장\함수_If_과정수료_완성.xlsx

## 01 출석일수에 따라 수료와 미수료를 표시하기

출석 일수의 80%(4일) 이상 교육에 참여한 경우에는 '수료'를, 그렇지 않은 경우에는 '미수료'를 표시해보겠습니다.

① [I4] 셀 클릭
② [수식] 탭–[함수 라이브러리] 그룹–[논리] 클릭
③ [IF]를 선택합니다.

## 02

① [Logical_test](조건)란에 **H4>=4** 입력
② [Value_if_true](참 값)란에 **수료** 입력
③ [Value_if_false](거짓 값)란에 **미수료** 입력
④ [확인]을 클릭합니다. 수식 =IF(H4>=4,"수료","미수료")이 완성됩니다.

## 03 교육비에 수료면 0, 미수료면 300000을 표시하기

교육을 수료한 경우에는 교육비에 '0'을, 미수료한 경우에는 '300000'을 표시해보겠습니다. [J4] 셀에 **=IF(I4="수료",0,300000)**을 입력하고 Enter 를 누릅니다.

교육 유무에 따라 수료면 교육비 0, 미수료면 300000이 표시됩니다.

## 04

① [I4:J4] 셀 드래그
② 채우기 핸들을 더블클릭해서 수식을 복사합니다.

수강생의 교육 과정 수료 여부 및 납입할 교육비가 표시됩니다.

# 56 중첩 IF 함수로 신용 평가 등급 구하기

IF 함수는 단독으로 쓰일 때도 있지만 다수의 조건을 비교해야 할 경우에는 64개까지 중첩하여 사용할 수 있습니다. 여러 조건을 비교할 때 쓸 수 있는 IF 함수의 중첩에 대해서 알아보겠습니다.

• 실습 파일 엑셀 \ 3장 \ 함수_If중첩_신용평가.xlsx    • 완성 파일 엑셀 \ 3장 \ 함수_If중첩_신용평가_완성.xlsx

## 01 IF 함수 중첩해 신용평가등급 표시하기

신용평가등급에 신용 점수가 90점 이상이면 A, 80점 이상이면 B, 70점 이상이면 C, 70점 미만이면 D를 표시해보겠습니다.

① 신용평가등급을 표시할 [C4] 셀 클릭
② [수식] 탭-[함수 라이브러리] 그룹-[논리] 클릭
③ [IF]를 선택합니다.

## 02 IF 함수 인수 입력하기

① [함수 인수] 대화상자의 [Logical_test] 란에 B4>=90 입력
② [Value_if_true] 란에 A 입력
③ [Value_if_false] 란 클릭
④ [이름 상자]의 [IF]를 클릭합니다.

**바로 통하는 TIP** Logical_test(조건식) : 신용 평가 점수가 90 이상인지를 판단하는 조건식으로 B4>=90을 입력합니다.
Value_if_true(참 값) : 점수가 90 이상이면 신용 등급 A를 입력합니다.
Value_if_false(거짓 값) : 첫 번째 조건이 거짓인 경우 두 번째 조건으로 IF 함수를 중첩하기 위해 [이름 상자]에서 [IF]를 클릭합니다.

CHAPTER 03 수식 작성 및 함수 활용하기 • 137

## 03

① 새로운 [함수 인수] 대화상자의 [Logical_test]란에 **B4>=80** 입력
② [Value_if_true]란에 **B** 입력
③ [Value_if_false]란 클릭
④ [이름 상자]의 **[IF]**를 클릭합니다.

**바로 통하는 TIP** Logical_test : 신용 점수가 80 이상인지를 판단하는 조건식으로 B4>=80을 입력합니다.
Value_if_true : 점수가 80 이상이면 신용 등급 B를 입력합니다.
Value_if_false : 두 번째 조건이 거짓인 경우 세 번째 조건으로 IF 함수를 중첩하기 위해 [이름 상자]에서 [IF]를 클릭합니다.

## 04

① 새로운 [함수 인수] 대화상자의 [Logical_test]란에 **B4>=70** 입력
② [Value_if_true]란에 **C** 입력
③ [Value_if_false]란에 **D** 입력
④ **[확인]**을 클릭해서 수식 **=IF(B4>=90, "A",IF(B4>=80,"B",IF(B4>=70,"C", "D")))**를 완성합니다.

**바로 통하는 TIP** Logical_test : 신용 점수가 70 이상인지를 판단하는 조건식으로 B4>=70을 입력합니다.
Value_if_true : 점수가 70 이상이면 신용 등급 C를 입력합니다.
Value_if_false : 점수가 70 미만이면 신용 등급 D를 입력합니다.

## 05
[C4] 셀의 채우기 핸들을 **[C20] 셀**까지 드래그하여 나머지 셀에 수식을 복사합니다.

중첩 IF 함수에서 지정한 조건에 따라 신용평가등급이 표시됩니다.

**바로 통하는 TIP** IF 중첩 함수는 [함수 인수] 대화상자를 이용하면 쉽게 수식을 완성할 수 있지만 여러 함수를 중첩하여 사용하는 경우가 많으므로 직접 수식을 입력해 보는 것도 좋습니다. 함수를 중첩해서 사용할 때에는 중첩한 함수의 개수만큼 수식의 마지막 괄호 개수를 맞춰주어야 합니다.

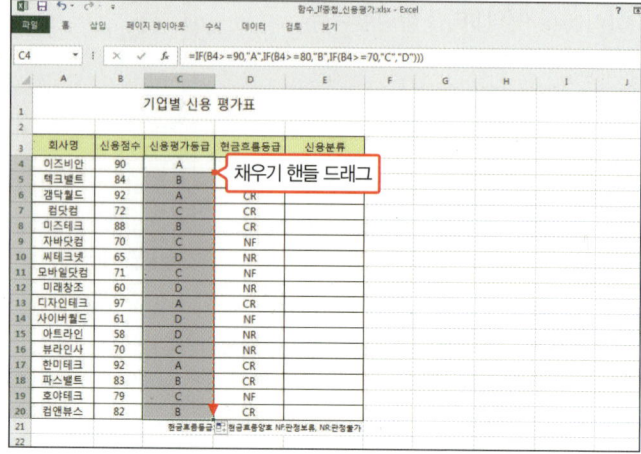

# 핵심기능실습 57
## IF, AND, OR 함수로 기업 신용도 분류하기

수식에서 여러 항목의 조건을 비교하여 조건을 모두 만족할 경우 참 값을 반환하는 함수는 AND이며, 일부의 조건을 만족할 경우 참 값을 반환하는 함수는 OR입니다. 조건은 255개까지 지정할 수 있습니다.

- 실습 파일 엑셀\3장\함수_If_And_신용평가.xlsx
- 완성 파일 엑셀\3장\함수_If_And_신용평가_완성.xlsx

### 01 IF와 AND 함수를 중첩해 신용도 분류하기

기업별 신용 평가표에서 신용평가등급이 A나 B고 현금흐름등급이 CR일 때는 신용분류에 '정상기업'을, 그렇지 않은 경우에는 '워크아웃'을 표시해보겠습니다.

① [E4] 셀 클릭
② [수식] 탭-[함수 라이브러리] 그룹-[논리] 클릭
③ [IF]를 선택합니다.

[함수 인수] 대화상자가 활성화됩니다.

### 02 신용평가등급과 현금흐름등급의 두 가지 조건을 모두 만족해야 하므로 조건식에 AND 함수를 중첩시킵니다.

① 수식 입력줄에서 [함수 삽입 fx] 클릭
② [함수 라이브러리] 그룹-[논리] 클릭
③ [AND]를 선택합니다.

## 03 AND 함수 인수 입력하기

① [AND 함수 인수] 대화상자에서 [Logical1]란에 D4="CR" 입력
② [Logical2]란을 클릭합니다.

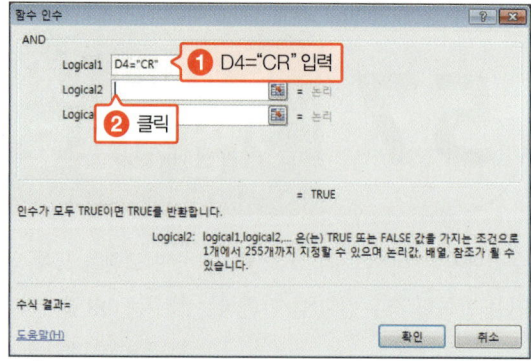

## 04 OR 함수 중첩하기

신용평가등급이 A나 B인 경우 조건을 만족하므로 OR 함수를 중첩시킵니다.
① 수식 입력줄에서 [함수 삽입 fx] 클릭 [함수 인수] 대화상자를 닫습니다.
② [함수 라이브러리] 그룹—[논리] 클릭
③ [OR]을 선택합니다.

## 05 OR 함수 인수 입력하기

① [OR 함수 인수] 대화상자의 [Logical1] 란에 C4="A" 입력
② [Logical2]란에 C4="B" 입력
③ IF 함수 인수 대화상자로 돌아가기 위해 수식 입력줄에서 IF를 클릭합니다.

**바로 통하는 TIP** Logical1(조건1) : 신용 평가 등급이 A인지 판단하는 조건입니다.
Logical2(조건2) : 신용 평가 등급이 B인지 판단하는 조건입니다.

**06** [IF 함수 인수] 대화상자가 나타납니다. [Logical_test]에 **AND, OR** 함수 수식이 입력되어 있습니다.

① [Value_if_true]란에 **"정상기업"** 입력
② [Value_if_false]란에 **"워크아웃"** 입력
③ **[확인]**을 클릭합니다. 수식 **=IF(AND(D4="CR",OR(C4="A",C4="B")),"정상기업","워크아웃")**을 완성합니다.

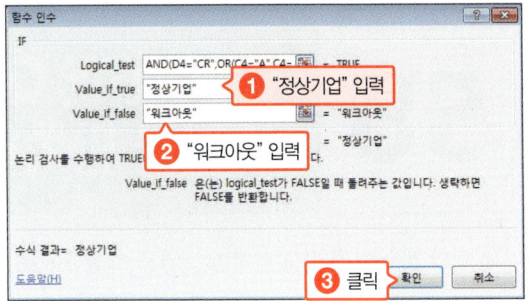

**바로 통하는 TIP** Logical_test : 현금 흐름 등급이 CR이고, 신용 평가 등급이이 A이거나 B인 조건입니다.
Value_if_true : 조건 결과가 참이면 '정상기업'을 표기합니다.
Value_if_false : 조건 결과가 거짓이면 '워크아웃'을 표기합니다.

**07** [E4] 셀의 채우기 핸들을 더블클릭하여 나머지 셀에 수식을 복사합니다.

중첩한 IF, AND, OR 함수의 조건에 따라 '정상기업'과 '워크아웃'으로 신용분류가 표시됩니다.

**바로 통하는 TIP** Logical_test : 현금 흐름 등급이 CR이고, 신용 평가 등급이이 A이거나 B인 조건입니다.
Value_if_true : 조건 결과가 참이면 '정상기업'을 표기합니다.
Value_if_false : 조건 결과가 거짓이면 '워크아웃'을 표기합니다.

---

### 실무활용노트 EXCEL | IF 함수 살펴보기

IF 함수 형식은 IF(Logical_test, Value_if_true, Value_if_FALSE)입니다.
　　　　　　　　　　조건식　　　참 값　　　거짓 값

기본적으로 조건이 하나일 때 IF 함수를 쓰지만, 조건이 여러 개일 때도 IF 함수 안에 IF 함수를 중첩하여 쓸 수 있습니다. 예를 들어 평가 점수가 90점 이상이면 교육 이수 점수를 2점, 70점 이상이면 1점, 70점 미만이면 0점을 주는 경우를 다음과 같이 쓸 수 있습니다.

=만약(점수가 90점 이상이면 2점, 만약(점수가 70점 이상이면 1점, 70점 미만이면 0점을 준다)

이것을 함수식으로 표현하면 다음과 같습니다. 교육 점수에는 교육 점수가 담긴 셀 주소를 입력하면 됩니다.

=IF(교육점수>=90, 2, IF(교육점수>=70, 1, 0))

## 핵심기능실습

# 58 COUNTIF, COUNTIFS 함수로 조건을 만족하는 인원수 구하기

전체 셀의 개수를 셀 수도 있지만 조건을 지정하여 조건에 만족하는 셀의 개수를 셀 수 있습니다. 조건에 만족하는 셀의 개수를 세는 COUNTIF 함수와 다중 조건에 만족하는 셀의 개수를 세는 COUNTIFS 함수에 대해 살펴보겠습니다.

• 실습 파일 엑셀 \ 3장 \ 함수_Countif_판매명부.xlsx    • 완성 파일 엑셀 \ 3장 \ 함수_Countif_판매명부_완성.xlsx

### 텔레마케팅 통신판매 명부

| 이름 | 주민번호 | 성별 | 구매유무 |
|---|---|---|---|
| 이민철 | 840103-1058456 | 남 | 구매 |
| 홍수민 | 701220-2545612 | 여 | 비구매 |
| 김수철 | 550712-2546891 | 여 | 구매 |
| 김희정 | 760720-2099887 | 여 | 비구매 |
| 나숙정 | 600530-1045777 | 남 | 비구매 |
| 문소라 | 010504-4085741 | 여 | 구매 |
| 이송민 | 731248-1345789 | 남 | 구매 |
| 박희영 | 770505-1245781 | 남 | 비구매 |
| 민대호 | 690530-2545698 | 여 | 구매 |
| 송주선 | 781212-2014335 | 여 | 구매 |
| 이우민 | 560708-2045678 | 여 | 구매 |
| 강민국 | 021106-4567891 | 여 | 비구매 |
| 황송국 | 650407-2145678 | 여 | 구매 |
| 전미영 | 010607-4546789 | 여 | 구매 |
| 문지연 | 000914-3078788 | 남 | 구매 |
| 지철민 | 580715-1356789 | 남 | 비구매 |
| 김민욱 | 791105-1020112 | 남 | 구매 |
| 강수지 | 550825-1546789 | 남 | 비구매 |
| 최지은 | 020108-3085741 | 남 | 비구매 |
| 강진원 | 801009-1045897 | 남 | 비구매 |

<구매/비구매 인원수>

|  | 인원수 |
|---|---|
| 구매 | 11 ①|
| 비구매 | 9 ②|
| 합계 | 20 |

<성별 구매 인원수>

|  | 구매 |
|---|---|
| 남 | 4 |
| 여 | 7 ③|
| 합계 | 11 |

▲ 핵심기능실습 미리보기

① 구매 인원수를 COUNTIF 함수로 구하기
② 비구매 인원수를 COUNTIF 함수로 구하기
③ 성별에 따른 구매 인원수를 COUNTIFS 함수로 구하고 수식 복사하기

## 01 구매 인원수 구하기

구매유무에 따라 명부에 '구매', 또는 '비구매'가 표시되어 있습니다. 구매한 인원수를 세어보겠습니다.

① [G5] 셀 클릭

② [수식] 탭-[함수 라이브러리] 그룹-[기타 함수] 클릭

③ [통계] 선택

④ [COUNTIF]를 선택합니다.

**바로 통하는 TIP** COUNTIF는 조건에 만족하는 셀의 개수를 구하는 함수입니다.

## 02 COUNTIF 함수 인수 입력하기

① [함수 인수] 대화상자의 [Range]란에 **D4:D23** 입력

② [Criteria]란에 **=구매** 입력

③ [확인]을 클릭합니다. 범위([D4]~[D23] 셀)에서 조건(구매)을 만족하는 셀의 개수를 구합니다.

구매한 인원의 수가 표시됩니다.

**바로 통하는 TIP** 완성 수식은 =COUNTIF(D4:D23, "=구매")입니다.

## 03 비구매 인원수 구하기

명부에 비구매로 표시되어 있는 인원수를 세어보겠습니다.

[G6] 셀에 **=COUNTIF(D4:D23,"=비구매")**를 입력하고 Enter를 누릅니다. 범위([D4]~[D23] 셀)에서 조건(비구매)을 만족하는 셀의 개수를 구합니다.

구매하지 않은 인원의 수가 표시됩니다.

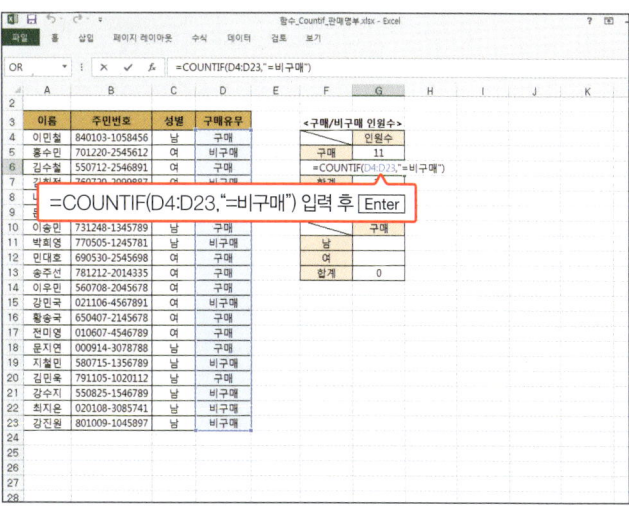

CHAPTER 03 수식 작성 및 함수 활용하기 • **143**

## 04 성별 구매 인원수 구하기

구매한 인원 중 성별에 따라 남, 여의 인원수를 세어보겠습니다.

① [G11] 셀 클릭
② [수식] 탭–[함수 라이브러리] 그룹–[기타 함수] 클릭
③ [통계] 선택
④ [COUNTIFS]를 선택합니다.

> **바로 통하는 TIP** COUNTIFS는 여러 개의 조건을 만족하는 셀의 개수를 구하는 함수입니다.

## 05 COUNTIFS 함수 인수 입력하기

① [함수 인수] 대화상자에서 [Criteria_range1](조건1 범위)란에 **$D$4:$D$23** 입력
② [Criteria1](조건1)란에 **"=구매"** 입력
③ [Criteria_range2](조건2 범위)란에 **$C$4:$C$23** 입력
④ [Criteria2](조건2)란에 **F11** 입력
⑤ [확인]을 클릭합니다. 수식 **=COUNTIFS($D$4:$D$23,"=구매",$C$4:$C$23,F11)**을 완성합니다.

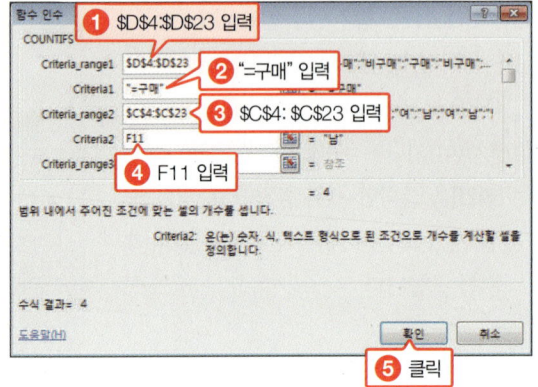

## 06 
[G11] 셀의 채우기 핸들을 [G12] 셀까지 드래그해서 수식을 복사합니다.

구매한 인원 중 남, 여 인원수가 표시됩니다.

핵심기능실습

# 59 SUMIF, SUMIFS 함수로 조건을 만족하는 합계 계산하기

조건에 만족하는 셀의 합계를 계산하는 SUMIF 함수와 다중 조건에 만족하는 셀의 합계를 계산하는 SUMIFS 함수에 대해 살펴보겠습니다.

• 실습 파일 엑셀 \ 3장 \ 함수_Sumif_입금대장.xlsx    • 완성 파일 엑셀 \ 3장 \ 함수_Sumif_입금대장_완성.xlsx

## 01 입금방법별 금액의 합계 구하기

주간 입금 대장에서 금액을 입금한 방법에 따른 입금액의 합계를 구해보겠습니다.

① [I5] 셀 클릭
② [수식] 탭-[함수 라이브러리] 그룹-[수학/삼각] 클릭
③ [SUMIF]를 선택합니다.

**바로 통하는 TIP** SUMIF는 조건에 만족하는 셀의 합계를 구하는 함수입니다.

## 02 SUMIF 함수 인수 입력하기

① [함수 인수] 대화상자의 [Range](범위)란에 $F$4:$F$24 입력
② [Criteria](조건)란에 H5 입력
③ [Sum_range](합계 범위)란에 $E$4:$E$24 입력
④ [확인] 클릭
   수식 =SUMIF($F$4:$F$24, H5,$E$4:$E$24)를 완성합니다.
⑤ [I5] 셀의 채우기 핸들을 더블클릭하여 수식을 복사합니다.

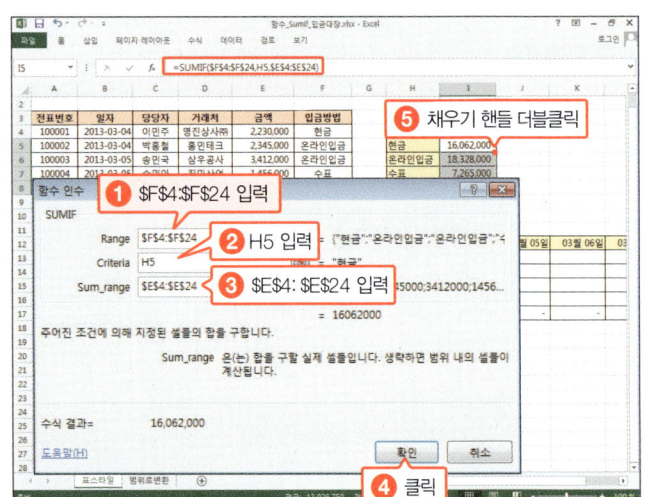

전체 입금 대장에서 [H5] 셀에 해당하는 '현금'으로 입금한 금액의 합계가 구해집니다.

**바로 통하는 TIP** Criteria(조건)에 '=현금'을 입력하면 수식을 복사할 때 조건이 변하지 않고 고정됩니다. 따라서 [H5] 셀을 지정하여 조건이 바뀌도록 합니다.

CHAPTER 03 수식 작성 및 함수 활용하기 • 145

## 03 일자별로 입금방법을 조건으로 한 금액의 합계 구하기

일자별로 입금한 방법에 따른 금액의 합계를 구해보겠습니다.

① [I13] 셀 클릭
② [수식] 탭-[함수 라이브러리] 그룹-[수학/삼각] 클릭
③ [SUMIFS]를 선택합니다.

## 04

① [Sum_range](합계 범위)란에 **$E$4:$E$24** 입력
② [Criteria_range1](조건1 범위)란에 **$B$4:$B$24** 입력
③ [Criteria1](조건1)란에 **I$12** 입력
④ [Criteria_range2](조건2 범위)란에 **$F$4:$F$24** 입력
⑤ [Criteria2](조건2)란에 **$H13** 입력
⑥ [확인]을 클릭합니다. 수식 =SUMIFS($E$4:$E$24, $B$4:$B$24,I$12,$F$4:$F$24,$H13)이 완성됩니다.

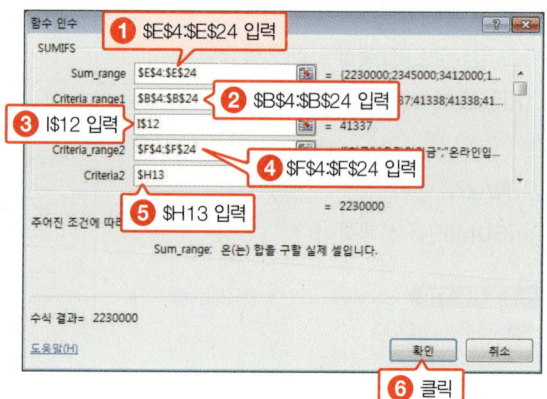

**바로 통하는 TIP** 조건을 복사할 때 날짜와 입금방법이 바뀌어야 하므로 [Criteria1](조건1)과 [Criteria2](조건2)에 각각 I$12와 $H13을 지정했습니다.

## 05

① [I13] 셀의 채우기 핸들을 [I16] 셀까지 드래그
② [I13:I16] 셀 범위의 채우기 핸들을 [M16] 셀까지 드래그해서 수식을 복사합니다.

입금한 날짜별로 입금한 방법에 따른 금액의 합계가 구해집니다.

## 핵심기능실습 60
# FREQUENCY 함수로 연령대 분포 빈도수 구하기

데이터 범위 안에서 구간별 분포 빈도수를 구하는 FREQUENCY 함수는 하나의 셀이 아닌 셀 범위를 비교하는 배열 형태의 함수입니다. 수식을 완성한 후에는 일반 수식과 구분하기 위해 Ctrl + Shift + Enter 를 눌러 배열 수식임을 알려야 합니다. 수식의 앞과 뒤에는 중괄호({ })가 나타납니다.

- 실습 파일 엑셀 \ 3장 \ 함수_Frequency_빈도수.xlsx
- 완성 파일 엑셀 \ 3장 \ 함수_Frequency_빈도수_완성.xlsx

### 01 여행 예약자의 연령대 분포 빈도수 구하기

여행 참가자의 연령대가 어떻게 분포되어 있는지 연령대별로 표시해보겠습니다.

① [G4:G9] 셀 드래그
② [수식] 탭-[함수 라이브러리] 그룹-[기타 함수] 클릭
③ [통계] 선택
④ [FREQUENCY]를 선택합니다.

**바로 통하는 TIP** FREQUENCY 함수는 구간별로 해당하는 데이터가 몇 건인지 세어줍니다. 어느 구간에 많은 데이터가 분포되었는지 알 수 있습니다.

### 02 FREQUENCY 함수 인수 입력하기

① [Data_array](빈도수를 계산할 범위)란에 **C4:C21** 입력
② [Bins_array](빈도수 구간 범위)란에 **F4:F9** 입력
③ Ctrl 과 Shift 를 함께 누른 상태에서 [확인]을 클릭합니다. 수식 {=FREQUENCY(C4:C21,F4:F9)}이 완성됩니다.

연령대별로 범위 안에 데이터가 몇 건인지 표시됩니다.

**바로 통하는 TIP** 인수 설명
Data_array : 연령대의 빈도수를 계산하기 위한 전체 나이 범위(C4:C21)입니다.
Bins_array : 연령대의 빈도수를 계산하기 위한 구간 범위(F4:F9)로 [20 : 0~20세], [30 : 21~30세], [40 : 31~40세], [50 : 41~50세], [60 : 51~60세], [61 이상 : 공백]으로 표기합니다.

## 핵심기능실습 61

# CHOOSE, MID 함수로 성별 구하기

CHOOSE 함수는 인덱스 번호(색인 값)에 따라 원하는 목록을 직접 입력하여 인덱스 값에 따른 목록을 찾아줍니다. CHOOSE 함수의 인덱스 번호는 반드시 1부터 254 사이의 숫자로 입력하고 목록 개수도 인덱스 번호와 일치해야 합니다. MID 함수는 문자열에서 글자 일부를 추출합니다. 문자열 중간에 있는 글자의 일부를 추출할 때 사용합니다.

- 실습 파일 엑셀\3장\함수_Choose_사원명부.xlsx
- 완성 파일 엑셀\3장\함수_Choose_사원명부_완성.xlsx

## 01 CHOOSE와 MID 함수를 중첩하여 성별 표시하기

사원의 주민번호를 확인하여 8번째 자리의 숫자가 1이나 3이면 성별에 '남'을, 2나 4면 '여'를 표시해보겠습니다.

① [F4] 셀 클릭
② [수식] 탭-[함수 라이브러리] 그룹-[**찾기/참조 영역**] 클릭
③ [**CHOOSE**]를 선택합니다.

**바로 통하는 TIP** CHOOSE 함수는 [Index num]에서 지정하는 수식이나 셀 값에 따라 인덱스 번호에서 지정한 값을 나타냅니다.

## 02

① [함수 인수] 대화상자의 [Index_num] 란에 **mid()** 입력
② MID 함수의 인수를 입력하기 위해 수식 입력줄에서 **mid()**를 클릭합니다.

**바로 통하는 TIP** MID 함수는 문자열 중간에 있는 글자의 일부를 추출할 때 사용합니다.

## 03 MID 함수 인수 입력하기

① [MID 함수 인수] 대화상자의 [Text]란에 **B4** 입력
② [Start_num]란에 **8** 입력
③ [Num_chars]에 **1** 입력
④ 수식 입력줄에서 **CHOOSE**를 클릭해서 [CHOOSE 함수 인수] 대화상자로 돌아갑니다.

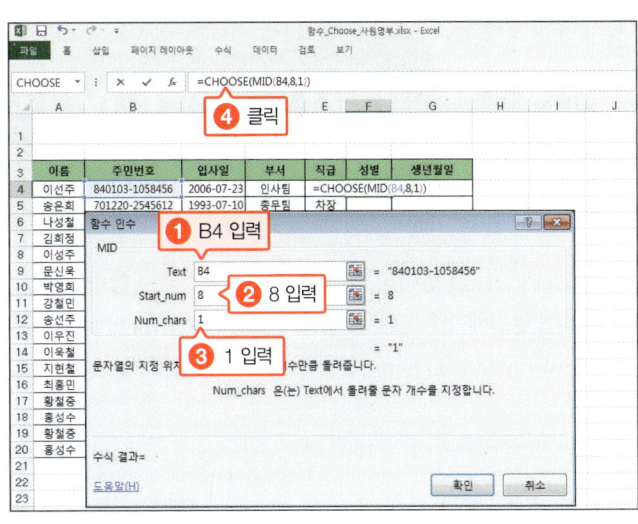

**바로 통하는 TIP** 인수 설명
Text : 주민등록번호가 있는 셀 주소를 지정합니다.
Start_num : 주민등록번호에서 추출한 시작 위치를 입력합니다.
Num_chars : 시작 위치로부터 추출할 문자 개수를 입력합니다.

## 04 CHOOSE 함수 인수 입력하기

① [Value1]란에 **남** 입력
② [Value2]란에 **여** 입력
③ [Value3]란에 **남** 입력
④ [Value4]란에 **여**를 입력합니다.
⑤ [**확인**]을 클릭해서 수식 =CHOOSE(MID(B4,8,1), "남","여","남","여")를 완성합니다.

**바로 통하는 TIP** 주민등록번호의 8번째 자리에 따라 1900년대 출생한 사람일 경우 1이면 남자, 2면 여자, 2000년대에 출생한 사람일 경우 3이면 남자, 4면 여자이므로 주민등록 성별 구분 번호(1~4)에 따라 순서대로 '남', '여', '남', '여'를 반환합니다.

## 05 [F4] 셀의 채우기 핸들을 더블클릭하여 수식을 복사합니다.

주민번호 8번째 자리 숫자를 추출해 알게 된 사원의 성별이 표시됩니다.

## 핵심기능실습 62

# DATE, LEFT, MID 함수로 생년월일 계산하기

DATE는 년, 월, 일 형태의 날짜 형식으로 변경하는 함수입니다. 왼쪽으로부터 몇 글자를 추출하려면 LEFT 함수, 문자열 중간에 있는 글자 일부를 추출하려면 MID 함수를 사용합니다.

▪ 실습 파일 엑셀\3장\함수_Date_사원명부.xlsx   ▪ 완성 파일 엑셀\3장\함수_Date_사원명부_완성.xlsx

### 01 생년월일 구하기

주민등록번호의 앞부분 6자리에서 두 자리는 년도, 두 자리는 월, 두 자리는 일자이므로 LEFT, MID 함수로 년, 월, 일을 각각 추출하고, 추출한 문자를 DATE 함수를 사용하여 날짜 속성으로 바꿔보겠습니다.

① [G4] 셀 클릭

② [수식] 탭-[함수 라이브러리] 그룹-[날짜 및 시간] 클릭

③ [DATE]를 선택합니다.

**바로 통하는 TIP**  DATE 함수는 DATE(연, 월, 일) 형태로 날짜를 입력합니다.

### 02 DATE 함수 인수 입력하기

① [함수 인수] 대화상자의 [Year]란에 **LEFT(B4,2)** 입력

② [Month]란에 **MID(B4,3,2)** 입력

③ [Day]란에 **MID(B4,5,2)** 입력

④ [확인] 클릭

수식 =DATE(LEFT(B4,2),MID(B4,3,2),MID(B4,5,2))이 완성됩니다.

⑤ [G4] 셀의 채우기 핸들을 더블클릭하여 수식을 복사합니다.

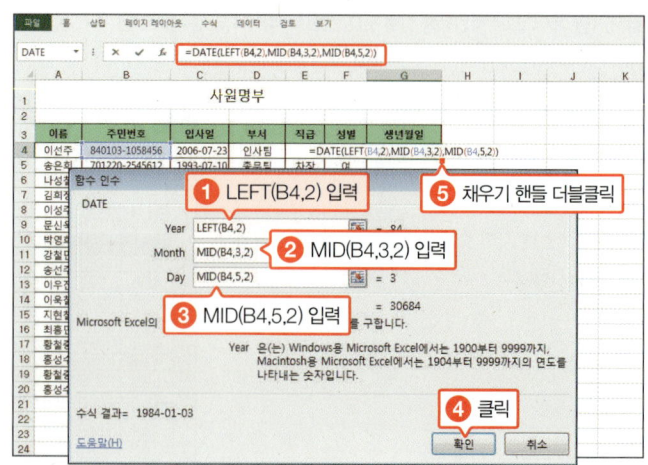

**바로 통하는 TIP**  인수 설명
Year : 주민등록번호(B4)의 왼쪽에서 두 글자를 가져와 연도를 지정합니다.
Month : 주민등록번호의 세 번째 글자부터 두 글자를 가져와 월로 지정합니다.
Day : 주민등록번호의 다섯 번째 글자부터 두 글자를 가져와 일로 지정합니다.

## 핵심기능실습 63

# LEFT, FIND, SUBSTITUTE 함수로 아이디와 이메일 주소 수정하기

FIND 함수는 문자열에서 찾고자 하는 문자의 위치를 숫자로 알려줍니다. SUBSTITUTE 함수는 문자열에서 일부 글자를 다른 글자로 대치하고자 할 때 사용합니다.

▪실습 파일 엑셀 \ 3장 \ 함수_Find_이메일주소록.xlsx　▪완성 파일 엑셀 \ 3장 \ 함수_Find_이메일주소록_완성.xlsx

### 01 이메일 주소에서 아이디 추출하기

이메일 주소에서 '@' 기호 앞부분에 위치한 사원별 아이디를 추출해보겠습니다.

① [C4] 셀 클릭
② [수식] 탭-[함수 라이브러리] 그룹-[텍스트] 클릭
③ [LEFT]를 선택합니다.

**바로 통하는 TIP** LEFT 함수는 문자열의 왼쪽으로부터 몇 글자를 추출할 때 사용합니다.

### 02 LEFT, FIND 함수 인수 입력하기

① [함수 인수] 대화상자의 [Text]란에 B4 입력
② [Num_chars]란에 FIND("@",B4)-1 입력
③ [확인]을 클릭해서 수식 =LEFT(B4, FIND("@",B4)-1)을 완성합니다.

**바로 통하는 TIP** 인수 설명
Text : 아이디를 추출할 이메일 주소(B4)를 지정합니다.
Num_chars : 이메일 주소에서 '@' 기호(FIND("@",B4))의 위치를 구하고, @ 위치 전까지만 추출해야 하므로 '-1'을 입력합니다.

**바로 통하는 TIP** FIND 함수는 문자열에서 특정 문자를 찾아 문자의 위치를 숫자로 나타냅니다.

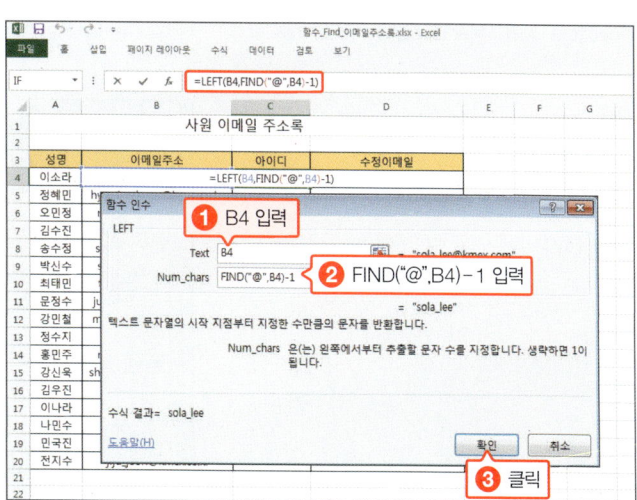

CHAPTER 03 수식 작성 및 함수 활용하기 • 151

## 03 이메일 주소 수정하기

이메일 주소에서 'co.kr'을 'com'으로 수정해보겠습니다.

① [D4] 셀 클릭

② [수식] 탭-[함수 라이브러리] 그룹-[텍스트] 클릭

③ [SUBSTITUTE]를 선택합니다.

## 04 SUBSTITUTE 함수 인수 입력하기

① [함수 인수] 대화상자의 [Text]란에 **B4** 입력

② [Old_text]란에 **co.kr** 입력

③ [New_text]란에 **com** 입력

④ [확인]을 클릭합니다. 수식 =SUBSTITUTE(B4,"co.kr","com")이 완성됩니다.

**바로 통하는 TIP** 인수 설명

Text : 이메일 주소(B4)를 지정합니다.
Old_text : 바꾸고자 하는 문자열을 찾기 위해 'co.kr'을 입력합니다.
New_text : 새롭게 바꿀 문자열 'com'을 입력합니다.

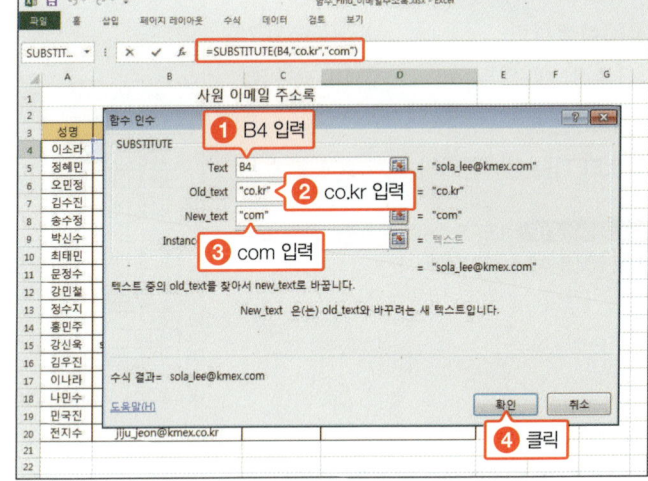

## 05

① [C4:D4] 셀 드래그

② 채우기 핸들을 **더블클릭**하여 수식을 복사합니다.

이메일 주소가 'com'으로 변경됩니다.

## 핵심기능실습 64

# DATEDIF, EOMONTH 함수로 근무 기간과 퇴직금 지급일 구하기

두 날짜 사이의 간격은 종료 일자에서 시작 일자를 빼서 계산할 수 있습니다. 하지만 두 날짜 사이의 개월수나 년수를 계산하려면 수식이 좀 더 복잡해집니다. 이때 DATEDIF 함수를 사용하면 두 날짜 사이의 년, 월, 일 간격을 간단하게 계산할 수 있습니다. EOMONTH 함수는 지정한 날짜 전, 후 개월의 마지막 날짜를 반환합니다. DATEDIF와 EOMONTH 함수에 대해 살펴보겠습니다.

▪ 실습 파일 엑셀 \ 3장 \ 함수_Datedif_퇴직금.xlsx  ▪ 완성 파일 엑셀 \ 3장 \ 함수_Datedif_퇴직금_완성.xlsx

### 2012년 퇴직금 정산

※ 퇴직금:1일 평균임금 X 30(일) X (총 재직일수/365)

| 성명 | 부서명 | 평균임금(1일) | 입사일 | 퇴사일 | 근무기간 ① | 퇴직금 | 퇴직금 지급일 ② |
|---|---|---|---|---|---|---|---|
| 김민주 | 마케팅 | 85,000 | 1999-01-02 | 2012-03-15 | 13년2개월13일 | 33,680,959 | 2012-05-31 |
| 이수진 | 전략팀 | 70,000 | 2002-05-08 | 2012-01-15 | 9년8개월7일 | 20,361,370 | 2012-03-31 |
| 박민욱 | 보안팀 | 65,000 | 2005-04-10 | 2012-05-10 | 7년1개월0일 | 13,820,959 | 2012-07-31 |
| 김우진 | 총무팀 | 78,167 | 2000-03-04 | 2012-02-10 | 11년11개월6일 | 28,011,507 | 2012-04-30 |
| 최민성 | 인사팀 | 44,000 | 2009-02-01 | 2012-03-15 | 3년1개월14일 | 4,115,507 | 2012-05-31 |
| 이민국 | 영업팀 | 62,433 | 2003-04-02 | 2012-05-25 | 9년1개월23일 | 17,144,364 | 2012-07-31 |
| 김우진 | 홍보팀 | 63,833 | 2005-06-10 | 2012-08-10 | 7년2개월0일 | 13,735,534 | 2012-10-31 |
| 전민수 | 기획팀 | 43,800 | 2008-02-04 | 2012-09-25 | 4년7개월21일 | 6,102,000 | 2012-11-30 |
| 조섭중 | 보안팀 | 53,833 | 2004-10-05 | 2012-05-15 | 7년7개월10일 | 12,296,123 | 2012-07-31 |
| 민욱태 | 인사팀 | 68,333 | 2006-03-05 | 2012-10-25 | 6년7개월20일 | 13,625,479 | 2012-12-31 |
| 문국현 | 총무팀 | 44,000 | 2009-03-04 | 2012-11-05 | 3년8개월1일 | 4,853,260 | 2013-01-31 |
| 정우선 | 연구팀 | 62,433 | 2003-02-10 | 2012-12-10 | 9년10개월0일 | 18,427,241 | 2013-02-28 |
| 김철민 | 전략팀 | 50,433 | 2005-03-10 | 2012-09-10 | 7년6개월0일 | 11,362,008 | 2012-11-30 |
| 홍우성 | 기획팀 | 88,333 | 1998-10-02 | 2012-06-15 | 13년8개월13일 | 36,337,671 | 2012-08-31 |
| 이미진 | 연구팀 | 75,000 | 2000-04-05 | 2012-11-10 | 12년7개월5일 | 28,368,493 | 2013-01-31 |
| 김태우 | 영업팀 | 88,333 | 2001-10-04 | 2012-04-15 | 10년6개월11일 | 27,923,014 | 2012-06-30 |

▲ 핵심기능실습 미리보기

① DATEDIF 함수로 근무 기간 계산하기
② EOMONTH 함수로 퇴직금 지급 일자 구하기

## 01 DATEDIF 함수로 근무 기간 계산하기

퇴직금 정산 목록의 입사일과 퇴사일을 비교해 근무기간을 계산해보겠습니다.
[F4] 셀에 **=DATEDIF(D4,E4,"y")&"년"**을 입력하고 Enter 를 누릅니다.

---

입사일([D4] 셀)과 퇴사일([E4] 셀) 사이의 경과 연수가 계산됩니다.

## 02
[F4] 셀을 선택하고 수식 입력줄에 입력되어 있는 **=DATEDIF(D4,E4,"Y")&"년"**에 이어서 **&DATEDIF(D4,E4,"ym")&"개월" & DATEDIF(D4,E4,"md")&"일"**을 입력하고 Enter 를 누릅니다.

근무 기간이 계산됩니다.

### 바로 통하는 TIP  수식 설명

**DATEDIF(D4,E4,"y")&"년"** : 입사일([D4] 셀)로부터 퇴직일([E4] 셀)까지의 경과 년도("y")를 구한 후 "년"과 연결합니다.

**&DATEDIF(D4,E4,"ym")&"개월"** : 입사일([D4] 셀)로부터 퇴직일([E4] 셀)까지의 경과 년도를 제외한 개월수("ym")를 구한 후 "개월"과 연결합니다.

**&DATEDIF(D4,E4,"md")&"일"** : 입사일([D4] 셀)로부터 퇴직일([E4] 셀)까지의 경과 개월 수를 제외한 일수("md")를 구한 후 "일"과 연결합니다.

---

### 실무활용노트 EXCEL   날짜 사이의 년, 월, 일 간격을 계산하는 DATEDIF 함수

DATEDIF 함수는 함수 마법사나 수식 자동 완성 목록, 도움말에 함수에 대한 설명이 없기 때문에 직접 입력하여 수식을 만들어야 합니다.

| 함수 범주 | 날짜 및 시간 함수 | |
|---|---|---|
| 함수 형식 | DATEDIF(시작일, 종료일, 옵션) | |
| | 옵션 | 설명 |
| | y | 두 날짜 사이 경과된 년 수 |
| | m | 두 날짜 사이 경과된 개월 수 |
| | d | 두 날짜 사이 경과된 일 수 |
| | ym | 두 날짜 사이 경과 년도를 제외한 나머지 개월 수 |
| | yd | 두 날짜 사이 경과 년도를 제외한 나머지 일 수 |
| | md | 두 날짜 사이 경과 년도와 개월 수를 제외한 나머지 일 수 |

## 03 퇴사일로부터 2개월 후 그 달의 마지막 날짜로 퇴직금 지급 일자 구하기

퇴직금은 퇴사일로부터 2개월이 경과한 후 그 달의 마지막 날짜에 지급합니다. 퇴직금 지급일을 계산해보겠습니다.

① [H4] 셀 클릭
② [수식] 탭-[함수 라이브러리] 그룹-[날짜 및 시간] 클릭
③ [EOMONTH]를 선택합니다.

**바로 통하는 TIP** EOMONTH 함수는 지정한 날짜의 전이나 후의 마지막 날짜를 계산합니다. EOMONTH 함수는 결과 값을 일련번호로 반환하기 때문에 날짜로 표시하려면 표시 형식을 날짜 형식으로 지정해야 합니다. [H4:H19] 셀에는 날짜 형식으로 표시 형식이 지정되어 있습니다.

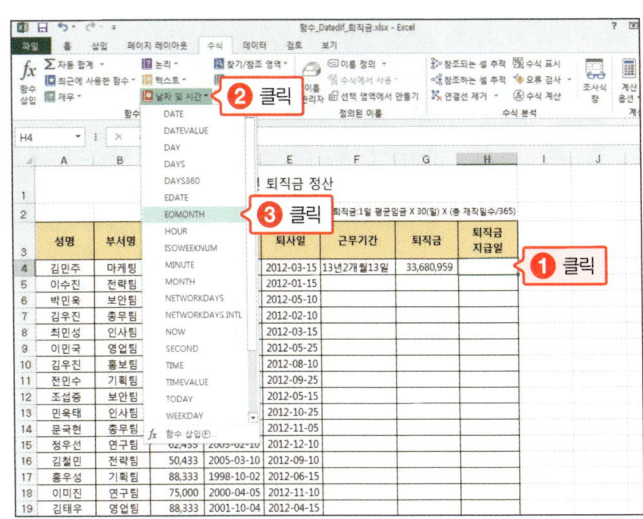

## 04 EOMONTH 함수 인수 입력하기

① [함수 인수] 대화상자의 [Start_date](시작일)란에 E4 입력
② [Months](개월 수)란에 2 입력
③ [확인]을 클릭합니다. 수식 =EOMONTH(E4,2)이 완성됩니다.

퇴사일(E4)에서 2개월 후의 퇴직금 지급일이 구해집니다.

**바로 통하는 TIP** 인수 설명
Start_date : 시작일입니다. 퇴사일([E4] 셀)을 입력합니다.
Months : 개월 수입니다. 시작일로부터 2개월 후에 마지막 날짜를 표시하기 위해 '2'를 입력합니다.

## 05

① [F4:H4] 셀 드래그
② 채우기 핸들을 **더블클릭**하여 수식을 복사합니다.

근무기간이 계산되면서 근무기간에 따른 퇴직금 및 퇴직금 지급일이 표시됩니다.

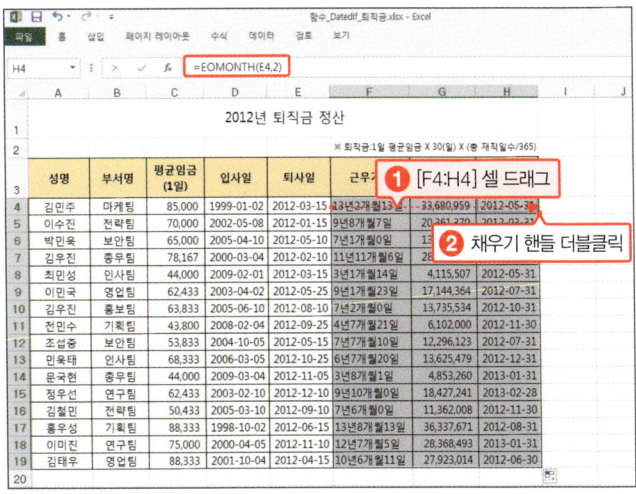

## 핵심기능실습 65

# HLOOKUP, VLOOKUP 함수로 제품명, 단가, 할인율 표시하기

특정 범위나 배열을 참조하여 원하는 값을 찾거나 필요한 정보를 가져오는 찾기/참조 함수 중에 HLOOKUP 함수는 목록 범위의 첫 번째 행에서 가로(Horizontal) 방향으로 검색하면서 원하는 값을 추출하고, VLOOKUP 함수는 목록 범위의 첫 번째 열에서 세로(Vertical) 방향으로 검색하면서 원하는 값을 추출합니다.

- 실습 파일 엑셀 \ 3장 \ 함수_VHlookup_판매일보.xlsx
- 완성 파일 엑셀 \ 3장 \ 함수_VHlookup_판매일보_완성.xlsx

### 01 VLOOKUP 함수 이용하여 상품명 입력하기

코드표에 입력된 코드를 참조하여 판매일보에 상품명을 기록해보겠습니다.

① **[C3]** 셀 클릭
② **[수식]** 탭-**[함수 라이브러리]** 그룹-**[찾기/참조 영역]** 클릭
③ **[VLOOKUP]**을 선택합니다.

**바로 통하는 TIP** VLOOKUP 함수는 목록에서 원하는 값을 수직 방향으로 찾을 때 사용합니다.

### 02 VLOOKUP 함수 인수 입력하기

① [함수 인수] 대화상자의 [Lookup_value](찾을 값)란에 **B3** 입력
② [Table_array](범위)란에 **$I$8:$K$12** 입력
③ [Col_Index_num](추출할 열)란에 **2** 입력
④ [Range_lookup](옵션)란에 **FALSE** 입력
⑤ **[확인]**을 클릭합니다.

수식 **=VLOOKUP (B3, $I$8:$K$12,2,FALSE)**이 완성됩니다.

**바로 통하는 TIP** 인수 설명

Lookup_value : 상품코드를 찾아 상품명을 입력해야 하므로 [B3] 셀을 입력합니다.
Table_array : [B3] 셀의 값을 찾을 범위로, 코드 표의 범위를 지정합니다. [I8:K12] 셀입니다.
Col_index_num : 상품코드별 코드 표 범위에서 [B3] 셀의 값을 찾아 상품명을 반영할 열의 번호입니다.
Range_lookup : 찾는 값을 정확하게 일치시켜 찾을 때는 FALSE 또는 0을 입력합니다.

**03 VLOOKUP 함수 이용하여 단가 입력하기**

코드표에 입력된 단가를 참조하여 해당 상품의 단가를 기록해보겠습니다. [D3] 셀에 **=VLOOKUP**을 입력한 후 Ctrl + A 를 누릅니다.

**04**

① [Lookup_value](찾을 값)란에 **B3** 입력
② [Table_array](범위)란에 **$I$8:$K$12** 입력
③ [Col_Index_num](추출할 열)란에 **3** 입력
④ [Range_lookup](옵션)란에 **FALSE** 입력
⑤ **[확인]**을 클릭합니다.

수식 **=VLOOKUP(B3,$I$8: $K$12,3,FALSE)**이 완성됩니다.

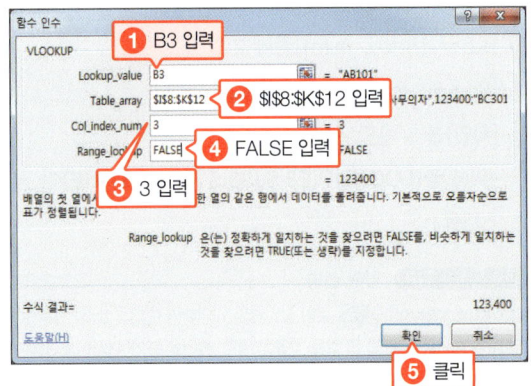

**05**

① **[C3:D3] 셀 드래그**
② 채우기 핸들을 **더블클릭**하여 수식을 복사합니다.

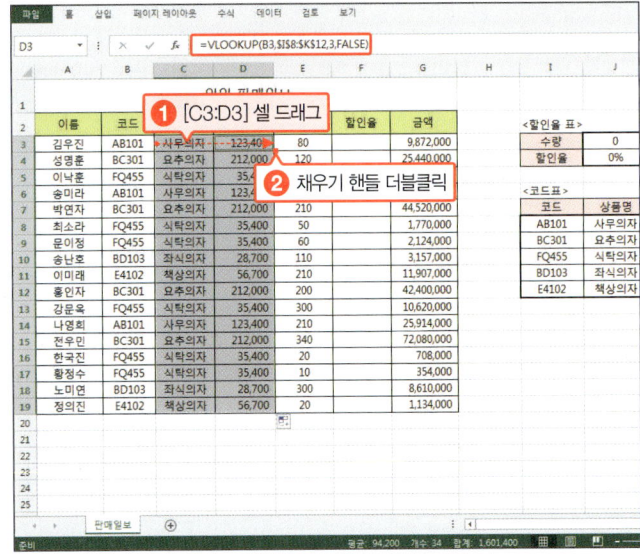

## 06 HLOOKUP 함수 이용하여 할인율 입력하기

할인율 표에 입력된 수량별 할인율을 참조하여 해당 상품의 할인율을 기록해보겠습니다. [F3] 셀에 **=HLOOKUP**을 입력한 후 Ctrl + A 를 누릅니다.

## 07

① [Lookup_value]란에 **E3** 입력
② [Table_array]란에 **$J$3:$M$4** 입력
③ [Row_Index_num]란에 **2** 입력
④ [Range_lookup]란에 **TRUE** 입력
⑤ [확인]을 클릭합니다.
   수식 **=HLOOKUP(E3,$J$3:$M$4,2,TRUE)**이 완성됩니다.

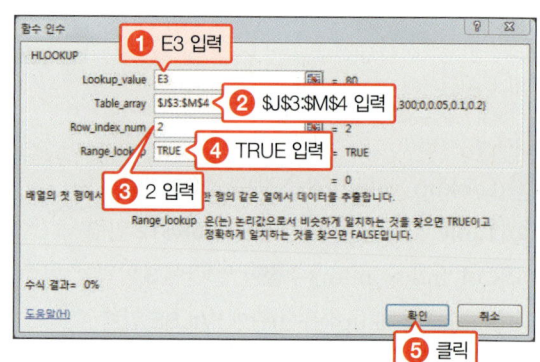

### 바로 통하는 TIP  인수 설명

Lookup_value : 수량을 찾아 할인율을 입력해야 하므로 [E3] 셀을 입력합니다.
Table_array : [E3] 셀 값을 찾을 범위로, 할인율 표가 위치한 [J3:M4] 셀입니다.
Row_index_num : 할인율 표 범위에서 [E3] 셀의 값을 찾아 할인율을 반영할 행의 번호입니다.
Range_lookup : 찾는 값의 근삿값을 찾을 때는 TRUE 또는 1을 입력합니다.

## 08 [F3] 셀에 채우기 핸들을 더블클릭하여 수식을 복사합니다.

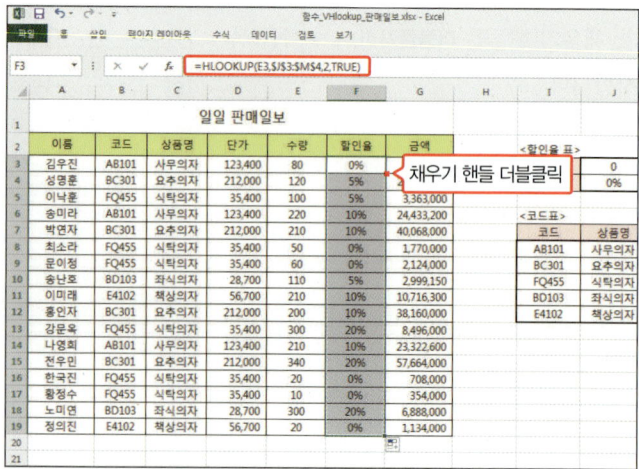

## 실무활용노트 EXCEL : Table_Array(데이터 범위)에 대한 규칙과 에러

VLOOKUP과 HLOOKUP은 사용 방법과 기능이 유사합니다. VLOOKUP은 첫 행에서 원하는 값을 찾아 지정한 열에 있는 값을 반환하고 HLOOKUP은 첫 열에서 원하는 값을 찾아 지정한 행에 있는 값을 반환합니다.

① 찾는 값(Lookup_value)은 반드시 Table_array의 첫 번째 행(열)에 있어야 합니다. 예를 들어 VLOOKUP 함수를 이용하여 상품 코드를 찾아서 상품명을 반환하려고 한다면 Table_array는 [B3:C7] 셀을 범위로 지정해야 합니다. [A3:C7] 셀을 범위로 지정하면 안 됩니다.

| 코드 | 상품명 |
|---|---|
| FQ455 | 35,400 |
| BC301 | 212,000 |
| AB101 | 123,400 |
| BD103 | 28,700 |
| AB101 | 123,400 |

|   | A | B | C |
|---|---|---|---|
| 1 | <상품 코드표> | | |
| 2 | 상품명 | 코드 | 단가 |
| 3 | 사무의자 | AB101 | 123,400 |
| 4 | 요추의자 | BC301 | 212,000 |
| 5 | 식탁의자 | FQ455 | 35,400 |
| 6 | 좌식의자 | BD103 | 28,700 |
| 7 | 책상의자 | E4102 | 56,700 |

← Tabble_Array

② Table_array의 첫 번째 열(행)에서 근삿값을 찾을 경우에는 반드시 오름차순으로 정렬되어 있어야 합니다.

| 수량 | 할인율 |
|---|---|
| 300 | 20% |
| 200 | 10% |
| 100 | 5% |
| 0 | 0% |

|   | A | B | C | D | E |
|---|---|---|---|---|---|
| 1 | <수량에 따른 할인율 표> | | | | |
| 2 | 수량 | 0 | 100 | 200 | 300 |
| 3 | 할인율 | 0% | 5% | 10% | 20% |

→ 오름차순으로 정렬

0 : 점수가 0~99 사이에 0%

100 : 점수가 100~199 사이는 5%

200 : 점수가 200~299 사이는 10%

300 : 점수가 300 이상 20%

③ VLOOKUP이나 HLOOKUP 함수를 사용할 때 원하는 값을 찾지 못하면 해당 셀에 #N/A 오류가 나타납니다.

| 코드 | 상품명 | 단가 |
|---|---|---|
| AB101 | #N/A | #N/A |
| BC301 | 요추의자 | 212,000 |
| FQ455 | 식탁의자 | 35,400 |
| AB101 | #N/A | #N/A |

핵심기능실습

# 66 IFERROR 함수로 오류 처리하기

IFERROR 함수는 수식이나 셀의 오류를 검사하고 오류가 있다면 오류를 처리합니다. 수식에서 오류가 발생할 경우 사용자가 지정한 값을 반환하고, 그렇지 않으면 수식 결과를 반환합니다. 예제에서는 상품코드 표에 일치하는 코드가 없으므로 표에 '#N/A' 오류가 표시되어 있습니다.

• 실습 파일 엑셀\3장\함수_Iferror_판매일보.xlsx    • 완성 파일 엑셀\3장\함수_Iferror_판매일보_완성.xlsx

## 01 상품명에 '#N/A' 오류 발생 시 '코드입력오류' 표시하기

상품명에 '#N/A' 오류가 발생한 경우 셀에 '코드입력오류'라고 표시해보겠습니다.

① [C3] 셀 클릭

② 수식 입력줄에서 = 뒤에 마우스 포인터를 위치시킨 후 IFERROR( 입력

③ 수식 입력줄의 IFERROR 클릭

④ [함수 삽입 fx]을 클릭합니다.

[함수 인수] 대화상자가 열립니다.

바로 통하는 TIP   IFERROR 함수는 셀이나 수식에 오류가 있는지 검사합니다.

## 02 IFERROR 함수 인수 입력하기

① [함수 인수] 대화상자의 [Value]란에 VLOOKUP(B3,$I$8:$K$12,2,FALSE) 입력

② [Value_if_error]란에 코드입력오류 입력

③ [확인]을 클릭합니다.

수식 =IFERROR(VLOOKUP(B3,$I$8:$K$12,2,FALSE),"코드입력오류")이 완성됩니다.

바로 통하는 TIP   인수 설명

Value : [C3] 셀에 오류(#N/A, #VALUE!, #REF!, #DIV/0!, #NUM!, #NAME?, #NULL!)가 있는지 검사합니다.

Value_if_error : 수식에서 오류(#N/A)가 발생했을 때 반환할 값을 '코드입력오류'로 지정합니다.

## 03 단가에 '#N/A' 오류 발생 시 '0'으로 표시하기

단가에 '#N/A' 오류가 발생한 경우 셀에 '0'을 표시해보겠습니다.

① [D3] 셀 클릭
② 수식 입력줄에서 = 뒤에 마우스 포인터를 위치시킨 후 IFERROR( 입력
③ 수식 입력줄의 IFERROR 클릭
④ [함수 삽입]을 클릭합니다.

[함수 인수] 대화상자가 활성화됩니다.

## 04 IFERROR 함수 인수 입력하기

① [함수 인수] 대화상자의 [Value]란에 **VLOOKUP (B3,$I$8:$K$12,3,FALSE)** 입력
② [Value_if_error]란에 **0** 입력
③ [확인]을 클릭합니다.

수식 =IFERROR(VLOOKUP(B3,$I$8:$K$12,3,FALSE),0)이 완성됩니다.

**바로 통하는 TIP** 인수 설명

Value : [D3] 셀에 오류(#N/A, #VALUE!, #REF!, #DIV/0!, #NUM!, #NAME?, #NULL!)가 있는지 검사합니다.
Value_if_error : 수식에서 오류(#N/A)가 발생했을 때 반환할 값을 '0'으로 지정합니다.

## 05

① [C3:D3] 셀 드래그
② 채우기 핸들을 더블클릭하여 수식을 복사합니다.

상품명의 '#N/A' 오류는 '코드입력오류'로, 단가의 '#N/A' 오류는 '0'으로 표시됩니다.

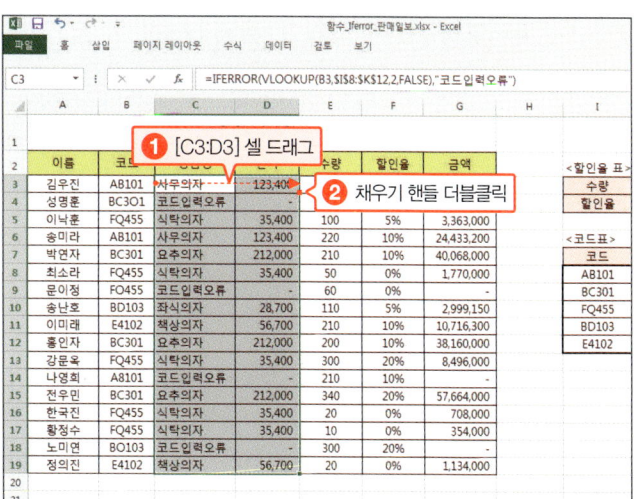

**핵심기능실습 67**

# INDEX, MATCH 함수로 최우수 평가 기업 표시하기

특정 범위나 배열을 참조하여 원하는 값을 찾거나 셀 주소에 필요한 정보를 가져오는 엑셀의 찾기/참조 함수 중에 INDEX 함수는 특정 범위에서 행 번호와 열 번호에 해당하는 셀 값을 찾아줍니다. MATCH 함수는 행/열 범위에서 찾으려고 하는 값이 몇 번째 행/열에 위치하는지 행/열 번호를 찾아줍니다.

- 실습 파일 엑셀\3장\함수_Index_기업평가.xlsx
- 완성 파일 엑셀\3장\함수_Index_기업평가_완성.xlsx

### 기업경영평가표

| 평가지표 | A기업 | B기업 | C기업 | D기업 | E기업 | F기업 | 최대점수 | 열번호 | 우수평가기업 |
|---|---|---|---|---|---|---|---|---|---|
| 경영관리 | 91.1 | 76.3 | 80.5 | 87.1 | 89.1 | 86.6 | 91.1 | 1 | A기업 |
| 경영성과 | 80.0 | 78.8 | 56.0 | 87.4 | 80.6 | 76.3 | 87.4 | 4 | D기업 |
| 경영전략 | 90.1 | 88.9 | 87.0 | 65.4 | 99.3 | 87.5 | 99.3 | 5 | E기업 |
| 경영혁신 | 80.0 | 56.7 | 69.0 | 99.5 | 88.1 | 82.1 | 99.5 | 4 | D기업 |
| 고객만족 | 90.1 | 67.3 | 90.3 | 56.3 | 95.1 | 58.5 | 95.1 | 5 | E기업 |
| 교육훈련 | 72.1 | 77.9 | 70.1 | 95.3 | 90.3 | 82.1 | 95.3 | 4 | D기업 |
| 노사관리 | 89.3 | 90.5 | 86.3 | 65.3 | 94.1 | 88.5 | 94.1 | 5 | E기업 |
| 인사관리 | 78.5 | 88.8 | 77.5 | 85.4 | 79.1 | 70.5 | 88.8 | 2 | B기업 |
| 재무관리 | 85.5 | 98.4 | 80.4 | 93.2 | 87.4 | 60.7 | 98.4 | 2 | B기업 |
| 재무상태 | 80.4 | 67.4 | 79.2 | 86.2 | 84.3 | 80.5 | 86.2 | 4 | D기업 |
| 정책준수 | 69.6 | 77.3 | 67.5 | 75.4 | 87.3 | 79.0 | 87.3 | 5 | E기업 |
| 조직관리 | 80.1 | 87.4 | 80.4 | 78.9 | 67.3 | 64.1 | 87.4 | 2 | B기업 |
| 채용관리 | 65.2 | 98.5 | 66.2 | 90.1 | 90.2 | 80.6 | 98.5 | 2 | B기업 |
| 환경관리 | 89.3 | 78.4 | 67.3 | 78.6 | 88.2 | 90.1 | 90.1 | 6 | F기업 |
| 회계관리 | 90.0 | 88.9 | 87.5 | 91.3 | 86.4 | 83.2 | 91.3 | 4 | D기업 |

▲ 핵심기능실습 미리보기

① MATCH 함수로 최고 점수 열의 위치 구하기
② INDEX 함수로 부문별 최고 평가 기업 찾기

## 01 평가 부분별 최고 점수 열의 위치(번호) 찾기

평가 부문별 최고 점수가 최대점수란에 기록되어 있습니다. 최대점수를 기록한 기업이 몇 번째 열에 위치하고 있는지 찾아 번호로 표시해보겠습니다.

① [I4] 셀 클릭
② [수식] 탭–[함수 라이브러리] 그룹–**[찾기/참조 영역]** 클릭
③ **[MATCH]**를 선택합니다.

> **바로 통하는 TIP**  MATCH 함수는 찾고자 하는 값이 행 방향 또는 열 방향의 범위 내에서 몇 번째 위치에 있는지 찾아 번호를 반환합니다.

## 02 MATCH함수 인수 입력하기

① [함수 인수] 대화상자의 [Lookup_value](찾을 값)란에 **H4** 입력
② [Lookup_array](범위)란에 **B4:G4** 입력
③ [Match_type](찾을 방법)란에 **0** 입력
④ **[확인]**을 클릭합니다.
   수식 **=MATCH(H4, B4:G4,0)**이 완성됩니다.

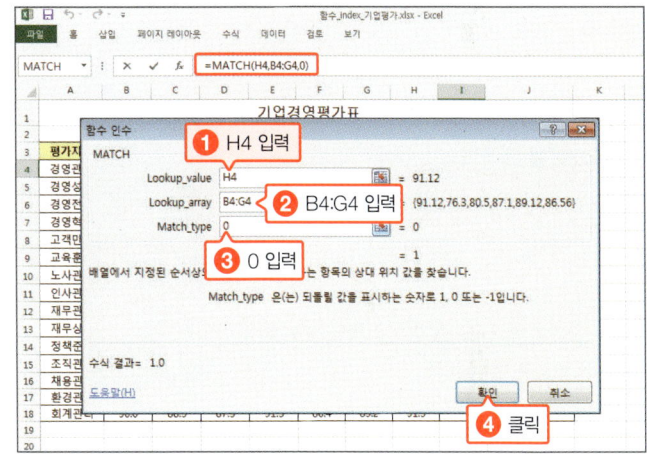

> **바로 통하는 TIP**  인수 설명

Lookup_value : 최고 평가 점수의 열 번호를 찾기 위해 최대점수가 표시된 [H4] 셀을 입력합니다.
Lookup_array : [H4] 셀 값이 포함된 열의 위치를 찾기 위한 부문별 평가 점수의 범위로 [B4:G4] 셀을 지정합니다.
Match_type : 정확하게 찾고 싶은 첫 번째 위치의 값을 검색할 것이므로 '0'을 입력합니다.

## 03 평가 부분별로 최고 평가 점수를 받은 기업 찾기

평가 부분별로 최고 점수를 받은 기업을 우수평가기업란에 표시해보겠습니다.

① [J4] 셀에 **=INDEX** 입력 후 Ctrl + A
② [인수]에서 첫 번째 항목인 **[array_row_num, column_num]** 선택
③ **[확인]**을 클릭합니다.

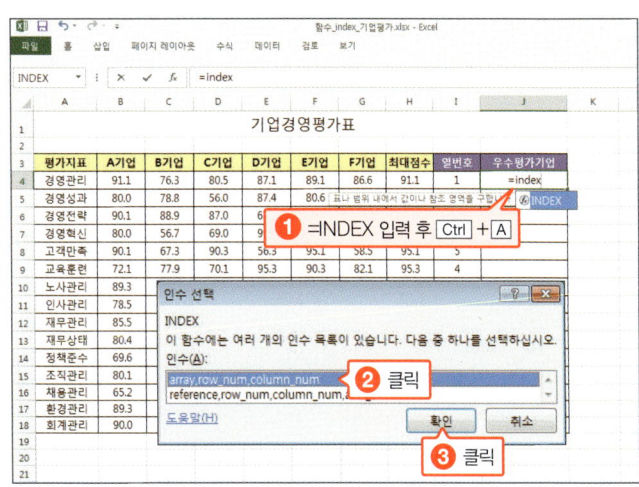

> **바로 통하는 TIP**  INDEX 함수는 특정 범위 내에서 행과 열을 번호로 지정하여 필요한 데이터를 찾습니다.

## 04 INDEX 함수 인수 입력하기

① [함수 인수] 대화상자의 [Array]란에 **$B$3:$G$3** 입력

② [Row_num]란에 **1** 입력

③ [Column_num]란에 **I4** 입력

④ **[확인]**을 클릭합니다.

수식 **=INDEX($B$3:$G$3,1,I4)**이 완성됩니다.

> **바로 통하는 TIP** 인수 설명
>
> Array : 행 번호와 열 번호를 사용해서 검색할 기업 목록의 전체 범위([B$3:$G$3] 셀)를 지정합니다.
> Row_num : 행 번호를 지정하는 곳으로 1을 지정합니다.
> Column_num : 열 번호를 지정하는 곳으로 [I4] 셀을 지정합니다.

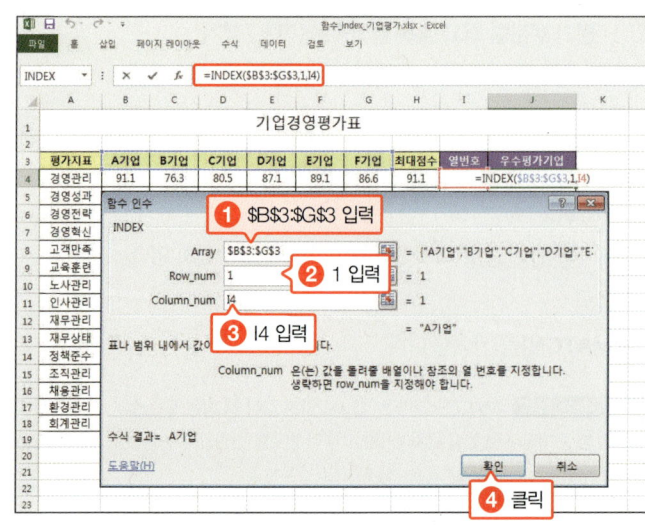

## 05

① **[I4:J4]** 셀 드래그

② 채우기 핸들을 **더블클릭**하여 수식을 복사합니다.

---

평가 부분별로 최고 점수를 받은 기업의 열 번호 및 기업명이 범위에 채워집니다.

CHAPTER

# 04

## 차트 만들기

차트는 표 형태의 자료를 효과적으로 분석해서 데이터의 변화와 추이를 시각적으로 보여주기 때문에 데이터의 흐름을 한눈에 파악할 때 사용하면 좋습니다.
이번 장에서는 차트 구성 요소를 익히고 막대, 원형, 혼합 등의 다양한 차트와 셀에 데이터의 추이를 확인할 수 있는 스파크라인 차트를 만들어보겠습니다.

## 핵심기능실습 68 데이터에 적합한 차트 만들고 차트 종류 변경하기

차트는 일반 텍스트나 표에 비해 데이터 추세나 유형을 한눈에 비교할 수 있어 유용합니다. 엑셀 2013에서는 선택한 차트가 데이터에 적합한지 아닌지 고민할 필요 없이 추천 차트 기능으로 데이터에 알맞은 차트를 빠르게 만들 수 있습니다.

• 실습 파일 엑셀 \ 4장 \ 차트_기본1.xlsx   • 완성 파일 엑셀 \ 4장 \ 차트_기본1_완성.xlsx

**01 추천 차트로 데이터에 적합한 차트 삽입하기**

연도별로 매출액과 영업이익을 기록한 데이터를 차트로 만들어보겠습니다. 엑셀의 [추천 차트]를 이용하면 선택한 데이터의 특징에 맞는 차트 종류를 추천합니다.

① [기본차트] 시트에서 차트로 만들 데이터인 **[A3:C8] 셀 드래그**
② [삽입] 탭-[차트] 그룹-**[추천 차트]** 클릭
③ [추천 차트] 탭에서 사용자의 데이터에 알맞은 추천 차트 목록 중 **[묶은 가로 막대형]** 선택
④ **[확인]**을 클릭합니다.

**02 차트 위치와 크기 조절하기**

① [D3] 셀을 기준으로 차트를 배치하기 위해 삽입한 **차트** 드래그
② **차트 조절점**을 드래그해서 적당한 크기로 조절합니다.

> **바로 통하는 TIP** 차트를 선택하고 Delete 를 누르면 차트를 삭제할 수 있습니다.

166 • PART 01 엑셀 2013

## 03 차트 종류 변경하기

삽입된 차트의 종류를 변경해보겠습니다.

① 차트 영역 클릭
② [차트 도구] - [디자인] 탭-[종류] 그룹-**[차트 종류 변경]** 클릭
③ [차트 종류 변경] 대화상자의 [모든 차트] 탭에서 **[세로 막대형]** 선택
④ **[3차원 묶은 세로 막대형]** 선택
⑤ **[확인]**을 클릭합니다.

## 04 새 시트로 차트 이동하기

새 시트를 만들어 현재 삽입되어 있는 차트를 이동해보겠습니다.

① 차트 영역이 선택된 상태에서 [차트 도구] - [디자인] 탭-[위치] 그룹-**[차트 이동]** 클릭
② [차트 이동] 대화상자에서 **[새 시트]** 선택
③ **매출실적차트** 입력
④ **[확인]**을 클릭합니다.

[매출실적차트] 시트가 삽입되고 [기본차트] 시트에 있던 차트가 이동됩니다.

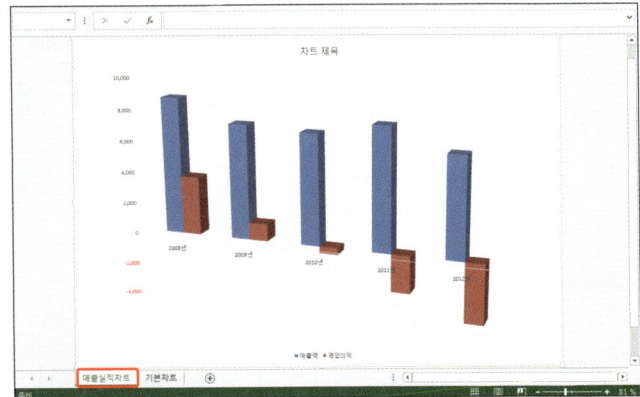

## 핵심기능실습 69

# 차트 레이아웃, 색, 스타일, 필터링하기

차트의 각 구성 요소별 서식을 지정하려면 먼저 서식을 지정할 구성 요소를 선택해야 합니다. 엑셀 2013은 차트 레이아웃과 색, 스타일 등 다양한 차트 서식을 제공하고 있어 차트를 빠르게 변경할 수 있습니다.

• 실습 파일 엑셀\4장\차트_기본2.xlsx [매출실적차트] 시트  • 완성 파일 엑셀\4장\차트_기본2_완성.xlsx [매출실적차트] 시트

**01 차트 레이아웃 변경하기**
[빠른 레이아웃]을 이용하면 미리 구성된 차트 서식을 빠르게 적용할 수 있습니다. 차트 레이아웃을 변경해보겠습니다.
① [매출실적차트] 시트에서 차트 영역 클릭
② [차트 도구] - [디자인] 탭 - [차트 레이아웃] 그룹 - **[빠른 레이아웃]** 클릭
③ **[레이아웃 5]**를 선택합니다.

데이터 표가 차트 하단에 삽입됩니다.

**02** [차트 제목]을 클릭하고 **연도별 매출실적**을 입력합니다.

168 • PART 01 엑셀 2013

## 03 색 변경하기

[색 변경]을 이용하면 미리 구성된 차트 색배합을 빠르게 적용할 수 있습니다. 차트 색을 변경해보겠습니다.

① 차트 영역이 선택된 상태에서 [차트 도구] - [디자인] 탭 - [차트 스타일] 그룹 - [색 변경] 클릭
② [색 4]를 선택합니다.

## 04 차트 스타일 변경하기

차트 스타일을 변경해보겠습니다.

① 차트 영역이 선택된 상태에서 [차트 도구] - [디자인] 탭 - [차트 스타일] 그룹 - [차트 스타일 자세히 ⋮] 클릭
② [스타일 9]를 선택합니다.

**바로 통하는 TIP** 차트 스타일 및 색 변경은 차트 내의 [차트 스타일 ✏]을 클릭해서 변경할 수도 있습니다.

## 05 차트 데이터 필터링하기

[차트 필터]를 이용해 매출액과 영업이익이 표시된 차트에서 영업이익만 표시해보겠습니다.

① 차트 영역이 선택된 상태에서 [차트 필터 ▼] 클릭
② [계열]에서 [매출액]의 체크 표시 해제
③ [적용] 클릭
④ [차트 필터 ▼]를 다시 클릭하여 차트 필터를 마칩니다.

CHAPTER 04 차트 만들기 • **169**

**06** 영업이익으로 필터링된 데이터 계열이 표시됩니다.

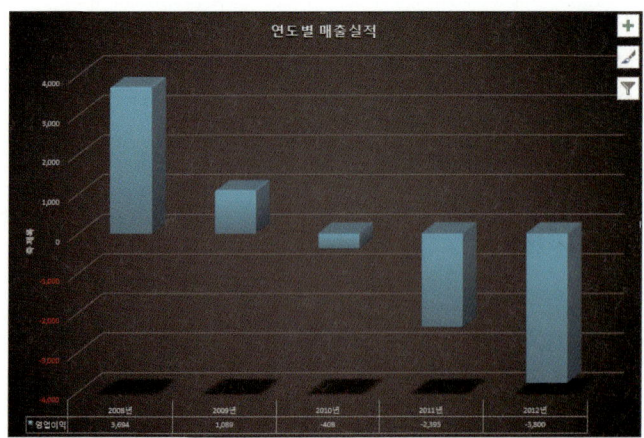

### 실무활용노트 EXCEL | 차트의 구성 요소

차트의 각 구성 요소들은 차트 안에서 각각 독립적으로 이동, 크기 조절, 수정, 삭제 등을 할 수 있습니다. 차트를 제대로 만들려면 각 구성 요소를 이해하고 있는 것이 좋습니다.

① ➕ : 차트 요소(축 제목, 데이터 레이블 등의 요소 추가/숨기기)
② 🖌 : 차트 스타일(차트 스타일 및 색 구성표 등의 디자인 지정)
③ 🔽 : 차트 필터(차트에 표시된 데이터 요소 및 이름 변경)

## 핵심기능실습 70 차트의 눈금 간격 조절 및 레이블, 범례 표시하기

차트 데이터 계열 축의 눈금 간격을 조절하고 레이블을 표시하여 데이터 계열의 값을 명확하게 보여줄 수 있습니다.

• 실습 파일 엑셀\4장\차트_기본3.xlsx [매출실적차트] 시트  • 완성 파일 엑셀\4장\차트_기본3_완성.xlsx [매출실적차트] 시트

**01 주 눈금 조정하기**
세로 축의 주 단위 눈금 간격을 조정해보겠습니다.
① [매출실적차트] 시트에서 **차트 영역** 클릭
② [**차트 요소** +] 클릭
③ [**축▶**] 클릭
④ [**기타 옵션**]을 선택합니다.

[축 서식] 창이 활성화됩니다.

**02**
① [축 서식] 창에서 [**축 옵션▼**] 클릭
② [**세로(값) 축**]을 선택합니다.

## 03

① [최소값]에 **-4000** 입력
② [최대값]에 **10000** 입력
③ [**창 닫기**⊠]를 클릭하여 [축 서식] 창을 닫습니다.

---

세로 축의 주 단위 눈금이 -4000부터 10000까지 표시됩니다.

## 04 데이터 레이블 표시하기

데이터 계열 값을 명확히 보여줄 수 있도록 데이터 레이블을 차트에 표시해보겠습니다.

① 차트 영역이 선택된 상태에서 [**차트 요소**⊞] 클릭
② [**데이터 레이블**]에 체크 표시합니다.

---

데이터 계열의 값이 표시됩니다.

## 05 범례 표시하기

데이터 계열 오른쪽으로 범례를 표시해보겠습니다.

① [**범례**]에 체크 표시
② [**차트 요소**⊞]를 클릭하여 차트 요소 설정을 마칩니다.

핵심기능실습

# 71 차트 배경 설정 및 눈금선 없애기

차트 영역, 그림 영역, 데이터 계열은 색, 그림, 질감 등을 배경으로 채울 수 있습니다. 구성 요소에 그림을 배경으로 채우고 필요 없는 구성 요소를 제거함으로써 차트의 내용을 보다 효과적으로 전달할 수 있습니다.

- 실습 파일 엑셀\4장\차트_기본4.xlsx [매출실적차트] 시트 • 완성 파일 엑셀\4장\차트_기본4_완성.xlsx [매출실적차트] 시트

## 01 차트 배경 꾸미기

그림으로 차트 배경을 채워보겠습니다.
① [매출실적차트] 시트에서 **차트 영역** 클릭
② [차트 도구]-[서식] 탭-[현재 선택 영역] 그룹-[**선택 영역 서식**] 클릭
③ [차트 영역 서식] 창에서 [**채우기**] 선택
④ [**그림 또는 질감 채우기**] 선택
⑤ [**파일**]을 클릭합니다.

[그림 삽입] 대화상자가 나타납니다.

## 02

① 실습 폴더에서 **차트배경.jpg 파일** 더블클릭
② [**창 닫기 ⊠**]를 클릭하여 [차트 영역 서식] 창을 닫습니다.

차트 영역이 선택한 그림으로 채워집니다.

## 03 세로 축 지우기

세로 축을 지워보겠습니다.

① 차트 영역이 선택된 상태에서 [**차트 요소** ⊞] 클릭
② [**축 ▶**] 클릭
③ [**기본 세로**]의 체크 표시를 해제합니다.

---

세로축이 화면에서 숨겨집니다.

## 04 눈금선 지우기

눈금선을 지워보겠습니다.

① [**눈금선**]의 체크 표시 해제
② [**차트 요소** ⊞]를 클릭하여 차트 요소 설정을 마칩니다.

---

눈금선이 화면에서 숨겨집니다.

핵심기능실습

# 72 콤보(이중 축 혼합) 차트 만들기

혼합형 차트는 두 종류 이상의 차트를 사용하여 차트에 다른 정보가 있음을 강조합니다. 각 데이터 계열별로 서로 다른 유형의 데이터 값을 가지고 있거나 두 계열의 데이터 값이 차이가 클 경우 이중 축(보조 축)을 사용합니다.

• 실습 파일 엑셀\4장\차트_혼합.xlsx   • 완성 파일 엑셀\4장\차트_혼합_완성.xlsx

▲ 핵심기능실습 미리보기

❶ 이중 축 혼합 차트 변경하기
❷ 그림으로 표식 지정하기
❸ 데이터 레이블 표시하기

CHAPTER 04 차트 만들기 • **175**

## 01 이중 축 혼합 차트 변경하기

[중량] 계열은 기본 축을 기준으로 막대가 표시되므로 데이터 값의 차이가 너무 커서 막대가 짧게 나타납니다. [중량] 계열을 오른쪽 보조 축으로 지정한 후 꺾은선형으로 변경하겠습니다.

① **차트 영역** 클릭
② [차트 도구] - [디자인] 탭 - [종류] 그룹 - [**차트 종류 변경**] 클릭
③ [모든 차트] 탭에서 [**콤보**] 선택
④ [**묶은 세로 막대형 – 꺾은선형, 보조 축**] 선택
⑤ [**확인**]을 클릭합니다.

[중량] 데이터 계열의 막대가 꺾은선형으로 바뀌어 혼합 차트가 만들어집니다.

## 02 그림으로 표식 지정하기

꺾은선 차트의 표식을 그림으로 지정해보겠습니다.

① [D1] 셀의 **원두 그림** 클릭 후 Ctrl + C
② [중량]의 **꺾은선형 데이터 계열** 클릭 후 Ctrl + V
③ [**차트 요소** +]를 클릭합니다.

## 03 데이터 레이블 표시하기

① [**데이터 레이블▶**] 클릭
② [**위쪽**] 선택
③ [**차트 요소** +]를 클릭하여 차트 요소 수정을 마칩니다.

데이터 레이블이 차트와 서로 겹치지 않고 위치가 조정됩니다.

핵심기능실습

# 73 원형 차트 3차원 서식 및 테마 바꾸기

원형이나 도넛 차트는 전체 데이터에 대한 계열의 구성비를 나타내줍니다. 각 항목의 전체에 대한 비율을 나타낼 때 사용하며, 원을 나누는 항목은 5~6개가 적당합니다.

▪실습 파일 엑셀\4장\차트_원형.xlsx  ▪완성 파일 엑셀\4장\차트_원형_완성.xlsx

## 01 차트 스타일 변경하기

PC 종류에 따른 시장 점유율이 원형 차트로 표시되어 있습니다. 차트 스타일을 변경해보겠습니다.

① 차트 영역 클릭
② [차트 스타일 🖌] 클릭
③ [스타일 2] 선택
④ [차트 스타일 🖌]을 다시 클릭합니다.

차트 스타일 변경이 완료됩니다.

## 02 3차원 서식 지정하기

3차원 서식이 좀 더 두드러지도록 데이터 계열 서식에서 너비와 높이를 조절해보겠습니다.

① 차트 데이터 계열의 영역에서 마우스 오른쪽 버튼 클릭
② [데이터 계열 서식]을 선택합니다.

CHAPTER 04 차트 만들기 • 177

## 03

① [데이터 계열 서식] 창에서 [효과 ⌬] 클릭
② [3차원 서식] 선택
③ [위쪽 입체]의 [너비]와 [높이] 모두 14로 입력
④ [닫기 ✕]를 클릭합니다.

## 04 항목 조각내기

차트의 올인원 항목을 조각내서 보기 좋게 배치해보겠습니다.
① 원형 차트 데이터 계열 클릭
② [올인원] 항목만 한 번 더 클릭
③ [올인원] 항목을 오른쪽으로 드래그합니다.

---

[올인원] 항목의 조각이 원형 차트에서 분리됩니다.

## 05 차트에 테마를 적용해보겠습니다.

① 임의의 빈 셀 클릭
② [페이지 레이아웃] 탭-[테마] 그룹-[테마] 클릭
③ [이온]을 선택해서 테마를 변경합니다.

---

테마에 따라 차트의 색상도 바뀝니다.

## 핵심기능실습 74 스파크라인 차트 삽입하고 종류 변경하기

스파크라인 차트는 셀 하나에 작은 추세 차트(꺾은선형, 열, 승패)를 삽입하는 것입니다. 스파크라인 차트를 사용하면 데이터의 추세를 쉽게 분석하고, 강조하거나 비교할 수 있습니다.

• 실습 파일 엑셀\4장\차트_스파크라인.xlsx [스파크라인1] 시트  • 완성 파일 엑셀\4장\차트_스파크라인_완성.xlsx [스파크라인1] 시트

**01 스파크라인 차트 삽입하기**

주간 국가별 환율 추이를 스파크라인으로 표시해보겠습니다.

① [스파크라인1] 시트에서 **[B4:F11] 셀 드래그**
② [삽입] 탭-[스파크라인] 그룹-**[열]**을 클릭합니다.

**02**

① [스파크라인 만들기] 대화상자의 [데이터 범위]란에 **B4:F11** 입력
② [위치 범위]란에 **$G$4:$G$11** 입력
③ **[확인]**을 클릭합니다.

CHAPTER 04 차트 만들기 • 179

**03** [G4:G11] 셀에 3월 4일~3월 8일까지의 주간 환율 추이가 **열 차트**로 표시됩니다.

> **바로 통하는 TIP** 열 스파크라인은 데이터 값의 크기를 비교할 때 적합합니다.

**04 스파크라인 차트의 종류 변경하기**

[G4:G11] 셀이 범위로 지정되어 있는 상태에서 [스파크라인 도구]-[디자인] 탭-[종류] 그룹-[**선**]을 클릭합니다. 주간 환율 추이가 **선 차트**로 표시됩니다.

> **바로 통하는 TIP** 선 스파크라인은 데이터의 변화 추세를 나타낼 때 적합합니다.

핵심기능실습

# 75 스파크라인 차트 스타일과 디자인 변경하기

엑셀에서는 다양한 스파크라인 스타일을 제공하므로 이를 이용하여 스파크라인 스타일을 변경할 수 있습니다. 또한 직접 차트 계열의 표식 색, 모양 등의 디자인을 변경할 수 있습니다.

▪ 실습 파일 엑셀 \ 4장 \ 차트_스파크라인.xlsx [스파크라인2] 시트    ▪ 완성 파일 엑셀 \ 4장 \ 차트_스파크라인_완성.xlsx [스파크라인2] 시트

## 01 스파크라인 차트의 표식 강조하기

선 스파크라인 차트에서 표식을 강조해보겠습니다.

① [스파크라인2] 시트에서 **[G4:G11] 셀 드래그**

② [스파크라인 도구] - [디자인] 탭 - [표시] 그룹에서 **[높은 점], [낮은 점], [표식]**에 체크 표시합니다.

환율 추이에 선형 표식이 나타납니다.

## 02 스파크라인 차트의 스타일 변경하기

① [G4:G11] 셀의 범위가 지정된 상태에서 [스파크라인 도구] - [디자인] 탭 - [스타일] 그룹 - **[스타일 자세히 ▼]** 클릭

② **[스파크라인 스타일 강조 5, 50% 더 어둡게]**를 선택합니다.

스파크라인 차트 스타일이 변경됩니다.

## 03 스파크라인 차트의 두께 변경하기

① [스파크라인 도구] - [디자인] 탭 - [스타일] 그룹 - [**스파크라인 색**] 클릭

② [**두께**]를 선택하고 [**2¼**]을 선택합니다.

---

스파크라인 차트의 선 두께가 두꺼워집니다.

## 04 스파크라인 차트의 표시 색 변경하기

① [스파크라인 도구] - [디자인] 탭 - [스타일] 그룹 - [**표식 색**] 클릭

② [**높은 점**] - [**주황, 강조 6**]을 선택합니다.

## 05

① 다시 [**표식 색**] 클릭

② [낮은 점] - [**빨강**]을 선택합니다.

---

스파크라인 차트에서 가장 높은 점은 주황색, 가장 낮은 점은 빨간색으로 표시됩니다.

> **바로 통하는 TIP** 스파크라인 차트를 지우려면 [스파크라인 도구] - [디자인] 탭 - [그룹] 그룹 - [지우기]를 클릭하여 일부 또는 전체를 지울 수 있습니다.

CHAPTER
# 05

# 데이터베이스 관리/분석 및 자동화하기

엑셀에서 제공하는 데이터베이스의 기능은 방대한 양의 자료를 관리하고 요약해서 데이터를 효과적으로 분석하기에 유용합니다. 반복된 작업을 한 번에 처리할 수 있는 매크로를 사용하면 업무 시간을 단축하고 자동화하기에 좋습니다.

이번 장에서는 텍스트 나누기, 중복 데이터, 통합 기능을 사용하여 데이터베이스를 관리하고, 정렬, 필터, 부분합, 피벗 테이블로 데이터를 분석하는 방법에 대해서 알아보겠습니다. 마지막으로 통합 문서 내 자동화에 필요한 명령어들을 모아 매크로로 기록하고 실행 및 편집하는 방법에 대해서 살펴보겠습니다.

핵심기능실습

# 76 텍스트 나누기

데이터를 효율적으로 관리하려면 열 하나에 여러 정보가 담기지 않도록 종류별로 데이터를 나눕니다. 데이터를 나눠두면 정보를 검색하거나 분석할 때 유리합니다.

▪실습 파일 엑셀\5장\DB_텍스트_입출고현황.xlsx　▪완성 파일 엑셀\5장\DB_텍스트_입출고현황_완성.xlsx

## 01 텍스트를 나눌 셀 범위 지정하기

텍스트 나누기는 일정 너비나 기호를 기준으로 텍스트를 나누는 것입니다. 상품의 가로, 세로, 높이가 한 열에 모두 입력되어 있으므로 각각 데이터를 나눠보겠습니다.

① **[D3:D37]** 셀 드래그

② [데이터] 탭-[데이터 도구] 그룹-**텍스트 나누기**를 클릭합니다.

**바로 통하는 TIP** 텍스트를 나누려면 나누려는 데이터의 개수만큼 오른쪽에 빈 열이 있어야 합니다. 만약 빈 열이 없을 경우에는 오른쪽 열이 나눠진 텍스트 값으로 대치되므로 주의합니다.

## 02 텍스트 마법사 -1단계

① [텍스트 마법사-3단계 중 1단계]에서 원본 데이터의 파일 유형으로 **[구분 기호로 분리됨]** 선택

② **[다음]**을 클릭합니다.

## 03 텍스트 마법사 – 2단계

① [텍스트 마법사 – 3단계 중 2단계]에서 [구분 기호]
   의 [기타]에 체크 표시
② 입력 상자에 * 입력
③ [다음]을 클릭합니다.

## 04 텍스트 마법사 – 3단계

① [텍스트 마법사 – 3단계 중 3단계]의 [데이터 미리
   보기] 목록에서 서식 지정합니다. 지정할 서식이 없
   으므로 텍스트 마법사를 완료하기 위해 [마침] 클릭
② 기존 데이터를 바꿀 것인지 확인하는 대화상자가
   나타나면 [확인]을 클릭합니다.

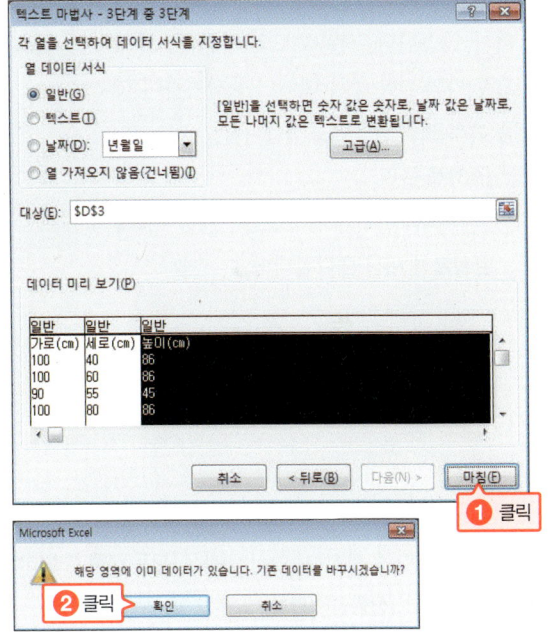

## 05 가로, 세로, 높이 항목이 나눠졌습니다.

# 77 중복 데이터 삭제하기

데이터베이스에서 중복된 데이터가 있으면 데이터를 분석할 때 잘못된 결과를 불러올 수 있습니다. 데이터의 중복 항목을 제거해보겠습니다.

▪실습 파일 엑셀\5장\DB_중복제거_입출고현황.xlsx　▪완성 파일 엑셀\5장\DB_중복제거_입출고현황_완성.xlsx

## 01 중복 데이터 제거하기

상품의 입/출고 현황 표를 보면 일자별로 상품이 입고되고 출고를 보면 중복된 데이터가 있습니다. 상품코드와 상품명, 그리고 단가와 같은 중복 데이터를 제거하여 상품 목록 표를 만들어보겠습니다.

① **[A3]** 셀 클릭

② **[데이터]** 탭-**[데이터 도구]** 그룹-**[중복된 항목 제거]**를 클릭합니다.

## 02

① **[중복된 항목 제거]** 대화상자에서 **[모두 선택 취소]** 클릭

② **[상품코드]**, **[상품명]**, **[단가]**에 체크 표시

③ **[확인]**을 클릭합니다.

**바로 통하는 TIP** 일자에 체크 표시를 해도 일치하는 항목이 없으므로 제거되지 않습니다. 체크 표시한 항목에서 일치하는 레코드가 있을 때만 제거됩니다.

**03** 5개의 중복된 데이터가 제거되었다는 메시지가 나타나면 **[확인]**을 클릭합니다.

중복된 값이 제거된 것을 확인할 수 있습니다.

**바로 통하는 TIP** 중복된 데이터는 첫 번째 레코드 하나만 남고 두 번째 레코드부터는 삭제됩니다.

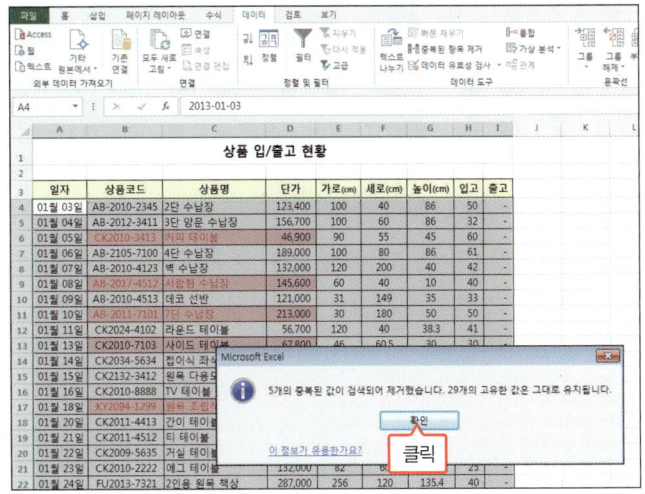

**04 상품 목록 표 만들기**
① **[B1]** 셀에 **상품 목록** 입력 후 Enter
② **A열 열 머리글** 클릭
③ **[H:I] 열머리글** Ctrl + 드래그
④ Ctrl + - 를 눌러 일자, 입고, 출고 열을 삭제합니다.

**05**
① Alt + F2 를 눌러 [다른 이름으로 저장] 대화상자가 표시되면 파일 이름에 **상품 목록** 입력
② **[저장]**을 클릭합니다.

CHAPTER 05 데이터베이스 관리/분석 및 자동화하기 • **187**

## 핵심기능실습 78

# 동일한 항목으로 데이터 통합하고 빠른 서식 적용하기

데이터 통합은 첫 번째 필드 항목을 기준으로 여러 워크시트의 결과를 합계, 개수, 평균, 최댓값, 최솟값, 곱, 수치 개수, 표본 표준 편차, 표준 편차, 표본 분산, 분산 등으로 요약하고 집계합니다.

▪실습 파일 엑셀\5장\DB_통합_월실적현황.xlsx  ▪완성 파일 엑셀\5장\DB_통합_월실적현황_완성.xlsx

**01 성명을 기준으로 1주~4주까지의 실적 통합하기**

데이터를 통합하면 여러 워크시트에 담긴 결과를 요약하고 집계해서 볼 수 있습니다. 같은 통합 문서 내에 있는 [1주]~[4주] 시트의 데이터를 통합해보겠습니다.

① [통합] 시트에서 **[A3] 셀** 클릭
② [데이터] 탭-[데이터 도구] 그룹-**[통합]** 클릭
③ [통합] 대화상자의 [함수]에서 **[합계]** 선택
④ **[참조]** 란을 클릭합니다.

**02 통합할 데이터 선택하기**

① **[1주]** 시트 탭 클릭
② **[A3:G19]** 셀 드래그
③ **[추가]**를 클릭합니다.

선택한 범위가 [모든 참조 영역]에 표시됩니다.

**바로 통하는 TIP** 데이터를 통합하면 첫 번째 열을 기준으로 여러 데이터가 하나로 합쳐집니다.

## 03

① [2주] 시트 클릭
② [A3:G15] 셀 드래그
③ [추가]를 클릭합니다.

## 04

① [3주] 시트 클릭
② [A3:G16] 셀 드래그
③ [추가]를 클릭합니다.

## 05

① [4주] 시트 클릭
② [A3:G20] 셀 드래그
③ [추가] 클릭
④ [사용할 레이블]에서 [첫 행]과 [왼쪽 열]에 체크 표시
⑤ [확인]을 클릭합니다.

**바로 통하는 TIP** [사용할 레이블]에서 [첫 행]과 [왼쪽 열]에 체크 표시하면 제목 행과 제목 열을 기준으로 통합됩니다. 그러나 레이블을 사용하지 않으면 행과 열 방향의 순서대로 데이터를 통합하기 때문에 잘못된 통합 결과를 얻을 수도 있습니다.

## 06 데이터 통합하여 서식 지정하기

1주부터 4주까지의 데이터가 통합되어 [통합] 시트의 [A3] 셀부터 입력됩니다.

① [A3] 셀에 성명 입력
② [A3:G32] 셀 드래그
③ [빠른 분석 📊] 클릭
④ [표] 클릭
⑤ [표]를 선택합니다.

## 07 표에 서식이 적용된 것을 확인할 수 있습니다.

---

### 실무활용노트 EXCEL | 데이터베이스 작성 규칙

데이터베이스로 관리할 데이터 목록을 작성할 때는 다음과 같은 사항에 주의합니다.

① 필드명은 한 줄로 입력하고, 필드명이 입력된 셀은 병합하지 않아야 합니다.
② 각 셀에 입력한 데이터는 병합하지 않아야 하고, 빈 행이나 열이 없어야 합니다.
③ 셀 하나에는 하나의 정보만 입력해야 합니다. 외부에서 데이터를 가져왔을 때 셀 하나에 여러 정보가 있으면 텍스트를 나눠서 여러 필드에 입력합니다.

핵심기능실습

# 79 셀 값을 기준으로 정렬하기

데이터베이스에서 사용자가 보기 편한 기준으로 데이터를 정렬할 수 있어야 합니다. [정렬] 대화상자를 이용하면 기본적으로 오름차순 또는 내림차순으로 정렬할 수 있고 정렬 기준을 2가지 이상으로 지정해서 정렬할 수도 있습니다.

• 실습 파일 엑셀\5장\DB_정렬_회원명단1.xlsx  • 완성 파일 엑셀\5장\DB_정렬_회원명단1_완성.xlsx

## 01 회원등급 오름차순으로 정렬하기

회원명단의 회원등급을 기준으로 셀을 정렬해보겠습니다.

① [회원등급] 필드에서 임의의 셀 클릭
② [데이터] 탭-[정렬 및 필터] 그룹-[**오름차순**]을 클릭합니다.

회원등급 순서로 정렬합니다.

## 02 여러 조건으로 정렬하기

① 데이터에서 임의의 셀 클릭
② [데이터] 탭의 [정렬 및 필터] 그룹에서 [**정렬**]을 클릭합니다.

[정렬] 대화상자가 활성화됩니다.

CHAPTER 05 데이터베이스 관리/분석 및 자동화하기 • **191**

## 03

① 두 번째 정렬 기준을 추가하기 위해 [기준 추가] 클릭

② [다음 기준]에서 [주소], [값], [오름차순] 선택

③ 세 번째 정렬 기준을 추가하기 위해 [기준 추가] 클릭

④ [다음 기준]에서 [거래금액], [값], [내림차순] 선택

⑤ [확인]을 클릭합니다.

## 04

회원등급, 주소 순서에 따라 오름차순으로, 거래금액을 기준으로 내림차순으로 데이터가 정렬됩니다.

---

### 실무활용노트 EXCEL — 정렬 순서

| 숫자 | 가장 작은 음수에서 가장 큰 양수로 정렬됩니다. |
|---|---|
| 날짜 | 가장 이전 날짜에서 가장 최근 날짜로 정렬됩니다. |
| 문자<br>(문자와 숫자가 섞여 있는 경우) | 0~9 (공백)! #$%&()*,./:;?@[₩]^_`{I}~+<=>a-z, A-Z 순서로 정렬됩니다. |
| 논리 값 | FALSE, TRUE 순서로 정렬됩니다. |
| 오류 값 | #N/A, #VALUE! 등의 오류 값은 정렬 순서가 모두 동일합니다. |

## 핵심기능실습

# 80 사용자가 지정한 순서로 정렬하기

일반적인 정렬 순서 외에도 월, 요일, 분기 등 사용자가 직접 지정한 순서로 데이터를 정렬할 수 있습니다.

- 실습 파일 엑셀 \ 5장 \ DB _정렬_회원명단2.xlsx
- 완성 파일 엑셀 \ 5장 \ DB _정렬_회원명단2_완성.xlsx

### 회원명단

| 회원번호 | 회원등급 | 성명 | 주소 | 전화번호 | 거래건수 | 거래금액 |
|---|---|---|---|---|---|---|
| 981045 | 로얄 | 민대구 | 경기도 | 031-812-0001 | 51 | 6,870,000 |
| 981034 | 로얄 | 이구민 | 경기도 | 031-812-0001 | 50 | 6,256,000 |
| 981024 | 로얄 | 박시준 | 경기도 | 031-452-4321 | 50 | 6,120,000 |
| 981017 | 로얄 | 문상국 | 경상북도 | 054-900-8765 | 54 | 7,120,000 |
| 981030 | 로얄 | 정홍식 | 서울 특별시 | 02-678-0099 | 57 | 10,625,600 |
| 981040 | 로얄 | 신구민 | 서울 특별시 | 02-678-9123 | 53 | 9,625,600 |
| 981011 | 로얄 | 강철수 | 서울 특별시 | 02-333-1234 | 52 | 8,520,000 |
| 981051 | 로얄 | 노현철 | 서울 특별시 | 02-678-9123 | 52 | 7,625,600 |
| 981029 | 로얄 | 최시형 | 제주도 | 064-765-7654 | 55 | 8,120,000 |
| 981039 | 로얄 | 문민정 | 제주도 | 064-700-1254 | 52 | 7,891,000 |
| 981050 | 로얄 | 김정미 | 제주도 | 064-700-1254 | 50 | 6,200,000 |
| 981018 | 로얄 | 김국진 | 충청 남도 | 041-422-3455 | 50 | 6,980,000 |
| 981031 | 프리미엄 | 홍나래 | 경기도 | 031-452-4321 | 43 | 5,120,000 |
| 981042 | 프리미엄 | 오연수 | 경기도 | 031-452-4321 | 41 | 4,249,000 |
| 981015 | 프리미엄 | 강철수 | 경기도 | 032-312-0127 | 41 | 4,160,000 |
| 981052 | 프리미엄 | 노민욱 | 경기도 | 031-400-2121 | 46 | 4,140,000 |
| 981041 | 프리미엄 | 고철중 | 경기도 | 031-400-2121 | 46 | 4,040,000 |
| 981047 | 프리미엄 | 민대홍 | 서울 특별시 | 02-235-8848 | 42 | 4,780,000 |
| 981036 | 프리미엄 | 민욱 | 서울 특별시 | 02-235-8848 | 41 | 4,190,000 |
| 981026 | 프리미엄 | 김민우 | 서울 특별시 | 02-355-4848 | 40 | 4,098,000 |
| 981016 | 골드 | 김순희 | 강원도 | 033-200-5432 | 33 | 3,140,000 |
| 981043 | 골드 | 박미진 | 경기도 | 031-321-2221 | 37 | 3,740,000 |
| 981022 | 골드 | 박노준 | 경기도 | 031-452-4321 | 33 | 2,940,000 |
| 981032 | 골드 | 홍민욱 | 경기도 | 031-321-2221 | 30 | 2,612,000 |
| 981014 | 골드 | 민태우 | 대전 광역시 | 042-433-5656 | 30 | 2,940,000 |
| 981012 | 골드 | 이미옥 | 인천 광역시 | 032-555-7890 | 32 | 3,110,000 |
| 981027 | 실버 | 강수진 | 경상북도 | 055-322-1334 | 28 | 1,380,000 |
| 981037 | 실버 | 강성수 | 경상북도 | 055-302-1934 | 28 | 1,380,000 |
| 981048 | 실버 | 이성민 | 경상북도 | 055-302-1934 | 28 | 1,245,000 |
| 981013 | 실버 | 전선우 | 전라남도 | 061-400-8888 | 22 | 1,520,000 |
| 981023 | 실버 | 이철우 | 전라북도 | 063-777-0987 | 22 | 1,380,000 |
| 981044 | 실버 | 황중훈 | 전라북도 | 063-123-5587 | 22 | 1,340,000 |
| 981033 | 실버 | 황철중 | 전라북도 | 063-123-5587 | 20 | 1,267,000 |
| 981060 | 일반 | 고민진 | 경기도 | 031-607-9123 | 9 | 1,120,000 |
| 981049 | 일반 | 김산우 | 경기도 | 031-887-9123 | 8 | 980,000 |
| 981056 | 일반 | 김미진 | 경기도 | 031-127-9903 | 8 | 820,000 |
| 981057 | 일반 | 문재순 | 경상북도 | 055-267-0034 | 14 | 1,910,000 |
| 981020 | 일반 | 이진우 | 경상북도 | 055-322-1334 | 14 | 1,820,000 |
| 981025 | 일반 | 이진상 | 경상북도 | 055-322-1334 | 14 | 1,810,000 |
| 981035 | 일반 | 나필승 | 경상북도 | 055-422-5534 | 14 | 1,810,000 |

▲ 핵심기능실습 미리보기

① 회원등급(로얄, 프리미엄, 골드, 실버, 일반)으로 사용자 지정 정렬하기

## 01 회원등급 사용자 지정으로 정렬하기

오름차순(골드~프리미엄)으로 정렬되어 있는 회원등급을 사용자 지정 순서(로얄~일반)로 정렬해보겠습니다.

① 데이터에서 임의의 셀 클릭
② [데이터] 탭-[정렬 및 필터] 그룹-[**정렬**] 클릭
③ [열 정렬 기준]의 [회원등급]에서 [정렬] 목록을 [**사용자 지정 목록**]으로 선택합니다.

## 02 사용자 지정 목록 추가하기

① [사용자 지정 목록]에서 [**새 목록**] 선택
② [목록 항목]에 **로얄, 프리미엄, 골드, 실버, 일반**을 순서대로 Enter 를 누르며 입력
③ [**추가**] 클릭
④ [**확인**]을 클릭합니다.

[정렬] 대화상자로 돌아옵니다.

## 03 
[정렬] 대화상자에서 회원등급의 정렬 순서가 **로얄~일반** 순서로 지정되었습니다. [**확인**]을 클릭해 [정렬] 대화상자를 닫습니다.

로얄, 프리미엄, 골드, 실버, 일반의 목록 순서로 회원등급이 정렬됩니다.

**핵심기능실습**

# 81 SUBTOTAL 함수를 이용해 데이터 필터하기

전체 데이터의 합계, 개수가 아닌 조건에 맞는 데이터 목록만 가지고 부분합을 계산하기 위해 SUBTOTAL 함수를 사용합니다.

- 실습 파일 엑셀\5장\DB_필터_비품목록1.xlsx  · 완성 파일 엑셀\5장\DB_필터_비품목록1_완성.xlsx

## 01 SUBTOTAL 함수로 비품 수량 합계 계산하기

비품 수량의 합계를 구해보겠습니다. [H3] 셀에 **=SUBTOTAL(9,E6:E82)**를 입력하고 Enter 를 누릅니다.

**바로 통하는 TIP** [E6:E82] 셀에 담긴 데이터의 합계(9)를 구합니다.

## 02 SUBTOTAL 함수로 비품 목록 건수 합계 계산하기

전체 비품 목록의 개수를 구해보겠습니다. [J3] 셀에 **=SUBTOTAL(3,A6:A82)**를 입력하고 Enter 를 누릅니다.

**바로 통하는 TIP** [A6:A82] 셀에 담긴 데이터의 개수(3)를 구합니다.

**바로 통하는 TIP** 검색 수량 합계와 검색 건수의 값은 전체 수량 합계와 전체 건수가 같지만, '핵심기능실습 82 자동 필터로 데이터 추출하기'의 자동 필터 기능으로 지정 조건에 맞는 데이터를 검색할 경우에 검색된 결과에 따라 SUBTOTAL 함수로 구한 검색 수량 합계와 검색 건수의 값은 달라집니다.

CHAPTER 05 데이터베이스 관리/분석 및 자동화하기 • **195**

## 실무활용노트 EXCEL | 목록이나 데이터베이스의 부분합을 계산하는 SUBTOTAL 함수

자동 필터나 고급 필터 기능으로 데이터를 검색하여 원하는 데이터를 추출하면 결과에 따라 계산된 수식 값도 매번 달라져야 합니다. 하지만 일반적인 SUM 함수나 COUNT 함수, AVERAGE 함수를 사용하면 추출된 데이터의 결과와 상관없이 전체 데이터의 계산 결과를 표시해줍니다. SUBTOTAL 함수를 사용하면 현재 표시되는 데이터의 목록을 가지고 부분합을 계산할 수 있습니다. 따라서 SUBTOTAL 함수는 자동 필터나 고급 필터에서 자주 사용됩니다.

| 함수 범주 | 수학/삼각 함수 | | | |
|---|---|---|---|---|
| 함수 형식 | =SUBTOTAL(함수 번호, 범위1, 범위2…) <br> 함수 번호 : 데이터 범위나 목록에서 부분합을 계산할 함수를 1~11, 또는 101~111까지 지정할 수 있습니다. <br> 1~11 : 숨겨진 행의 셀 값을 포함하여 계산(필터 기능 이외에 일부 행 숨기기를 한 경우)합니다. <br> 101~111 : 숨겨진 행의 셀 값을 포함하지 않고 계산(필터 기능 이외에 일부 행 숨기기를 한 경우)합니다. | | | |
| | Fun_num(숨겨진 값 포함) | Fun_num(숨겨진 값 무시) | 함수 유형 | 계산 |
| | 1 | 101 | AVERAGE | 평균 |
| | 2 | 102 | COUNT | 수치 개수 |
| | 3 | 103 | COUNTA | 개수 |
| | 4 | 104 | MAX | 최댓값 |
| | 5 | 105 | MIN | 최솟값 |
| | 6 | 106 | PRODUCT | 수치 곱 |
| | 7 | 107 | STDEV | 표본 표준 편차 |
| | 8 | 108 | STDEVP | 표준 편차 |
| | 9 | 109 | SUM | 합계 |
| | 10 | 110 | VAR | 표본 분산 |
| | 11 | 111 | VARP | 분산 |

## 핵심기능실습 82 자동 필터로 데이터 추출하기

필터링은 지정한 조건에 맞는 데이터를 찾는 기능입니다. 날짜, 문자, 숫자의 필터 조건으로 데이터를 추출할 수 있습니다. 필터링 기능으로 추출한 데이터는 복사, 삭제, 편집이 가능하며 서식을 지정하여 인쇄할 수 있습니다. 자동 필터 기능을 이용해서 여러 조건에 맞는 데이터를 추출해보겠습니다.

• 실습 파일 엑셀\5장\DB_필터_비품목록2.xlsx  • 완성 파일 엑셀\5장\DB_필터_비품목록2_완성.xlsx

**01 특정 문자가 포함된 데이터 표시하기**
'사무'라는 문자가 포함된 레코드만 표시해 보겠습니다.
① 데이터 목록에서 임의의 셀 클릭
② [데이터] 탭-[정렬 및 필터] 그룹-**[필터]** 클릭
③ 분류 필드의 **[필터 목록 ▼]** 클릭
④ [텍스트 필터]의 [검색]에 **사무** 입력
⑤ **[확인]**을 클릭합니다.

**02** [분류]에서 **사무**라는 문자가 포함된 레코드만 표시되면서 앞서(핵심기능실습 81 SUBTOTAL 함수를 이용해 데이터 필터하기) SUBTOTAL 함수로 수식을 입력한 [H3], [J3] 셀의 값이 검색된 레코드를 기준으로 다시 계산됩니다.

**바로 통하는 TIP** [자동 필터] 단추가 ▼이면 아무 조건도 지정되지 않은 필드 열이라는 뜻이고, ▼이면 현재 필드 열에 조건이 지정되어 있다는 의미입니다.

## 03 특정 날짜의 데이터 표시하기

구매일자가 2011년~2012년에 구입한 비품을 검색해보겠습니다.

① 구매일자 필드의 [필터 목록▼] 클릭
② [날짜 필터]에서 [모두 선택]의 체크 표시 해제
③ [2012년], [2011년]에 체크 표시
④ [확인]을 클릭합니다.

**바로 통하는 TIP** 필드 열의 데이터가 날짜일 경우 일, 주, 월, 분기, 년 등의 값을 검색할 수 있습니다.

## 04 특정 수량의 데이터 표시하기

수량이 5개 이상인 비품을 검색해보겠습니다.

① 수량 필드의 [필터 목록▼] 클릭
② [숫자 필터] 선택
③ [크거나 같음] 선택
④ [사용자 지정 자동 필터] 대화상자에서 [찾을 조건] 입력란에 5 입력
⑤ [확인]을 클릭합니다.

**바로 통하는 TIP** 필드 열의 데이터가 숫자일 경우 같은 값, 이상, 이하, 미만, 초과 등의 값을 검색할 수 있습니다.

## 05

사무라는 문자가 포함되고, 구매일자는 2011년~2012년, 수량이 5개 이상인 비품이 목록에 표시됩니다.

**바로 통하는 TIP** [데이터] 탭-[정렬 및 필터] 그룹-[지우기]를 클릭하면 모든 데이터를 다시 표시할 수 있습니다.

핵심기능실습

# 83 서식 필터로 데이터 추출하기

자동 필터에서 셀 서식, 아이콘의 필터 조건을 입력하여 원하는 데이터를 추출할 수 있습니다. 셀 범위의 셀 색이나 글꼴 서식을 수동으로, 또는 조건부 서식을 통해 만든 아이콘 모음으로 필터링할 수 있습니다.

▪ 실습 파일 엑셀\5장\DB_필터_비품목록3.xlsx  ▪ 완성 파일 엑셀\5장\DB_필터_비품목록3_완성.xlsx

## 01 필터 조건 입력하여 데이터 추출하기

필드 열의 데이터에 글꼴 색, 셀 색, 아이콘 서식이 지정되어 있으면 색 기준 필터를 조건으로 검색할 수 있습니다.

① 데이터 목록에서 **임의의 셀** 클릭
② [데이터] 탭-[정렬 및 필터] 그룹-[**필터**] 클릭
③ 자동 필터가 적용되면 사용연수 필드의 [**필터 목록▼**] 클릭
④⑤ [색 기준 필터]에서 [**원 아이콘●**]을 선택해서 원이 있는 셀을 검색합니다.

## 02

① 분류 필드의 [**필터 목록▼**] 클릭
② [색 기준 필터] 선택
③ [**파랑**]을 선택해서 파란 글꼴색이 있는 셀을 검색합니다. 사용연수가 5 이상 (●), 분류가 사무가구(■)인 데이터가 표시됩니다.

**바로 통하는 TIP** 모든 필터링이 끝난 뒤에 자동 필터를 해제하려면 [데이터] 탭의 [정렬 및 필터] 그룹에서 [필터]를 클릭합니다.

CHAPTER 05 데이터베이스 관리/분석 및 자동화하기 • 199

핵심기능실습

# 84 평균과 상위 10 기준으로 데이터 추출하기

자동 필터를 사용하여 상위 값, 하위 값을 조건으로 원하는 데이터를 추출할 수 있습니다.

• 실습 파일 엑셀\5장\DB_필터_비품목록4.xlsx   • 완성 파일 엑셀\5장\DB_필터_비품목록4_완성.xlsx

## 01 평균 초과 데이터 추출하기

필드 열의 데이터가 숫자일 경우 같은 값, 이상, 이하, 미만, 초과 등의 값을 검색할 수 있습니다.

① 데이터 목록에서 **임의의 셀** 클릭
② [데이터] 탭-[정렬 및 필터] 그룹-[필터] 클릭
③ 취득가액 필드의 [필터 목록▼] 클릭
④ [숫자 필터]에서 [평균 초과]를 선택합니다.

취득가액이 평균 초과인 데이터를 추출합니다.

## 02 상위 5개 항목 추출하기

① 잔존가액 필드의 [필터 목록▼] 클릭
② [숫자 필터]에서 [상위 10] 선택
③ [상위 10 자동 필터] 대화상자에서 [상위], [5], [항목] 설정
④ [확인]을 클릭합니다.

비품 목록에서 취득가액이 평균 초과이고, 잔존가액이 상위 5위에 해당하는 데이터가 추출됩니다.

핵심기능실습

# 85 여러 그룹으로 다중 부분합 작성하기

부분합은 자동으로 특정 필드를 그룹화하여 분류하고, 각 그룹별로 합계, 평균, 개수 등을 자동으로 계산하는 기능입니다. 부분합을 이용하면 그룹별 소계 및 총계를 쉽게 구할 수 있습니다.

• 실습 파일 엑셀\5장\DB_부분합_납품실적1.xlsx   • 완성 파일 엑셀\5장\DB_부분합_납품실적1_완성.xlsx

## 01 필드 정렬하기

부분합을 구할 필드를 정렬합니다.
① 데이터에서 **임의의 셀** 클릭
② [데이터] 탭–[정렬 및 필터] 그룹–[**정렬**] 클릭
③ [**기준 추가**] 클릭
④ 월과 제품종류 필드를 그림과 같은 정렬 조건으로 선택
⑤ [**확인**]을 클릭합니다.

## 02 첫 번째 부분합 구하기

월별 납품 수량과 금액의 소계가 표시되는 첫 번째 부분합을 구해보겠습니다.
① 데이터에서 **임의의 셀** 클릭
② [데이터] 탭–[윤곽선] 그룹–[**부분합**] 클릭
③ [부분합] 대화상자에서 [그룹화할 항목]을 [**월**], [사용할 함수]를 [**합계**]로 선택
④ [부분합 계산 항목]의 [**수량**], [**금액**]에 체크 표시
⑤ [**확인**]을 클릭합니다.

**바로 통하는 TIP** [부분합] 대화상자에서 [모두 제거]를 클릭하면 부분합을 제거할 수 있습니다.

**03** [데이터] 탭-[윤곽선] 그룹-[**부분합**]을 클릭합니다.

[부분합] 대화상자가 활성화됩니다.

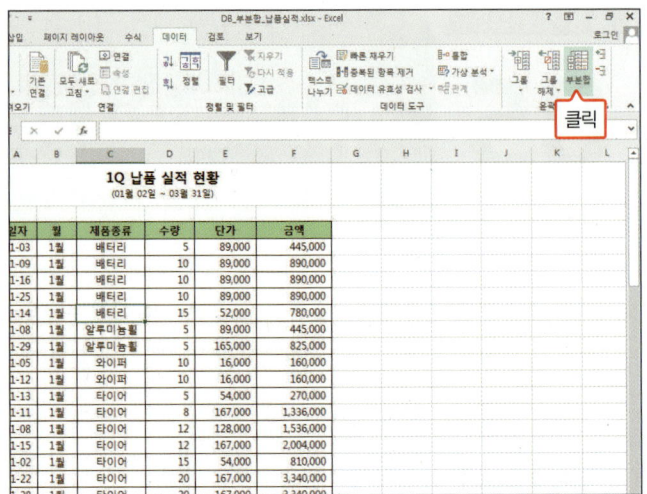

**04 두 번째 부분합 구하기**
수량과 금액의 합계가 표시되는 두 번째 부분합을 구해보겠습니다.
① [부분합] 대화상자에서 [그룹화할 항목]으로 [**제품종류**], [사용할 함수]로 [**합계**] 선택
② [부분합 계산 항목]의 [**수량**], [**금액**]에 체크 표시
③ [**새로운 값으로 대치**]의 체크 표시 해제
④ [**확인**]을 클릭합니다.

> **바로 통하는 TIP** [새로운 값으로 대치]의 체크 표시를 해제해야 여러 그룹으로 부분합을 할 수 있습니다.

**05** 그림과 같이 월별, 제품종류별 지출 비용의 합계가 나타납니다.

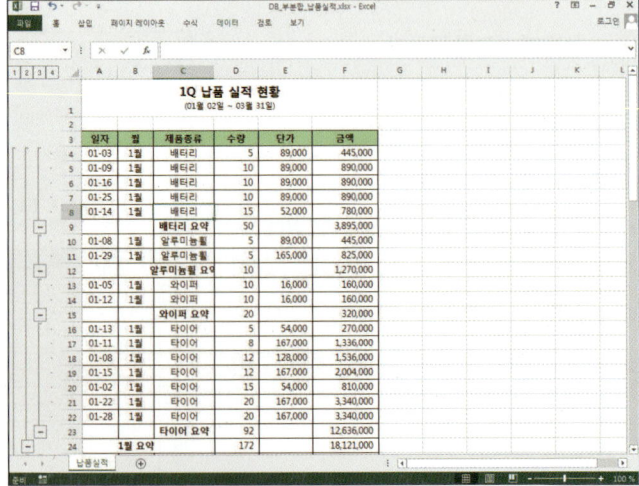

## 핵심기능실습 86 부분합의 요약된 결과만 복사하기

부분합을 지정하면 그룹별 소계가 구해지고 윤곽 기호가 나타납니다. 윤곽 기호로 일부 축소된 데이터를 복사해서 다른 곳에 붙여 넣으면 숨겨진 하위 수준까지 붙여지므로 화면에 보이는 셀만 붙여 넣는 과정이 필요합니다.

• 실습 파일 엑셀\5장\DB_부분합_납품실적2.xlsx   • 완성 파일 엑셀\5장\DB_부분합_납품실적2_완성.xlsx

### 01 윤곽 기호를 이용하여 데이터 요약하기

부분합을 작성하면 그림과 같이 월별, 제품종류별 수량과 금액의 합계가 구해지고 윤곽 기호가 생깁니다. 윤곽 기호 중에 [2번 2]을 클릭하면 월별 부분합 결과만 표시할 수 있습니다. [확장 +]이나 [축소 -]를 클릭해서 데이터를 확장하거나 축소할 수 있습니다.

 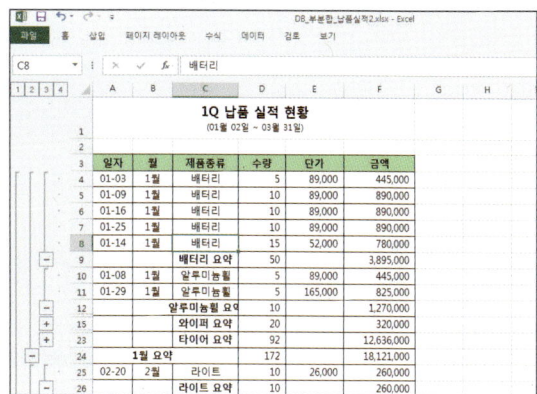

**바로 통하는 TIP** 윤곽 기호를 이용하면 그룹별로 하위 수준을 숨기거나 표시할 수 있습니다. 1은 전체 결과(총 합계), 2는 월별 소계, 3은 제품종류별 소계, 4는 전체 데이터를 표시합니다.
+ : 확장 버튼을 클릭하면 숨겨져 있는 하위 수준을 표시합니다.
- : 축소 버튼을 클릭하면 하위 수준(그룹)을 숨깁니다.

### 02 화면에 보이는 셀만 범위로 지정하기

① 윤곽 기호 중에 [3번 3] 클릭

   월별, 제품종류별 소계만 표시됩니다.

② 그림과 같이 요약된 결과만 표시된 상태에서 [B3:F76] 셀 드래그 후 F5

③ [이동] 대화상자에서 [옵션]을 클릭합니다.

## 03

① **[화면에 보이는 셀만]** 선택

② **[확인]**을 클릭합니다. 화면에 보이는 영역만 범위로 지정됩니다.

**바로 통하는 TIP** 화면에 보이는 셀 선택 단축키는 Alt + ; 입니다.

## 04 화면에 보이는 셀만 복사하기

화면에 보이는 셀만 선택된 상태에서 Ctrl + C 를 눌러 복사합니다.

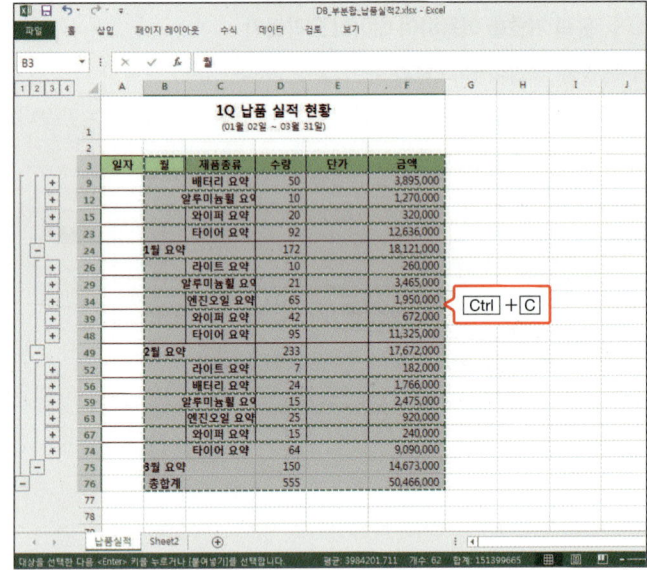

## 05 화면에 보이는 셀만 붙여넣고 요약 표 편집하기

① **[Sheet2]** 시트 클릭 후 붙여 넣을 셀의 위치 클릭

② Ctrl + V

③ **[Sheet2]** 시트에서 열 너비를 보기 좋게 조절

④ **D열 머리글**을 클릭하고 Ctrl + - 을 눌러 필요 없는 단가 열을 삭제합니다.

# 핵심기능실습 87 추천 피벗 테이블 만들기

피벗 테이블은 복잡한 데이터를 간단하게 요약하고 데이터의 흐름이나 추이를 간편하게 비교하여 표로 요약하는 기능입니다. 엑셀 2013에서는 데이터에 가장 적합한 피벗 테이블을 추천하여 빠르게 피벗 테이블을 만들 수 있습니다.

- 실습 파일 엑셀\5장\DB_피벗테이블_상품재고관리1.xlsx · 완성 파일 엑셀\5장\DB_피벗테이블_상품재고관리1_완성.xlsx

## 01 추천 피벗 테이블 만들기

엑셀에서 제공하는 추천 피벗 테이블로 피벗 테이블을 삽입해보겠습니다.

① 데이터에서 임의의 셀 클릭
② [삽입] 탭-[표] 그룹-[추천 피벗 테이블] 클릭
③ [권장 피벗 테이블] 대화상자에서 [합계 : 금액(지점 및 구분 기준)] 선택
④ [확인]을 클릭합니다.

**바로 통하는 TIP** [권장 피벗 테이블] 대화상자에서 [새 피벗 테이블]을 클릭하면 추천 피벗 테이블이 아닌 사용자 지정 피벗 테이블을 만들 수 있습니다.

## 02 새로운 시트가 삽입되면서 피벗 테이블이 만들어집니다.

핵심기능실습

# 88 사용자 지정 새 피벗 테이블 만들기

추천 피벗 테이블이 마음에 들지 않을 때는 사용자가 직접 피벗 테이블을 만들고 레이아웃을 설계할 수 있습니다.

• 실습 파일 엑셀\5장\DB_피벗테이블_상품재고관리2.xlsx  • 완성 파일 엑셀\5장\DB_피벗테이블_상품재고관리2_완성.xlsx

## 01 피벗 테이블 만들기

① 데이터에서 **임의의 셀** 클릭
② [삽입] 탭-[표] 그룹- [**피벗 테이블**]을 클릭합니다.

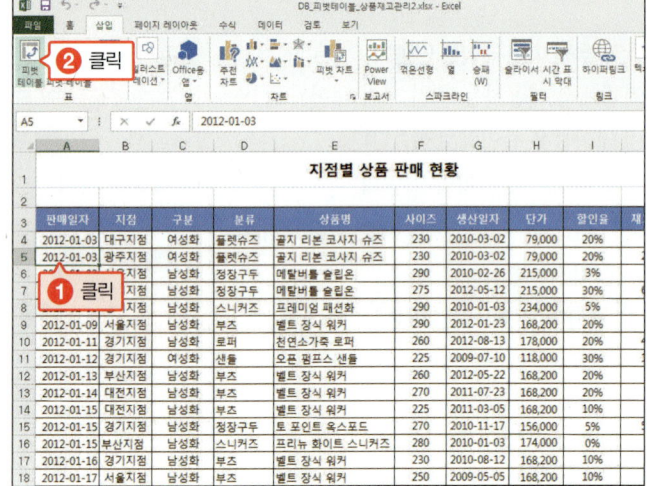

## 02

① [**표 또는 범위 선택**] 클릭
② [표/범위]에 자동으로 데이터 범위가 지정되면 피벗 테이블 보고서를 넣을 위치로 [**새 워크시트**] 선택
③ [**확인**]을 클릭합니다.

## 03 피벗 테이블 레이아웃 지정하기

새로운 시트가 삽입되면서 왼쪽에는 피벗 테이블 레이아웃을 설계할 영역이, 오른쪽에는 [피벗 테이블 필드] 창의 목록이 나타납니다.

① 필드 목록에서 [판매일자], [구분], [분류], [재고량]에 체크 표시
② [행] 레이블 영역에 있는 [구분]을 [필터] 영역으로 드래그
③ [분류]를 [열] 레이블 영역으로 드래그하여 옮깁니다.

## 04 
[피벗 테이블 필드] 창에서 지정한 대로 피벗 테이블 레이아웃이 완성되었습니다.

**바로 통하는 TIP** [필터], [행], [열], [Σ 값] 레이블 영역에 있는 필드를 제거하려면 필드를 클릭할 때 나타나는 메뉴에서 [필드 제거]를 선택합니다.

## 89 피벗 테이블 그룹 지정 및 필드 필터링하기

행과 열 방향으로 그룹화된 항목이 숫자 데이터인 경우에는 다시 한 번 그룹으로 지정할 수 있으며, 요약된 피벗 테이블의 필드에서 조건을 지정하여 필터링할 수 있습니다.

• 실습 파일 엑셀\5장\DB_피벗테이블_상품재고관리3.xlsx  • 완성 파일 엑셀\5장\DB_피벗테이블_상품재고관리3_완성.xlsx

**01 판매일자 필드 그룹화하기**

날짜와 같은 숫자 데이터는 그룹화할 수 있습니다.

① 행 레이블에서 **임의의 셀** 클릭
② [피벗 테이블 도구] - [분석] 탭 - [그룹] 그룹 - [**그룹 선택**] 클릭
③ [그룹화] 대화상자의 [단위]에서 [**월**]과 [**분기**] 선택
④ [**확인**]을 클릭합니다.

개별 일자로 입력되어 있던 데이터가 [월], [분기] 항목별로 그룹화됩니다.

**02** 피벗 테이블은 기본적으로 합계로 요약됩니다.

① 요약 기준을 변경하려면 [Σ 값] 영역에서 [**합계 : 재고량**] 클릭
② [**값 필드 설정**]을 선택합니다.

## 03

① [값 요약 기준] 탭에서 **[최소값]** 선택
② **[확인]**을 클릭하면 값 필드 요약 기준이 최솟값으로 변경됩니다.

월별, 분기별로 재고량이 가장 적은 데이터로 요약됩니다.

## 04 필드 필터링하기

여성화 중에서 로퍼와 정장구두, 플랫슈즈만 표시해보겠습니다.

① 구분 필드의 **[필터 목록 ▼]** 클릭
② **[여러 항목 선택]**에 체크 표시
③ **[모두]**의 체크 표시 해제
④ **[여성화]**에 체크 표시
⑤ **[확인]**을 클릭합니다.

여성화에 해당하는 상품 분류가 표시됩니다.

## 05

① 열 레이블 필드의 **[필터 목록 ▼]** 클릭
② **[로퍼]**와 **[정장구두]**, **[플랫슈즈]**에 체크 표시
③ **[확인]**을 클릭합니다.

로퍼, 정장구두, 플랫슈즈 항목만 나타납니다.

**바로 통하는 TIP** 피벗 테이블에서 [확장 +]과 [축소 -]를 클릭해서 일부 하위 레코드를 확장/축소할 수 있습니다.

핵심기능실습

# 90 피벗 테이블 레이아웃 및 디자인 변경하기

피벗 테이블 기능으로 요약한 보고서에 레이아웃과 서식, 스타일을 적용해보겠습니다. 보고서를 보기 좋고 이해하기 쉽게 꾸밀 수 있습니다.

▪ 실습 파일 엑셀\5장\DB_피벗테이블_상품재고관리4.xlsx  ▪ 완성 파일 엑셀\5장\DB_피벗테이블_상품재고관리4_완성.xlsx

## 01 부분합 표시하기

분기별로 하단에 상품 재고량의 부분합을 구해보겠습니다.

① [피벗 테이블 도구]-[디자인] 탭-[레이아웃] 그룹-[부분합] 클릭

② [그룹 하단에 모든 부분합 표시]를 선택합니다.

## 02 열의 총합계만 표시하기

피벗 테이블에는 기본적으로 행과 열의 총합계가 표시됩니다.

① [피벗 테이블 도구]-[디자인] 탭-[레이아웃] 그룹-[총합계] 클릭

② [열의 총합계만 설정]을 선택합니다.

H열에 표시되었던 행의 총합계가 사라지고 열의 총합계만 표시됩니다.

## 03 피벗 테이블을 테이블 형식으로 변경하기

① [피벗 테이블 도구] - [디자인] 탭-[레이아웃] 그룹-[보고서 레이아웃] 클릭

②③ [테이블 형식으로 표시]와 [항목 레이블 반복 안 함]을 각각 선택합니다.

레이아웃이 테이블 형식으로 변경됩니다.

## 04 피벗 테이블 스타일 변경하기

① [피벗 테이블 도구] - [디자인] 탭-[피벗 테이블 스타일 옵션] 그룹에서 [행 머리글], [줄무늬 행], [열 머리글]에 체크 표시

② [피벗 테이블 스타일] 그룹-[자세히 ▼] 클릭

③ [피벗 스타일 밝게 12]를 선택합니다.

## 05 셀 병합하기

행/열 레이블에 두 개 이상의 필드가 있는 경우 첫 번째 항목에 대해 셀 병합을 할 수 있습니다.

① 피벗 테이블 안에 있는 임의의 셀 클릭 후 마우스 오른쪽 버튼 클릭

② [피벗 테이블 옵션]을 선택합니다.

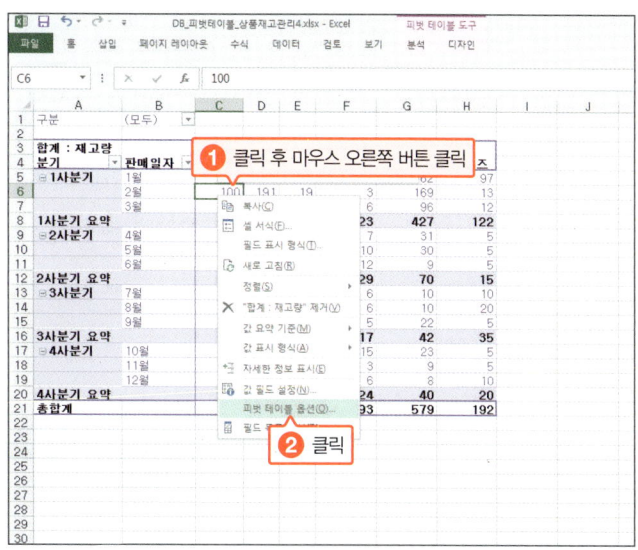

## 06

① [레이아웃 및 서식] 탭에서 **[레이블이 있는 셀 병합 및 가운데 맞춤]** 에 체크 표시

② **[확인]**을 클릭합니다.

행 레이블이 분기별로 병합됩니다.

## 07 피벗 테이블 보고서 완성하기

[피벗 테이블 도구] - [분석] 탭-[표시] 그룹에서 **[필드 목록]**, **[+/- 단추]**, **[필드 머리글]**을 각각 클릭하여 숨깁니다.

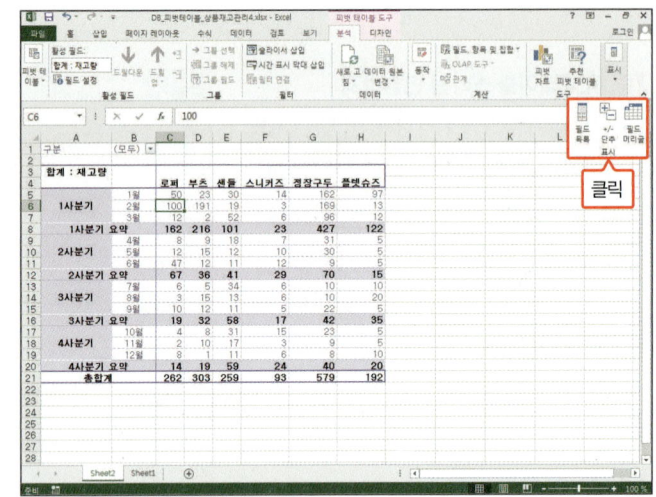

## 08 열 너비를 보기 좋게 조정하여 피벗 테이블 보고서를 완성합니다.

## 핵심기능실습 91
# 피벗 테이블 슬라이서, 시간 표시 막대 삽입/제거하기

엑셀 2010부터 도입된 슬라이서를 이용하면 피벗 테이블의 데이터 중에서 사용자가 원하는 자료를 필드의 목록 창에서 세분화하고 필터링하여 필요한 내용만 표시할 수 있습니다. 엑셀 2013에서 새로 추가된 시간 표시 막대는 날짜나 시간의 간격을 막대로 표시하여 사용자가 특정 기간의 데이터를 필터링할 수 있도록 도와줍니다.

▪ 실습 파일 엑셀 \ 5장 \ DB _피벗테이블_상품재고관리5.xlsx  ▪ 완성 파일 엑셀 \ 5장 \ DB _피벗테이블_상품재고관리5_완성.xlsx

## 01 슬라이서 삽입하기
① 피벗 테이블 목록에서 **임의의 셀** 클릭
② [피벗 테이블 도구] – [분석] 탭 – [필터] 그룹에서 **[슬라이서 삽입]**을 클릭합니다.

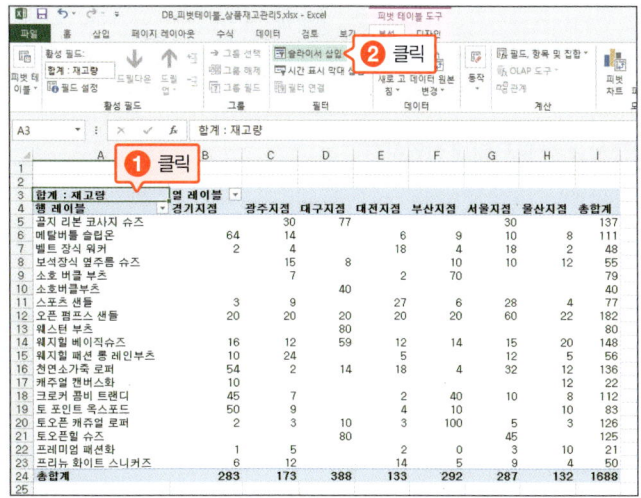

## 02 슬라이서 항목 표시하기
① **[구분]**, **[사이즈]**에 체크 표시
② **[확인]**을 클릭합니다.

[구분]과 [사이즈] 필드에 입력된 데이터가 슬라이서의 항목으로 표시됩니다.

## 03 슬라이서 배치 및 필터링하기

슬라이서에서 필터할 항목만 선택해보겠습니다.

① [구분]과 [사이즈] 슬라이서를 드래그하여 적당한 위치에 배치
② [구분] 슬라이서에서 [남성화] 선택
③ [사이즈] 슬라이서에서 [260] 선택
④ Shift 를 누른 상태에서 [280]을 선택합니다.

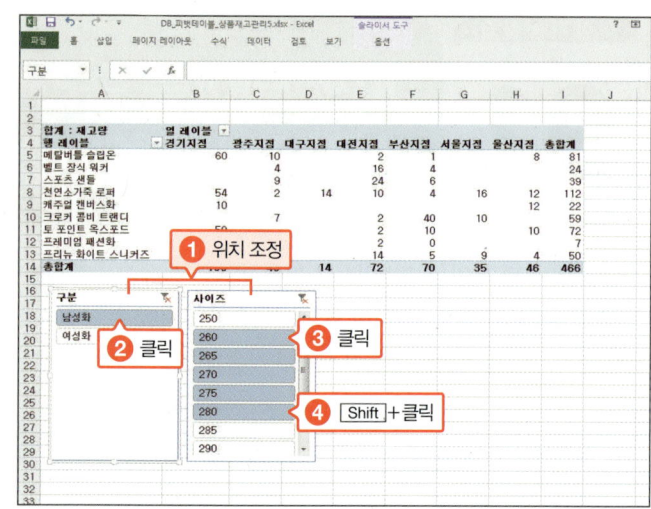

남성화 중 260~280 사이즈에 해당하는 지점별 상품 재고량이 표시됩니다.

**바로 통하는 TIP** 슬라이서에서 [필터 지우기] 버튼을 클릭하면 조건이 해제되고 전체 목록이 나타납니다.

## 04 시간 표시 막대 삽입하기

날짜 필드인 '생산일자'를 시간 표시 막대로 삽입해보겠습니다.

① 피벗 테이블 목록에서 **임의의 셀** 클릭
② [피벗 테이블 도구] - [분석] 탭 - [필터] 그룹 - [시간 표시 막대 삽입] 클릭
③ [생산일자]에 체크 표시
④ [확인]을 클릭합니다.

## 05 시간 표시 막대 창 배치 및 시간 수준 지정하기

① [생산일자] 창을 드래그하여 아래쪽의 적당한 위치에 배치
② [생산일자] 창 옆에 표시된 시간 수준 [목록] 클릭
③ [년]을 선택합니다.

시간 표시 막대의 시간 수준이 연 단위로 변경됩니다.

## 06 시간 표시 막대의 시작/종료 구간 설정하기

① [시작] 시간 표시 막대 스크롤의 2010 클릭
② [종료] 시간 막대 스크롤을 2011로 드래그합니다.

2010년~2011년에 생산된 상품의 재고량이 표시됩니다.

**바로 통하는 TIP** 시간 표시 막대를 사용하면 네 개의 시간 수준(년, 분기, 월 또는 일) 중 하나를 기준으로 필터링할 수 있습니다. 시간 표시 막대의 시간 수준이 변경되면 피벗 테이블의 데이터도 변경됩니다.

## 07 슬라이서와 시간 표시 막대 제거하기

① [구분] 슬라이서 창에서 마우스 오른쪽 버튼 클릭
② ["구분" 제거]를 선택해서 슬라이서 창을 닫습니다. 마찬가지 방법으로 [사이즈] 창을 닫습니다.

## 08

① [생산일자] 창에서 마우스 오른쪽 버튼 클릭
② [시간 표시 막대 제거]를 선택하여 시간 표시 막대를 제거합니다.

핵심기능실습

# 92 개발 도구 탭 추가 및 매크로 보안 설정하기

매크로를 기록하고 실행하려면 매크로와 관련된 명령어들이 모여 있는 [개발 도구] 탭을 추가하고 매크로 보안을 설정합니다.

## 01 리본 메뉴에 [개발 도구] 탭 표시하기

① [파일] 탭–[옵션] 선택
② [리본 사용자 지정] 선택
③ [리본 메뉴 사용자 지정] 목록에서 [개발 도구]에 체크 표시
④ [확인]을 클릭합니다.

리본 메뉴에 [개발 도구] 탭이 표시됩니다.

## 02 매크로 보안 설정하기

① [개발 도구] 탭–[코드] 그룹–[매크로 보안] 클릭
② [매크로 설정] 선택
③ [매크로 설정] 목록에서 [모든 매크로 제외 (알림 표시)] 선택
④ [확인]을 클릭합니다.

핵심기능실습

# 93 자동 매크로 기록 및 저장하기

자동 매크로를 이용하면 일련의 명령어들을 매우 쉽게 VBA(Visual Basic for Application)로 기록할 수 있습니다. 매크로를 기록하기 전에 명령어의 순서와 흐름을 계획하고 순서에 맞춰 연습한 후 기록을 시작하는 것이 좋습니다. 매크로를 기록한 후에는 반드시 매크로 사용 통합 문서인 *.xlsm 형식으로 저장합니다.

• 실습 파일 엑셀 \ 5장 \ 매크로_도서목록1.xlsx  • 완성 파일 엑셀 \ 5장 \ 매크로_도서목록1_완성.xlsm

**01 매크로 기록하기**

조건부 서식에서 짝수 행마다 셀에 배경색을 채워 구분하도록 조건부 서식 과정을 매크로로 기록하겠습니다.

① [A3] 셀 클릭
② [개발 도구] 탭-[코드] 그룹-[매크로 기록]을 클릭합니다.

**02** 매크로 기록 대화상자에서 매크로의 이름, 바로 가기 키, 저장 위치를 지정합니다.

① [매크로 이름]에 **행배경색채우기** 입력
② [바로 가기 키] **r** 입력
③ [매크로 저장 위치]를 [**현재 통합 문서**]로 선택
④ [**확인**]을 클릭합니다.

매크로 기록 대화상자에서 [확인]을 클릭한 다음부터는 셀과 관련된 명령어, 메뉴 선택 등의 동작이 모두 매크로로 기록됩니다.

> **바로 통하는 TIP** 매크로 기록 대화상자
>
> **매크로 이름** : 기록할 매크로 이름을 입력합니다. 매크로 이름은 첫 글자가 반드시 문자로 시작해야 합니다. 공백, 특수 문자(!, @, ?, %, & 등), 셀 주소는 사용할 수 없습니다.
> **바로 가기 키** : 매크로를 실행하는 바로 가기 키를 설정할 수 있으며 대소문자를 구별합니다.
> **매크로 저장 위치** : 자동 매크로가 기록될 위치를 '개인용 매크로 통합 문서', '새 통합 문서', '현재 통합 문서' 중에서 선택합니다.
> **설명** : 매크로에 대한 부연 설명을 입력합니다.

## 03

① [A3:I97] 셀을 범위로 지정하기 위해 Ctrl + Shift + →

② Ctrl + Shift + ↓

③ [홈] 탭-[스타일] 그룹-[조건부 서식] 클릭

④ [새 규칙]을 선택합니다.

## 04

① [수식을 사용하여 서식을 지정할 셀 결정] 선택

② 짝수 행마다 배경색을 지정하기 위해 수식 입력란에 =MOD(ROW()-2,2)=0 입력

③ [서식]을 클릭합니다.

**바로 통하는 TIP**  수식 설명 =MOD(ROW()-2,2)=0

현재 행 번호(ROW())는 3이므로 1행부터 조건이 시작되려면 빼기 '2'를 합니다. 행 번호를 2로 나눠(MOD(ROW()-2,2) 나머지 값이 0이 나오면 짝수 행입니다.

## 05

① [셀 서식] 대화상자에서 [채우기] 탭 클릭

② [주황, 강조3, 80% 더 밝게] 선택

③ [확인]을 클릭해 [셀 서식] 대화상자를 닫습니다.

[서식 규칙 편집] 대화상자의 [확인]을 클릭합니다.

**06** [개발 도구] 탭-[코드] 그룹-**[기록 중지]**를 클릭하여 매크로 작성을 마칩니다.

짝수 행마다 배경색이 지정됩니다.

**07** 조건부 서식의 규칙을 지우는 매크로를 기록하겠습니다.

① **[A3]** 셀 클릭
② [개발 도구] 탭-[코드] 그룹-**[매크로 기록]** 클릭
③ [매크로 이름]에 **조건부규칙지우기** 입력
④ [매크로 저장 위치]를 **[현재 통합 문서]**로 선택
⑤ **[확인]**을 클릭합니다.

**08**
① **[A3:I97]** 셀을 범위로 지정하기 위해 Ctrl + Shift + →
② Ctrl + Shift + ↓
③ [홈] 탭-[스타일] 그룹-**[조건부 서식]** 클릭
④ [규칙 지우기]에서 **[선택한 셀의 규칙 지우기]**를 선택합니다.

**09** [개발 도구] 탭-[코드] 그룹-[**기록 중지**]를 클릭하여 매크로 작성을 마칩니다.

지정된 서식이 사라집니다.

**10** 매크로 포함 문서 저장하기
① [A1] 셀 클릭
② [**파일**] 탭을 클릭합니다.

**11** ① [**내보내기**] 선택 ② [**파일 형식 변경**] 선택 ③ [**매크로 사용 통합 문서(*.xlsm)**] 선택 ④ [**다른 이름으로 저장**] 클릭 ⑤ [**다른 이름으로 저장**] 대화상자에서 저장 위치 지정 ⑥ 파일 이름을 **매크로_도서목록1**로 입력 ⑦ [**저장**]을 클릭합니다.

> **바로 통하는 TIP** *.xlsx 형태로 저장하면 현재 통합 문서에서 작성한 매크로가 저장되지 않습니다. 반드시 매크로 사용 통합 문서인 *.xlsm 형식으로 저장합니다.

핵심기능실습

# 94 바로 가기 키와 양식 컨트롤로 매크로 실행하기

매크로를 실행하려면 [매크로] 대화상자를 이용합니다. [매크로] 대화상자 이외에 바로 가기 키, 도형이나 양식 이용, 빠른 실행 도구 모음에 명령 아이콘 등록 등 다양한 방법이 있습니다.

- 실습 파일 엑셀\5장\매크로_도서목록2.xlsm  ・완성 파일 엑셀\5장\매크로_도서목록2_완성.xlsm

**01** **매크로_도서목록2** 문서를 열면 메시지 표시줄에 보안 경고 메시지가 나타납니다. **[콘텐츠 사용]**을 클릭해서 매크로를 사용할 수 있도록 설정합니다.

**02**
① [개발 도구] 탭-[코드] 그룹-**[매크로]** 클릭
② 앞서 기록한 매크로 목록이 나타나면 여기서는 **[취소]**를 클릭해서 [매크로] 대화상자를 닫습니다.

CHAPTER 05 데이터베이스 관리/분석 및 자동화하기 • **221**

## 03 '행배경색채우기' 매크로를 바로 가기 키로 실행하기

① [A3] 셀 클릭
② Ctrl + R 을 눌러 매크로를 실행합니다.

## 04 '조건부규칙지우기' 매크로를 양식 컨트롤로 실행하기

① [A1] 셀 클릭
② [개발 도구] 탭-[컨트롤] 그룹-[**삽입**]을 클릭
③ 양식 컨트롤의 [**단추**]를 선택합니다.

**바로 통하는 TIP** ActiveX 컨트롤은 주로 VBA로 프로그래밍할 때 사용하며 양식 컨트롤은 매크로를 실행하거나 통합 문서에서 함수와 연동 작업을 할 때 사용합니다.

## 05

① [H1] 셀에서 드래그하여 단추 삽입
② [매크로 지정] 대화상자가 활성화되면 매크로 목록에서 [**조건부규칙지우기**] 선택
③ [**확인**]을 클릭합니다.

**06** 단추 안을 클릭하고 **규칙 지우기**라고 입력합니다. 임의의 셀을 선택하여 단추 선택을 해제합니다.

**07**
① [A3] 셀 클릭
② [규칙 지우기] 단추를 클릭하여 매크로를 실행합니다.

**08** 지정된 서식이 사라집니다.

## 핵심기능실습

# 95 매크로 편집하기

비주얼 베이식 편집기(Visual BASIC Editor)를 이용하면 이미 작성된 매크로를 편집하거나 직접 VBA(Visual BASIC for Application) 언어로 매크로를 작성할 수 있습니다.

• 실습 파일 엑셀\5장\매크로_도서목록3.xlsm    • 완성 파일 엑셀\5장\매크로_도서목록3_완성.xlsm

### 01 매크로 편집하기

앞서 기록한 **행배경색채우기** 매크로의 조건부 서식 규칙 조건은 =MOD(ROW( )−2,2)=0이므로 항상 2의 배수 행에만 매크로가 적용됩니다. 따라서 배경 행의 값을 입력 받아서 원하는 배수 행에 조건부 서식 규칙이 적용되도록 매크로를 편집합니다. Alt + F11 을 눌러 **[비주얼 베이식 편집기 창]** 을 엽니다.

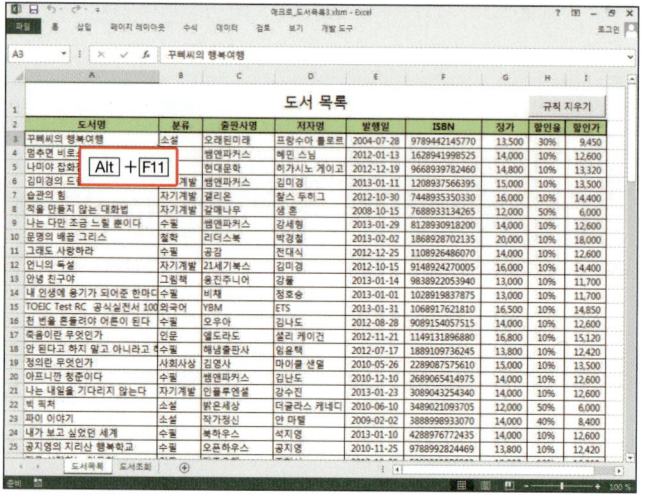

### 02

① 프로젝트 창에서 [모듈] 폴더의 **[확장]**을 클릭
② **[Module1]**을 더블클릭합니다.

[행배경색 채우기] 매크로 구문이 코드 창에 표시됩니다.

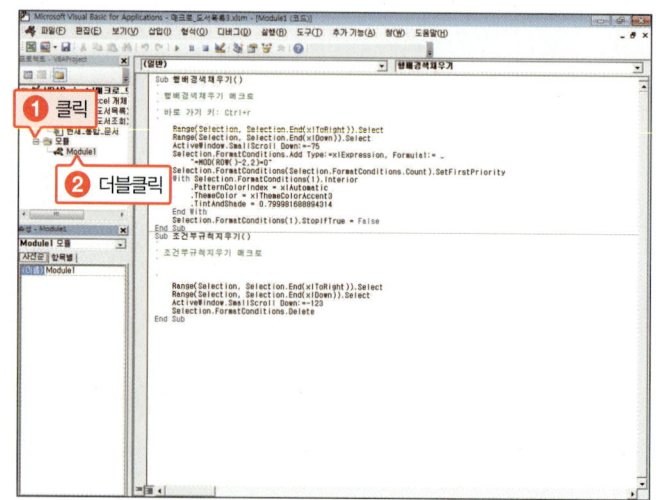

**바로 통하는 TIP** [개발 도구] 탭의 [코드] 그룹에서 'Visual Basic'을 클릭하거나 시트 탭에서 마우스 오른쪽 버튼을 클릭하여 [코드 보기]를 선택해도 비주얼 베이식 편집기 창을 열 수 있습니다.

## 실무활용노트 EXCEL | 비주얼 베이식 편집기 창의 화면 구성 살펴보기

① **프로젝트 탐색기 창** : 엑셀을 구성하는 통합 문서, 워크시트 그리고 모듈, 폼, 클래스 등의 개체를 계층 구조 형태로 표시합니다.

② **속성 창** : 각 프로젝트 탐색기 창에 나타나는 개체들의 속성을 설정합니다.

③ **코드 창** : 매크로가 VBA 코드로 기록되어 나타나는 창으로 매크로를 직접 수행하거나 삭제할 수 있고, 매크로를 만들 수 있습니다.

④ **프로시저** : Sub로 시작하고 VBA 명령어 코드가 입력되어 End Sub로 끝납니다. 앞서 매크로 기록기로 기록한 매크로에 해당합니다.

**03** [행배경색채우기] 코드 창에 다음과 같이 빨간색으로 표기된 코드를 입력하여 매크로를 수정합니다.

```
Sub 행배경색채우기()

' 행배경색채우기 매크로

' 바로 가기 키: Ctrl+R

    Dim rowno As Integer
    rowno = Val(InputBox("배경색을 지정할 행의 배수 값을 숫자로 입력해주세요", "숫자 입력창", 2))

    Range(Selection, Selection.End(xlToRight)).Select
    Range(Selection, Selection.End(xlDown)).Select
    ActiveWindow.SmallScroll Down:=-75
    Selection.FormatConditions.Add Type:=xlExpression, Formula1:= _
        "=MOD(ROW()-2," & rowno & ")=0"
    Selection.FormatConditions(Selection.FormatConditions.Count).SetFirstPriority
    With Selection.FormatConditions(1).Interior
        .PatternColorIndex = xlAutomatic
        .ThemeColor = xlThemeColorAccent3
        .TintAndShade = 0.799981688894314
    End With
    Selection.FormatConditions(1).StopIfTrue = False
End Sub
```

**바로 통하는 TIP**

1. Dim rowno As Integer 구문은 변수 rowno를 정수로 선언합니다.
2. rowno = Val(InputBox("배경색을 지정할 행의 배수 값을 숫자로 입력해주세요", "숫자 입력창", 2)) 구문은 [입력 상자] 대화상자를 통해 행의 배수 값을 입력받아서 rowno 변수에 넘겨줍니다.
3. "=MOD(ROW()-2," & rowno & ")=0" 구문은 조건부 서식 규칙에 rowno 값이 매번 바뀌도록 규칙을 수정합니다.

**04** [닫기 ✕]를 클릭하여 비주얼 베이식 편집기를 닫습니다.

**05** [A3] 셀을 클릭하고 Ctrl + R 을 누릅니다.

**06**
① [숫자 입력창] 대화상자가 나타나면 5 입력
② [확인]을 클릭합니다.

5행마다 배경색이 채워지는 매크로가 실행됩니다.

# 핵심기능실습 96 매크로 삭제하기

잘못 작성된 매크로나 더 이상 필요하지 않은 매크로는 언제든지 삭제할 수 있습니다. 매크로는 [개발 도구] 탭의 [코드] 그룹에서 [매크로]를 클릭하여 삭제하거나 비주얼 베이식 편집기(Visual BASIC for Editor)에서 삭제합니다.

• 실습 파일 엑셀 \ 5장 \ 매크로_도서목록4.xlsm    • 완성 파일 엑셀 \ 5장 \ 매크로_도서목록4_완성.xlsm

## 01 매크로 삭제하기
① [개발 도구] 탭-[코드] 그룹-[매크로] 클릭
② [매크로] 대화상자에서 [행배경색채우기] 선택
③ [삭제]를 클릭합니다.

## 02
① 매크로 삭제 경고 메시지가 나타나면 [예] 클릭
② [개발 도구] 탭-[코드] 그룹-[매크로]를 클릭합니다.

[행배경색채우기] 매크로가 삭제된 것을 확인할 수 있습니다.

> **바로 통하는 TIP** 매크로를 삭제하면 Ctrl + R 바로 가기 키를 눌러도 매크로가 실행되지 않습니다.

책속특별부록

# 97 엑셀 핵심 기능으로 실무 문서 완성하기

엑셀에는 데이터 입력, 서식, 인쇄, 수식, 함수, 데이터베이스, 매크로 등의 다양한 기능이 있습니다. 각각의 기능은 책을 통해 습득할 수 있지만 실무에서는 복합적으로 여러 가지 기능을 사용하여 문서를 작성해야 할 때가 많습니다. 이런 작업을 하다 보면 어디서부터 손을 대야 할지 막막하고 시간도 많이 걸립니다. 엑셀의 여러 기능을 실무 문서에 적용하여 엑셀 문서를 완성하는 과정에 대해서 알아보겠습니다.

- 실습 파일 엑셀 \ 책속특별부록 \ 사원DB.xlsx   • 완성 파일 엑셀 \ 책속특별부록 \ 사원DB_완성.xlsx

## [제1작업] 근속연수와 근속수당 구하기 및 정렬하기

[사원명부] 시트에서 DATEDIF, DATE, IF 함수를 사용하여 근속연수와 근속수당을 구합니다.

| | 조건 설명 | 기능 |
|---|---|---|
| 조건 1 | 근속연수는 기준일(2013-03-01)과 입사일 사이의 연수를 구함 | DATEDIF, DATE |
| 조건 2 | 근속연수를 기준으로 근속수당 구함<br>조건 : 5년 이상 10년 미만 근속 : 50,000원<br>　　　10년 이상 15년 미만 근속 : 80,000원<br>　　　15년 이상 20년 미만 근속 : 100,000원<br>　　　20년 이상 근속 : 120,000원 | IF 중첩 |
| 조건 3 | 부서, 직급 순서로 정렬<br>부서 : 오름차순 , 직급 : 부장, 차장, 과장, 대리, 사원 순서로 정렬 | 정렬 |

**01 조건 1. DATEDIF 함수로 근무연수 계산하기**

① [J4] 셀에 =DATEDIF(B4,DATE(2013, 3,dnl),"y") 입력 후 Enter
입사일([B4] 셀)과 기준일(2013-3-1) 사이의 경과 연수가 계산됩니다.

② [J4] 셀의 채우기 핸들을 더블클릭합니다. 수식이 복사됩니다.

## 02 조건 2. IF 함수로 근속수당 계산하기

① [K4] 셀에 **=IF(J4>=20,120000,IF(J4>=15,100000,IF(J4>=10,80000,IF(J4>=5,50000,0))))** 입력 후 Enter

② [K4] 셀의 채우기 핸들을 더블클릭해서 수식을 복사합니다.

## 03 조건 3. 부서, 직급 순으로 정렬하기

① 데이터에서 **임의의 셀** 클릭
② [데이터] 탭-[정렬 및 필터] 그룹-**[정렬]**을 클릭합니다.

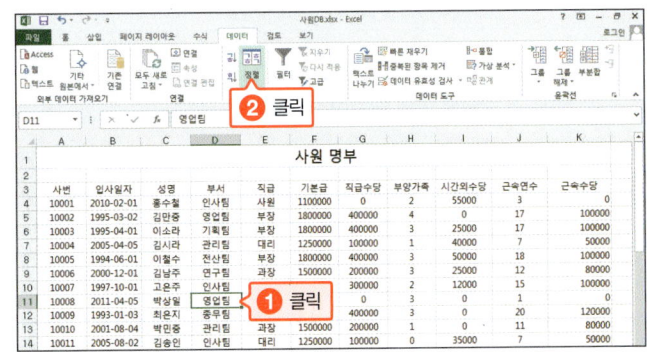

## 04 조건 3. 부서, 직급 순으로 정렬하기

① 첫 번째 [정렬 기준]을 **[부서]**, **[값]**, **[오름차순]**으로 설정
② 두 번째 정렬 기준을 추가하기 위해 **[기준 추가]** 클릭
③ [다음 기준]을 **[직급]**, **[값]**, **[사용자 지정 목록]**으로 설정합니다.

## 05

① [사용자 지정 목록]에서 **[새 목록]** 선택
② 목록 항목에 **부장, 차장, 과장, 대리, 사원** 순으로 입력 Enter 를 눌러 구분해줍니다.
③ **[추가]** 클릭
④ **[확인]** 클릭
⑤ [정렬] 대화상자의 **[확인]**을 클릭합니다.

## [제2작업] 급여 명세서 작성하기

[사원명부] 시트를 참조하여 [명세표] 시트에 급여명세서를 작성합니다.

| | 조건 설명 | 기능 |
|---|---|---|
| 조건 1 | [사원명부] 시트에서 사번과 사원목록 범위 이름 정의하기<br>사번 : [A4]~[A65] 셀, 사원목록 : [A4]~[K65] 셀 | 이름 정의 |
| 조건 2 | [명세표] 시트에서 사번([C7] 셀)에 [사원명부] 시트의 사번([A4]~[A65] 셀) 목록 표시하기 | 데이터 유효성 검사 |
| 조건 3 | [사원명부] 시트를 참조하여 성명, 부서명, 직급, 부양가족, 기본급, 직급수당, 시간외수당, 근속수당 구하기 | VLOOKUP |
| 조건 4 | 인쇄 설정하기<br>인쇄 영역 설정 및 페이지 가운데 맞춤하기 | 인쇄 |

## 01 조건 1. 셀 범위로 이름 정의하기

① [사원명부] 시트에서 [A4:A65] 셀 드래그
② 이름 상자에 **사번**을 입력한 후 Enter 를 누릅니다.

## 02

① [A4:K65] 셀 드래그
② 이름 상자에 **사원목록**을 입력한 후 Enter 를 누릅니다.

**03** 조건 2. 데이터 유효성 검사로 목록 설정하기

① [명세표] 시트에서 [C7] 셀 클릭
② [데이터] 탭-[데이터 도구] 그룹-[데이터 유효성 검사] 클릭
③ [설정] 탭에서 [제한 대상]을 [목록]으로 설정
④ [원본] 입력란에 **=사번** 입력
⑤ [확인]을 클릭합니다.

**바로 통하는 TIP** 데이터 유효성 검사에서 목록의 원본에 정의된 이름을 사용할 경우에는 텍스트와 구별하기 위해 '=사번'으로 입력합니다.

**04** [C7] 셀의 목록 ▼을 선택하여 임의의 사번을 선택합니다.

**05** 조건 3. VLOOKUP 함수를 이용하여 성명~근속수당 입력하기

① [D7] 셀 클릭
② [수식] 탭-[함수 라이브러리] 그룹-[찾기/참조영역] 클릭
③ [VLOOKUP]을 선택합니다.

## 06

① [Lookup_value](찾을 값)란에 **C7** 입력
② [Table_array](범위)란에 **사원목록** 입력
③ [Col_Index_num](추출할 열)란에 **3** 입력
④ [Range_lookup](옵션)란에 **false** 입력
⑤ **[확인]**을 클릭합니다. 수식 **=VLOOKUP(C7,사원목록,3,FALSE)**를 완성합니다.

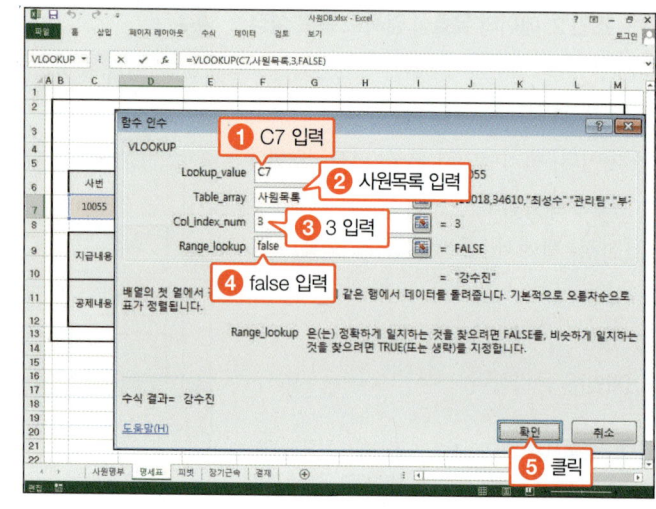

## 07

마찬 가지 방법으로 부서명([E7] 셀), 직급([F7] 셀), 부양가족([G7] 셀), 기본급([D10] 셀), 직급수당([E10] 셀), 시간외수당([G10] 셀), 근속수당([H10] 셀)을 구합니다.

**바로 통하는 TIP** 각 셀의 수식을 다음과 같이 입력합니다.

| 항목 | 수식 |
|---|---|
| 부서명 | =VLOOKUP(C7,사원목록,4,FALSE) |
| 기본급 | =VLOOKUP(C7,사원목록,6,FALSE) |
| 직급 | =VLOOKUP(C7,사원목록,5,FALSE) |
| 직급수당 | =VLOOKUP(C7,사원목록,7,FALSE) |
| 부양가족 | =VLOOKUP(C7,사원목록,8,FALSE) |
| 시간외수당 | =VLOOKUP(C7,사원목록,9,FALSE) |
| 근속수당 | =VLOOKUP(C7,사원목록,11,FALSE) |

## 08 조건 4. 인쇄 영역 설정하기

① [명세표] 시트에서 **[B2]:M13]** 셀 드래그
② **[파일]** 탭을 클릭합니다.

## 09

① [인쇄] 선택

오피스 백스테이지에 인쇄 관련 메뉴와 미리 보기가 나타납니다.

② [인쇄 대상]을 클릭하여 [선택 영역 인쇄] 선택

③ [페이지 설정]을 클릭합니다.

## 10

① [페이지 설정] 대화상자에서 [여백] 탭 클릭
② [페이지 가운데 맞춤]에서 [가로], [세로]에 체크 표시
③ [확인]을 클릭합니다.

---

문서 내용이 페이지 가운데로 정렬됩니다.

## [제3작업] 피벗 테이블 작성하기

[사원명부] 시트를 참조하여 [피벗] 시트에 입사연도/직급별 인원수를 구합니다.

| | 조건 설명 | 기능 |
|---|---|---|
| 조건 1 | [사원명부] 시트를 참조하여 피벗 테이블 작성하기<br>범위 : [사원명부] 시트의 [A3]~[K65] 셀<br>피벗 테이블 보고서 위치 : [피벗] 시트의 [A3] 셀 | 피벗 테이블 작성 |
| 조건 2 | [피벗] 시트에서 레이아웃 설계하기<br>행 레이블 : [입사일자] 필드, 열 레이블 : [직급] 필드, Σ 값 : [성명] 필드 | 레이아웃 설계 |
| 조건 3 | [입사일자] 필드를 기준으로 연도별 그룹 지정 | 그룹 지정 |

## 01 조건 1. 피벗 테이블 작성하기

① [사원명부] 시트의 데이터에서 **임의의 셀** 클릭
② [삽입] 탭-[표] 그룹-[**피벗 테이블**]을 클릭합니다.

## 02

① [**표 또는 범위 선택**]을 선택하면 [표/범위]에 자동으로 데이터 범위가 지정됩니다.
② 피벗 테이블 보고서를 넣을 위치로 [**기존 워크시트**] 선택
③ [위치]에 [피벗] 시트의 [**A3**] 셀 지정
④ [**확인**]을 클릭합니다.

## 03 조건 2. 레이아웃 설계하기

① [피벗] 시트의 필드 목록 창에서 [**입사일자**]를 [행] 레이블 영역 드래그
② [**직급**]을 [열] 레이블 영역 드래그
③ [**성명**]을 [Σ 값] 레이블 영역으로 드래그 하여 옮깁니다.

## 04 조건 3. 그룹 지정하기

① [행] 레이블에서 **임의의 셀** 클릭
② [피벗 테이블 도구]-[분석] 탭-[그룹] 그룹-**[그룹 선택]** 클릭
③ [그룹화] 대화상자의 [단위]에서 **[연]** 선택
④ **[확인]**을 클릭합니다.

연도별로 그룹화됩니다.

## [제4작업] 장기 근속자 명단 작성하기

[사원명부] 시트를 참조하여 [장기근속] 시트에 근속연수가 10년 이상인 장기근속자 명단을 작성합니다.

| | 조건 설명 | 기능 |
|---|---|---|
| 조건 1 | [사원명부] 시트를 참조하여 필터링하기<br>필터링 조건 : [근속연수]가 10년 이상인 데이터 추출하기 | 자동 필터 |
| 조건 2 | [장기근속] 시트에 데이터 복사/붙여넣기<br>① [장기근속] 시트에서 [장기근속] 시트로 [조건 1]에서 필터링한 장기근속자 명단을 복사/붙여넣기<br>② [결재] 시트에서 [장기근속] 시트로 결재표([B2:E4])를 그림으로 복사/붙여넣기 | 복사/붙여넣기 |
| 조건 3 | [장기근속] 시트에 서식 지정하기<br>① 전체 글꼴(돋움체), 데이터의 제목 행을 연한 녹색으로 채우기<br>② 데이터의 제목 셀은 병합하고 가운데 맞춤, 글꼴 크기 22, 굵게 지정<br>③ 표시 형식 : 기본급, 직급수당, 시간외수당, 근속수당 쉼표 스타일<br>④ 사용자 지정 표시 형식 : 부양가족 뒤에 '명' 표시하기<br>⑤ 테두리 지정하기 | 서식 지정 |
| 조건 4 | [장기근속] 시트에 조건부 서식 지정하기<br>근속연수에 데이터 막대 표시하기 | 조건부 서식 |
| 조건 5 | 불필요한 구성 요소 숨기기<br>눈금선, 리본 메뉴 축소하기 | 눈금선, 리본 메뉴 축소 |

## 01 조건 1. 자동 필터로 데이터 추출하기

① 데이터 목록에서 **임의의 셀** 클릭
② [데이터] 탭-[정렬 및 필터] 그룹-**[필터]**를 클릭합니다.

---

자동 필터가 적용됩니다.

## 02

① [사원명부] 시트에서 [근속연수] 필드의 **[필터 목록 ▼]** 클릭
② [숫자 필터]-[**크거나 같음**] 선택
③ [사용자 지정 자동 필터] 대화상자에서 [찾을 조건] 입력란에 **10** 입력
④ **[확인]**을 클릭해서 근속연수가 10년 이상인 사원을 검색합니다.

## 03 조건 2. 데이터 복사/붙여넣기

① [사원명부] 시트의 **[A3:K51]** 셀 드래그
② Ctrl + C 를 눌러 선택한 범위의 데이터를 복사합니다.

## 04

① [장기근속] 시트 클릭
② [A5] 셀에서 마우스 오른쪽 버튼 클릭
③ [선택하여 붙여넣기]-[원본 열 너비 유지 🗐]를 선택한 후 ESC를 눌러 복사 모드를 해제합니다.

**05** 원본 데이터와 동일하게 열 너비가 유지되도록 붙여 넣었습니다.

## 06

① [결재] 시트 클릭
② [B2:E4] 셀 드래그
③ Ctrl + C를 눌러 복사합니다.

## 07

① **[장기근속]** 시트 클릭
② **[I2]** 셀에서 마우스 오른쪽 버튼 클릭
③ **[선택하여 붙여넣기]**-**[기타 붙여넣기 옵션]**-**[그림 ]**을 선택한 후 [ESC]를 눌러 복사 모드를 해제합니다.

## 08 붙여 넣은 그림 개체를 선택하고 적당히 배치합니다.

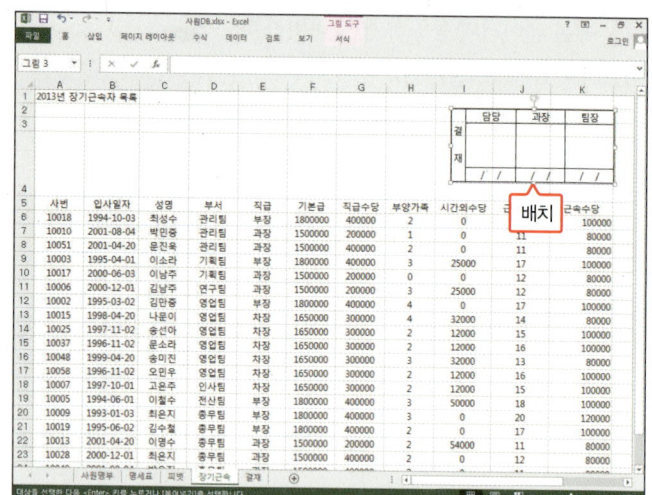

## 09 조건 3. 서식 지정하기

① **[셀 전체 선택 ]** 버튼 클릭
② **[홈]** 탭-**[글꼴]** 그룹에서 **[돋움체]**를 선택합니다.

## 10

① **[A5:K5]** 셀 드래그
② [홈] 탭-[글꼴] 그룹-**[채우기 색 ▼]** 클릭
③ [표준 색]에서 **[연한 녹색]**을 선택해서 셀에 색을 채웁니다.

## 11

① **[A1:K1]** 셀 드래그
② [홈] 탭-[맞춤] 그룹-**[병합하고 가운데 맞춤]** 클릭
③ [홈] 탭의 [글꼴] 그룹에서 [글꼴 크기] **20**으로 설정
④ **[굵게]** 를 클릭해서 글자 크기를 키우고 굵게 표시합니다.

## 12

① **[F6:G25]** 셀 드래그
② **[I6:I25]** 셀, **[K6:K25]** 셀 Ctrl +드래그
③ [홈] 탭-[표시 형식] 그룹-**[쉼표 스타일]**을 클릭합니다.

숫자 세 자리마다 구분 기호로 쉼표가 표시됩니다.

## 13

① **[H6:H25]** 셀 드래그
② Ctrl + 1
③ [셀 서식] 대화상자의 [표시 형식] 탭에서 [범주] 목록의 **[사용자 지정]** 선택
④ [형식] 입력란에 **0명** 입력
⑤ **[확인]**을 클릭합니다.

셀에 입력한 내용에 명이 자동으로 붙도록 서식을 적용됩니다.

## 14

① **[A5:K25]** 셀 드래그
② [홈] 탭-[글꼴] 그룹-**[테두리 ▼]** 클릭
③ **[모든 테두리]**를 선택합니다.

## 15 조건 4. 조건부 서식 지정하기

① **[J6:J25]** 셀 드래그
② **[빠른 분석]** 클릭
③④ **[서식] - [데이터 막대]**를 선택합니다.

셀 값에 따라 막대 길이가 다르게 표시됩니다.

**16 조건 5. 불필요한 구성 요소 숨기기**

① [보기] 탭-[표시] 그룹-**[눈금선]**의 체크 표시 해제

② Ctrl + F1 을 눌러 리본 메뉴를 축소합니다.

**17** 장기 근속자 명단이 완성되었습니다.

# PART 02

## 파워포인트 2013

POWERPOINT 2013

CHAPTER

# 01

# 기본 프레젠테이션 만들기

파워포인트 2013을 활용하여 프레젠테이션을 위한 기본적인 슬라이드 화면을 만들어보겠습니다. 먼저 파워포인트 2013의 화면 구성을 알아봅니다. 슬라이드를 추가하고 삭제, 이동하는 등 자유롭게 슬라이드를 다룰 수 있습니다. 텍스트, 도형, 이미지, 표, 차트의 디자인을 쉽고 빠르게 하는 방법을 익혀 초보자들도 디자인에 자신감을 가질 수 있게 될 것입니다. 나만의 리본 메뉴를 만들어 쓰면 작업 시간을 단축할 수 있습니다. 이번 장을 통해 파워포인트 디자인에 자신감을 가져보기 바랍니다.

### 들어가기전에

# 00 파워포인트 2013 기본 화면 구성 살펴보기

파워포인트 2013의 기본적인 메뉴 배치는 파워포인트 2010과 같습니다. 새롭게 추가된 몇 개의 버튼은 작업의 효율성을 높여줍니다.

## 기본 화면 구성

① **빠른 실행 도구 모음** : 사용자가 자주 사용하는 명령을 모아놓은 도구함입니다. 사용자가 필요에 따라 명령을 추가 또는 삭제할 수 있습니다. [저장], [실행 취소], [다시 실행], [처음부터 시작] 명령이 기본으로 구성되어 있습니다.

② **제목 표시줄** : 프로그램 이름과 현재 편집 중인 문서의 이름이 나타납니다.

③ **도움말 버튼** : 파워포인트 도움말 창이 열립니다. 단축키 F1 을 눌러도 됩니다.

④ **리본 메뉴 표시 옵션** : 리본 메뉴 자동 숨기기, 탭 표시, 탭 및 명령 표시가 가능합니다.

⑤ **프로그램 창 조절 버튼** : 파워포인트 창을 최소화/최대화하거나 닫을 때 사용합니다.

⑥ **사용자 이름 및 사진** : 마이크로소프트 계정 로그인 후 나타나는 사용자 이름이나 사진을 클릭하면 메뉴가 나타납니다. [계정 설정]을 클릭하고 사용자 정보에서 원하는 정보를 변경합니다.

⑦ **리본 메뉴** : 슬라이드를 작성할 때 필요한 각종 명령을 기능별로 구분해서 탭 형태로 모아놓은 것입니다. 기본적으로 파일, 홈, 삽입, 디자인, 전환, 애니메이션, 슬라이드 쇼, 검토, 보기로 구성되어 있습니다. 슬라이드에 개

체를 선택하거나 그림이나 표 등의 요소를 삽입하면 상황별 탭이 자동으로 나타납니다.

⑧ **슬라이드 축소판 창** : 열려 있는 파워포인트 파일의 각 슬라이드가 작은 그림으로 나타납니다.

⑨ **슬라이드 창** : 슬라이드를 편집하는 작업 영역으로 도형, 텍스트, 차트, 표 등의 개체를 삽입하고 편집합니다.

## 상태 표시 및 화면 보기

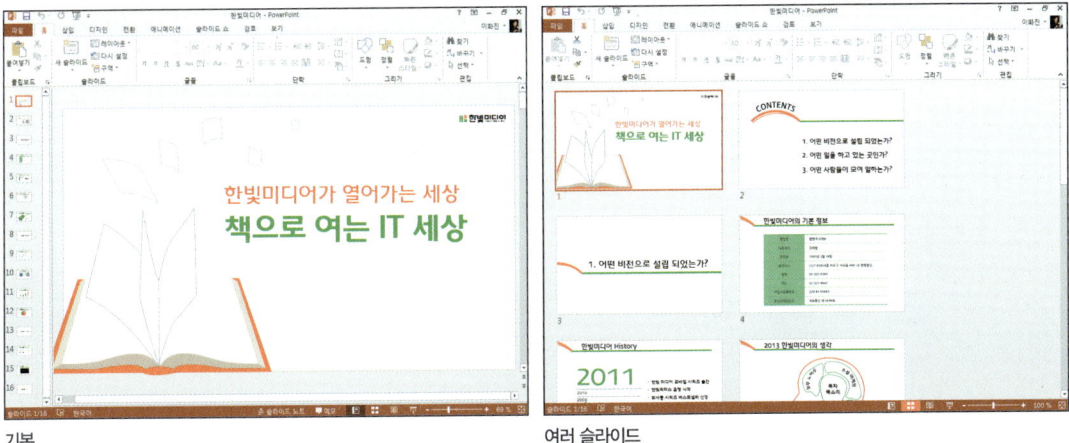

① **상태 표시줄** : 현재 편집 중인 슬라이드 번호 및 입력 언어를 표시해줍니다.

② **슬라이드 노트 버튼** : 슬라이드 노트 버튼을 클릭하면 슬라이드 창 아래에 슬라이드 노트 창이 열립니다. 감추려면 다시 슬라이드 노트 버튼을 클릭하면 됩니다.

③ **메모 버튼** : 메모 버튼을 클릭하면 화면 오른쪽에 메모 작업 창이 나타나며, [새로 만들기] 버튼을 클릭하여 원하는 메모를 추가합니다.

④ **화면 보기 버튼** : 기본, 여러 슬라이드, 읽기용 보기, 슬라이드 쇼 보기로 원하는 대로 화면 보기를 변경하여 작업할 수 있습니다.

읽기용 보기

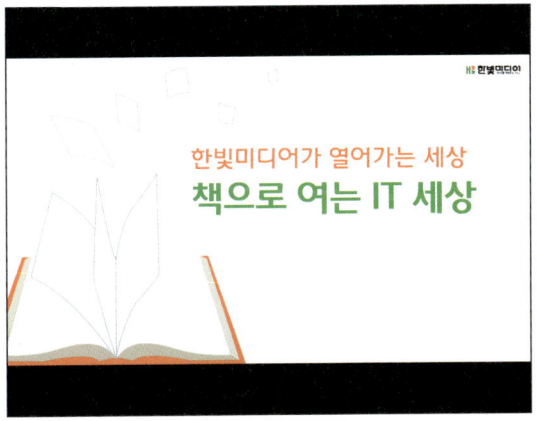

슬라이드 쇼

⑤ **확대/축소** : [−] 버튼을 클릭하면 화면이 축소되고 [+] 버튼을 클릭하면 화면이 확대됩니다. 조절 바를 드래그하여 조정할 수도 있습니다.

⑥ **현재 창 크기에 맞춤** : 슬라이드 크기를 현재 창 크기에 최대한 맞춥니다.

⑦ **작업 창** : 이전 버전에서는 대화상자를 통해 작업했던 명령이나 옵션 적용을 파워포인트 2013에서는 오른쪽에 있는 작업 창에서 적용할 수 있습니다.

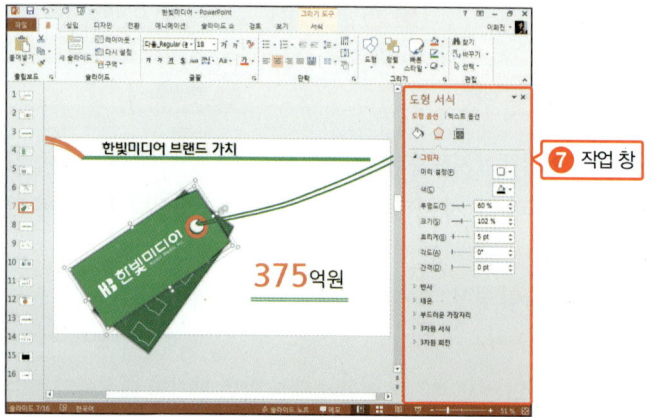

⑧ **터치 마우스 모드** : Windows 8 기반의 터치 컴퓨터에서 사용할 수 있습니다. 일반적인 터치 제스처를 통해 슬라이드를 살짝 밀고, 누르고, 스크롤하고, 확대/축소하며 프레젠테이션을 실감나게 진행할 수 있습니다.

## 핵심기능실습

# 01 원하는 테마 선택하기

파워포인트 2013을 실행하면 서식 파일, 테마, 최근에 본 프레젠테이션, 이전에 열었던 프레젠테이션 또는 빈 프레젠테이션 등을 선택할 수 있어 여러 가지 방법으로 프레젠테이션을 시작할 수 있습니다. 테마는 서로 어울리는 색, 글꼴, 특수 효과가 포함된 슬라이드 디자인입니다.

• 완성 파일 파워포인트 \ 1장 \ 원하는 테마 선택하기_완성.pptx

**01 파워포인트 시작한 후 테마 선택하기**
파워포인트 2013을 실행한 후 기본으로 제공되는 여러 가지 테마 중 하나를 선택합니다.

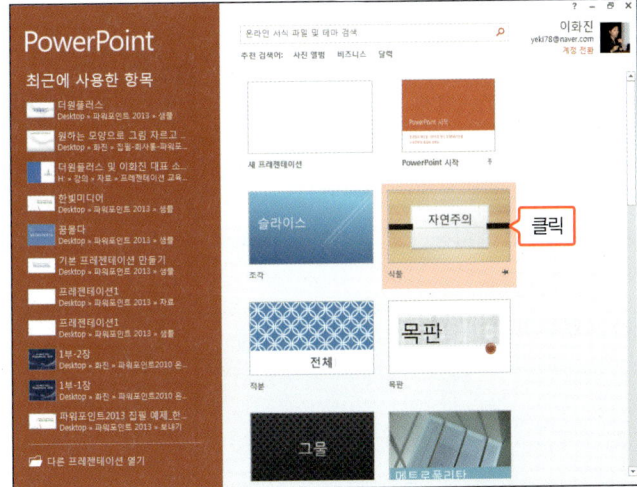

**02 새 프레젠테이션 만들기**
① 원하는 디자인 선택 ② [만들기]를 클릭합니다. 선택한 테마가 적용된 프레젠테이션이 열립니다.

**바로 통하는 TIP** 적용된 테마를 변경하려면 [디자인] 탭에서 원하는 테마를 다시 선택합니다. 테마를 적용하기 전 현재 슬라이드에 적용된 결과를 미리 보려면 각 테마의 축소판 그림 위에 마우스 포인터를 올려놓습니다. 좀 더 구체적인 사항을 변경하려면 [적용] 그룹에서 [자세히 ]를 클릭하여 색, 글꼴, 효과, 배경 스타일을 변경합니다.

핵심기능실습

# 02 슬라이드 크기 변경하기

파워포인트 2010까지는 슬라이드의 가로와 세로 크기가 4:3 비율이었습니다. 그러나 파워포인트 2013에서는 전 세계 대부분 TV와 비디오에 적용된 와이드스크린 추세를 따라 슬라이드의 비율이 16:9로 바뀌었습니다. 처음 파워포인트를 실행하면 슬라이드 기본 크기가 16:9 비율인 와이드스크린으로 시작합니다. 슬라이드 크기는 슬라이드에 있는 개체들의 변형 없이 자유롭게 변경할 수 있습니다.

• 실습 파일 파워포인트 \ 1장 \ 슬라이드 크기 변경하기.pptx    • 완성 파일 파워포인트 \ 1장 \ 슬라이드 크기 변경하기_완성.pptx

**01 슬라이드 비율 바꾸기**
파워포인트 2013에서 기본으로 적용된 16:9 비율의 와이드스크린 슬라이드의 크기를 4:3 비율로 변경해보겠습니다.
① [디자인] 탭 - [사용자 지정] 그룹 - **[슬라이드 크기]** 클릭
② **[표준(4:3)]**을 선택합니다.

**02** 슬라이드의 크기가 변경된 것을 확인할 수 있습니다.

> **바로 통하는 TIP** 슬라이드 크기를 변경할 때
> 파워포인트에서 슬라이드에 있는 개체 크기를 자동으로 조정하지 못할 때 다음의 두 가지 옵션이 메시지로 표시됩니다.
> **최대화** : 슬라이드 크기는 변경되지만 슬라이드에 있는 개체는 원래의 크기를 유지합니다. 이 옵션을 선택하면 개체가 슬라이드에 맞지 않을 수 있습니다.
> **맞춤 확인** : 슬라이드 크기가 변경되면 그 크기에 맞게 슬라이드에 있는 개체 크기도 변경됩니다. 이 옵션을 선택하면 개체 크기가 작게 표시되지만 슬라이드에서 모든 개체를 볼 수 있습니다.

핵심기능실습

# 03 슬라이드 추가 및 레이아웃 변경하기

원하는 레이아웃의 슬라이드를 추가하고 레이아웃 역시 마음대로 변경할 수 있습니다. 레이아웃을 잘 구성하면 슬라이드에서 전하고자 하는 내용을 효과적으로 표현할 수 있습니다. 파워포인트에서는 기본적으로 형태가 다른 11개의 레이아웃이 제공됩니다.

- 실습 파일 파워포인트 \ 1장 \ 슬라이드 추가 및 레이아웃 변경하기.pptx  - 완성 파일 파워포인트 \ 1장 \ 슬라이드 추가 및 레이아웃 변경하기_완성.pptx

## 01 슬라이드 추가하기

① [홈] 탭 - [슬라이드] 그룹 - [**새 슬라이드 ▼**] 클릭

② [Office 테마] 목록의 슬라이드 축소판 그림에서 [**제목 및 내용**] 레이아웃을 선택합니다.

**바로 통하는 TIP** 새 슬라이드를 만드는 단축키는 Ctrl + M 입니다. 이때 추가되는 슬라이드는 바로 앞에 추가한 슬라이드의 레이아웃과 같은 형태입니다.

## 02 레이아웃 변경하기

현재 슬라이드의 레이아웃을 변경해보겠습니다. ① [홈] 탭 - [슬라이드] 그룹 - [**레이아웃**] 클릭 ② [Office 테마] 목록의 슬라이드 축소판 그림에서 [**빈 화면**] 레이아웃을 선택합니다. 선택한 레이아웃으로 슬라이드 레이아웃이 변경되었습니다.

핵심기능실습

# 04 슬라이드 이동/복사/삭제하기

슬라이드의 순서를 바꾸기 위해 슬라이드를 이동하는 방법 및 비슷한 슬라이드를 만들 때 기존 슬라이드를 복사하는 방법을 살펴봅니다. 슬라이드의 이동, 복사, 삭제는 기본적이면서도 많이 사용하는 기능입니다. 다양한 실행 방법을 알아보겠습니다.

- 실습 파일 파워포인트 \ 1장 \ 슬라이드 이동 복사 삭제하기.pptx
- 완성 파일 파워포인트 \ 1장 \ 슬라이드 이동 복사 삭제하기_완성.pptx

## 01 슬라이드 이동하기

위치가 적절하지 않은 슬라이드가 있다면 슬라이드 위치를 이동할 수 있습니다.

① 화면 왼쪽의 슬라이드 축소판 그림에서 이동하려는 **10번 슬라이드** 선택

② 선택한 **10번 슬라이드**를 **6번과 7번 슬라이드 사이**로 이동시킵니다.

6번과 7번 슬라이드 사이로 슬라이드가 이동됩니다.

## 02 슬라이드 복사하기

슬라이드를 복사하면 같은 슬라이드를 추가할 수 있습니다.

① 화면 왼쪽의 슬라이드 축소판 그림에서 복사하고자 하는 **14번 슬라이드** 선택

② [홈] 탭 – [클립보드] 그룹 – **[복사]**를 클릭합니다.

바로 통하는 TIP  슬라이드 복사 단축키는 Ctrl + C 입니다.

## 03 복사한 슬라이드 붙여넣기

① 붙여 넣고 싶은 위치인 **12번과 13번 슬라이드 사이**에 마우스 포인터 이동

② [홈] 탭 - [클립보드] 그룹 - **[붙여넣기]**를 클릭합니다.

> **바로 통하는 TIP** 슬라이드 붙여넣기 단축키는 Ctrl + V 입니다. 슬라이드 복사와 붙여넣기를 한 번에 하는 단축키는 Ctrl + D 입니다.

---

### 실무활용노트 POWER POINT — 붙여넣기 옵션

복사한 슬라이드를 붙여 넣으려는 위치에서 마우스 오른쪽 버튼을 클릭하면 다음과 같은 붙여넣기 옵션이 나타납니다. 원하는 옵션을 선택해 슬라이드를 붙여 넣을 수 있습니다.

① **대상 테마 사용** : 대상 프레젠테이션의 테마를 그대로 사용할 때 클릭합니다.
② **원본 서식 유지** : 복사하려는 프레젠테이션의 테마를 유지할 때 클릭합니다.
③ **그림** : 복사하려는 프레젠테이션 슬라이드를 그림으로 붙여 넣을 때 클릭합니다.

---

## 04 슬라이드 삭제하기

화면 왼쪽의 슬라이드 축소판 그림에서 삭제하려는 **6번 슬라이드**를 선택하고 Delete 를 누릅니다.

6번 슬라이드가 삭제됩니다.

> **바로 통하는 TIP** 여러 개의 슬라이드를 선택하려면 Ctrl 을 누른 상태에서 슬라이드를 클릭합니다.

핵심기능실습

# 05 WordArt 텍스트 상자를 사용해 텍스트 입력하기

전문가 수준으로 빠르고 쉽게 디자인이 적용된 텍스트를 입력하려면 WordArt 텍스트 상자를 사용해 슬라이드에 텍스트를 입력합니다. 20가지 다양한 스타일을 클릭 한 번으로 적용할 수 있습니다.

- 실습 파일 파워포인트 \ 1장 \ WordArt 텍스트 상자를 사용해 텍스트 입력하기.pptx
- 완성 파일 파워포인트 \ 1장 \ WordArt 텍스트 상자를 사용해 텍스트 입력하기_완성.pptx

## 01 WordArt 스타일 선택하기

WordArt 스타일을 이용해 디자인이 적용된 텍스트를 간편하게 입력할 수 있습니다.

① [삽입] 탭 - [텍스트] 그룹 - [WordArt] 클릭

② 원하는 **WordArt 스타일**을 선택합니다.

## 02 WordArt 텍스트 상자를 사용해 텍스트 입력하기

WordArt 텍스트 상자가 슬라이드에 나타납니다. 원하는 텍스트를 입력하여 슬라이드를 완성합니다.

핵심기능실습

# 06 도형 그린 후 빠른 스타일 적용하기

도형을 그린 후에는 다양한 도형 서식이 적용된 빠른 스타일 갤러리를 이용해 손쉽게 도형을 디자인할 수 있습니다.

• 실습 파일 파워포인트 \ 1장 \ 도형 그린 후 빠른 스타일 적용하기.pptx   • 완성 파일 파워포인트 \ 1장 \ 도형 그린 후 빠른 스타일 적용하기_완성.pptx

## 01 슬라이드에 도형 그리기

① [삽입] 탭 – [일러스트레이션] 그룹–[도형] 클릭

② [포인트가 5개인 별] 선택

③ 기획팀 사람 도형 위를 클릭한 후 Shift 를 누른 상태에서 마우스를 대각선으로 드래그하여 적당한 크기로 도형을 그려줍니다.

바로 통하는 TIP  Shift 를 눌러 드래그할 경우 도형의 사방이 같은 모양으로 확대됩니다.

## 02 도형에 빠른 스타일 적용하기

① 그린 도형 클릭 ② [그리기 도구] – [서식] 탭 – [도형 스타일] 그룹 – [자세히] 클릭

③ 나타나는 도형 스타일 중에서 [강한 효과 – 빨강, 강조 2]를 선택합니다. 빠른 스타일이 적용되어 도형 스타일이 바뀝니다.

핵심기능실습

# 07 그림 삽입 후 빠른 스타일 적용하기

그림을 삽입한 후 다양한 그림 스타일을 손쉽게 적용할 수 있습니다. 빠른 그림 스타일을 이용하면 그림을 전문가 수준으로 빠르게 디자인할 수 있다는 장점이 있습니다.

• 실습 파일 파워포인트\1장\그림 삽입 후 빠른 스타일 적용하기.pptx   • 완성 파일 파워포인트\1장\그림 삽입 후 빠른 스타일 적용하기_완성.pptx

## 01 그림 삽입하기

슬라이드에 그림을 삽입한 후 빠른 스타일을 적용해 배치하려고 합니다. [삽입] 탭-[이미지] 그룹-**[그림]**을 클릭합니다.

## 02

① [그림 삽입] 대화상자에서 **책1.jpg, 책2.jpg, 책3.jpg** Ctrl +클릭
② **[삽입]**을 클릭합니다.

**바로 통하는 TIP**  여러 개의 그림을 선택하려면 Ctrl 을 누른 상태에서 그림을 클릭합니다.

## 03 그림에 빠른 스타일 적용하기

삽입한 세 개의 이미지가 선택된 상태에서 빠른 스타일을 적용합니다. [그림 도구]-[서식] 탭-[그림 스타일] 그룹-[자세히]를 클릭합니다.

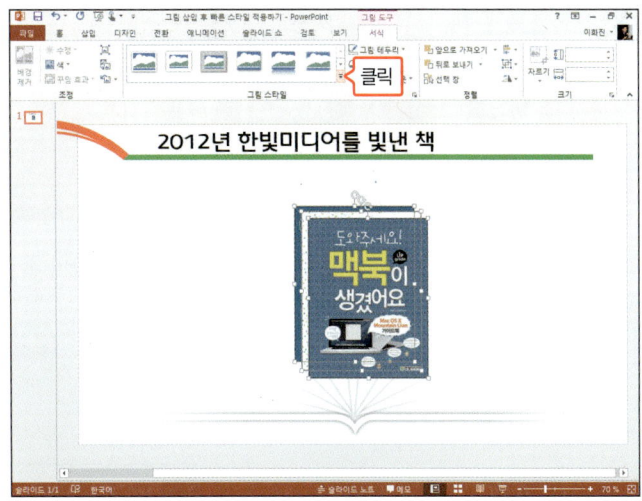

## 04 나타난 그림 스타일 중에서 [금속 프레임]을 선택합니다.

빠른 스타일이 적용되어 그림 테두리가 바뀝니다.

**바로 통하는 TIP** 28가지 다양한 스타일을 클릭 한 번으로 그림에 바로 적용할 수 있습니다.

## 05 스타일이 적용된 그림을 보기 좋게 배치합니다.

핵심기능실습

# 08 표 삽입 후 빠른 스타일 적용하기

표를 사용하면 내용을 일목요연하게 정리할 수 있어 편리합니다. 슬라이드에 삽입한 표에는 미리 정의된 레이아웃 스타일을 빠르게 적용할 수 있습니다.

- 실습 파일 파워포인트\1장\표 삽입 후 빠른 스타일 적용하기.pptx    - 완성 파일 파워포인트\1장\표 삽입 후 빠른 스타일 적용하기_완성.pptx

## 01 표 삽입하기

회사 기본 정보를 표로 정리하려고 합니다. [표] 기능을 이용해 표를 만들고 슬라이드에 삽입해보겠습니다.

① [삽입] 탭 – [표] 그룹 – [**표**] 클릭
② [**2×8**], 즉 2열 8행을 드래그합니다.

**바로 통하는 TIP** [표]를 이용하여 표를 만들면 10열 8행 이내의 표만 삽입할 수 있습니다.

**바로 통하는 TIP** 다른 방법으로 표를 삽입하려면 [삽입] 탭 – [표] 그룹 – [표]를 클릭한 후 [표 삽입], [표 그리기], [Excel 스프레드시트] 중 하나를 선택합니다.

## 02 슬라이드에 표가 삽입된 것을 확인할 수 있습니다.

## 03 표에 빠른 스타일 적용하기

① 보기 좋게 표 크기 늘리기 위해 슬라이드에서 드래그
② 빠른 스타일을 적용하기 위해 **표** 클릭
③ [표 도구] - [디자인] 탭 - [표 스타일] 그룹 - **[자세히]**를 클릭합니다.

**04** 나타나는 표 스타일 중에서 **[밝은 스타일 3 - 강조4]**를 선택합니다.

빠른 스타일이 적용되어 표 스타일이 바뀝니다.

**05** 스타일이 적용된 표에 내용을 입력하여 표를 완성합니다.

CHAPTER 01 기본 프레젠테이션 만들기 • **257**

핵심기능실습

# 09 차트 삽입 후 빠른 스타일 적용하기

프레젠테이션에서 수치 정보는 차트로 표현하는 것이 좋습니다. 파워포인트 2013에서 차트를 삽입하면 스프레드시트가 나타나며 이곳에 데이터 값을 입력하면 차트에 자동으로 표시됩니다.

- 실습 파일 파워포인트\1장\차트 삽입 후 빠른 스타일 적용하기.pptx    - 완성 파일 파워포인트\1장\차트 삽입 후 빠른 스타일 적용하기_완성.pptx

## 01 차트 삽입하기

① [삽입] 탭 - [일러스트레이션] 그룹 - [차트] 클릭
② [차트 삽입] 대화상자에서 [세로 막대형] 선택
③ [묶은 세로 막대형] 선택
④ [확인]을 클릭합니다.

슬라이드에 묶은 세로 막대형 차트가 삽입되고 데이터 값을 입력할 수 있는 스프레드시트가 나타납니다.

## 02 데이터 값 입력하기

스프레드시트의 기본 값을 삭제하고 그림과 같이 **값**을 입력합니다.
스프레드시트를 닫으면 입력한 데이터 값으로 차트가 표시된 것을 확인할 수 있습니다.

**바로 통하는 TIP** 데이터가 잘못 입력된 경우에는 [차트 도구] - [디자인] 탭 - [데이터] 그룹 - [데이터 편집]에서 수정할 수 있습니다.

## 03 차트 레이아웃 변경하기

① [차트 도구]-[디자인] 탭 - [차트 레이아웃] 그룹 - **[빠른 레이아웃]** 클릭
② 나타나는 레이아웃 중에서 **[레이아웃 4]** 선택
③ 차트 아래에 있는 **범례 항목**을 클릭한 후 Delete 를 눌러 삭제합니다.

## 04 차트에 빠른 스타일 적용하기

① **차트** 클릭
② [차트 도구] - [디자인] 탭 - [차트 스타일] 그룹 - **[자세히]** 를 클릭합니다.

## 05

나타나는 차트 스타일 중에서 **[스타일 14]**를 선택합니다. 스타일이 적용된 차트의 값과 항목을 읽기 편하게 변경하여 차트를 완성합니다.

## 핵심기능실습 10 프레젠테이션 문서 열기 및 저장하기

파워포인트 2013에서는 기본적으로 확장자가 *.pptx인 프레젠테이션 문서로 저장됩니다. 이 외에도 다양한 형식으로 파일을 저장할 수 있습니다.

- 실습 파일 파워포인트 \ 1장 \ 프레젠테이션 문서 열기 및 저장하기.pptx
- 완성 파일 파워포인트 \ 1장 \ 프레젠테이션 문서 열기 및 저장하기_완성.pptx

### 01 파일 열기

① 프레젠테이션 문서를 열기 위해 [파일] 탭 – [**열기**] 선택 ② [**컴퓨터**] 선택 ③ [**찾아보기**] 클릭 ④ [열기] 대화상자가 나타나면 **프레젠테이션 문서 열기 및 저장하기.pptx** 파일 선택 ⑤ [**열기**]를 클릭합니다.

### 02 파일 저장하기

문서 수정 후 열린 파일을 저장하기 위해 [파일] 탭 – [**저장**]을 선택합니다.

**바로 통하는 TIP** 저장하기의 단축키는 Ctrl + S 입니다.

## 03 다른 이름으로 저장하기

불러온 파일은 이름이나 형식을 바꿔 다른 이름으로 저장할 수 있습니다.

① [파일] 탭 - [다른 이름으로 저장] 선택
② [컴퓨터] 선택
③ [찾아보기]를 클릭합니다.

## 04

① [다른 이름으로 저장] 대화상자가 나타나면 **프레젠테이션 문서 열기 및 저장하기_완성** 입력
② [저장]을 클릭합니다.

프레젠테이션 문서 열기 및 저장하기_완성.pptx 파일이 저장되었습니다.

---

### 실무활용노트 POWER POINT | 자동으로 자동 복구 정보를 저장하기

자동으로 자동 복구 정보를 저장하려면 [파일] 탭 - [옵션]을 선택한 후 [PowerPoint 옵션] 대화상자에서 [저장]을 선택합니다. 분 단위로 [자동 복구 정보 저장 간격]을 설정할 수 있는 확인란에 시간 간격을 선택하거나 직접 입력합니다. 파일이 열린 상태에서 전원이 끊기거나 다른 문제가 발생한 경우에는 파일 저장 간격이 짧을수록 더 많은 정보를 복구할 수 있습니다.

핵심기능실습

# 11 나만의 리본 메뉴 만들기

오피스 작업을 좀 더 쉽고 빠르게 하기 위해 자주 사용하는 명령들을 모아 리본 메뉴를 새로 만들 수 있습니다. 기존의 탭 구성도 자신의 작업 스타일에 맞게 변경할 수 있어 편리합니다. 파워포인트 2013으로 나만의 리본 메뉴를 설정하는 방법에 대해 알아보겠습니다.

**01** ①**[파일]** 탭 클릭 ②**[옵션]**을 선택합니다. [Power Point 옵션] 대화상자가 활성화됩니다.

**02**

①[PowerPoint 옵션] 대화상자에서 **[리본 사용자 지정]** 선택

②오른쪽 아래에서 **[새 탭]**을 클릭합니다.

[새 탭]과 [새 그룹]이 생성된 것을 확인할 수 있습니다.

## 03

① **[새 탭]** 선택
② **[이름 바꾸기]** 클릭
③ [이름 바꾸기] 대화상자에서 [표시 이름]에 **이화진** 입력
④ **[확인]**을 클릭합니다.

**04** **[새 그룹]**의 이름도 같은 방법으로 바꿔줍니다.

## 05

① 새로 만든 **그룹** 선택
② 왼쪽 [명령 선택]에서 필요한 **명령** 선택
③ **[추가]**를 클릭합니다.

**06** 새로 만든 그룹에 명령이 추가되는 것을 확인할 수 있습니다. 이와 같은 방법으로 원하는 명령을 모두 추가합니다. ▲(위로 이동)을 클릭하여 탭의 위치를 이동할 수도 있습니다.

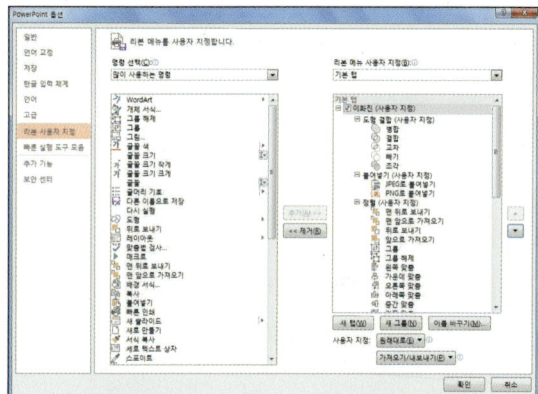

**07** 명령을 모두 추가한 후 **[확인]**을 클릭합니다. 리본 메뉴에서 [파일] 탭과 [홈] 탭 사이에 새로 만든 **[이화진]** 탭이 추가된 것을 확인할 수 있습니다.

**바로 통하는 TIP** [PowerPoint 옵션] 대화상자에서 [가져오기/내보내기]를 클릭하여 현재 리본 메뉴 및 빠른 실행 도구 모음 사용자 지정을 파일로 내보낸 후 다른 컴퓨터로 가져와 사용할 수도 있습니다.

CHAPTER

# 02

## 프레젠테이션 슬라이드 배경 서식 만들기

프레젠테이션 주제에 어울리는 배경 서식 디자인은 청중의 시선을 사로잡고 프레젠테이션이 그들의 기억 속에 오래도록 남게 해줍니다. 프레젠테이션 내용과 대상, 상황에 맞는 테마 글꼴을 설정하고 브랜드 컬러를 중심으로 테마 색을 설정합니다. 프레젠테이션에 공통으로 적용되는 슬라이드 배경, 제목 서식, 로고, 번호 등을 슬라이드 마스터에서 작업합니다. 슬라이드 마스터를 사용하면 수정 및 편집을 쉽게 할 수 있습니다. 잘 만든 슬라이드 배경은 테마로 저장하여 재활용할 수 있습니다.

# 12 새 테마 글꼴 만들기

프레젠테이션에서 사용할 글꼴은 주장하는 내용, 대상, 상황에 맞게 선택합니다. 슬라이드 제작에 들어가기 전 글꼴을 미리 설정해놓으면 슬라이드 작업에서 글꼴을 바꾸느라 시간을 낭비하지 않아도 됩니다. 테마 글꼴에서 글꼴 미리 설정할 수 있습니다.

- 실습 파일 파워포인트\2장\새 테마 글꼴 만들기.pptx  • 완성 파일 파워포인트\2장\새 테마 글꼴 만들기_완성.pptx

## 01 새 테마 글꼴 만들기

① [디자인] 탭 - [적용] 그룹 - [자세히 ▼] 클릭
② [글꼴] - [글꼴 사용자 지정] 선택
③ [새 테마 글꼴 만들기] 대화상자에서 프레젠테이션의 스타일에 맞게 [영어 글꼴]과 [한글 글꼴]의 제목 및 본문 글꼴 변경
④ [이름]에 한빛미디어 입력
⑤ [저장]을 클릭합니다.

## 02 
개체 틀의 글꼴이 변경된 것을 확인할 수 있습니다. 또한 새로 만든 글꼴이 사용자 지정 목록에 추가되었습니다.

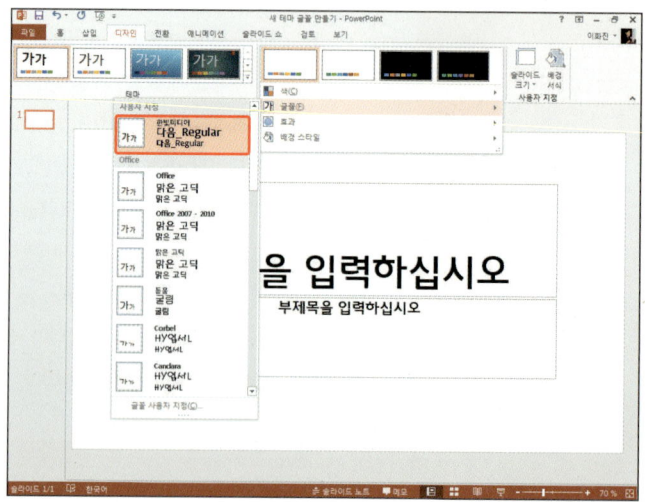

핵심기능실습

# 13 새 테마 색 만들기

프레젠테이션에서 사용할 색은 브랜드 컬러를 중심으로 전체 내용을 잘 표현할 수 있어야 합니다. 새 테마 색을 만들어보겠습니다.

▪실습 파일 파워포인트 \ 2장 \ 새 테마 색 만들기.pptx　▪완성 파일 파워포인트 \ 2장 \ 새 테마 색 만들기_완성.pptx

## 01 새 테마 색 만들기
① [디자인] 탭 - [적용] 그룹 - [**자세히**] 클릭
② [색] - [**색 사용자 지정**]을 선택합니다.

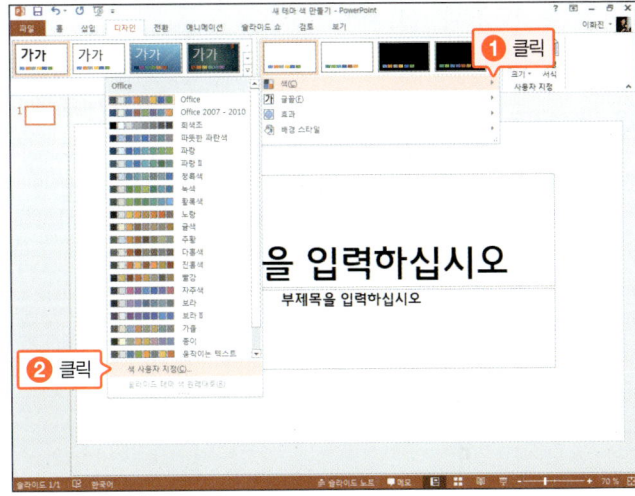

## 02
① [새 테마 색 만들기] 대화상자에서 프레젠테이션의 스타일에 맞게 **색** 변경. '바로 통하는 TIP'의 새 테마 색 표를 참조합니다.
② [이름]에 **한빛미디어** 입력
③ [**저장**]을 클릭합니다.

**바로 통하는 TIP**  새 테마 색은 다음의 표와 같이 구성합니다.

| 텍스트/배경 – 어두운 색 1(T) | 빨강(R): 0, 녹색(G): 0, 파랑(B): 0 |
|---|---|
| 텍스트/배경 – 밝은 색 1(B) | 빨강(R): 255, 녹색(G): 255, 파랑(B): 255 |
| 텍스트/배경 – 어두운 색 1(D) | 빨강(R): 31, 녹색(G): 174, 파랑(B): 182 |
| 텍스트/배경 – 밝은 색 1(L) | 빨강(R): 145, 녹색(G): 145, 파랑(B): 145 |
| 강조 1(1) | 빨강(R): 57, 녹색(G): 181, 파랑(B): 74 |
| 강조 2(2) | 빨강(R): 241, 녹색(G): 90, 파랑(B): 49 |
| 강조 3(3) | 빨강(R): 250, 녹색(G): 157, 파랑(B): 28 |
| 강조 4(4) | 빨강(R): 65, 녹색(G): 181, 파랑(B): 10 |
| 강조 5(5) | 빨강(R): 85, 녹색(G): 170, 파랑(B): 234 |
| 강조 6(6) | 빨강(R): 77, 녹색(G): 39, 파랑(B): 2 |
| 하이퍼링크(H) | 빨강(R): 57, 녹색(G): 181, 파랑(B): 74 |
| 열어 본 하이퍼링크(F) | 빨강(R): 145, 녹색(G): 145, 파랑(B): 145 |

**03** 새로 만든 테마 색이 사용자 지정 목록에 추가된 것을 확인할 수 있습니다.

**바로 통하는 TIP**  [강조 1]에 적용한 색은 도형 채우기 색입니다. 따라서 [강조 1]에 색을 적용할 때는 가장 많이 사용하는 색을 선택하는 것이 좋습니다.

핵심기능실습

# 14 슬라이드 배경 서식 변경하기

슬라이드에 공통적으로 적용되는 슬라이드 배경이나 로고, 번호 등을 디자인하기 위해서는 슬라이드 마스터를 사용합니다. 단색 외에 그라데이션, 그림, 질감, 패턴 등을 사용하여 슬라이드를 디자인할 수 있습니다.

· 실습 파일 파워포인트 \ 2장 \ 슬라이드 배경 서식 변경하기.pptx    · 완성 파일 파워포인트 \ 2장 \ 슬라이드 배경 서식 변경하기_완성.pptx

## 01 배경 서식 변경하기

최상위 슬라이드 마스터에는 모든 슬라이드에 적용되는 서식과 배경이 들어 있습니다. 최상위 슬라이드 마스터에 배경을 삽입해 레이아웃에 적용해보겠습니다.
[보기] 탭 - [마스터 보기] 그룹 - **[슬라이드 마스터]**를 클릭합니다.

## 02 배경 이미지 삽입하기
① **최상위 슬라이드 마스터** 선택
② 슬라이드 상단에 이미지를 넣기 위해 [삽입] 탭 - [이미지] 그룹 - **[그림]** 클릭
③ [그림 삽입] 대화상자에서 **펼쳐진 책2.png** 선택
④ **[삽입]**을 클릭합니다.

CHAPTER 02 프레젠테이션 슬라이드 배경 서식 만들기 · **269**

**03** 삽입한 이미지를 보기 좋게 위치시킵니다.

슬라이드 마스터 아래에 형태가 다른 11개의 레이아웃에도 똑같이 적용된 것을 확인할 수 있습니다.

**04 마스터 제목 스타일 편집하기**
최상위 슬라이드 마스터에서 마스터 제목의 위치와 글꼴 크기를 수정해보겠습니다.
① 제목 개체 틀에서 글꼴 크기를 **[36pt]**로 변경
② 삽입한 **이미지 위쪽으로 이동**
③ **[슬라이드 마스터]** 탭 - **[닫기]** 그룹 - **[마스터 보기 닫기]**를 클릭합니다.

슬라이드 마스터에 있는 아래 11개의 레이아웃에도 변경된 제목 스타일이 적용됩니다.

**05** 삽입한 이미지가 슬라이드에 적용된 것을 확인할 수 있습니다.

핵심기능실습

# 15 제목 슬라이드 배경 서식만 변경하기

슬라이드 마스터에서 배경 서식을 변경하면 모든 레이아웃에 공통으로 적용됩니다. 제목 슬라이드에만 다른 배경을 적용하려면 제목 레이아웃에서 배경 서식을 변경해야 합니다.

• 실습 파일 파워포인트 \ 2장 \ 제목 슬라이드 배경 서식만 변경하기.pptx  • 완성 파일 파워포인트 \ 2장 \ 제목 슬라이드 배경 서식만 변경하기_완성.pptx

**01 제목 슬라이드 배경 서식만 변경하기**
슬라이드 마스터의 제목 레이아웃에 배경 그림을 삽입하고 제목의 텍스트 스타일을 수정해보겠습니다.
[보기] 탭 – [마스터 보기] 그룹 – **[슬라이드 마스터]**를 클릭합니다.

**02 배경 그래픽 숨기기**
① **[제목 슬라이드 레이아웃]** 선택
② [슬라이드 마스터] 탭 – [배경] 그룹 – **[배경 그래픽 숨기기]**에 체크 표시합니다.

배경 그래픽이 사라집니다.

## 03 이미지 삽입하기

① [삽입] 탭 - [이미지] 그룹 - **[그림]** 클릭
② [그림 삽입] 대화상자에서 **펼쳐진 책 1.png** 선택
③ **[삽입]**을 클릭합니다.

**04** 삽입한 이미지를 보기 좋게 위치시킵니다. 제목 슬라이드 레이아웃에만 그림이 적용된 것을 확인할 수 있습니다. 텍스트 개체 틀의 서식을 변경하여 제목 슬라이드 레이아웃을 완성합니다. [슬라이드 마스터] 탭 - [닫기] 그룹 - **[마스터 보기 닫기]**를 클릭합니다.

**05** 제목 슬라이드의 배경 서식만 변경된 것을 확인할 수 있습니다.

핵심기능실습

# 16 슬라이드에 로고 삽입하기

최상위 슬라이드 마스터에 로고를 삽입하면 모든 레이아웃에 공통으로 적용됩니다. 모든 슬라이드에서 같은 위치에 로고가 나타납니다.

- 실습 파일 파워포인트 \ 2장 \슬라이드에 로고 삽입하기.pptx
- 완성 파일 파워포인트 \ 2장 \슬라이드에 로고 삽입하기_완성.pptx

## 01 로고 삽입하기

최상위 슬라이드 마스터에 로고를 삽입해 전체 슬라이드에 적용해보겠습니다.
[보기] 탭 - [마스터 보기] 그룹 - **[슬라이드 마스터]**를 클릭합니다.

## 02

① **최상위 슬라이드 마스터** 선택
② [삽입] 탭 - [이미지] 그룹 - **[그림]** 클릭
③ [그림 삽입] 대화상자에서 **한빛미디어 로고.png** 선택
④ **[삽입]**을 클릭합니다.

**03 로고 배치하기**
로고가 나타나면 사각 테두리의 **조절점을 드래그**하여 적당한 크기로 줄인 후 화면 오른쪽 위에 위치시킵니다.

**04** [슬라이드 마스터] 탭 - [닫기] 그룹 - [마스터 보기 닫기]를 클릭합니다.

**05 슬라이드 오른쪽 위**에 로고가 삽입된 것을 확인할 수 있습니다.

## 핵심기능실습 17 슬라이드에 번호 삽입하기

여러 슬라이드 중에서 필요한 슬라이드의 위치를 쉽게 찾을 수 있도록 슬라이드에 번호를 표시할 수 있습니다. [머리글/바닥글] 기능을 이용하여 간단히 슬라이드에 번호를 삽입하는 방법 및 제목 슬라이드에만 번호를 삽입하지 않는 방법에 대해서 알아보겠습니다.

•실습 파일 파워포인트 \ 2장 \ 슬라이드에 번호 삽입하기.pptx  •완성 파일 파워포인트 \ 2장 \ 슬라이드에 번호 삽입하기_완성.pptx

**01 슬라이드에 번호 삽입하기**
원하는 슬라이드의 위치를 쉽게 찾을 수 있도록 슬라이드에 번호를 넣어보겠습니다. [삽입] 탭 – [텍스트] 그룹 – **[슬라이드 번호]** 를 클릭합니다.

**02 제목 슬라이드에 페이지 번호 표시하지 않기**
① [머리글/바닥글] 대화상자의 [슬라이드] 탭에서 **[슬라이드 번호]**, **[제목 슬라이드에는 표시 안 함]**에 체크 표시
② **[모두 적용]**을 클릭합니다.

첫 번째 제목 슬라이드를 제외한 모든 슬라이드의 오른쪽 아래에 슬라이드 번호가 나타납니다.

## 03 2번 슬라이드의 시작 번호가 1이 되도록 수정하기

슬라이드 축소판 창을 살펴보면 제목 슬라이드부터 슬라이드 번호가 1번으로 표시된 것을 알 수 있습니다. 2번 슬라이드가 1번으로 표시되도록 수정해보겠습니다.

① **2번 슬라이드** 선택
② [디자인] 탭 – [사용자 지정] 그룹 – [**슬라이드 크기**] 클릭
③ [**사용자 지정 슬라이드 크기**]를 선택합니다.

## 04

① [슬라이드 크기] 대화상자의 [슬라이드 시작 번호]에 0 입력
② [**확인**]을 클릭합니다.

## 05 2번 슬라이드의 오른쪽 아래에 있는 슬라이드 번호가 1로 변경되었습니다.

슬라이드 축소판 창에서 첫 번째 제목 슬라이드가 0으로 표시된 것을 확인할 수 있습니다.

---

**바로 통하는 TIP** 슬라이드 번호 서식 변경하기

[보기] 탭 – [마스터 보기] 그룹 – [슬라이드 마스터]를 클릭한 후 [슬라이드 번호] 개체 틀의 서식 및 위치를 변경합니다. 글꼴, 글꼴 크기, 글꼴 색 등 원하는대로 변경할 수 있습니다.

핵심기능실습

# 18 새 테마 저장하기

잘 만들어진 테마 글꼴, 테마 색 등이 적용된 테마 서식을 저장해서 필요할 때마다 사용할 수 있습니다. 새 테마를 저장하는 방법에 대해서 알아보겠습니다.

- 실습 파일 파워포인트\2장\새 테마 저장하기.pptx   - 완성 파일 파워포인트\2장\새 테마 저장하기_완성.pptx

**01 새 테마 저장하기**
① [디자인] 탭 - [적용] 그룹 - [**자세히**] 클릭
② [**현재 테마 저장**]을 선택합니다.

**02**
① [현재 테마 저장] 대화상자가 나타나면 **한빛미디어** 입력
② [**저장**]을 클릭합니다.

**바로 통하는 TIP** 새 테마를 저장할 때는 기본적으로 [Microsoft] - [Templates] 폴더의 [Document Themes] 폴더 내에 저장됩니다. 다른 폴더로 저장할 위치를 설정해도 됩니다.

## 03 새로 저장한 테마 적용하기

새 문서를 만듭니다. **한빛미디어**라는 테마를 적용하기 위해 [디자인] 탭 - [테마] 그룹 - **[자세히]**를 클릭합니다. 사용자 지정 항목에서 **[한빛미디어]** 테마를 선택합니다.

## 04

[한빛미디어] 테마가 적용된 것을 확인할 수 있습니다.

# CHAPTER 03

## 프레젠테이션 내용 작성 및 서식 지정하기

메시지 전달의 가장 기본 요소인 텍스트 작업에 대한 내용을 배우는 장입니다. 슬라이드에 텍스트를 입력하고 입력한 텍스트의 서식을 자유롭게 변경할 수 있습니다. 텍스트 작업에서 중요한 것은 많은 내용을 넣는 것이 아니라 간단명료하고 보기 좋게 정렬해야 한다는 것입니다. 또한 정렬을 위한 글머리 기호의 활용 방법과 줄 및 단락 간격 조정에 대해서도 배웁니다. 정렬이 잘 된 텍스트는 가독성을 높여주므로 해당 기능을 기억해둡니다.

핵심기능실습

# 19 슬라이드에 텍스트 입력하기

슬라이드에서 텍스트를 입력하려면 개체 틀이나 텍스트 상자, 도형 등의 폼이 있어야 합니다. 슬라이드에 다양한 방법으로 텍스트를 입력해보겠습니다.

• 실습 파일 파워포인트\3장\슬라이드에 텍스트 입력하기.pptx   • 완성 파일 파워포인트\3장\슬라이드에 텍스트 입력하기_완성.pptx

**01 개체 틀에 텍스트 입력하기**
개체 틀에 텍스트를 입력할 수 있습니다. 먼저 개체 틀을 클릭한 후 텍스트를 입력합니다. **1번 슬라이드**에서 **표지 제목 입력**이라는 텍스트가 쓰여 있는 개체 틀을 클릭합니다.

**02** 개체 틀에 **워킹맘드림센터**라고 입력합니다.

**바로 통하는 TIP** 개체 틀에서 텍스트를 편집할 때 사용하는 단축키

Ctrl + Enter : 다음 개체 틀로 이동, 새 슬라이드 생성
Tab 또는 Alt + Shift + → : 수준 낮추기
Tab + Shift 또는 Alt + Shift + ← : 수준 높이기

## 03 텍스트 상자에 텍스트 입력하기

'이화진'이라는 텍스트 위에 텍스트 상자를 사용하여 텍스트를 입력해보겠습니다.

① **2번 슬라이드** 선택

② [삽입] 탭 - [텍스트] 그룹 - **[텍스트 상자]**를 클릭합니다.

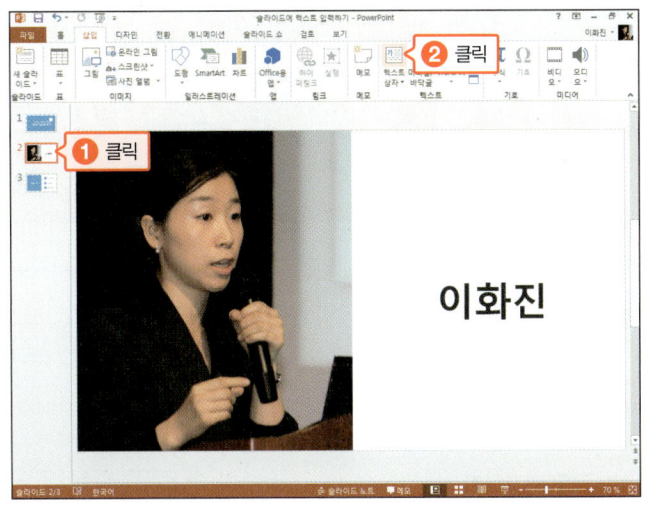

## 04

① 슬라이드 클릭

② 생성되는 텍스트 상자에 **워킹맘드림센터 원장**을 입력합니다.

---

텍스트 상자에 입력한 텍스트의 글자 수에 따라 텍스트 상자의 크기가 자동으로 조절됩니다.

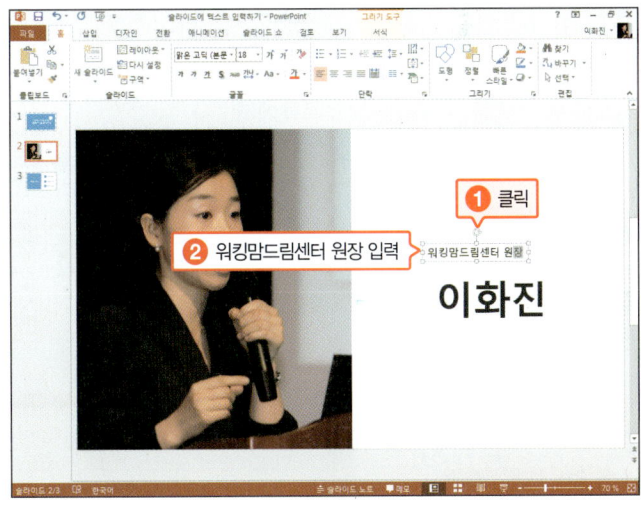

## 05 도형에 텍스트 입력하기

도형에 텍스트를 입력해보겠습니다.

① **3번 슬라이드** 선택

② 웃고 있는 말풍선 도형을 클릭하고 **워**를 입력합니다.

핵심기능실습

# 20 글꼴, 글꼴 크기, 글꼴 색 변경하기

글꼴 그룹에서는 글꼴, 글꼴 크기, 글꼴 색과 같은 텍스트의 서식을 변경할 수 있습니다. 적절한 텍스트 서식을 사용하면 슬라이드의 내용을 잘 드러낼 수 있습니다.

▪실습 파일 파워포인트\3장\글꼴 글꼴 크기 글꼴 색 변경하기.pptx  ▪완성 파일 파워포인트\3장\글꼴 글꼴 크기 글꼴 색 변경하기_완성.pptx

## 01 글꼴 변경하기

말풍선 도형에 입력되어 있는 글꼴을 변경해보겠습니다.

① **말풍선** 클릭
② [홈] 탭-[글꼴] 그룹-[글꼴] 목록에서 **[08서울한강체 M]**을 선택합니다.

'워'의 글꼴이 변경됩니다.

바로 통하는 **TIP** 글꼴을 변경할 글자를 블록 선택한 후 원하는 글꼴을 선택해도 됩니다.

---

실무활용노트
**POWER POINT**  |  무료 폰트 다운로드해 사용하기

서울한강체는 무료로 다운로드하여 사용할 수 있는 서체입니다. 디자인 서울 홈페이지의 [자료마당]-[자료다운로드](http://design.seoul.go.kr/dscontent/designseoul.php?MenuID=490&pgID=237)에서 다운로드합니다. 다운로드한 서체를 [제어판]-[모양 및 개인 설정]-[글꼴] 폴더에 넣어주면 됩니다.

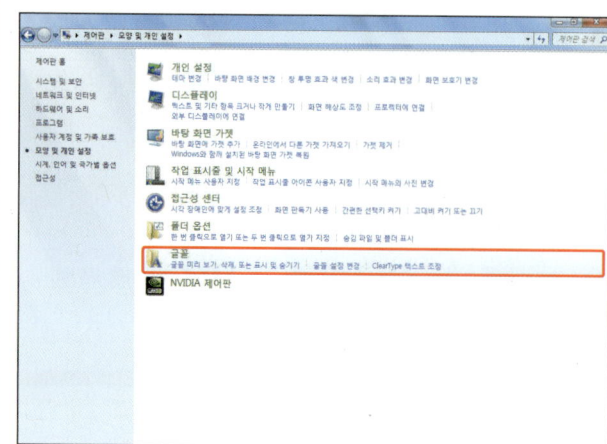

## 02 글꼴 크기 변경하기

슬라이드에 입력된 문장 중 '프로'의 글꼴 크기를 변경해보겠습니다.

① **프로** 블록 설정
② [홈] 탭-[글꼴] 그룹에서 글꼴의 크기를 [**96**]으로 변경합니다.

'프로'의 글꼴 크기가 커집니다.

**바로 통하는 TIP** 글꼴 크기 조정 단축키
• 글꼴 크게 : Ctrl + ]
• 글꼴 작게 : Ctrl + [

## 03 글꼴 색 변경하기

① 글꼴 크기를 변경한 **프로** 블록 설정
② [홈] 탭-[글꼴] 그룹-[글꼴 색]-[**연한 파랑**]을 선택합니다.

'프로'의 글꼴 색이 변경됩니다.

핵심기능실습

# 21 글머리 기호 설정 및 서식 변경하기

글머리 기호는 많은 내용의 텍스트를 구분하고 슬라이드를 보는 청중의 주목도를 높이기 위해서 사용합니다. 단락에 글머리 기호를 설정하고 글머리 기호와 텍스트 사이의 간격을 조정하는 방법에 대해서 알아보겠습니다.

- 실습 파일 파워포인트\3장\글머리 기호 설정 및 서식 변경하기.pptx    - 완성 파일 파워포인트\3장\글머리 기호 설정 및 서식 변경하기_완성.pptx

## 01 글머리 기호 삽입하기

① 6개의 교육 프로그램 항목의 텍스트 상자 클릭
② [홈] 탭 - [단락] 그룹 - [글머리 기호▼] 클릭
③ 목록에서 [속이 찬 큰 둥근 글머리 기호]를 선택합니다.

텍스트 상자 내 6개 항목 앞에 글머리 기호가 삽입됩니다.

## 02 글머리 기호 색상 및 크기 변경하기

① [홈] 탭 - [단락] 그룹 - [글머리 기호▼] 클릭
② [글머리 기호 및 번호 매기기] 선택
③ [글머리 기호 및 번호 매기기] 대화상자에서 [텍스트 크기]는 [70%], [색]은 [진한 파랑]으로 설정
④ [확인]을 클릭합니다.

**03** 글머리 기호의 크기와 색이 변경된 것을 확인할 수 있습니다.

| 실 무 활 용 노 트 POWER POINT | **글머리 기호를 그림으로 변경하기** |

글머리 기호로 사용하고 싶은 그림이 있다면 글머리 기호로 설정할 수 있습니다. [글머리 기호 및 번호 매기기] 대화상자에서 [그림]을 클릭합니다. [그림 삽입] 창에서 원하는 그림을 불러온 후 [확인]을 선택하면 불러온 그림이 글머리 기호로 삽입됩니다.

 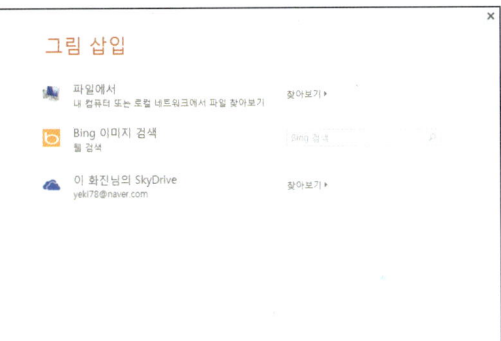

**04** 글머리 기호와 텍스트 사이의 간격 조정하기

글머리 기호의 위치가 고정되어 있으므로 텍스트의 시작 위치를 조정하면 글머리 기호와 텍스트 사이의 간격을 조정할 수 있습니다. 눈금자를 표시하여 텍스트의 시작 위치를 조정해보겠습니다.

① 눈금자를 표시하기 위해 [보기] 탭 – [표시] 그룹 – **[눈금자]**에 체크 표시
② 간격을 조정할 텍스트 블록 설정
③ 상단 눈금자에 있는 **[내어쓰기]**에 마우스 포인터를 위치시키고 **1**까지 드래그합니다.

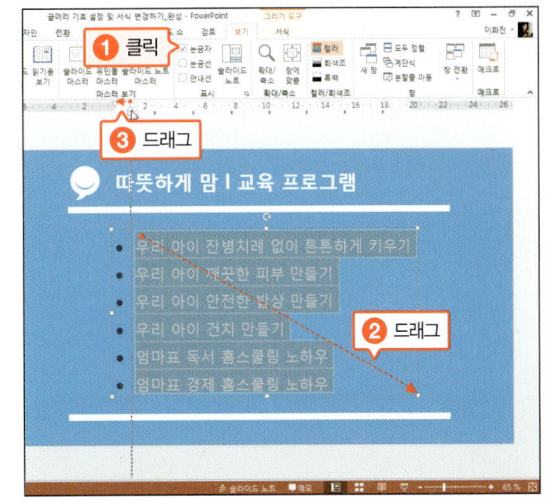

상단 눈금자의 [1] 위치로 텍스트 시작 위치가 조정됩니다.

**바로 통하는 TIP** 내어쓰기 및 들여쓰기 아이콘

**첫 줄 들여쓰기**( ▽ ) : 글머리 기호 및 번호 매기기의 시작 위치를 지정합니다.
**내어쓰기**( △ ) : 글머리 기호 다음의 텍스트 위치를 지정합니다.
**왼쪽 들여쓰기**( ☐ ) : 위 두 개의 아이콘이 간격을 유지한 상태에서 이동할 수 있게 해줍니다.

## 핵심기능실습 22
# 글머리 기호를 번호로 변경하기

순서가 있는 텍스트는 글머리 기호보다 번호로 구분하는 것이 보기에 좋습니다. 글머리 기호를 번호로 바꾸는 방법을 알아보고 원하는 번호부터 시작하도록 시작 번호를 바꾸는 방법에 대해서 알아보겠습니다.

- 실습 파일 파워포인트 \ 3장 \ 글머리 기호를 번호로 변경하기.pptx   - 완성 파일 파워포인트 \ 3장 \ 글머리 기호를 번호로 변경하기_완성.pptx

▲ 핵심기능실습 미리보기

❶ 글머리 기호를 번호로 변경하기

**01 글머리 기호를 번호로 변경하기**

슬라이드에는 컨설팅 프로세스를 나타내는 항목이 표시되어 있습니다. 텍스트에서 순서나 과정 등을 나타낼 때는 글머리 기호보다 번호를 붙이는 것이 더 좋습니다. 글머리 기호를 번호로 변경해보겠습니다.

① 네 개의 글머리 기호가 적용된 **텍스트 상자** 클릭

② [홈] 탭 – [단락] 그룹 – [**번호 매기기▼**] 클릭

③ 목록에서 **[1) 2) 3)]** 형식을 선택합니다.

**02** 글머리 기호가 번호로 변경된 것을 확인할 수 있습니다.

---

**실무활용노트 POWER POINT** | **시작 번호 변경하기**

1부터 시작하는 글머리 기호의 시작 번호를 변경하려면 [글머리 기호 및 번호 매기기] 대화상자에서 원하는 번호로 [시작 번호]를 다시 설정합니다.

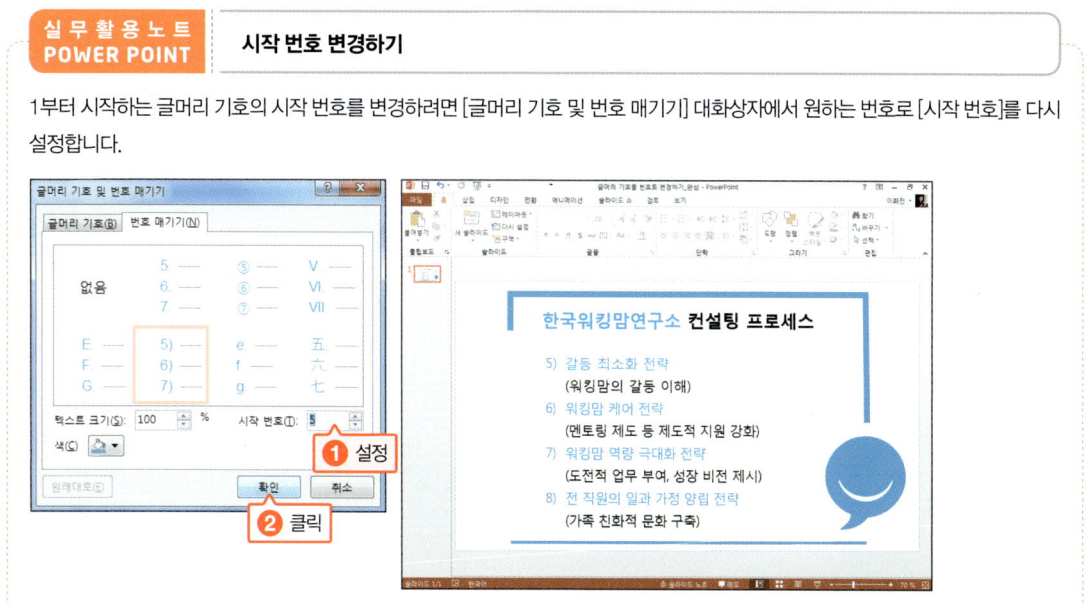

# 23 줄 및 단락 간격 조정하기

입력한 텍스트의 줄 간격이 너무 좁으면 답답해 보이고 너무 넓으면 읽기 힘듭니다. 따라서 같은 내용을 구성하는 문단의 경우에는 줄 간격을 좁히고 다른 내용이 시작하는 부분은 앞 문단과의 간격을 넓혀주는 것이 좋습니다. 텍스트의 줄 간격을 원하는 간격으로 세밀하게 조정하는 방법에 대해서 알아보겠습니다.

- 실습 파일 파워포인트 \ 3장 \ 줄 및 단락 간격 조정하기.pptx  · 완성 파일 파워포인트 \ 3장 \ 줄 및 단락 간격 조정하기_완성.pptx

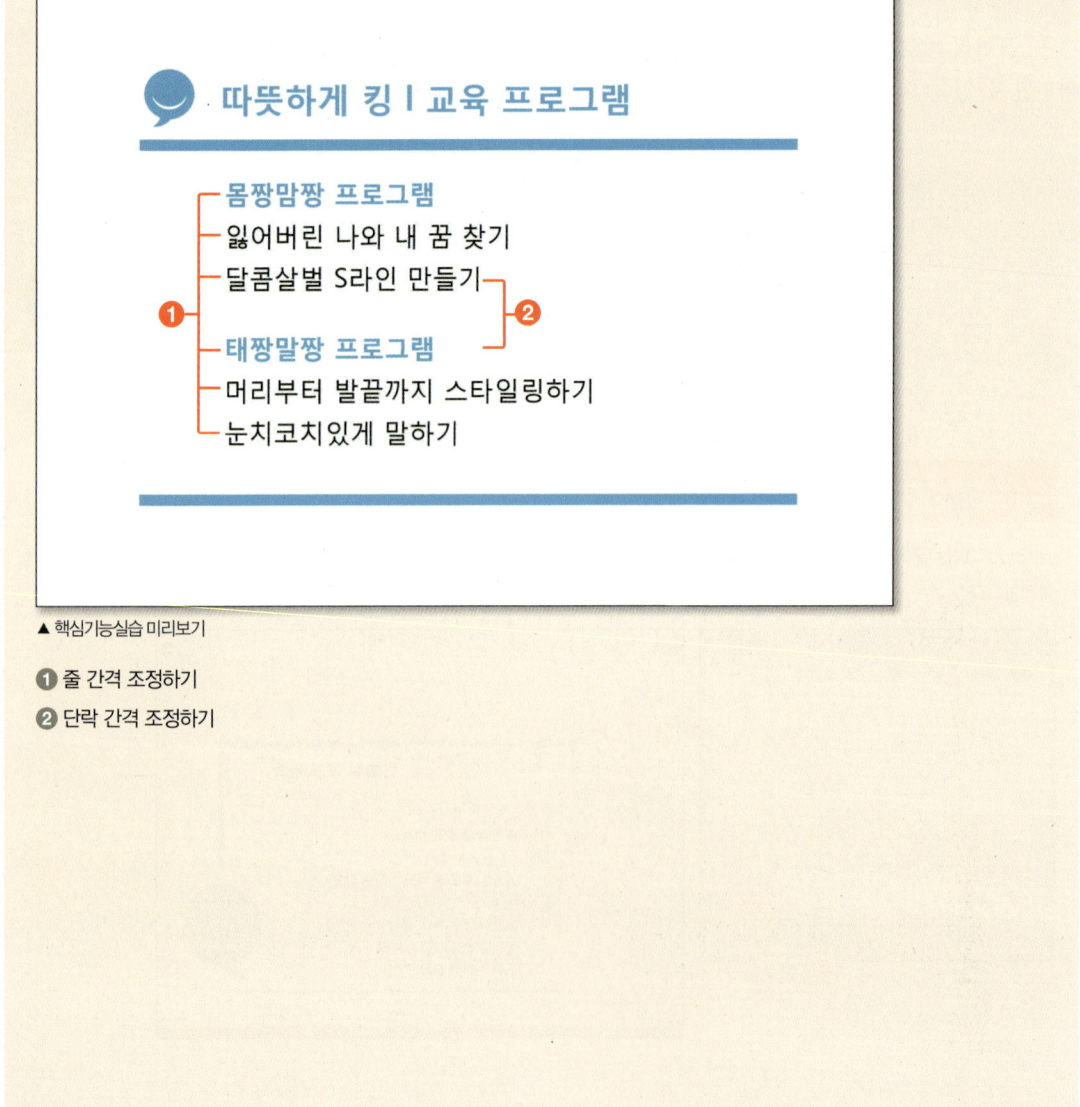

▲ 핵심기능실습 미리보기

❶ 줄 간격 조정하기
❷ 단락 간격 조정하기

## 01 줄 간격 넓히기

슬라이드에는 교육 프로그램의 분류와 해당 내용이 표시되어 있습니다. 텍스트의 줄 간격을 조정하여 교육 프로그램의 분류와 해당 내용을 보기 좋게 수정해보겠습니다.

① 교육 프로그램이 입력된 **텍스트 상자** 클릭
② [홈] 탭-[단락] 그룹-**[줄 간격]** 클릭
③ 목록에서 **[1.5]**를 선택합니다.

텍스트의 줄 간격이 넓어집니다.

## 02 세밀하게 줄 간격 조정하기

① 교육 프로그램이 입력된 **텍스트 상자** 클릭
② [홈] 탭 - [단락] 그룹 - **[줄 간격]** 클릭
③ **[줄 간격 옵션]**을 선택합니다.

[단락] 대화상자가 활성화됩니다.

## 03

① [들여쓰기 및 간격] 탭 - [간격] - [줄 간격]을 **[고정]**으로 설정
② [값]을 **[45pt]**로 설정
③ **[확인]**을 클릭합니다.

줄 간격이 좁아집니다.

**바로 통하는 TIP** [줄 간격]을 [고정]으로 설정하면 포인트(pt) 값으로 세밀하게 조정할 수 있습니다. 값이 글꼴 크기보다 작은 경우 줄이 겹쳐 보일 수 있으므로 주의합니다.

## 04 단락 간격 조정하기

텍스트의 단락 간격을 조정해보겠습니다.
① '몸짱맘짱 프로그램'과 '태짱말짱 프로그램'을 구분하기 위해 **텍스트 상자** 클릭
② [홈] 탭 - [단락] 그룹 - **[줄 간격]** 클릭
③ **[줄 간격 옵션]**을 선택합니다.

---

[단락] 대화상자가 활성화됩니다.

## 05

① [들여쓰기 및 간격] 탭 - [간격] - [단락 앞]을 **[30pt]** 로 설정
② **[확인]**을 클릭합니다.

## 06 단락 간격이 넓어진 것을 확인할 수 있습니다.

핵심기능실습

# 24 목록 수준 조정하기

같은 수준의 내용을 같은 모양으로 들여쓰기하거나 내어쓰기를 해주면 상위 개념과 하위 개념의 관계가 구별되므로 쉽게 내용을 파악할 수 있습니다. [목록 수준 줄임], [목록 수준 늘림] 기능을 이용해 목록 수준을 정리해줍니다.

- **실습 파일** 파워포인트\3장\목록 수준 조정하기.pptx   **완성 파일** 파워포인트\3장\목록 수준 조정하기_완성.pptx

## 01 들여쓰기

슬라이드 내용이 모두 같은 수준으로 정리되어 있습니다. 목록 수준을 조정하여 제목과 하위 내용을 구분해보겠습니다.

① **세미나 프로그램 텍스트 아래**의 내용 블록 설정
② [홈] 탭 - [단락] 그룹 - **[목록 수준 늘림]**을 클릭합니다.

## 02 '세미나 프로그램' 부분을 제외한 내용이 한 칸 들여쓰기된 것을 확인할 수 있습니다.

**바로 통하는 TIP** 들여쓰기 단축키는 Tab 입니다.

CHAPTER 03 프레젠테이션 내용 작성 및 서식 지정하기 • 291

## 03 내어쓰기

워크샵 프로그램 부분은 제목 역할을 하므로 한 칸 앞으로 나오게 하여 그 아래 내용과 구분해주어야 합니다.

① **워크샵 프로그램** 블록 설정
② [홈] 탭-[단락] 그룹-[**목록 수준 줄임**]을 클릭합니다.

## 04 워크샵 프로그램이 내어쓰기된 것을 확인할 수 있습니다.

**바로 통하는 TIP** 내어쓰기 단축키는 [Shift]+[Tab]입니다.

CHAPTER
# 04

# 프레젠테이션 시각화 및 서식 지정하기

프레젠테이션을 위한 슬라이드 작업을 할 때 가장 활용도가 높은 시각화 작업에 대해서 배우는 장입니다. 도형, 표, 차트, 이미지는 청중이 메시지를 더 쉽게 이해하고 오래도록 기억하게 만들 수 있는 요소입니다. 메시지의 도해 표현이 힘들었다면 SmartArt 그래픽으로 쉽게 해결할 수 있습니다. 파워포인트 2013에서 새롭게 추가된 기능인 스포이트는 화면에 보이는 색을 추출하여 도형이나 텍스트 개체에 똑같이 적용할 수 있습니다.

핵심기능실습

# 25 정원 그리고 서식 지정하기

도형 그리기는 파워포인트에서 가장 기본적인 기능이며 중요한 작업입니다. 특히 도형을 정방향으로 그리는 방법은 숙지해두는 것이 좋습니다.

▪ 실습 파일 파워포인트 \ 4장 \ 정원 그리고 서식 지정하기.pptx   ▪ 완성 파일 파워포인트 \ 4장 \ 정원 그리고 서식 지정하기_완성.pptx

**01** 회사 90%라는 텍스트 뒤에 정원을 그립니다.
① [삽입] 탭 – [일러스트레이션] 그룹 – [도형] 클릭
② [타원]을 선택합니다.

**02** 정원 그리기
텍스트의 중심을 클릭한 후 Ctrl + Shift 를 누른 **상태**에서 마우스를 바깥쪽으로 **드래그**하여 텍스트를 감싸도록 그려줍니다.

Shift 를 누른 채 드래그하면 도형의 세로와 가로 비율이 고정되므로 정원이 그려집니다.

**바로 통하는 TIP** 정방향 도형을 그릴 때는 Shift 를, 시작 지점이 중심이 되게 하려면 Ctrl 을 누른 상태에서 도형을 그립니다. 두 키를 같이 누르고 그리면 시작 지점이 중심인 정방향 도형이 그려집니다.

## 03 도형 순서 바꾸기

① 원을 텍스트보다 뒤로 보내기 위해 **도형** 클릭
② [그리기 도구] - [서식] 탭 - [정렬] 그룹 - **[뒤로 보내기]**를 클릭합니다.

도형이 텍스트 상자 뒤로 보내지면서 텍스트가 원 위로 나타납니다.

## 04 도형 채우기 변경하기

① 채우기 색을 변경하고자 하는 **도형** 클릭
② [그리기 도구] - [서식] 탭 - [도형 스타일] 그룹 - **[도형 채우기]** 클릭
③ **[진한 파랑, 강조 3]**을 선택합니다.

도형의 색이 바뀝니다.

## 05 도형 윤곽선 변경하기

① 윤곽선을 변경하고자 하는 **도형** 클릭
② [그리기 도구] - [서식] 탭 - [도형 스타일] 그룹 - **[도형 윤곽선]** 클릭
③ **[진한 파랑, 강조 3, 50% 더 어둡게]** 선택
④ [두께]는 **[6pt]**를 선택합니다.

도형에 두께 6pt의 윤곽선이 나타납니다.

핵심기능실습

# 26 여러 도형을 병합하여 새로운 도형 만들기

파워포인트 2013 이전 버전에서는 여러 개의 도형을 병합하여 새로운 도형을 만들 때 그래픽 전문 프로그램을 사용해야 했습니다. 이제는 파워포인트의 강력한 그래픽 기능을 이용해 원하는 모양의 도형을 손쉽게 만들 수 있습니다.

• 실습 파일 파워포인트\4장\여러 도형을 병합하여 새로운 도형 만들기.pptx  • 완성 파일 파워포인트\4장\여러 도형을 병합하여 새로운 도형 만들기_완성.pptx

▲ 핵심기능실습 미리보기

❶ 도형 병합 후 도형 빼기

## 01 도형 다중 선택하기

원 위에 색이 다른 평행 사변형 네 개가 엇갈려 위치해 있습니다. 각각의 도형을 병합한 후 정원에서 빼면 도형에 눈이 표현됩니다. Ctrl 을 누른 상태에서 평행 사변형 네 개를 클릭합니다.

**바로 통하는 TIP** 도형을 다중 선택할 때는 Shift 를 눌러도 됩니다.

## 02 도형 병합하기

① 평행 사변형을 선택한 상태에서 [그리기 도구]-[서식] 탭-[도형 삽입] 그룹-**[도형 병합]** 클릭
② **[병합]** 을 선택합니다.

네 개의 도형이 하나로 병합됩니다.

## 03 도형 빼기

정원에서 눈을 만든 병합한 평행 사변형과 입 모양의 도형을 빼서 얼굴을 완성해보겠습니다.
① 슬라이드에 있는 **정원** 클릭
② Ctrl 을 누른 상태에서 **눈과 입 모양** 클릭
③ [그리기 도구]-[서식] 탭-[도형 삽입] 그룹에서 **[도형 병합]** 클릭
④ **[빼기]** 를 선택합니다.

정원에서 눈과 입 모양의 도형이 빠집니다.

**바로 통하는 TIP** 도형 병합 작업에서는 제일 먼저 선택한 도형의 서식을 따릅니다.

## 핵심기능실습 27 도형의 크기 변경 및 수평 복사하기

도형의 크기를 일정한 비율로 변경하거나 복사할 수 있습니다. 또 이동할 때 수직이나 수평으로 이동할 수 있습니다.

- 실습 파일 파워포인트 \ 4장 \ 도형의 크기 변경 및 수평 복사하기.pptx   - 완성 파일 파워포인트 \ 4장 \ 도형의 크기 변경 및 수평 복사하기_완성.pptx

### 01 도형 크기 변경하기

① **가정**이라는 텍스트가 있는 정원 클릭
② Ctrl + Shift 를 누른 상태에서 정원의 사방 모서리에 있는 조절점(흰색 사각형) 중 하나를 클릭한 후 사선으로 마우스를 **드래그**합니다.

**바로 통하는 TIP** 도형의 크기를 변경할 때 Shift 를 누르면 정비례로 변경되고 Ctrl 을 누르면 개체의 중심을 잡아주면서 크기를 변경할 수 있습니다.

### 02 도형 수평 복사하기

① 복사할 도형 클릭 ② Ctrl + Shift 를 누른 상태에서 **오른쪽으로 드래그**합니다. 복사한 도형의 색과 텍스트 내용을 변경하여 슬라이드를 완성합니다.

**바로 통하는 TIP** 도형을 복사하려면 Ctrl 을 누르고, 수직이나 수평으로 이동하려면 Shift 를 누릅니다. 개체를 선택한 후 Ctrl 과 Shift 를 함께 누르고 드래그하면 수평이나 수직으로 이동하면서 개체가 복사됩니다.

## 핵심기능실습 28 균등한 간격으로 도형 정렬하기

파워포인트 2013에서는 스마트 가이드 기능이 이전 버전보다 업그레이드되어 개체를 정렬할 때 좀 더 편리합니다. 스마트 가이드는 빨간색 점선으로 표시되어 도형이나 다른 개체 등을 슬라이드 내에서 쉽게 정렬할 수 있도록 도와줍니다.

- **실습 파일** 파워포인트 \ 4장 \ 균등한 간격으로 도형 정렬하기.pptx
- **완성 파일** 파워포인트 \ 4장 \ 균등한 간격으로 도형 정렬하기_완성.pptx

**01 중간 맞춤 및 가로 간격 동일하게 하기**
개체를 이동할 때 자동으로 표시되는 스마트 가이드를 이용해 개체 사이의 간격을 정렬해보겠습니다.
① **가정**이라는 원 클릭
② **VS**라는 텍스트 사이에 위치시킵니다. 이때 세 개 개체의 간격이 일정하도록 정렬합니다.

스마트 가이드가 자동으로 생깁니다.

**바로 통하는 TIP** 맞추기 옵션을 일시적으로 무시하려면 Alt 를 누른 채로 개체를 끌면 됩니다.

**02** 가운데 배치한 원과 같은 간격을 두고 왼쪽에 두 번째 원을 배치해보겠습니다.
① **자아**라는 원 클릭
② 아래로 이동하여 **가정**이라는 원과의 가운데에서 사이 간격이 맞는 지점에서 멈춥니다.

스마트 가이드가 자동으로 생기는 것을 확인할 수 있습니다.

**03** 가운데 배치한 원과 같은 간격을 두고 오른쪽에 세 번째 원을 배치해보겠습니다.

① **사회**라는 원 클릭

② 위로 이동하여 **자아**, **가정**이라는 원과의 가운데에서 사이 간격이 동일한 지점에 멈춥니다.

---

스마트 가이드가 자동으로 생깁니다. 원의 위아래 위치 및 사이 간격이 균등하게 정렬되었습니다.

---

### 실무활용노트 POWER POINT | 스마트 가이드 표시 해제하기

스마트 가이드 표시를 해제하려면 [보기] 탭-[표시] 그룹-[눈금 설정] 표시 아이콘을 클릭합니다. 나타나는 [눈금 및 안내선] 대화상자에서 [도형 맞춤 시 스마트 가이드 표시]의 체크 표시를 해제합니다.

### 핵심기능실습

## 29 스포이트를 사용하여 원하는 색 추출 후 도형에 적용하기

파워포인트 2013에 새롭게 추가된 기능인 스포이트를 사용하면 원하는 색을 추출하여 도형이나 텍스트 개체에 똑같이 적용할 수 있습니다. 스포이트 기능을 사용하면 일관성 있는 디자인을 쉽게 만들 수 있습니다.

- 실습 파일 파워포인트\4장\스포이트를 사용하여 원하는 색 추출 후 도형에 적용하기.pptx
- 완성 파일 파워포인트\4장\스포이트를 사용하여 원하는 색 추출 후 도형에 적용하기_완성.pptx

**01 스포이트 선택하기**

슬라이드에 배치한 이미지에서 색을 추출해 도형에 적용해보겠습니다.

① 색을 적용할 **도형** 클릭
② [그리기 도구]-[서식] 탭-[도형 스타일] 그룹-[**도형 채우기**] 클릭
③ [**스포이트**]를 선택합니다.

**바로 통하는 TIP** 색을 선택하지 않고 스포이트를 취소하려면 ESC를 누릅니다.

**02 색 추출하기**

원하는 색이 있는 곳에 스포이트를 가져간 후 클릭합니다. 추출한 색이 도형에 적용된 것을 확인할 수 있습니다.

 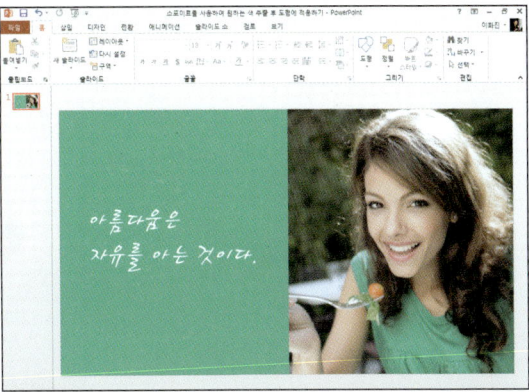

**바로 통하는 TIP** 색 위에 커서를 올려놓으면 RGB(빨강, 녹색, 파랑) 색 좌표를 확인할 수 있습니다. 정확한 색을 추출하려면 Enter 나 Space Bar 를 누릅니다.

**바로 통하는 TIP** 슬라이드 밖 화면에 있는 어떤 색을 추출하려면 스포이트를 클릭한 후 상태에서 추출하고자 하는 색이 있는 곳으로 마우스 포인터를 끌고 갑니다.

핵심기능실습

# 30 멋진 도형 서식을 다른 도형에 똑같이 적용하기

도형에 그라데이션 효과를 적용하여 멋지게 만든 도형 서식이 있다면 다른 도형에도 똑같이 적용할 수 있습니다. 서식 복사를 사용하면 편리합니다.

- 실습 파일 파워포인트 \ 4장 \ 멋진 도형 서식을 다른 도형에 똑같이 적용하기.pptx
- 완성 파일 파워포인트 \ 4장 \ 멋진 도형 서식을 다른 도형에 똑같이 적용하기_완성.pptx

**01 도형에 그라데이션 적용하기**
도형에 그라데이션 효과를 적용한 후 만들어둔 도형 서식을 다른 도형에서 사용해보겠습니다.
① **하트 도형** 중 하나 클릭
② [그리기 도구]-[서식] 탭-[도형 스타일] 그룹-[**도형 서식**] 표시 아이콘 클릭
③ [**채우기**] 선택
④ [**그라데이션 채우기**]를 선택합니다.

**02** [**중지점 2/4**]와 [**중지점 3/4**]을 **삭제**하고 두 개의 중지점만 남겨놓습니다.

두 중지점이 위치한 곳의 색상이 서로 혼합되면서 그라데이션 효과가 표현됩니다.

**바로 통하는 TIP** 중지점을 삭제할 때는 삭제할 중지점을 클릭한 후 [그라데이션 중지점 제거]를 클릭합니다.

## 03

① [중지점 1/2] 클릭

② [색]-[**진한 청록, 강조 1**], [위치]-[**0%**], [투명도]-[**0%**], [밝기]-[**0%**]로 설정

③ [중지점 2/2] 클릭

④ [색]-[**진한 파랑, 강조 3**], [위치]-[**100%**], [투명도]-[**0%**], [밝기]-[**0%**]로 설정합니다.

**바로 통하는 TIP** 중지점이란 그라데이션에서 인접한 두 색상의 혼합이 끝나는 특정 지점입니다. 중지점은 슬라이드 막대에서 추가하거나 제거할 수 있으며 중지점을 움직이거나 정확한 위치로 이동하려면 위치 백분율을 사용합니다. 지정할 수 있는 중지점의 최대 수는 10개이고 최소 수는 두 개입니다.

**04** 하트 도형에 두 가지 색으로 그라데이션이 적용된 것을 확인할 수 있습니다.

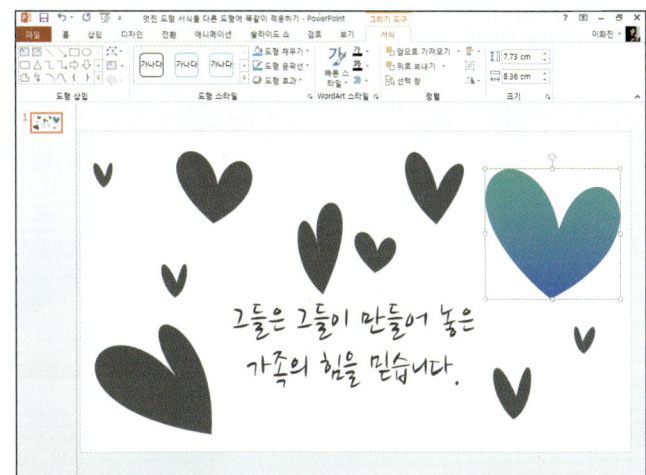

## 05 도형 서식 복사하기

하트 도형의 그라데이션 효과를 복사해 다른 도형에 적용해보겠습니다.

① 그라데이션 색이 적용된 **하트** 클릭

② [홈] 탭-[클립보드] 그룹-[**서식 복사**]를 클릭합니다.

## 06 도형 서식 붙여넣기

마우스 포인터가 페인트 브러시 아이콘으로 바뀝니다. 서식을 붙여 넣을 개체를 클릭합니다.

---

복사한 도형 서식이 적용되어 그라데이션 효과가 나타납니다.

## 07

나머지 개체에도 같은 방법으로 도형 서식을 적용합니다.

**바로 통하는 TIP** 도형 서식 명령을 반복 실행하려면 명령 버튼을 더블클릭합니다. 서식 지정을 중지하려면 ESC를 누릅니다.

핵심기능실습

# 31 평면 도형을 입체 도형으로 만들기

파워포인트 2013에서는 3D 프로그램 없이도 손쉽게 입체 도형을 만들 수 있습니다. 재질과 조명, 그림자 등 다양한 효과를 적용하여 입체 도형을 표현해보겠습니다.

▪실습 파일 파워포인트 \ 4장 \ 평면 도형을 입체 도형으로 만들기.pptx   ▪완성 파일 파워포인트 \ 4장 \ 평면 도형을 입체 도형으로 만들기_완성.pptx

**01 도형 서식 작업 창 열고 입체 효과 적용하기**

① 슬라이드에 있는 **정원** 클릭
② [그리기 도구] - [서식] 탭 - [도형 스타일] 그룹 - [도형 서식 □] 표시 아이콘 클릭
③ 화면 오른쪽에 [도형 서식] 작업 창이 활성화되면 [효과] 클릭
④ [3차원 서식] 항목을 선택합니다.

**02** 입체 효과를 다음과 같이 설정합니다.

**바로 통하는 TIP** 도형 서식을 다음과 같이 설정합니다.
- [위쪽 입체] - [너비 : 85pt, 높이 : 85pt]
- [아래쪽 입체] - [너비 : 85pt, 높이 : 85pt]
- [재질] - [투명하게]
- [조명] - [퍼지게]
- [각도] - [40도]

CHAPTER 04 프레젠테이션 시각화 및 서식 지정하기 • **305**

## 03 그림자 적용하기

① [도형 서식] 작업 창에서 [효과]의 **[그림자]** 선택
② **[미리 설정]** 클릭
③ [원근감] – **[아래쪽]**을 선택합니다.

## 04 도형 복사하기

① 입체 효과가 적용된 **도형** 클릭 후 마우스 오른쪽 버튼 클릭
② 바로 가기 메뉴 중 **[복사]**를 선택합니다.

## 05 그림으로 붙여넣기

① 도형을 붙여 넣을 위치에서 마우스 오른쪽 버튼 클릭
② 바로 가기 메뉴의 [붙여넣기 옵션] 중에서 **[그림]**을 선택합니다.

## 06 도형 크기 줄이고 복사하기

① 붙여 넣은 **도형** 클릭
② Ctrl + Shift 를 누른 상태에서 사방의 흰 사각형 중 하나를 안쪽으로 드래그합니다.

도형 서식은 유지되면서 크기가 작아집니다.

## 07

① 붙여 넣은 **도형** 클릭
② Ctrl 을 누른 상태에서 복사될 위치로 드래그합니다.

도형이 복사됩니다.

핵심기능실습

# 32 SmartArt 그래픽 삽입 후 텍스트 입력하기

SmartArt 그래픽을 이용하면 다양한 레이아웃을 사용자가 목적에 맞게 선택하여 표현할 수 있습니다. 따라서 자신의 아이디어나 메시지를 쉽고 빠르게 전달하는 데 도움이 됩니다.

- 실습 파일 파워포인트 \ 4장 \ SmartArt 그래픽 삽입 후 텍스트 입력하기.pptx
- 완성 파일 파워포인트 \ 4장 \ SmartArt 그래픽 삽입 후 텍스트 입력하기_완성.pptx

## 01 SmartArt 그래픽 삽입하기

① [삽입] 탭 - [일러스트레이션] 그룹 - [SmartArt] 클릭

② [주기형] 선택

③ [무지향 주기형] 선택

④ [확인]을 클릭합니다.

슬라이드에 [무지향 주기형] SmartArt 그래픽이 삽입됩니다.

## 02 SmartArt 그래픽에 텍스트 입력하기

① SmartArt 그래픽에 텍스트를 입력하기 위해 [SMARTART 도구] - [디자인] 탭 - [그래픽 만들기] 그룹 - [텍스트 창] 클릭

② 교육, 리서치, 컨설팅, 인증제도, 공모사업 입력

텍스트가 자동으로 SmartArt 그래픽에 표시됩니다.

③ 텍스트 창을 닫아 SmartArt 그래픽을 완성합니다.

바로 통하는 TIP   텍스트 창을 나타내려면 SmartArt 그래픽 왼쪽 중간에 있는 ◁ 화살표를 클릭해도 됩니다. 텍스트 창을 여는 대신 SmartArt 그래픽의 도형을 선택한 후 텍스트를 입력할 수 있습니다.

> 핵심기능실습

# 33 SmartArt 그래픽 색상 및 스타일 변경하기

SmartArt 스타일은 선 스타일, 입체, 3차원 등을 비롯한 다양한 효과를 조합해놓은 것입니다. 이를 목적에 맞게 잘 적용하면 전문가 수준의 디자인을 손쉽게 만들 수 있습니다.

- 실습 파일 파워포인트 \ 4장 \ SmartArt 그래픽 색상 및 스타일 변경하기.pptx
- 완성 파일 파워포인트 \ 4장 \ SmartArt 그래픽 색상 및 스타일 변경하기_완성.pptx

## 01 SmartArt 그래픽의 색 변경하고 3차원 효과 적용하기

① 슬라이드에서 SmartArt 그래픽 클릭 ② [SMARTART 도구] - [디자인] 탭 - [SmartArt 스타일] 그룹 - [**색 변경**] 클릭 ③ [**색상형 범위 - 강조색 3 또는 4**] 선택 ④ SmartArt 그래픽에 [SMARTART 도구] - [디자인] 탭 - [SmartArt 스타일] 그룹 - [**자세히**] 클릭 ⑤ [**광택 처리**]를 선택합니다.

## 02 개별 서식 변경하기

① **인증제도**라는 도형 클릭 ② [SMARTART 도구] - [서식] 탭 - [도형 스타일] 그룹 - [**도형 효과**] 클릭 ③ [네온] - [**라임, 18pt 네온, 강조색 4**]를 선택합니다. 인증제도 도형에 네온 효과가 적용되었습니다. 나머지 도형에도 네온 효과를 적용하여 슬라이드를 완성합니다.

핵심기능실습

# 34 SmartArt 그래픽에 도형 추가 및 모양 변경하기

내용에 따라 기본 SmartArt 그래픽에 도형을 추가하거나 삭제할 수 있습니다. 또한 일반 도형처럼 각각 모양을 변경할 수 있습니다.

- 실습 파일 파워포인트 \ 4장 \ SmartArt 그래픽에 도형 추가 및 모양 변경하기.pptx
- 완성 파일 파워포인트 \ 4장 \ SmartArt 그래픽에 도형 추가 및 모양 변경하기_완성.pptx

## 01 도형 추가하기

도형 추가 기능을 이용하면 SmartArt의 모양을 다양하게 변형할 수 있습니다. 기본으로 적용된 SmartArt의 레이아웃을 수정해 보겠습니다.

① SmartArt 그래픽 클릭
② [SMARTART 도구] – [디자인] 탭 – [그래픽 만들기] 그룹 – **[도형 추가]** 클릭
  오른쪽에 도형이 추가되면 추가됩니다.
③ 도형에 **홍보** 입력
④ **[도형 추가]** 다시 한 번 클릭
⑤ **공헌**이라고 입력합니다.

## 02 도형 모양 변경하기

① **분석**이라는 도형 클릭 ② [SMARTART 도구] – [서식] 탭 – [도형] 그룹 – **[도형 모양 변경]** 클릭 ③ 변경하고 싶은 도형으로 **[오각형]**을 선택합니다. 도형 모양이 오각형으로 변경된 것을 확인할 수 있습니다.

> 핵심기능실습

# 35 텍스트 또는 그림을 SmartArt 그래픽으로 변환하기

글머리 기호가 있는 텍스트나 여러 개의 그림은 빠르게 SmartArt 그래픽으로 변환할 수 있습니다. [SmartArt 그래픽으로 변환] 기능을 이용하면 텍스트를 시각화하여 정보를 쉽게 전달할 수 있으며 그림 배열을 보기 좋게 수정할 수 있습니다.

- 실습 파일 파워포인트 \ 4장 \ 텍스트 또는 그림을 SmartArt 그래픽으로 변환하기.pptx
- 완성 파일 파워포인트 \ 4장 \ 텍스트 또는 그림을 SmartArt 그래픽으로 변환하기_완성.pptx

**01 텍스트를 SmartArt 그래픽으로 변환하기**

구분 기호와 상하위 수준을 이용해 내용이 정리되어 있습니다. 텍스트 상자에 입력한 내용을 SmartArt 그래픽으로 변경해보겠습니다. 1번 슬라이드에서 본문 **텍스트** 상자를 클릭합니다.

**02**
① [홈] 탭 - [단락] 그룹 - **[SmartArt 그래픽으로 변환]** 클릭 ② 목록에서 **[세로 블록 목록형]**을 선택합니다. 도형의 서식을 변경하여 슬라이드를 완성합니다.

**03 그림을 SmartArt 그래픽으로 변환하기**
2번 슬라이드에 있는 그림 세 개를 선택합니다. Ctrl을 누른 상태에서 클릭합니다.

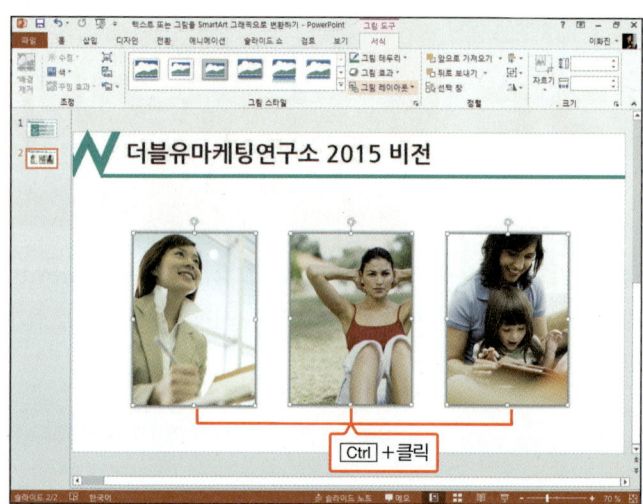

**04**
① [그림 도구] - [서식] 탭 - [그림 스타일] 그룹 - **[그림 레이아웃]** 클릭
② **[그림 계단 모양]**을 선택합니다.

**05** 텍스트를 입력한 후 슬라이드를 완성합니다.

## 핵심기능실습 36 표 디자인하기

표는 일목요연하게 내용을 정리할 수 있어 많이 사용합니다. 사용자가 원하는 대로 표의 테두리 색, 스타일, 두께를 지정할 수 있고 셀의 색이나 효과도 지정할 수 있습니다. 또한 표 내의 여러 셀을 병합하거나 하나의 셀을 여러 셀로 분할할 수도 있습니다.

▪ 실습 파일 파워포인트 \ 4장 \ 표 디자인하기.pptx   ▪ 완성 파일 파워포인트 \ 4장 \ 표 디자인하기_완성.pptx

**01 표 테두리 색 및 두께 변경하기**

슬라이드에 작성된 표를 원하는 스타일로 수정해보겠습니다.

① 표 전체 클릭
② [표 도구] - [디자인] 탭 - [테두리 그리기] 그룹 - [펜 두께]를 [1pt]로 설정
③ [펜 색]을 [옥색, 강조 2]로 설정
④ [표 스타일] 그룹 - [테두리▼] 클릭
⑤ [모든 테두리]를 선택합니다.

**02 표 위쪽 테두리와 아래쪽 테두리 두껍게 하기**

① 표 전체 클릭
② [표 도구] - [디자인] 탭 - [테두리 그리기] 그룹 - [펜 두께]를 [3pt]로 설정, [펜 색]을 [옥색, 강조 2]로 설정
③ [표 스타일] 그룹 - [테두리▼] 클릭
④ [위쪽 테두리] 선택
⑤ [아래쪽 테두리]를 선택합니다.

## 03 표 왼쪽 테두리와 오른쪽 테두리 지우기

① [표 도구] - [디자인] 탭 - [테두리 그리기] 그룹 - [지우개] 클릭

② 표의 **왼쪽 테두리**와 **오른쪽 테두리**를 드래그합니다.

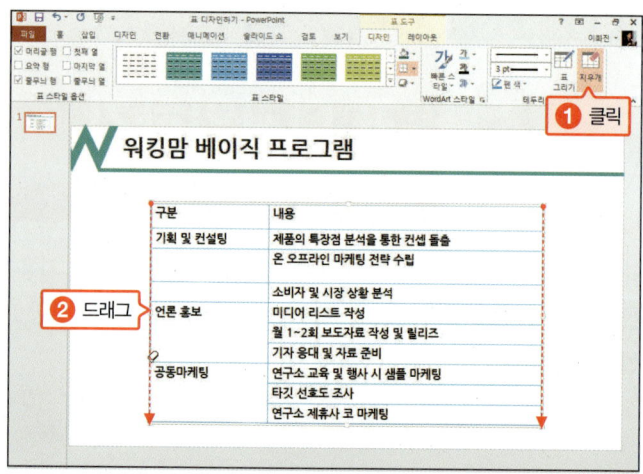

표의 왼쪽과 오른쪽 테두리가 지워집니다.

> **바로 통하는 TIP** 지우개로 표의 선을 지울 때 드래그하여 표시되는 지우개의 경로가 점선인 경우에는 선이 지워지지 않습니다. 선 형태일 때만 지워집니다.

## 04 셀에 배경색 채우기

① 표의 **1행** 블록 설정

② [표 도구] - [디자인] 탭 - [표 스타일] 그룹 - [음영▼] 클릭

③ [**옥색, 강조 2, 60% 더 밝게**]를 선택합니다.

1행에 배경색이 적용됩니다.

## 05

① 표의 1열 **기획 및 컨설팅**이라는 텍스트가 들어 있는 셀부터 가장 아래쪽 셀까지 블록 설정

② [표 도구] - [디자인] 탭 - [표 스타일] 그룹 - [음영▼] 클릭

③ [**옥색, 강조 2, 80% 더 밝게**]를 선택합니다.

1열에 배경색이 적용됩니다.

## 06 셀 병합하기

① **기획 및 컨설팅**이라는 텍스트가 들어 있는 셀부터 그 아래쪽 두 개 셀까지 블록 설정
② [표 도구] - [레이아웃] 탭 - [병합] 그룹 - [**셀 병합**]을 클릭합니다.

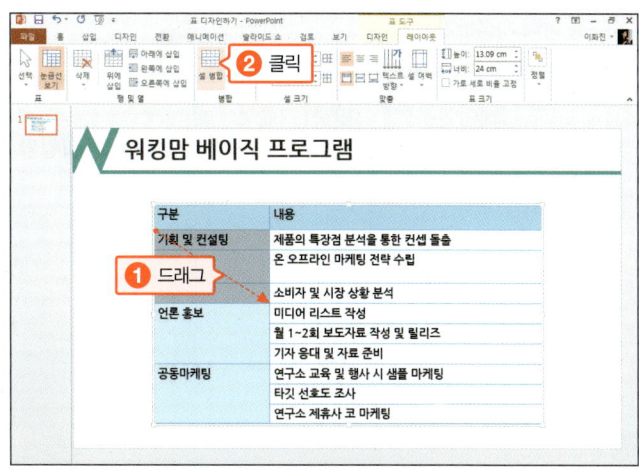

세 개의 셀이 하나로 병합됩니다.

## 07 행 높이를 같게 하기

① 내용에 해당하는 **전체 행** 블록 설정
② [표 도구] - [레이아웃] 탭 - [셀 크기] 그룹 - [**행 높이를 같게**]를 클릭합니다.

선택한 행의 행 높이가 동일하게 조정됩니다.

## 08 셀 안에 텍스트 위치 맞추기

① 표의 **1열** 전체 블록 설정
② [표 도구] - [레이아웃] 탭 - [맞춤] 그룹 - [**가운데 맞춤**] 클릭
③ [**세로 가운데 맞춤**] 클릭
④ **내용 셀** 클릭
⑤ [**가운데 맞춤**] 클릭
⑥ [**세로 가운데 맞춤**] 클릭
⑦ 내용·**셀 하단 전체** 블록 설정
⑧ [**세로 가운데 맞춤**]을 클릭합니다.

각 셀의 텍스트 위치가 수정됩니다.

## 09 셀 여백 지정하기

① 내용에 해당하는 **셀 전체** 블록 설정
② [표 도구] – [레이아웃] 탭 – [맞춤] 그룹 –
   [**셀 여백**] 클릭
③ [**사용자 지정 여백**]을 선택합니다.

[셀 텍스트 레이아웃] 대화상자가 활성화됩니다.

## 10

① [안쪽 여백] – [왼쪽으로]를 [**1cm**]로 설정
② [**확인**]을 클릭합니다.

## 11

선택한 셀 전체에 여백이 적용됩니다. 표가 완성됩니다.

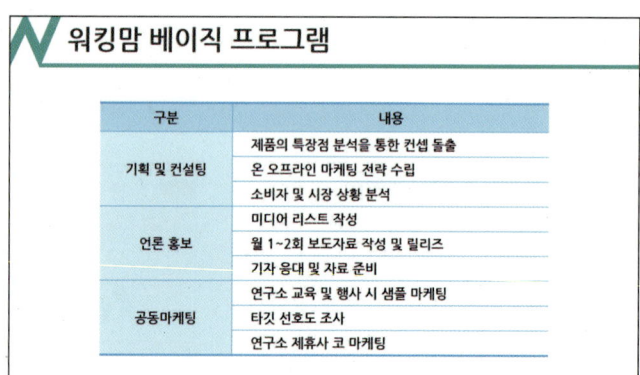

핵심기능실습

# 37 차트 디자인하기

프레젠테이션에서 수치 정보는 차트로 표현하는 것이 좋습니다. 파워포인트 2013에서는 차트를 좀 더 쉽고 빠르게 디자인할 수 있습니다. 사용자가 원하는 대로 차트를 디자인해보겠습니다.

- 실습 파일 파워포인트 \ 4장 \ 차트 디자인하기.pptx
- 완성 파일 파워포인트 \ 4장 \ 차트 디자인하기_완성.pptx

▲ 핵심기능실습 미리보기

① 데이터 레이블 표시하기
② 차트 종류 변경하기
③ 글꼴 크기 변경하기
④ 글꼴 색 변경하기
⑤ 막대 서식 변경하기

CHAPTER 04 프레젠테이션 시각화 및 서식 지정하기 • **317**

## 01 차트 레이아웃 변경하기

① **차트** 클릭
② [차트 도구] - [디자인] 탭 - [차트 레이아웃] 그룹 - [**빠른 레이아웃**] 클릭
③ [**레이아웃 2**]를 선택합니다.

## 02 차트 제목과 범례 없애기

[차트 요소]와 [차트 스타일]을 이용해 간편하게 차트를 편집할 수 있습니다.
① [**차트 요소**] 클릭
② [**차트 제목**]과 [**범례**]의 체크 표시를 해제합니다.

## 03 차트 색 변경하기

① [**차트 스타일**] 클릭
② [**색**] 클릭
③ [**색 2**]를 선택합니다.

## 04 원하는 계열만 보이기

[차트 필터]를 이용하면 차트에 표시할 데이터 요소를 간편하게 선택할 수 있습니다.

① **[차트 필터]** 클릭
② **[값]** 클릭
③ [계열] 항목 중 **[2013]**에 체크 표시
④ **[적용]**을 클릭합니다. 2013년에 해당하는 막대만 표시됩니다.

## 05 차트 종류 변경하기

세로 막대형 차트를 가로 막대형 차트로 변경해보겠습니다.

① **차트 전체** 클릭
② [차트 도구] – [디자인] 탭 – [종류] 그룹 – **[차트 종류 변경]** 클릭
③ [차트 종류 변경] 대화상자에서 **[가로 막대형]** 선택
④ **[묶은 가로 막대형]** 선택
⑤ **[확인]**을 클릭합니다.

묶은 가로 막대형 차트로 변경됩니다.

## 06 항목 글꼴 크기 변경하기

① 세로 축의 항목 클릭
② [홈] 탭 – [글꼴] 그룹 – [글꼴 크기]를 **[24pt]**로 설정
③ **[굵게]**를 클릭합니다.

## 07 데이터 값의 글꼴 크기 변경하기

① **데이터 값** 클릭
② [홈] 탭 - [글꼴] 그룹 - [글꼴 크기]를 [40pt]로 설정
③ **[굵게]**를 클릭합니다.

## 08 한 개의 막대 서식만 변경하기

네 가지 항목 중 매출 실적이 가장 큰 공모사업에 해당하는 막대의 색을 바꿔 눈에 띄도록 수정해보겠습니다.

① 공모사업에 해당하는 막대 **두 번** 클릭
② [차트 도구] - [서식] 탭 - [도형 스타일] 그룹 - **[도형 채우기]** 클릭
③ **[주황, 강조 6]**을 선택합니다.

차트가 완성됩니다.

---

### 실무활용노트 POWER POINT | 차트 구성 요소 살펴보기

차트에는 계열, 축, 범위, 데이터 레이블 등 다양한 구성 요소가 있습니다. 차트를 선택하면 차트 영역 오른쪽에 차트 요소, 차트 스타일, 차트 필터 등이 표시됩니다. 간편하게 차트 요소를 추가, 제거하거나 차트 스타일을 선택할 수 있습니다.

핵심기능실습

# 38 잘 만든 차트 서식 저장 후 재활용하기

다양한 서식을 적용하여 멋지게 만든 차트는 다시 사용할 수 있습니다. 자주 쓰는 차트 서식을 저장하여 재활용하면 차트 스타일을 수정할 때 시간을 절약할 수 있습니다.

- 실습 파일 파워포인트\4장\잘 만든 차트 서식 저장 후 재활용하기.pptx
- 완성 파일 파워포인트\4장\잘 만든 차트 서식 저장 후 재활용하기_완성.pptx

## 01 차트 서식 저장하기

사용자가 잘 만든 차트 서식을 저장해두었다가 다시 사용할 수 있습니다.

① **1번 슬라이드**에 있는 차트 클릭 후 마우스 오른쪽 버튼 클릭

② 바로 가기 메뉴 중 [**서식 파일로 저장**]을 선택합니다.

[차트 서식 파일 저장] 대화상자가 활성화됩니다.

## 02

① [파일 이름]에 **색이 다른 굵은 꺾은선형 차트** 입력

② [**저장**]을 클릭합니다.

**03 저장된 서식 파일 적용하기**

① **2번 슬라이드**에 있는 차트 클릭
② [차트 도구] - [디자인] 탭 - [종류] 그룹 - **[차트 종류 변경]** 클릭
③ [차트 종류 변경] 대화상자에서 **[서식 파일]** 선택
④ **색이 다른 굵은 꺾은선형 차트** 선택
⑤ **[확인]**을 클릭합니다.

**04** 저장된 차트 서식 파일이 적용되어 차트 종류가 변경됩니다.

## 39 그림의 특정 부분만 강조하기

전체 그림 중 특정 부분을 컬러로 남겨두고 나머지는 회색조로 나타내거나 희미하게 만들어 표현하려는 내용을 좀 더 강조할 수 있습니다. 이때 그림을 자연스럽게 표현하려면 그림 주변을 부드럽게 처리하는 것이 좋습니다.

• 실습 파일 파워포인트\4장\그림의 특정 부분만 강조하기.pptx  • 완성 파일 파워포인트\4장\그림의 특정 부분만 강조하기_완성.pptx

**01 그림을 복사하여 수평으로 이동하기**

그림의 특정 부분만 강조하기 위해 그림을 복사한 후 원본과 겹쳐두고 강조할 부분만 남기고 잘라냅니다. 주변부에 효과를 주면 강조할 부분이 더 자연스럽게 표현됩니다.

① 슬라이드의 **그림** 클릭
② 그림을 복사하기 위해 Ctrl + Shift 를 누른 상태에서 **왼쪽으로 드래그**합니다.

**02 그림 색 변경하기**

① 복사하기 전 **그림** 클릭 ② [그림 도구] - [서식] 탭 - [조정] 그룹 - **[색]** 클릭 ③ [다시 칠하기]에서 **[회색조]**를 선택합니다.

**바로 통하는 TIP** 원본에 회색조를 적용하면 강조할 부분과 겹쳐두었을 때 주변부가 회색으로 표시되어 강조할 부분이 더 눈에 띕니다.

## 03 그림의 원하는 부분만 남기고 자르기

복사해둔 그림에서 강조할 부분만 남기고 잘라냅니다.

① 복사한 그림을 본래 그림과 **겹치도록 드래그**
② [그림 도구]-[서식] 탭-[크기] 그룹-**[자르기]** 클릭
③ 강조하고 싶은 부분만 남도록 그림 테두리에 생긴 **꺽쇠**로 크기 조절
④ **[자르기]**를 클릭합니다.

## 04 잘린 그림 주변 부드럽게 처리하기

잘린 그림과 회색으로 변경한 원본 그림의 경계가 자연스럽지 않습니다. 잘린 그림의 주변을 부드럽게 처리해 원본 배경과 자연스럽게 어울리도록 수정해보겠습니다.

① **잘린 그림** 클릭
② [그림 도구]-[서식] 탭-[그림 스타일] 그룹-**[그림 효과]** 클릭
③ [부드러운 가장자리]-**[50포인트]**를 선택합니다.

## 05

전체 컬러 그림 중 특정 부분만 색이 강조된 것을 확인할 수 있습니다.

핵심기능실습

# 40 그림 서식 변경 후 서식은 유지하고 그림만 변경하기

테두리 및 그림자, 반사와 같은 그림 서식을 변경한 후 서식은 그대로 유지하고 그림만 변경할 수 있습니다. 서식이 같은 다른 여러 개의 그림을 표현할 때 유용하게 활용할 수 있습니다.

- 실습 파일 파워포인트 \ 4장 \ 그림 서식 변경 후 서식은 유지하고 그림만 변경하기.pptx
- 완성 파일 파워포인트 \ 4장 \ 그림 서식 변경 후 서식은 유지하고 그림만 변경하기_완성.pptx

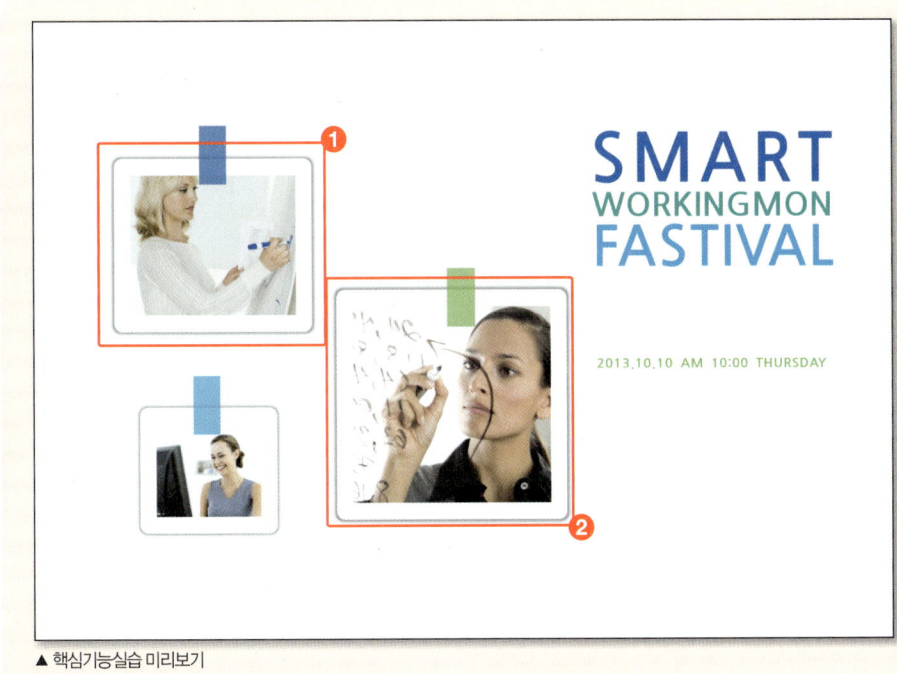

▲ 핵심기능실습 미리보기

① 테두리 효과, 그림자 효과, 반사 효과 적용하기
② 그림 변경하기

## 01 그림 테두리 변경하기

① 슬라이드에 있는 **그림** 클릭
② [그림 도구] - [서식] 탭 - [그림 스타일] 그룹 - [**그림 테두리**] 클릭
③ [**두께**] - [**다른 선**] 선택
④ [그림 서식] 작업 창에서 [채우기 및 선] - [두께]를 [**20pt**]로 설정합니다.

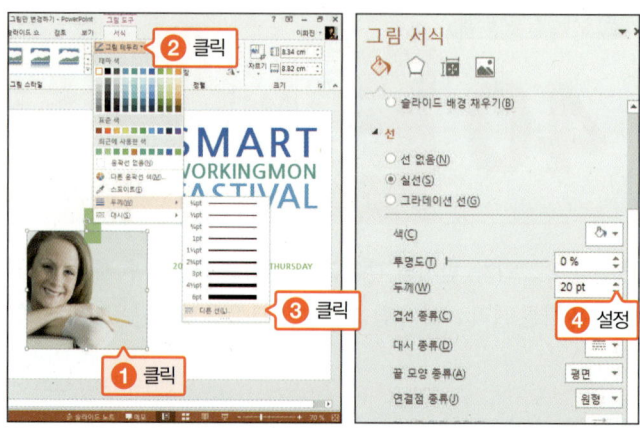

## 02 그림에 그림자 적용하기

① [그림 서식] 작업 창에서 [효과] - [**그림자**] 선택
② [**미리 설정**] 클릭
③ [바깥쪽] - [**오프셋 가운데**]를 선택합니다.

## 03 그림 서식 복사하고 붙여넣기

그림 서식을 복사해 다른 그림에도 적용해 보겠습니다.

① 서식이 적용된 **그림** 클릭
② [홈] 탭 - [클립보드] 그룹 - [**서식 복사**] 더블클릭
③④ 마우스 포인터가 **페인트 붓 모양**이 되면 서식을 붙여 넣을 그림을 클릭합니다.

다른 그림에 자동으로 서식이 적용됩니다.

## 04 다른 그림으로 변경하기

그림에 적용한 서식은 유지한 채 그림만 변경해보겠습니다.

① 변경할 **그림** 클릭
② [그림 도구] - [서식] 탭 - [조정] 그룹 - **[그림 바꾸기]**를 클릭합니다.

## 05
[그림 삽입] 창의 [파일에서] - **[찾아보기]**를 클릭합니다.

## 06
① **[그림 삽입]** 대화상자에서 **여자.jpg** 선택
② **[삽입]**을 클릭합니다.

서식은 그대로 유지되면서 그림만 변경됩니다.

## 핵심기능실습 41 그림에서 불필요한 부분 제거하기

그림에서 불필요한 부분을 제거하여 슬라이드와 어울리게 표현할 수 있습니다. 제거하고자 하는 부분과 남기고 싶은 부분의 색 구분이 분명할 때 [배경 제거] 기능이 더 깔끔하게 적용됩니다.

- 실습 파일 파워포인트\4장\그림에서 불필요한 부분 제거하기.pptx  • 완성 파일 파워포인트\4장\그림에서 불필요한 부분 제거하기_완성.pptx

**01 배경 제거하기**

그림에 불필요한 배경이 들어 있으면 슬라이드가 복잡해 보일 수 있습니다. 불필요한 배경을 제거해보겠습니다.

① 슬라이드에서 **그림** 클릭
② [그림 도구]-[서식] 탭-[조정] 그룹-**[배경 제거]**를 클릭합니다.

**02 배경 제거 선의 핸들**을 조정하여 원하는 그림이 최대한 포함되도록 만듭니다.

## 03 제거할 영역 표시하기

① 그림에서 제거할 부분이 남아 있으면 [배경 제거] 탭 - [고급 검색] 그룹 - **[제거할 영역 표시]** 클릭

② 마우스 포인터가 **연필 모양**으로 바뀌면 그림에서 제거할 영역에 선 그리기 그림의 오른쪽 아래에 분홍색 부분을 표시하면 배경이 보라색으로 바뀝니다.

③ 제거할 영역이 다 표시되면 [배경 제거] 탭 - [닫기] 그룹 - **[변경 내용 유지]**를 클릭합니다.

> **바로 통하는 TIP** 제거하려는 부분과 남기고 싶은 부분의 색 구분이 분명한 것이 좋습니다.

## 04

불필요한 배경이 제거되고 그 자리에 슬라이드 배경이 보입니다. 남은 부분이 슬라이드 내용과 조화롭게 표현되었습니다.

핵심기능실습

# 42 그림을 원하는 모양으로 자르고 용량 줄이기

그림 자르기 명령을 사용하면 그림에서 필요한 부분만 잘라내어 내용을 표현할 수 있습니다. 그림을 자를 때는 다양한 도형 모양으로 자를 수 있습니다. 잘라낸 그림은 남은 부분만 사용하므로 파일의 용량이 가벼워집니다.

- 실습 파일 파워포인트 \ 4장 \ 그림을 원하는 모양으로 자르고 용량 줄이기.pptx
- 완성 파일 파워포인트 \ 4장 \ 그림을 원하는 모양으로 자르고 용량 줄이기_완성.pptx

## 01 그림 원형으로 자르기

슬라이드에 삽입한 그림은 다양한 모양으로 자를 수 있습니다. 사각형의 그림을 원형으로 잘라보겠습니다.

① 슬라이드에서 **그림** 클릭
② [그림 도구] - [서식] 탭 - [크기] 그룹 - [**자르기**] 클릭
③ 꺾쇠 모양의 **자르기 핸들**을 드래그해 원하는 부분이 남도록 영역을 조정합니다.

**바로 통하는 TIP** 슬라이드 그림은 [삽입] 탭 - [이미지] 그룹에서 [그림]을 클릭한 후 [그림 삽입] 대화상자에서 '프로 여성1.jpg'를 삽입한 것입니다.

## 02

① [그림 도구] - [서식] 탭 - [크기] 그룹 - [**자르기▼**] 클릭
② [도형에 맞춰 자르기] - [**타원**]을 선택합니다.

**03** 사각형 그림이 원형으로 바뀐 것을 확인할 수 있습니다.

**04** 적당한 크기로 그림의 크기를 줄여줍니다.
① 잘려진 그림 부분을 완전히 삭제하고 줄인 크기로 용량을 유지하기 위해 크기를 줄인 **그림** 클릭
② [그림 도구] - [서식] 탭 - [조정] 그룹 - **[그림 압축]** 클릭
③ [그림 압축] 대화상자에서 **[압축 옵션]** 두 가지에 모두 체크 표시
④ **[확인]**을 클릭합니다.

**바로 통하는 TIP** 파워포인트에서 자르기 한 것은 슬라이드 상에서만 보이지 않는 것이므로 용량은 그대로입니다. 용량을 줄이려면 잘린 부분을 아예 없애야 합니다. 이때 [그림 압축]을 사용합니다.

**05 압축한 그림 저장하기**
원본 그림과 용량 차이를 비교하기 위해 그림을 저장해보겠습니다.
① **그림** 클릭
② **마우스 오른쪽 버튼** 클릭
③ **[그림으로 저장]**을 선택합니다.

[그림으로 저장] 대화상자가 활성화됩니다.

## 06
① [파일 이름]에 **프로 여성2** 입력
② [저장]을 클릭합니다.

잘라낸 모양 그대로 그림이 저장됩니다.

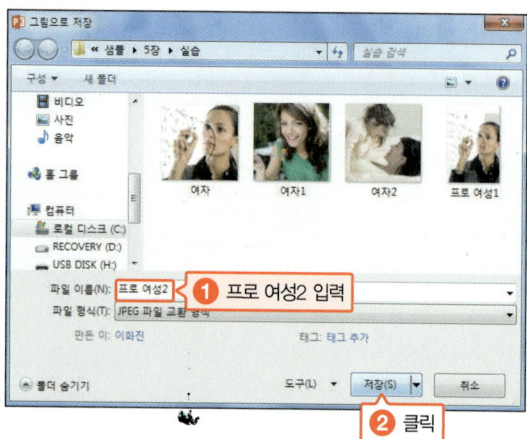

## 07
용량을 비교해보면 원본 그림 **프로 여성1.jpg**는 97.7KB이고, 불필요한 부분을 자르고 크기를 줄인 그림 **프로 여성2.jpg**는 16.2KB로 용량이 크게 준 것을 확인할 수 있습니다.

 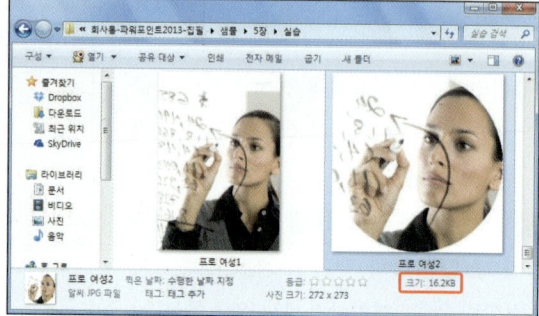

## 08
크기를 줄인 그림의 테두리 및 그림자를 적용하여 서식을 변경합니다.
① 아래쪽으로 **두 개** 더 복사
② 각각의 그림을 **여자1.jpg**, **여자2.jpg**로 바꿔줍니다.

**바로 통하는 TIP** 그림을 변경하려면 [그림 도구]-[서식] 탭-[조정] 그룹-[그림 바꾸기]를 클릭한 후 [찾아보기]에서 변경할 그림을 선택합니다.

**바로 통하는 TIP** 그림의 테두리와 그림자 효과는 [그림 도구]-[서식] 탭-[그림 스타일] 그룹에서 [그림 테두리]와 [그림 효과] 명령으로 변경할 수 있습니다.

CHAPTER
05

# 프레젠테이션에 멀티미디어 삽입 및 서식 지정하기

프레젠테이션에서 오디오와 비디오는 내용을 역동적으로 만들어 줍니다. 단순히 슬라이드에 오디오와 비디오를 삽입하는 것뿐만 아니라 삽입된 오디오와 비디오의 특정 부분만 실행하는 것도 가능합니다. 또한 책갈피 기능을 사용하여 원하는 부분에 표시할 수 있습니다. 오디오는 원하는 슬라이드까지 재생되게 할 수 있으며, 비디오는 마치 그림처럼 모양이나 색을 변경할 수도 있습니다. 다만 비디오의 경우에는 지나치게 변형하여 내용을 왜곡하지 않도록 주의해야 합니다.

핵심기능실습

# 43 오디오 클립 삽입 후 특정 슬라이드까지 실행하기

오디오를 삽입한 슬라이드부터 특정 슬라이드까지 슬라이드 쇼가 실행되는 동안 오디오 파일을 재생할 수 있습니다. 이때 오디오 클립의 재생 중지를 제어하기 위해서는 사용자 지정 애니메이션에서 효과 옵션을 지정합니다.

- 실습 파일 파워포인트\5장\오디오 삽입 후 특정 슬라이드까지 실행하기.pptx
- 완성 파일 파워포인트\5장\오디오 삽입 후 특정 슬라이드까지 실행하기_완성.pptx

**01 오디오 클립 삽입하기**
슬라이드 쇼를 실행했을 때 특정 슬라이드에서 배경음악이 재생되도록 오디오 클립을 삽입해보겠습니다.
① **3번 슬라이드** 선택
② [삽입] 탭 - [미디어] 그룹 - [**오디오**] 클릭
③ [**내 PC의 오디오**]를 선택합니다.

**02**
① [오디오 삽입] 대화상자가 열리면 파워포인트\5장 폴더에서 **배경음악.mp3** 선택
② [**삽입**]을 클릭합니다.

**바로 통하는 TIP** 오디오 클립 삽입 시 [오디오 삽입] 대화상자의 오른쪽 아래의 [삽입] 옆의 역삼각형(▼) 모양의 목록 버튼을 클릭하면 삽입 여부에 대한 옵션을 지정할 수 있습니다.

**03** 삽입된 오디오 클립에서 **스피커 모양의 아이콘**을 드래그하여 슬라이드 오른쪽 위에 위치시킵니다.

**04** 슬라이드 쇼 실행 시 오디오 클립 자동 실행하기

3번 슬라이드의 슬라이드 쇼가 시작될 때 오디오 클립이 자동으로 실행되도록 설정해보겠습니다.

① **오디오 클립** 클릭
② [오디오 도구] - [재생] 탭 - [오디오 옵션] 그룹 - **[시작]** 목록 클릭
③ **[자동 실행]**을 선택합니다.

**05** 오디오 클립을 5번 슬라이드까지만 실행하기

오디오 클립이 5번 슬라이드까지만 실행되도록 수정해보겠습니다.

[애니메이션] 탭 - [고급 애니메이션] 그룹에서 **[애니메이션 창]**을 클릭합니다.

## 06

① [애니메이션 창] 작업 창에서 오디오 클립 목록 옆 [▼] 클릭
② [효과 옵션]을 선택합니다.

## 07

① [오디오 재생] 대화상자의 [효과] 탭에서 [재생 중지] 옵션 중 [지금부터] 선택
② [3]으로 설정
③ [확인]을 클릭합니다.

## 08 슬라이드 쇼를 실행하기

[슬라이드 쇼] 탭 - [슬라이드 쇼 시작] 그룹 - [현재 슬라이드부터]를 클릭합니다. 슬라이드 쇼가 실행되면 오디오 클립도 함께 실행됩니다. 실행되는 슬라이드부터 세 번째에 해당하는 5번 슬라이드까지 오디오 클립이 계속 실행되다가 네 번째인 6번 슬라이드에서 재생이 중지됩니다.

**바로 통하는 TIP** 화면의 오른쪽 아래에 있는 [슬라이드 쇼]를 클릭하거나 Ctrl + F5 를 누르면 현재 슬라이드부터 슬라이드 쇼를 실행할 수 있습니다.

핵심기능실습

# 44 전체 오디오 클립 중 원하는 부분만 남기기

오디오 클립을 삽입한 후 슬라이드 내용과 관계없는 설명이 있거나 슬라이드 시간에 맞게 오디오 길이를 줄여야 하는 경우 오디오 클립을 트리밍합니다. 트리밍 기능을 이용하면 오디오의 시작과 종료 시간을 사용자가 지정할 수 있습니다.

• 실습 파일 파워포인트 \ 5장 \ 전체 오디오 클립 중 원하는 부분만 남기기.pptx
• 완성 파일 파워포인트 \ 5장 \ 전체 오디오 클립 중 원하는 부분만 남기기_완성.pptx

## 01 오디오 클립 트리밍하기

오디오 클립의 재생 시간을 조정해보겠습니다.

① 슬라이드에 있는 **오디오 클립** 클릭
② [오디오 도구] – [재생] 탭 – [편집] 그룹 – [**오디오 트리밍**]을 클릭합니다.

[오디오 맞추기] 대화상자가 활성화됩니다.

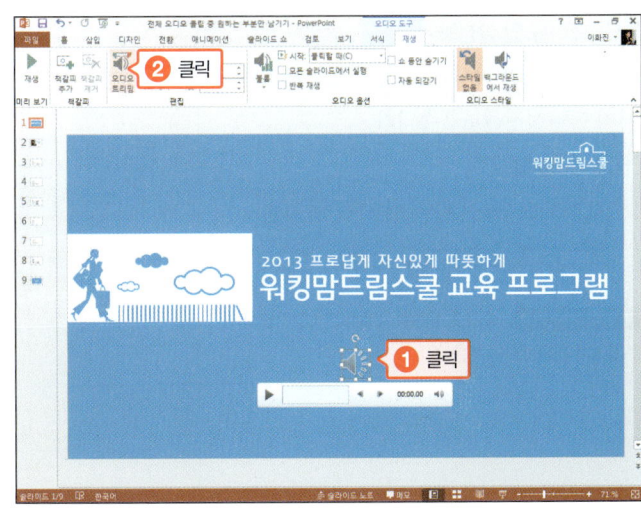

## 02 시작과 종료 지점 지정하기

① 오디오 클립의 처음을 트리밍하기 위해 [**시작 지점**]을 원하는 지점으로 드래그
② 오디오 클립의 끝을 트리밍하기위해 [**종료 지점**]을 원하는 지점으로 드래그
③ [**확인**]을 클릭합니다.

오디오를 실행하여 확인합니다.

**바로 통하는 TIP** 트리밍을 위해 직접 시작 시간과 종료 시간을 설정할 수도 있습니다. 이때 오디오 클립을 미리 재생하여 시간을 확인한 후 트리밍 작업을 하면 효과적입니다.

핵심기능실습

# 45 부드럽게 시작하고 부드럽게 끝나는 오디오 클립 만들기

오디오 편집 시 가장 많이 사용하는 기능은 소리가 점점 커지면서 오디오 클립이 부드럽게 시작하고 끝은 점점 작아지면서 부드럽게 종료되도록 하는 것입니다. 이 효과는 오디오 [페이드 인/아웃] 기능으로 쉽게 만들 수 있습니다.

- 실습 파일 파워포인트 \ 5장 \ 부드럽게 시작하고 부드럽게 끝나는 오디오 클립 만들기.pptx
- 완성 파일 파워포인트 \ 5장 \ 부드럽게 시작하고 부드럽게 끝나는 오디오 클립 만들기_완성.pptx

## 01 페이드 인 설정하기

오디오 클립의 시작 부분의 소리가 서서히 커지도록 설정해보겠습니다.

① **오디오 클립** 클릭

② [오디오 도구] – [재생] 탭 – [편집] 그룹 – [페이드 인]을 [01.00]로 설정합니다.

**바로 통하는 TIP** 오디오 클립을 재생하려면 오디오 컨트롤에서 재생 버튼을 누릅니다.

## 02 페이드 아웃 설정하기

오디오 클립의 끝 부분의 소리가 서서히 작아지도록 설정해보겠습니다.

① **오디오 클립** 클릭

② [오디오 도구] – [재생] 탭 – [편집] 그룹 – [페이드 아웃]을 [01.00]로 설정합니다.

**바로 통하는 TIP** 페이드 상자 옆에 있는 위쪽(▲)/아래쪽(▼) 화살표를 클릭하여 페이드 인/아웃 시간을 늘리거나 줄일 수 있습니다.

## 핵심기능실습 46 비디오 삽입 후 빠른 스타일 적용하기

청중의 시선을 사로잡는 방법 중 하나는 슬라이드에 비디오를 삽입하여 프레젠테이션 내용을 역동적으로 표현하는 것입니다. 파워포인트 2013에서는 내 PC의 비디오뿐만 아니라 유튜브(YouTube)와 같은 온라인상의 비디오도 쉽게 삽입할 수 있습니다.

- 실습 파일 파워포인트\5장\비디오 삽입 후 빠른 스타일 적용하기.pptx
- 완성 파일 파워포인트\5장\비디오 삽입 후 빠른 스타일 적용하기_완성.pptx

**01 비디오 삽입하기**
① [삽입] 탭 – [미디어] 그룹 – [비디오] 클릭
② [내 PC의 비디오]를 선택합니다.

[비디오 삽입] 대화상자가 활성화됩니다.

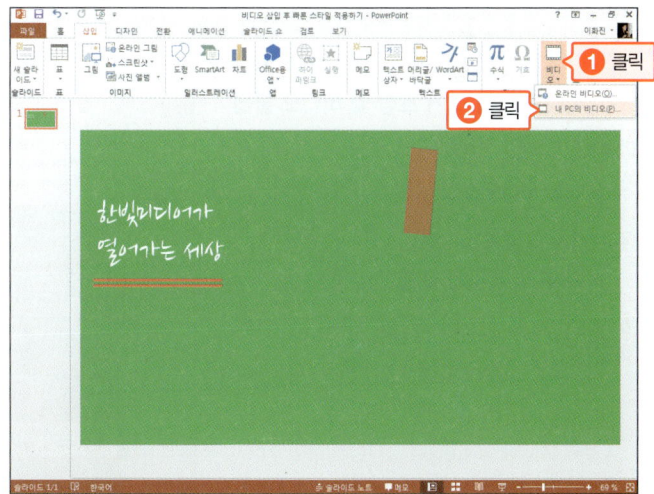

**02**
① 5장 폴더에서 **한빛미디어.wmv** 선택
② [삽입]을 클릭합니다.

CHAPTER 05 프레젠테이션에 멀티미디어 삽입 및 서식 지정하기 • **339**

| 실무활용노트 POWER POINT | 온라인에 있는 비디오 삽입하기 |

온라인에 있는 비디오를 삽입하려면 [삽입] 탭-[미디어] 그룹-[비디오]를 클릭한 후 [온라인 비디오]를 선택합니다. [비디오 삽입] 창이 나타나면 원하는 비디오를 검색하여 슬라이드에 삽입합니다.

 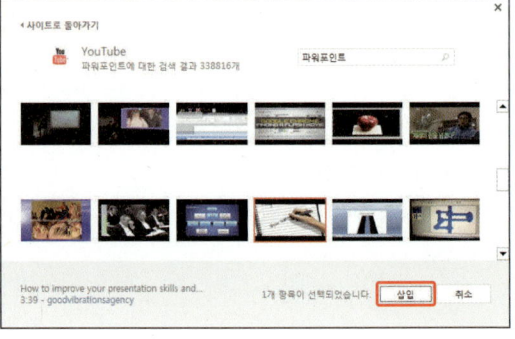

**03** 비디오 클립 크기 조정 및 비디오 클립에 빠른 스타일 적용하기

① 삽입된 **비디오 클립** 클릭
② **크기 조정 핸들**로 크기 조정 후 주황색 스티커 아래로 위치 조정
③ [비디오 도구]-[서식] 탭-[비디오 스타일] 그룹-[**자세히**]를 클릭합니다.

**04** [일반]-[**회전, 그라데이션**]을 선택합니다.

비디오 클립에 빠른 스타일이 적용되어 화면 모양이 바뀝니다.

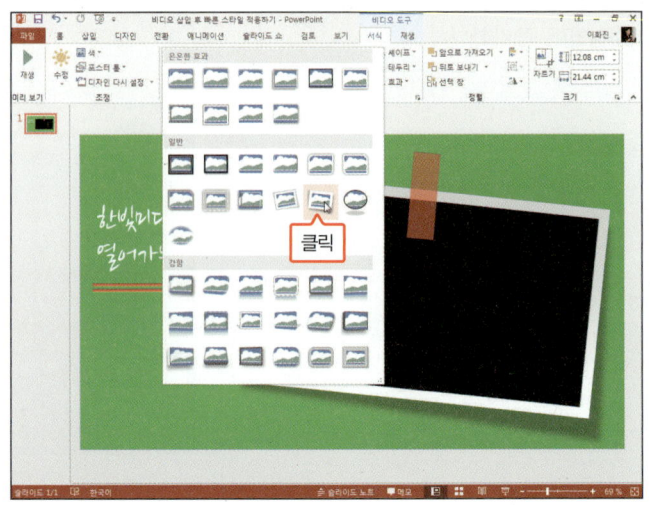

## 05 슬라이드 쇼 실행 시 자동으로 비디오 실행하기

슬라이드 쇼가 시작할 때 비디오 클립이 자동으로 재생되도록 설정해보겠습니다.

① **비디오 클립** 클릭

② [비디오 도구] - [재생] 탭 - [비디오 옵션] 그룹 - [**시작**] 목록 클릭

③ [**자동 실행**]을 선택합니다.

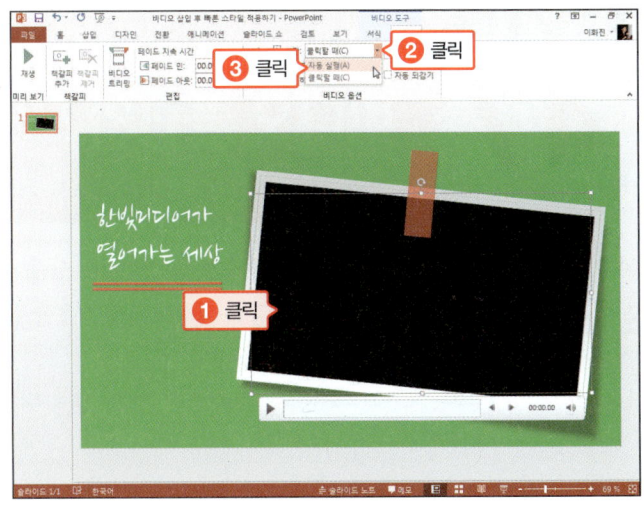

**바로 통하는 TIP** 파워포인트 2013에서 비디오 클립을 삽입하면 기본적으로 [시작]이 [클릭할 때]로 설정되어 있습니다.

## 06 슬라이드 쇼 실행하기

[슬라이드 쇼] 탭 - [슬라이드 쇼 시작] 그룹 - [**처음부터**]를 클릭합니다. 슬라이드 쇼가 실행되며 비디오 클립도 함께 실행됩니다.

 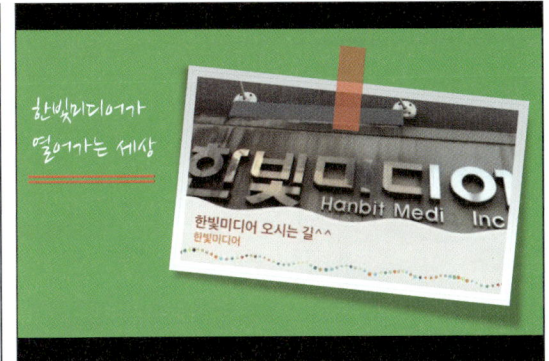

**바로 통하는 TIP** 첫 번째 슬라이드를 선택한 후 빠른 실행 도구 모음에 [슬라이드 쇼] 버튼을 클릭하거나 F5 를 눌러도 첫 번째 슬라이드부터 슬라이드 쇼를 실행할 수 있습니다.

# 47 비디오 클립의 모양 및 서식 변경하기

비디오 클립도 그림을 변경하듯이 다양하게 서식 변경할 수 있습니다. 비디오의 밝기 및 대비, 색, 모양 변경이 가능하고 그림자, 네온, 반사, 3차원 회전 같은 시각 효과도 적용할 수 있습니다. 이때 비디오에 너무 많은 변화를 주어 내용 전달에 방해가 되지 않도록 주의합니다.

- 실습 파일 파워포인트 \ 5장 \ 비디오 클립의 모양 및 서식 변경하기.pptx
- 완성 파일 파워포인트 \ 5장 \ 비디오 클립의 모양 및 서식 변경하기_완성.pptx

**01 비디오 클립의 모양 변경하기**
사각형의 비디오 클립에 서식을 적용해 다양한 스타일로 꾸며보겠습니다.
① 슬라이드에 삽입된 **비디오 클립** 클릭
② [비디오 도구] - [서식] 탭 - [비디오 스타일] 그룹 - **[비디오 셰이프]** 클릭
③ [기본 도형] - **[구름]**을 선택합니다.

**02** 비디오 클립의 모양이 구름 형태로 변경된 것을 확인할 수 있습니다.

## 03 비디오 클립에 그림자 적용하기

① **비디오 클립** 클릭
② [비디오 도구] - [서식] 탭 - [비디오 스타일] 그룹 - **[비디오 효과]** 클릭
③ [그림자] - [바깥쪽] - **[오프셋 가운데]**를 선택합니다.

비디오 클립에 그림자가 적용된 것을 확인할 수 있습니다.

## 04 비디오 클립의 색 변경하기

① **비디오 클립** 클릭
② [비디오 도구] - [서식] 탭 - [조정] 그룹 - **[색]** 클릭
③ **[빨강, 어두운 강조색 2]**를 선택합니다.

**05** 비디오 클립의 색이 변경된 것을 확인할 수 있습니다.

## 핵심기능실습 48 전체 비디오 클립 중 원하는 부분만 남기기

비디오 클립을 삽입한 후 슬라이드 내용과 관계없는 설명이 있거나 슬라이드 시간에 맞게 비디오 길이를 줄여야 하는 경우에는 비디오 클립을 트리밍합니다. [비디오 트리밍] 기능을 사용하면 비디오의 시작과 종료 시간을 사용자가 지정할 수 있습니다.

- 실습 파일 파워포인트\5장\전체 비디오 클립 중 원하는 부분만 남기기.pptx
- 완성 파일 파워포인트\5장\전체 비디오 클립 중 원하는 부분만 남기기_완성.pptx

### 01 비디오 트리밍
비디오 클립의 재생 시간을 조정해보겠습니다.
① 슬라이드에 있는 **비디오 클립** 클릭
② [비디오 도구] - [재생] 탭 - [편집] 그룹 - **[비디오 트리밍]**을 클릭합니다.

[비디오 맞추기] 대화상자가 활성화됩니다.

### 02 시작과 종료 지점 지정하기
① 비디오 클립의 처음을 트리밍하기 위해 **시작 지점**을 원하는 지점으로 드래그
② 비디오 클립의 끝을 트리밍하기 위해 **종료 지점**을 원하는 지점으로 드래그
③ **[확인]**을 클릭한 후 비디오를 실행하여 확인합니다.

> **바로 통하는 TIP** 트리밍을 위해 직접 시작 시간과 종료 시간을 설정할 수도 있습니다. 이때 비디오 클립을 미리 재생하여 시간을 확인한 후 트리밍 작업을 하면 효과적입니다.

핵심기능실습

# 49 비디오 클립에 특정 지점 지정하기

비디오 클립의 내용 중 특정 지점을 표시해놓으면 애니메이션을 시작하거나 비디오 클립의 특정 지점을 빠르게 찾아낼 수 있습니다. [책갈피 추가] 기능을 사용하면 편리합니다.

• 실습 파일 파워포인트 \ 5장 \ 비디오 클립에 특정 지점 지정하기.pptx  • 완성 파일 파워포인트 \ 5장 \ 비디오 클립에 특정 지점 지정하기_완성.pptx

**01 비디오 클립에 책갈피 추가하기**
① 슬라이드에 있는 **비디오 클립** 클릭
② 비디오 클립 아래 비디오 컨트롤에서 [재생]을 눌러 비디오 실행 후 표시하고 싶은 특정 지점 찾기
③ 원하는 지점에 책갈피를 표시하기 위해 [비디오 도구]-[재생] 탭-[책갈피] 그룹-[책갈피 추가]를 클릭합니다.

**02** 책갈피를 추가한 지점에 노란색 원이 표시되는 것을 확인할 수 있습니다.

**바로 통하는 TIP** 추가된 책갈피를 삭제하려면 시간 표시 막대에서 제거할 책갈피를 찾아 클릭합니다. [비디오 도구]-[재생] 탭-[책갈피] 그룹에서 [책갈피 제거]를 클릭합니다.

핵심기능실습

# 50 비디오 클립의 미리 보기 이미지 설정하기

비디오 클립을 시작하기 전 비디오와 관련된 미리 보기 화면을 설정하면 청중은 보다 쉽게 비디오의 내용을 파악할 수 있습니다. 미리 보기 화면은 재생되는 비디오 클립의 특정 화면을 사용하거나 저장된 이미지 파일을 사용합니다.

- 실습 파일 파워포인트 \ 5장 \ 비디오 클립의 미리 보기 이미지 설정하기.pptx
- 완성 파일 파워포인트 \ 5장 \ 비디오 클립의 미리 보기 이미지 설정하기_완성.pptx

**01 미리 보기 이미지 설정하기**
비디오 클립의 내용을 좀 더 잘 전달할 수 있도록 관련 이미지를 비디오의 미리 보기 화면으로 설정해보겠습니다.
① **비디오 클립** 클릭
② [비디오 도구] - [서식] 탭 - [조정] 그룹 - [**포스터 틀**] 클릭
③ [**파일의 이미지**]를 선택합니다.

**02** [그림 삽입] - [파일에서] - [**찾아보기**]를 클릭합니다.

[그림 삽입] 대화상자가 활성화됩니다.

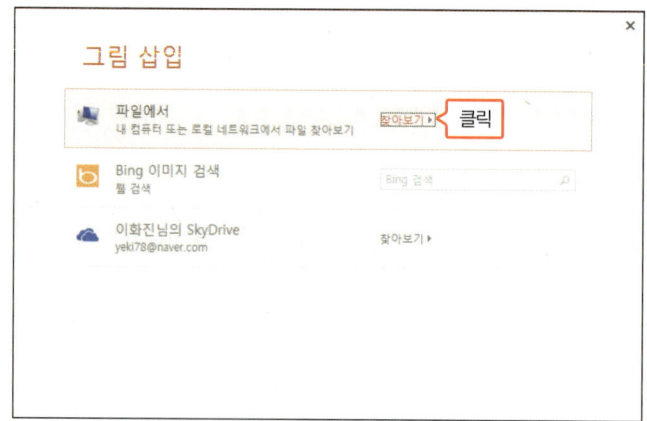

## 03

① 5장 폴더에서 **워킹맘.jpg** 선택
② **[삽입]**을 클릭합니다.

**04** 삽입한 그림이 포스터 틀로 적용된 것을 확인할 수 있습니다.

## 05 페이드 인 기능으로 비디오 클립 부드럽게 시작하기

비디오 클립이 서서히 시작되도록 설정해 보겠습니다.

① **비디오 클립** 클릭
② [비디오 도구] - [재생] 탭 - [편집] 그룹 - [페이드 인]을 **[01.00]**으로 설정합니다.

**바로 통하는 TIP** 비디오 클립을 재생하려면 비디오 클립 아래의 비디오 컨트롤에서 재생 버튼을 누릅니다.

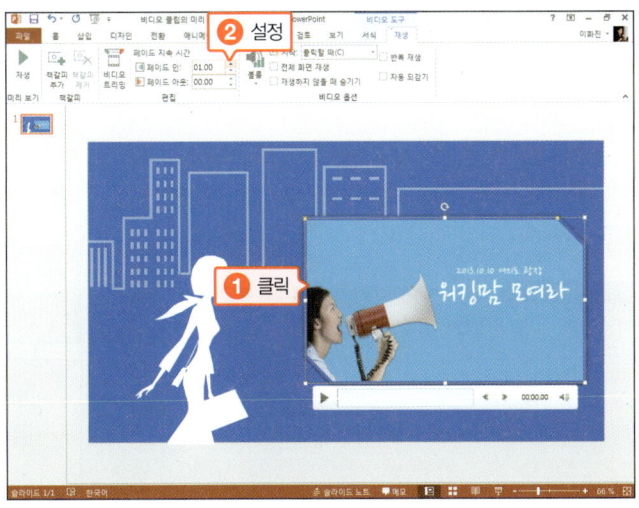

## 핵심기능실습 51 | 미디어 파일 압축하기

슬라이드에 비디오나 오디오 파일을 삽입한 경우 파워포인트 문서에 저장됩니다. 만약 미디어 파일의 용량이 크면 파워포인트 문서의 용량도 같이 커집니다. 문서 용량이 큰 경우 실행 속도 등이 느려질 수 있으므로 미디어 파일을 압축하여 저장하는 것이 좋습니다. 단, 파일 압축이 미디어 품질에 영향을 줄 수 있으므로 저장하기 전에 압축된 품질을 확인하고 저장하는 것이 좋습니다.

- 실습 파일 파워포인트\5장\미디어 파일 압축하기.pptx   • 완성 파일 파워포인트\5장\미디어 파일 압축하기_완성.pptx

**01 미디어 파일 압축하기**
① [파일] 탭 – [정보] – **[미디어 압축]** 클릭
② **[프레젠테이션 품질]**을 선택합니다.

**02** [미디어 압축] 대화상자가 열리고 압축 진행률이 보입니다. 압축이 끝나면 **[닫기]**를 클릭하여 대화상자를 닫아줍니다.

슬라이드에 있는 미디어 파일이 압축되어 용량이 줄어든 것을 확인할 수 있습니다.

**바로 통하는 TIP** 압축된 미디어 파일을 원래대로 복구하려면 [파일] 탭 – [정보] – [미디어 압축] – [실행 취소]를 선택합니다.

CHAPTER

# 06

# 프레젠테이션 슬라이드 정리 및 저장하기

이 장에서는 슬라이드를 정리하고 저장하는 방법에 대해서 배우게 됩니다. 프레젠테이션에서 슬라이드 제목이나 번호가 불분명하여 해당 슬라이드를 찾지 못하는 경우가 있습니다. 이때 슬라이드를 유사한 내용끼리 구역을 나누어 정리하면 쉽고 빠르게 원하는 슬라이드 찾을 수 있습니다. 정리까지 다 된 슬라이드는 저장하면 되는데, PDF 문서로 저장하거나 슬라이드를 비디오 파일로 만들기, 그림 프레젠테이션 만들기, CD에 프레젠테이션 저장하기 등 다양한 방법으로 저장할 수 있습니다.

## 핵심기능실습 52 슬라이드를 구역으로 나누어 정리하기

슬라이드가 여러 장인 프레젠테이션에서 슬라이드 제목이나 번호가 불분명해 해당 슬라이드의 위치를 찾기 어렵다면 파워포인트의 구역을 활용합니다. 이는 컴퓨터에서 폴더를 사용해 파일을 나눠두는 것과 유사합니다. 이름이 지정된 구역을 사용하여 슬라이드 그룹을 추적하고, 공동 작업 중인 동료와 소유권을 명확하게 나눌 수 있도록 구역을 할당하는 것도 가능합니다.

- **실습 파일** 파워포인트\6장\슬라이드를 구역으로 나누어 정리하기.pptx　**완성 파일** 파워포인트\6장\슬라이드를 구역으로 나누어 정리하기_완성.pptx

### 01 구역 추가하기

① [여러 슬라이드 보기] 상태에서 구역을 추가하고자 하는 **6번과 7번 슬라이드** 사이에서 마우스 오른쪽 버튼 클릭

② **[구역 추가]**를 선택합니다.

**바로 통하는 TIP** 여러 슬라이드 보기 또는 기본 보기에서 구역을 볼 수 있지만 정의한 논리적 범주를 통해 슬라이드를 구성하고 정렬할 때는 여러 슬라이드 보기가 좀 더 유용합니다. 여러 슬라이드 보기 상태로 만들려면 화면의 오른쪽 아래에 있는 [여러 슬라이드 보기 🔳]를 클릭합니다.

**바로 통하는 TIP** 구역을 추가할 때는 [홈] 탭-[슬라이드] 그룹에서 [구역]을 클릭한 후 [구역 추가]를 선택해도 됩니다.

### 02 구역 이름 바꾸기

① **[제목 없는 구역]** 위에서 마우스 오른쪽 버튼 클릭

② **[구역 이름 바꾸기]** 선택

③ [구역 이름 바꾸기] 대화상자가 나타나면 [구역 이름]에 **한빛미디어가 하는 일** 입력

④ **[이름 바꾸기]**를 클릭합니다.

**바로 통하는 TIP** 구역 이름을 바꿀 때는 [홈] 탭-[슬라이드] 그룹에서 [구역]을 클릭한 후 [구역 이름 바꾸기]를 선택해도 됩니다.

**03** 한빛미디어가 하는 일이라는 이름의 구역이 추가되었습니다.

**04 구역 이동하기**
① 이동하고자 하는 [한빛미디어가 하는 일] 구역 클릭
② **마우스 오른쪽 버튼** 클릭
③ [**구역을 위로 이동**]을 선택합니다.

**05** 구역이 위로 이동된 것을 확인할 수 있습니다. 구역이 이동되면서 슬라이드 순서도 변경됩니다.

## 06 구역 삭제하기

① 불필요한 구역인 **[로고]** 구역 클릭
② **마우스 오른쪽 버튼** 클릭
③ **[구역 제거]**를 선택하면 구역이 제거된 것을 확인할 수 있습니다.

> **바로 통하는 TIP** 구역을 제거할 때는 [홈] 탭-[슬라이드] 그룹-[구역]을 클릭한 후 [구역 제거]를 선택해도 됩니다. 만들어진 모든 구역을 제거하려면 [홈] 탭-[슬라이드] 그룹-[구역]을 클릭한 후 [모든 구역 제거]를 선택합니다. 구역이 제거되어도 구역에 속해 있는 슬라이드는 그대로 남아 있습니다.

## 07 모든 구역 축소하기

① 모든 구역을 축소해서 보려면 **임의의 구역** 위에서 마우스 오른쪽 버튼 클릭
② **[모두 축소]**를 선택합니다.

구역이 축소되면서 구역 이름만 표시됩니다.

> **바로 통하는 TIP** 모든 구역을 축소할 때는 [홈] 탭-[슬라이드] 그룹-[구역]을 클릭한 후 [모두 축소]를 선택해도 됩니다.

## 08 특정 구역만 확장하기

**[한빛미디어 성과]** 구역을 더블클릭합니다. 해당 구역이 확장됩니다.

> **바로 통하는 TIP** 특정 구역만 축소하고 싶다면 해당 구역을 더블클릭합니다.

## 09 모든 구역 확장하기

① **구역** 위에서 마우스 오른쪽 버튼 클릭

② **[모두 확장]**을 선택합니다.

**바로 통하는 TIP** 모든 구역을 확장할 때는 [홈] 탭-[슬라이드] 그룹에서 [구역]을 클릭한 후 [모두 확장]을 선택해도 됩니다.

## 10

모든 구역이 확장되는 것을 확인할 수 있습니다.

핵심기능실습

# 53 프레젠테이션 저장하기

파워포인트 2013에서는 프레젠테이션을 저장할 때 내 PC뿐만 아니라 클라우드 기반의 무료 파일 저장 공간인 마이크로소프트의 OneDrive에 파일을 저장하여 다른 사용자와 쉽게 공유하고 작업할 수 있습니다.

• 실습 파일 파워포인트 \ 6장 \ 프레젠테이션 저장하기.pptx

**01 내 PC에 파일 저장하기**
① [파일] 탭 – [**다른 이름으로 저장**] 선택
② [컴퓨터] – [**찾아보기**] 클릭합니다.

[다른 이름으로 저장] 대화상자가 활성화됩니다.

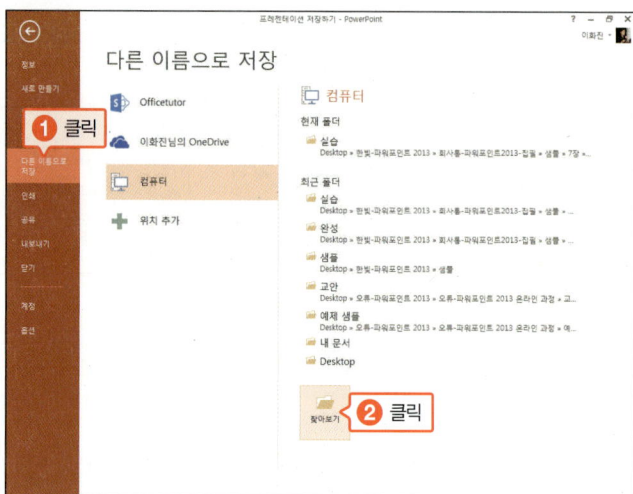

**02**
① [파일 이름]에 **한빛미디어 소개서** 입력
② [파일 형식]을 [**PowerPoint 프레젠테이션**]으로 선택
③ [**저장**]을 클릭합니다.

## 03 OneDrive-개인에 파일 저장하기

① [파일] 탭 - [**다른 이름으로 저장**] 선택
② [OneDrive-개인] - [**찾아보기**]를 클릭
합니다.

---

[다른 이름으로 저장] 대화상자가 활성화됩니다.

## 04

① [파일 이름] **한빛미디어 소개서** 입력
② [파일 형식]을 [PowerPoint 프레젠테이션]으로 선택
③ [**저장**]을 클릭합니다.

핵심기능실습

# 54 PDF 문서 만들기

PDF 형식의 파일은 온라인에서 보거나 인쇄했을 때도 사용자가 의도한 서식이 유지되어 서식 그대로 파일을 공유할 수 있습니다. 상업용 인쇄 방법을 사용하여 복제되는 문서에서도 PDF 문서는 서식 그대로 선명하게 인쇄할 수 있기 때문에 유용하게 사용됩니다.

▪실습 파일 파워포인트 \ 6장 \ PDF 문서 만들기.pptx   ▪완성 파일 파워포인트 \ 6장 \ PDF 문서 만들기.pdf

## 01 PDF 문서 만들기
① [파일] 탭 – [내보내기] 선택
② [PDF/XPS 문서 만들기] 선택
③ [PDF/XPS 만들기]를 클릭합니다.

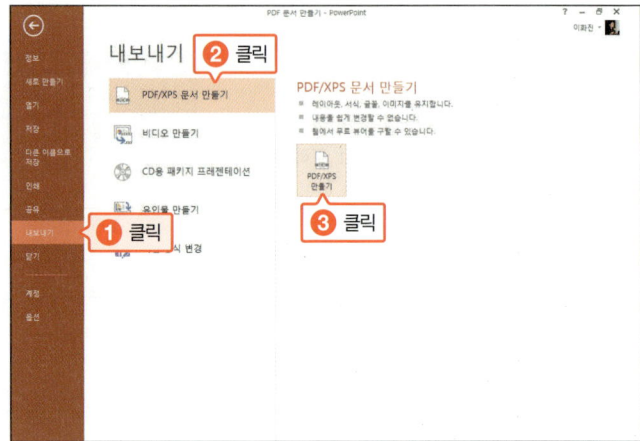

## 02
① [PDF 또는 XPS로 게시] 대화상자에서 [파일 이름]에 **PDF 문서 만들기** 입력
② [게시]를 클릭합니다.

전체 슬라이드 내용이 PDF 형식으로 변경됩니다.

**바로 통하는 TIP**  PDF Reader가 설치되어 있어야 PDF 파일을 볼 수 있습니다.

## 핵심기능실습 55 비디오 파일 만들기

프레젠테이션을 위해 슬라이드를 만든 후 비디오로 저장할 수 있습니다. 슬라이드를 비디오로 저장하면 파일을 쉽게 배포할 수 있으며 받는 사람도 편하게 내용을 확인할 수 있습니다.

- **실습 파일** 파워포인트\6장\비디오 파일 만들기.pptx  **완성 파일** 파워포인트\6장\비디오 파일 만들기.mp4

**01 비디오로 저장하기**

① [파일] 탭 - [내보내기] 선택

② [비디오 만들기] 선택

③ 비디오 품질, 기록된 시간 및 설명 사용 여부를 설정합니다.

### 실무활용노트 POWER POINT | 비디오 저장 설정하기

슬라이드를 비디오로 저장할 때 비디오 품질을 설정하고 시간이나 설명을 기록할 수 있습니다.

▲ 비디오 품질 설정 옵션　　　　▲ 시간 및 설명 기록 옵션

**02** 비디오 재생 시 각각의 슬라이드를 2초씩 보여주면서 화면이 재생되도록 설정해보겠습니다.

① **[각 슬라이드에 걸린 시간]** 설정
② **[비디오 만들기]**를 클릭합니다.

**03**
① [다른 이름으로 저장] 대화상자에서 [파일 이름]에 **비디오 파일 만들기** 입력
② [비디오 형식]을 **[MPEG-4 비디오]**로 선택
③ **[저장]**을 클릭합니다.

**바로 통하는 TIP** 파워포인트 2013에서는 MPEG-4 비디오가 기본 파일 형식(*.mp4)이나 Windows Media 비디오 형식(*.wmv)으로도 저장할 수 있습니다.

**04** 저장된 비디오 파일이 Windows Media Player에서 실행되는 것을 확인할 수 있습니다.

## 핵심기능실습 56 그림 프레젠테이션 만들기

각 슬라이드를 그림 파일로 만들 수 있습니다. 그림 프레젠테이션은 슬라이드에 있는 개체를 변형할 수 없고 내용만 확인할 수 있습니다.

- 실습 파일 파워포인트 \ 6장 \ 그림 프레젠테이션 만들기.pptx    - 완성 파일 파워포인트 \ 6장 \ 그림 프레젠테이션 만들기_완성.pptx

### 01 그림 프레젠테이션 만들기

① [파일] 탭 - [내보내기] 선택 ② [파일 형식 변경] 선택 ③ [PowerPoint 그림 프레젠테이션] 선택 ④ [다른 이름으로 저장] 클릭 ⑤ [다른 이름으로 저장] 대화상자에서 [파일 이름]에 **그림 프레젠테이션 만들기_완성** 입력 ⑥ [저장]을 클릭합니다.

### 02
저장된 **그림 프레젠테이션 만들기_완성. pptx** 파일을 열어보면 각 슬라이드가 그림으로 이루어진 것을 확인할 수 있습니다.

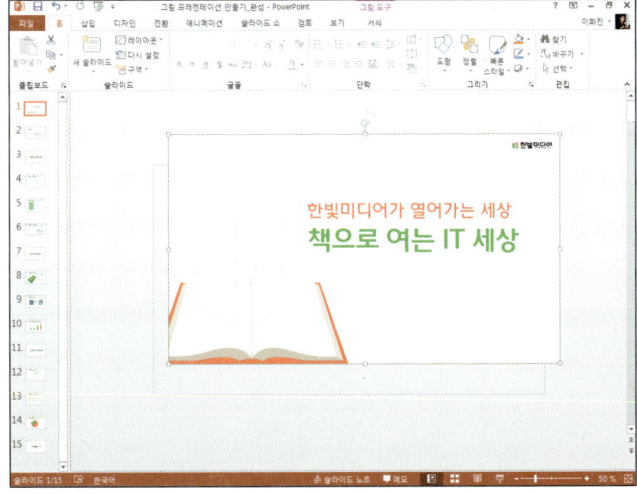

**바로 통하는 TIP** 저장된 파워포인트 파일을 열려면 [파일] 탭 - [열기] - [컴퓨터] - [찾아보기]를 클릭합니다. [열기] 대화상자에서 열려고 하는 파일을 선택한 후 [열기]를 클릭합니다.

핵심기능실습

# 57 CD에 프레젠테이션 저장하기

프레젠테이션한 내용을 [슬라이드 쇼 녹화]로 녹화한 후 그 파일을 비디오로 만들어 필요한 다른 파일들과 함께 CD에 저장하면 배포용으로 유용합니다. 이렇게 작업한 파일은 원하는 곳에서 프로그램 없이도 프레젠테이션을 자유롭게 볼 수 있습니다. CD에 프레젠테이션 저장하는 방법에 대해서 알아보겠습니다.

▪ 실습 파일 파워포인트 \ 6장 \ CD에 프레젠테이션 저장하기.pptx

**01** 기록 가능한 CD를 디스크 드라이브에 삽입합니다.
① [파일] 탭 - [내보내기] 선택
② [CD용 패키지 프레젠테이션] 선택
③ [CD용 패키지]를 클릭합니다.

**02**
① [CD용 패키지] 대화상자에서 [CD 이름]에 **한빛미디어** 입력
② [CD로 복사]를 클릭합니다.
CD로 파일이 복사되고 있다는 표시를 화면에서 확인할 수 있습니다.

> **바로 통하는 TIP** 프레젠테이션을 여러 개 추가하는 경우 [복사할 파일] 목록에서 나열된 순서대로 재생됩니다. 순서를 변경하려면 이동할 프레젠테이션을 선택한 후 왼쪽의 화살표 버튼을 클릭하여 목록에서 위/아래로 이동합니다.

CHAPTER

# 07

## 프레젠테이션 발표 준비 및 발표하기

발표자의 말과 청중의 시선을 동기화시키는 가장 좋은 방법은 개체에 애니메이션을 적용하는 것입니다. 이때 애니메이션은 과하지 않게 적절하게 사용하는 것이 중요합니다. 과한 애니메이션은 오히려 청중의 인상을 찌푸리게 만드니 주의하기 바랍니다. 예행 연습을 통해 소요 시간을 체크하고 발표 전에 슬라이드 쇼 설정을 해두면 전문가다운 발표를 할 수 있습니다. 파워포인트 2013에 추가된 발표자 도구는 여러분의 발표를 좀 더 자연스럽게 만들어줄 것입니다.

핵심기능실습

# 58 개체에 애니메이션 적용하기

발표자의 말과 청중의 시선을 적절하게 동기화할 수 있는 가장 좋은 방법은 개체에 애니메이션을 적용하는 것입니다. 목적에 맞게 애니메이션을 사용하여 청중의 시선을 끌어보기 바랍니다.

- 실습 파일 파워포인트 \ 7장 \ 개체에 애니메이션 적용하기.pptx   - 완성 파일 파워포인트 \ 7장 \ 개체에 애니메이션 적용하기_완성.pptx

## 01 텍스트에 애니메이션 적용하기

빈 화면에서 텍스트가 나타나는 모양으로 애니메이션을 적용해보겠습니다.

① **텍스트** 클릭
② [애니메이션] 탭 - [애니메이션] 그룹 - [**자세히**] 클릭
③ 나타나는 애니메이션 목록에서 [나타내기] - [**닦아내기**]를 선택합니다.

## 02 애니메이션 효과 옵션 변경하기

① 텍스트에 적용된 닦아내기 애니메이션의 방향을 변경하려면 **텍스트** 클릭
② [애니메이션] 탭 - [애니메이션] 그룹 - [**효과 옵션**] 클릭
③ [**왼쪽에서**]를 선택합니다.

텍스트가 왼쪽부터 나타나는 모양으로 옵션이 변경됩니다.

## 03 세 개의 개체에 같은 애니메이션 적용하기

세 개의 말풍선이 점점 커지면서 슬라이드에 나타나도록 설정해보겠습니다.

① 슬라이드에 있는 세 개의 **말풍선** 개체 Ctrl +클릭
② [애니메이션] 탭 – [애니메이션] 그룹 – **[자세히▼]** 클릭
③ 나타나는 애니메이션 목록에서 [나타내기] – **[확대/축소]**를 선택합니다.

**바로 통하는 TIP** 여러 개의 개체를 선택할 때는 Ctrl 이나 Shift 를 누른 상태에서 개체를 선택합니다.

## 04 애니메이션 시작 방법 변경하기

① 세 개의 말풍선을 선택한 상태에서 [애니메이션] 탭 – [타이밍] 그룹 – **[시작▼]** 목록 클릭
② **[클릭할 때]**를 선택합니다.

클릭할 때 애니메이션이 실행되며 말풍선이 나타납니다.

**바로 통하는 TIP** 애니메이션 재생 시간을 지정하기 위해서 [애니메이션] 탭–[타이밍] 그룹에서 재생 시간을 지정합니다.

## 05 애니메이션 창 열기

[애니메이션] 탭 – [고급 애니메이션] 그룹 – **[애니메이션 창]**을 클릭합니다. 화면 오른쪽에 [애니메이션 창] 작업 창이 활성화됩니다. 지금까지 개체에 적용한 애니메이션 목록이 나타납니다.

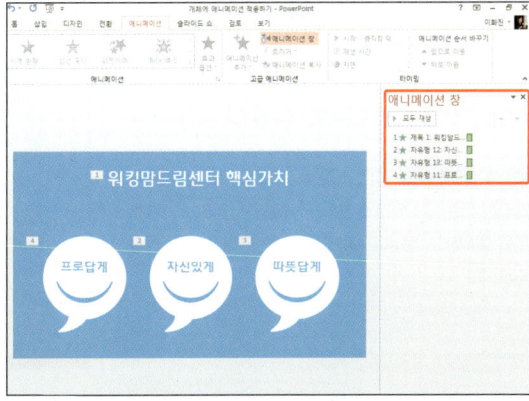

## 06 애니메이션 순서 변경하기

① [애니메이션 창] 작업 창에서 **네 번째 목록** 선택

② 앞으로 이동 버튼을 **두번** 클릭합니다.

> **바로 통하는 TIP** 애니메이션 실행 순서가 왼쪽부터 2, 3, 4 순서로 표시된다면 이 단계는 생략해도 됩니다.

**07** 애니메이션 시작 순서가 변경됩니다.

## 08 애니메이션 실행하기

[슬라이드 쇼] 탭 - [슬라이드 쇼 시작] 그룹에서 **[처음부터]** 또는 **[현재 슬라이드부터]**를 클릭합니다.

슬라이드 쇼가 실행되면 개체에 적용된 애니메이션 효과를 확인할 수 있습니다.

> **바로 통하는 TIP** 화면 오른쪽 아래에 있는 [슬라이드 쇼 🖵] 버튼이나 빠른 실행 도구 모음의 [슬라이드 쇼] 버튼을 클릭해도 됩니다. 슬라이드 쇼를 끝내려면 [ESC]를 누릅니다.

**핵심기능실습**

# 59 애니메이션 추가하고 다른 개체에 똑같이 적용하기

하나의 개체에 두 개 이상의 애니메이션을 적용할 수도 있습니다. 추가된 애니메이션은 기존 애니메이션 뒤로 적용됩니다. 여러 개의 애니메이션을 적용한 후에는 다른 개체에도 똑같이 애니메이션을 적용할 수 있습니다.

- 실습 파일 파워포인트\7장\애니메이션 추가하고 다른 개체에 똑같이 적용하기.pptx
- 완성 파일 파워포인트\7장\애니메이션 추가하고 다른 개체에 똑같이 적용하기_완성.pptx

**01 애니메이션 창 열기**

슬라이드 내 세 개의 말풍선에 동일한 애니메이션 효과를 적용하려고 합니다. 첫 번째 말풍선에 애니메이션 효과를 적용한 후 복사해 다른 개체에 애니메이션을 붙여 넣어 보겠습니다.

[애니메이션] 탭 - [고급 애니메이션] 그룹 - **[애니메이션 창]**을 클릭합니다.

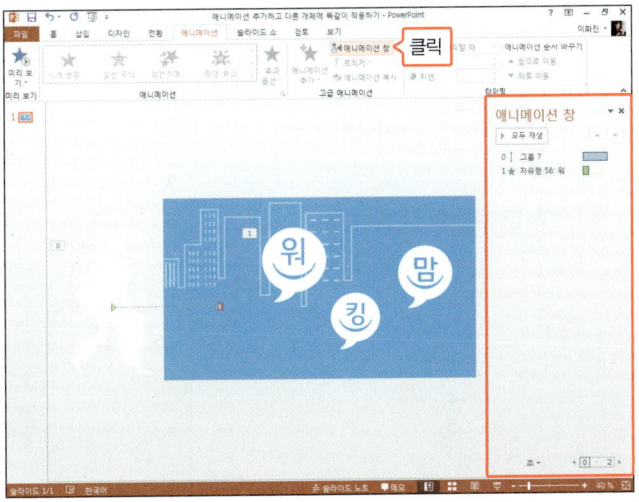

화면 오른쪽에 [애니메이션 창] 작업 창이 열립니다.

**02 애니메이션 추가하기**

① **워**라는 텍스트가 있는 말풍선 클릭
② [애니메이션] 탭 - [고급 애니메이션] 그룹 - **[애니메이션 추가]** 클릭
③ [강조] - **[펄스]**를 선택합니다.

## 03 시작 방법 변경하기

① [애니메이션] 탭 - [타이밍] 그룹 - **[시작]** 목록 클릭
② **[이전 효과 다음에]**를 선택합니다.

애니메이션을 실행하면 각 항목이 차례로 등장합니다.

## 04 애니메이션 복사하기

① **워**라는 텍스트가 있는 말풍선 클릭
② [애니메이션] 탭 - [고급 애니메이션] 그룹 - **[애니메이션 복사]**를 클릭합니다.

## 05 복사한 애니메이션 효과를 다른 개체에 붙여넣기

마우스 포인터가 붓 모양으로 변경되면 복사한 애니메이션 효과를 붙여 넣을 개체인 **킹**이라는 텍스트가 있는 말풍선을 클릭합니다. 같은 애니메이션이 적용된 것을 확인할 수 있습니다.

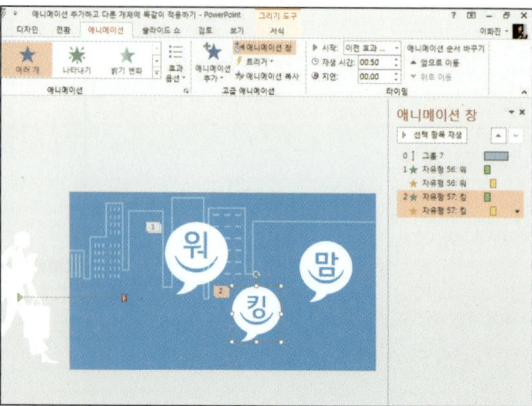

**06** 같은 방법으로 나머지 **맘**이라는 텍스트가 있는 말풍선도 애니메이션을 복사해 붙여 넣습니다.

**바로 통하는 TIP** 여러 개체에 같은 명령을 적용하려면 해당되는 명령 버튼을 더블클릭합니다.

**07 애니메이션 실행하기**

[슬라이드 쇼] 탭 – [슬라이드 쇼 시작] 그룹에서 [**처음부터**] 또는 [**현재 슬라이드부터**]를 클릭합니다.

**바로 통하는 TIP** 화면 오른쪽 아래에 있는 [슬라이드 쇼 ] 버튼이나 빠른 실행 도구 모음의 [슬라이드 쇼] 버튼을 클릭해도 됩니다. 슬라이드 쇼를 끝내려면 ESC를 누릅니다.

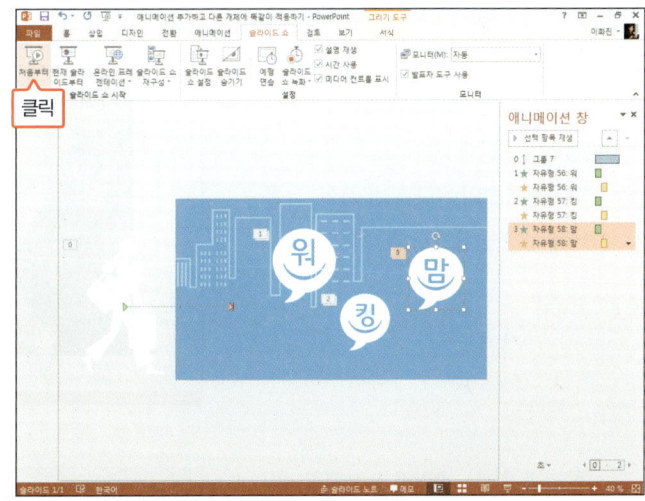

**08** 슬라이드 쇼가 실행되면 개체에 적용된 애니메이션 효과를 확인할 수 있습니다.

핵심기능실습

# 60 슬라이드에 화면 전환 효과 적용하기

화면 전환 효과는 슬라이드 쇼 실행 시 현재 슬라이드에서 다음 슬라이드로 넘어갈 때의 동작을 말합니다. 파워포인트 2013에서는 이전 버전에 비해 화려한 화면 전환 효과가 많이 추가되었습니다.

• 실습 파일 파워포인트 \ 7장 \ 슬라이드에 화면 전환 효과 적용하기.pptx　• 완성 파일 파워포인트 \ 7장 \ 슬라이드에 화면 전환 효과 적용하기_완성.pptx

**01 슬라이드에 화면 전환 효과 적용하기**
슬라이드를 넘길 때 전환 효과를 적용하면 청중의 시선을 사로잡을 수 있습니다. 슬라이드에 전환 효과를 적용하고 전환 시간 및 효과 옵션을 설정해보겠습니다.

① **2번 슬라이드** 선택
② [전환] 탭 - [슬라이드 화면 전환] 그룹 - [자세히 ]를 클릭합니다.

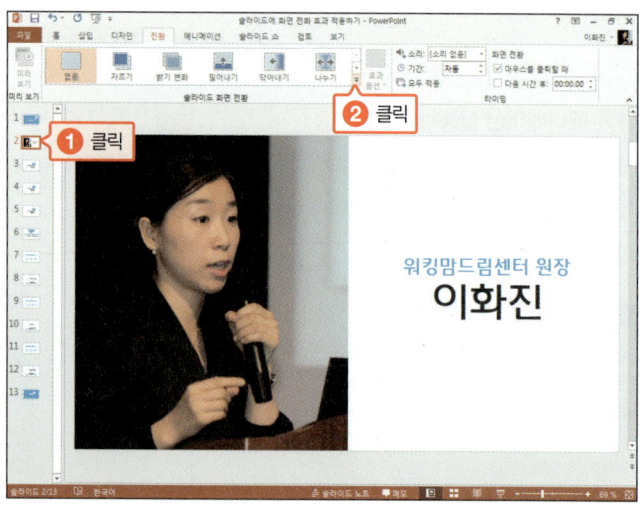

**02** [화려한 효과] - **[바람]**을 선택합니다.

**바로 통하는 TIP** 화면 전환 효과를 선택하면 미리 보기가 제공되므로 원하는 전환 효과를 쉽게 확인할 수 있습니다.

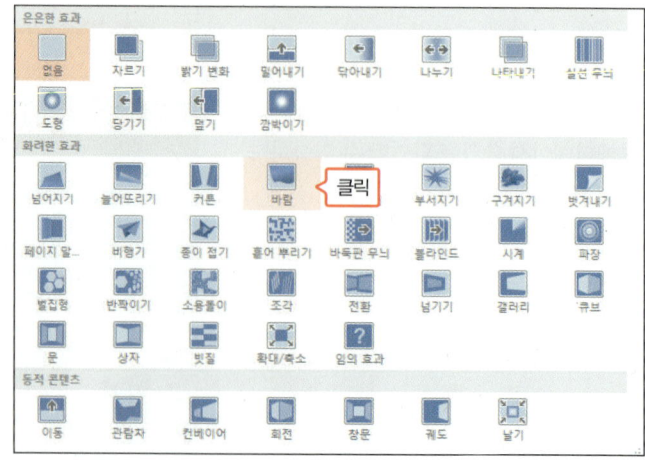

**03 전환 길이 지정하기**
[전환] 탭 - [타이밍] 그룹 - [기간]을 **[02.25]**로 설정합니다.

## 04 효과 옵션 변경하기

① [전환] 탭 - [슬라이드 화면 전환] 그룹 - [효과 옵션] 클릭
② [왼쪽으로]를 선택합니다.

앞장의 슬라이드가 바람에 날리듯 오른쪽에서 왼쪽으로 넘어가는 전환 효과가 적용됩니다.

## 05 화면 전환 효과 실행하기

[슬라이드 쇼] 탭 - [슬라이드 쇼 시작] 그룹 - [처음부터] 또는 [현재 슬라이드부터]를 클릭합니다.

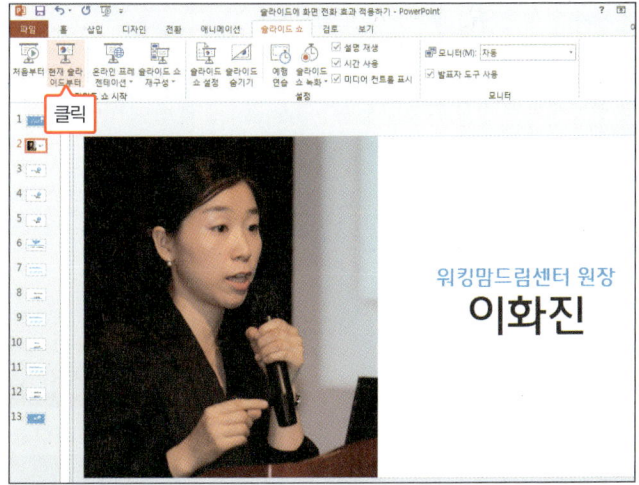

**06** 슬라이드 쇼가 실행되며 다음 슬라이드로 넘어갈 때 적용한 화면 전환 효과가 나타나는 것을 확인할 수 있습니다.

핵심기능실습

# 61 슬라이드 쇼 설정하기

프레젠테이션 발표 시 사용자가 원하는 대로 슬라이드 쇼를 진행하기 위해 슬라이드 쇼를 설정합니다. 발표 전 목적에 맞게 슬라이드 쇼를 설정해두면 청중에게 '프로답다'는 느낌을 심어줄 수 있습니다.

• 실습 파일 파워포인트\7장\슬라이드 쇼 설정하기.pptx    • 완성 파일 파워포인트\7장\슬라이드 쇼 설정하기_완성.pptx

**01 슬라이드 쇼 설정하기**
[슬라이드 쇼] 탭-[설정] 그룹-**[슬라이드 쇼 설정]**을 클릭합니다.

[쇼 설정] 대화상자가 활성화됩니다.

**02**
① [슬라이드 표시]에서 [시작]을 **[6]**, [끝]을 **[12]**로 설정
② [표시 옵션] 목록에서 **[애니메이션 없이 보기]**에 체크 표시
③ **[확인]**을 클릭합니다.

슬라이드에 적용된 애니메이션이 슬라이드 쇼에서 실행되지 않습니다.

## 실무활용노트 POWER POINT | [쇼 설정] 대화상자의 구성 요소 알아보기

[슬라이드 쇼] 탭-[설정] 그룹-[슬라이드 쇼 설정]을 클릭하면 [쇼 설정] 대화상자가 나타납니다. 슬라이드 쇼를 최적화할 수 있습니다.

### ① 쇼 형식

**발표자가 진행(전체 화면)** : 일반적인 쇼 보기 상태로 발표자가 Enter 나 마우스를 클릭하면 다른 슬라이드로 전환됩니다.
**웹 형식으로 진행** : 슬라이드 쇼를 [읽기용 보기]에서 진행합니다. 웹 페이지처럼 표시합니다.
**대화형 자동 진행(전체 화면)** : 슬라이드 쇼에서 Enter 나 마우스 클릭은 전혀 사용할 수 없으며, 하이퍼링크로 설정된 개체를 클릭하여 슬라이드 쇼가 진행됩니다.

### ② 슬라이드 표시

**모두** : 프레젠테이션 내의 모든 슬라이드를 보여줍니다.
**시작/끝** : 시작 슬라이드와 끝 슬라이드를 지정합니다.
**재구성한 쇼** : 재구성한 슬라이드 쇼로 프레젠테이션을 진행합니다.

### ③ 표시 옵션

**ESC 를 누를 때까지 계속 실행** : 슬라이드 쇼를 반복 실행하도록 설정할 수 있습니다.
**녹음된 설명 없이 보기** : 설명 녹음 없이 슬라이드 쇼를 진행합니다.
**애니메이션 없이 보기** : 애니메이션을 사용하지 않고 슬라이드 쇼를 진행합니다.
**하드웨어 그래픽 가속 사용 안 함** : 하드웨어 그래픽 가속의 사용 여부를 선택합니다.

### ④ 펜 색

슬라이드 쇼에서 Ctrl + P 를 누르면 펜 기능을 실행해 밑줄이나 코멘트를 달 수 있는데, 이때 펜의 초기 색상을 지정해줍니다. 기본 값은 빨강색입니다.

### ⑤ 레이저 포인터 색

슬라이드 쇼에서 레이저 포인터를 사용하는 경우 레이저 포인터의 색상을 지정해줍니다. 기본 값은 빨간색입니다.

### ⑥ 화면 전환

**수동** : 발표자의 조작에 의해서 화면 전환이 실행됩니다.
**설정된 시간 사용** : 화면 전환 시간을 지정하여 지정된 시간 후에 화면 전환이 실행됩니다.

### ⑦ 복수 모니터

**슬라이드 쇼 모니터** : 복수 모니터 사용 시 슬라이드 쇼가 표시될 모니터를 선택합니다.
**해상도** : 모니터 해상도를 선택합니다.
**발표자 도구 사용** : 발표자 도구 사용 여부를 선택합니다.

## 핵심기능실습 62 슬라이드 쇼 재구성하기

전체 슬라이드 중 일부 슬라이드만 이용해 슬라이드 쇼를 재구성할 수 있습니다. 이렇게 하면 갑자기 발표 시간이 짧아져도 당황하지 않고 미리 짧은 시간용으로 만들어놓은 슬라이드 쇼로 발표할 수 있습니다.

- 실습 파일 파워포인트 \ 7장 \ 슬라이드 쇼 재구성하기.pptx   - 완성 파일 파워포인트 \ 7장 \ 슬라이드 쇼 재구성하기_완성.pptx

### 01 슬라이드 쇼 재구성하기

전체 슬라이드 구성에 변화를 주지 않고 원하는 슬라이드만 선별해 보여줄 수 있도록 슬라이드 쇼를 재구성해보겠습니다.
① [슬라이드 쇼] 탭 - [슬라이드 쇼 시작] 그룹 - [**슬라이드 쇼 재구성**] 클릭
② [**쇼 재구성**]을 선택합니다.

### 02

① [쇼 재구성] 대화상자에서 [**새로 만들기**] 클릭
② [쇼 재구성 하기] 대화상자의 [슬라이드 쇼 이름]에 **워킹맘 교육 프로그램** 입력
③ [프레젠테이션에 있는 슬라이드] 중 **6~12번 슬라이드**에 체크 표시
④ [**추가**]를 클릭합니다.

**03** [재구성한 쇼에 있는 슬라이드]에 **6~12번 슬라이드**가 추가된 것을 확인할 수 있습니다. **[확인]**을 클릭합니다.

**04** [쇼 재구성] 대화상자의 목록에 **워킹맘 교육 프로그램**이라는 목록이 생긴 것을 확인할 수 있습니다. **[닫기]**를 클릭합니다.

**05 재구성한 슬라이드 쇼 실행하기**
① [슬라이드 쇼] 탭 - [슬라이드 쇼 시작] 그룹 - **[슬라이드 쇼 재구성]** 클릭
② **[워킹맘 교육 프로그램]**을 선택합니다.

**06** 전체 슬라이드 중 **워킹맘 교육 프로그램**에 해당하는 슬라이드만 슬라이드 쇼로 나타납니다.

핵심기능실습

# 63 발표 원고 작성하고 인쇄하기

슬라이드 노트 창에 프레젠테이션 발표 시 필요한 원고 내용을 간략하게 요약하여 작성합니다. 이렇게 작성한 내용은 발표자 도구를 사용해 발표할 때나 리허설할 때 인쇄해두고 보면서 참고할 수 있습니다.

■ 실습 파일 파워포인트\7장\발표 원고 작성하고 인쇄하기.pptx  ■ 완성 파일 파워포인트\7장\발표 원고 작성하고 인쇄하기_완성.pptx

**01 슬라이드 노트 창 열기**
슬라이드 노트 창을 이용해 발표할 내용을 간단히 정리해보겠습니다.
① **13번 슬라이드** 선택
② 슬라이드 아래에서 **[슬라이드 노트]**를 클릭합니다.

**02** 슬라이드 노트 창이 나타납니다. 슬라이드 노트 창에 발표 내용을 입력합니다.

> **실무활용노트**
> **POWER POINT**  슬라이드 노트 보기
>
> 전체 페이지 형식으로 노트를 보고 작업하려면 슬라이드 노트 보기를 선택해서 보는 것이 좋습니다. [보기] 탭 – [프레젠테이션 보기] 그룹 – [슬라이드 노트]를 클릭합니다.

## 03 슬라이드 노트 인쇄하기

① [파일] 탭 – [**인쇄**] 선택
② [설정]에서 [**전체 페이지 슬라이드**] 선택
③ [인쇄 모양] – [**슬라이드 노트**]를 선택합니다.

## 04 [인쇄]를 클릭합니다. 슬라이드 하단에 슬라이드 노트가 함께 인쇄됩니다.

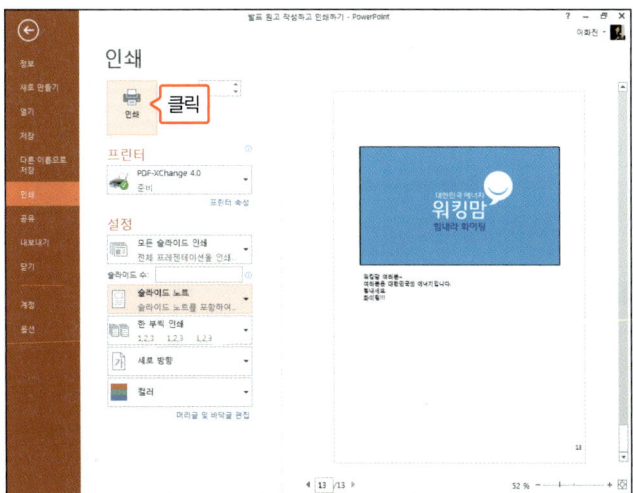

핵심기능실습

# 64 청중 유인물 만들고 인쇄하기

청중에게 배포할 유인물의 레이아웃은 유인물 마스터에서 설정합니다. 청중에게 배포할 유인물에도 디자인을 적용함으로써 전문가다운 느낌을 주는 것이 좋습니다.

- 실습 파일 파워포인트\7장\청중 유인물 만들고 인쇄하기.pptx, 워킹맘드림센터 로고.emf
- 완성 파일 파워포인트\7장\청중 유인물 만들고 인쇄하기_완성.pptx

## 01 유인물 레이아웃 설정하기

청중에게 배포할 유인물 인쇄 시 배포 단체, 날짜, 로고 등이 표시되도록 유인물 레이아웃을 수정해보겠습니다. [보기] 탭-[마스터 보기] 그룹-**[유인물 마스터]**를 클릭합니다. 유인물 마스터 보기로 전환됩니다.

## 02
① 왼쪽 위에 **워킹맘드림센터** 입력
② 오른쪽 위에 **날짜** 입력
③ 아래쪽 **바닥글 개체 틀** 삭제
④ 가운데 아래에 **워킹맘드림센터 로고** 삽입
⑤ 오른쪽 아래에 **슬라이드 번호 서식**을 원하는 대로 변경합니다.

**바로 통하는 TIP** 로고 삽입은 [삽입] 탭-[이미지] 그룹-[그림]을 이용합니다.

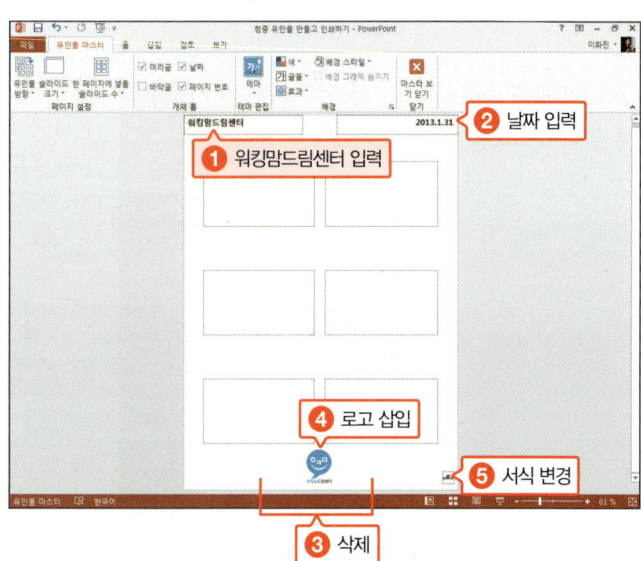

## 03 유인물 인쇄하기

① [파일] 탭 - [인쇄] 선택 ② 설정에서 [전체 페이지 슬라이드] 선택 ③ 인쇄 모양에서 [유인물] - [3슬라이드]를 선택합니다.

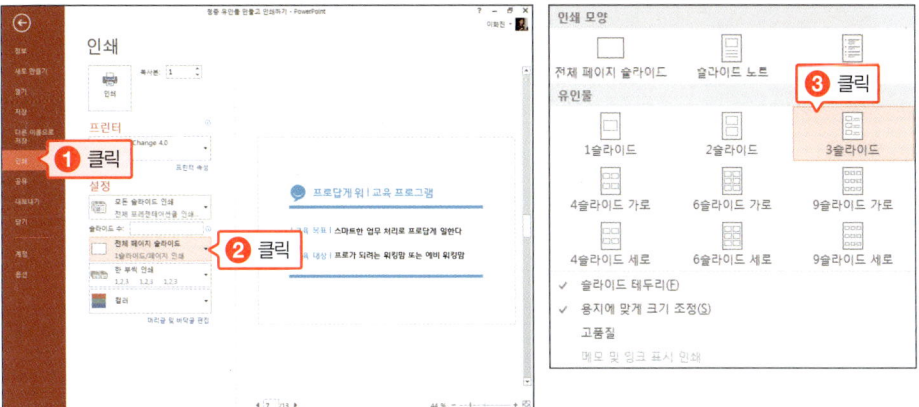

## 04

[인쇄]를 클릭합니다. 유인물 마스터에서 적용한 레이아웃 모양대로 인쇄됩니다.

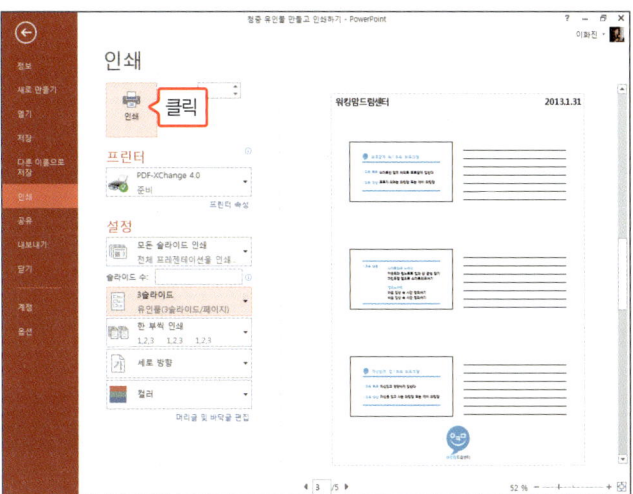

---

**실무활용노트 POWER POINT** | 유인물에 페이지 번호 삽입하기

[삽입] 탭 - [텍스트] 그룹 - [슬라이드 번호 삽입]을 클릭합니다.

① [머리글/바닥글] 대화상자에서 [슬라이드 노트 및 유인물] 탭 클릭

② [페이지 번호]에 체크 표시합니다.

핵심기능실습

# 65 발표 전 예행 연습하기

프레젠테이션 발표 전에 각 슬라이드에 소요되는 시간을 미리 확인하는 것은 매우 중요합니다. 이때 예행 연습 기능을 사용하면 편리합니다.

▪실습 파일 파워포인트 \ 7장 \ 발표 전 예행 연습하기.pptx   ▪완성 파일 파워포인트 \ 7장 \ 발표 전 예행 연습하기_완성.pptx

**01**
① **1번 슬라이드** 선택
② [슬라이드 쇼] 탭 - [설정] 그룹 - **[예행 연습]**을 클릭합니다.

**02** 슬라이드 쇼가 실행되며 화면 왼쪽 위에 [녹화] 대화상자가 나타납니다. Enter 를 눌러 슬라이드를 넘깁니다.

**바로 통하는 TIP** [녹화] 대화상자의 왼쪽 시간은 쇼가 진행되고 있는 현재 슬라이드의 시간이고, 오른쪽은 전체 녹화된 슬라이드 쇼의 누적된 시간입니다.

**03** 슬라이드 쇼가 끝까지 실행되면 마지막에 사용 시간 여부를 묻는 대화상자가 나타납니다. **[예]**를 클릭합니다.

**04** 여러 슬라이드 보기 화면으로 보면 각각의 슬라이드에 녹화된 시간이 표시됩니다.

핵심기능실습

# 66 슬라이드 쇼 시작하기

프레젠테이션을 하기 위해서는 슬라이드 쇼를 실행해야 합니다. 처음부터 슬라이드 쇼를 시작할 수도 있고, 선택된 슬라이드부터 시작할 수도 있습니다. 슬라이드 쇼를 하는 다양한 방법에 대해서 알아보겠습니다.

- 실습 파일 파워포인트 \ 7장 \ 슬라이드 쇼 시작하기.pptx

## 01 첫 번째 슬라이드부터 슬라이드 쇼하기

[슬라이드 쇼] 탭 – [슬라이드 쇼 시작] 그룹 – **[처음부터]**를 클릭합니다. 첫 번째 슬라이드부터 쇼가 시작됩니다.

**바로 통하는 TIP** 첫 번째 슬라이드부터 쇼를 시작하려면 빠른 실행 도구 모음의 [처음부터 시작]을 클릭해도 되고 F5 를 눌러도 됩니다.

## 02 Enter 를 눌러 슬라이드를 넘깁니다. 마지막 슬라이드 다음에 나타나는 화면을 클릭하거나 Enter 를 눌러 기본 보기 화면으로 돌아옵니다.

 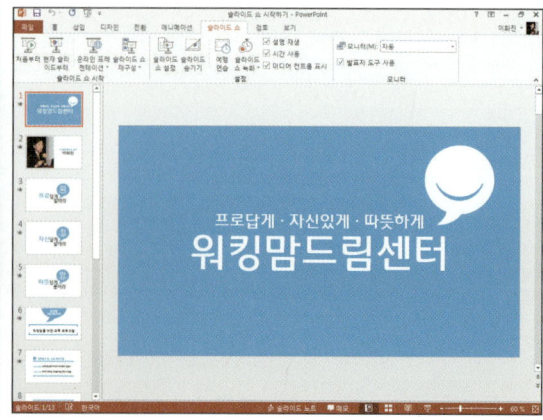

**바로 통하는 TIP** 슬라이드 쇼 도중에 슬라이드 쇼를 끝내려면 ESC 를 누릅니다.

## 03 현재 슬라이드부터 슬라이드 쇼하기

① **6번 슬라이드** 선택

② [슬라이드 쇼] 탭-[슬라이드 쇼 시작] 그룹-**[현재 슬라이드부터]**를 클릭합니다.

현재 선택된 6번 슬라이드부터 슬라이드 쇼가 진행됩니다.

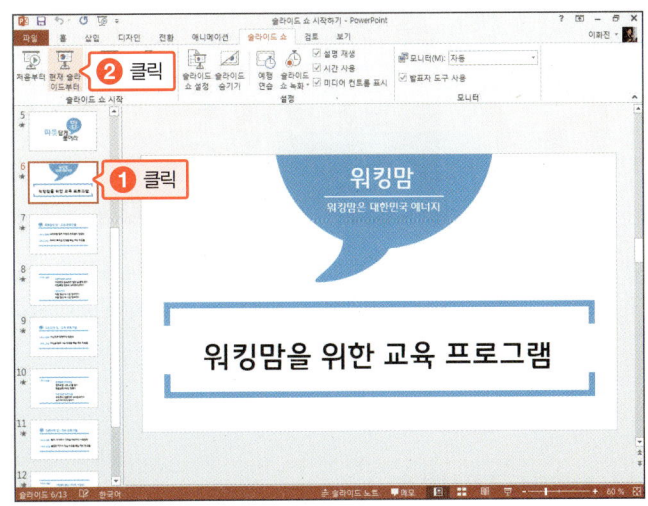

>  **바로 통하는 TIP**  현재 슬라이드부터 슬라이드 쇼를 하려면 화면 오른쪽 아래에 있는 [슬라이드 쇼 🖵 ]를 클릭하거나 Shift + F5 를 눌러도 됩니다.

## 04 Enter 를 눌러 슬라이드를 넘깁니다.
마지막 슬라이드 다음에 나타나는 검은 화면에서 마우스로 화면을 클릭하거나 Enter 를 눌러 기본 보기 화면으로 돌아옵니다.

## 05 기본 화면에서 선택된 슬라이드 화면이 보입니다.

>  **바로 통하는 TIP**  슬라이드 쇼 도중에 슬라이드 쇼를 끝내려면 ESC 를 누릅니다.

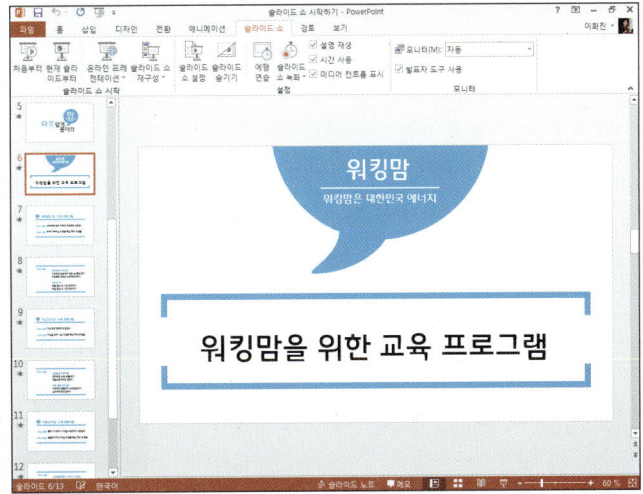

## 핵심기능실습 67 발표자 도구를 사용하여 발표하기

발표자 도구를 사용하면 청중에게는 슬라이드만 나타나게 하고 발표자의 화면에는 다음 슬라이드, 발표자 노트, 타이머 등의 미리 보기를 표시할 수 있습니다. 이를 통해 발표자는 자연스럽게 프레젠테이션을 진행할 수 있습니다.

● 실습 파일 파워포인트 \ 7장 \ 발표자 도구를 사용하여 발표하기.pptx

### 01 발표자 도구 표시하기

F5를 클릭하여 슬라이드 쇼를 실행합니다. ① 화면 왼쪽 아래에 있는 컨트롤 막대에서 [슬라이드 옵션] 클릭 ② [발표자 도구 표시]를 선택합니다. 발표자 보기 화면으로 바뀝니다.

 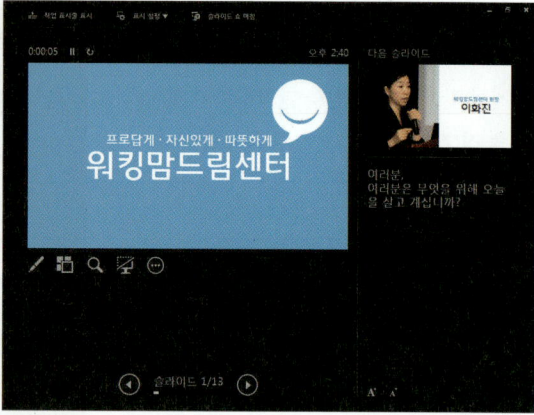

### 실무활용노트 POWER POINT — 발표자 도구 구성 살펴보기

슬라이드 쇼를 실행 시 나타나는 발표자 도구는 발표자에게만 보입니다. 발표자 도구에서는 현재 슬라이드 및 다음 슬라이드의 내용을 확인할 수 있고 슬라이드에 추가한 노트 내용을 미리 볼 수 있는 기능 등이 제공됩니다.

## 02 펜으로 주석 달기

발표자 도구의 펜 기능을 이용하면 슬라이드에 중요한 내용을 펜으로 표시하면서 프레젠테이션을 할 수 있습니다.

① 발표자 도구에서 [펜 및 레이저 포인터 도구] 클릭
② [펜]을 선택합니다.

## 03 마우스 포인터가 펜으로 변경되면 원하는 주석을 달아줍니다.

**바로 통하는 TIP** 마우스 포인터를 본래 화살표 모양으로 변경하려면 Ctrl + A 를 클릭합니다.

## 04 모든 슬라이드 보기

발표자 도구에서 [모든 슬라이드 보기]를 클릭합니다. 모든 슬라이드가 보이는 것을 확인할 수 있습니다.

## 05 다음 슬라이드로 넘기기

화면 아래쪽에 있는 슬라이드 넘기기 버튼 중 [다음]을 클릭합니다. 다음 슬라이드로 넘어갑니다.

 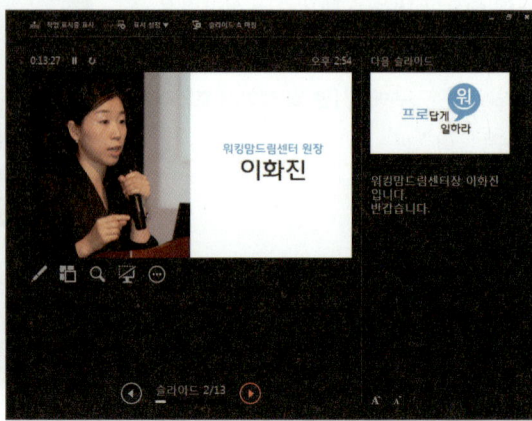

## 06 슬라이드 특정 부분 확대하기

① 발표자 도구에서 [슬라이드 확대] 클릭 ② 확대하고자 하는 부분 위에 마우스 포인터를 놓고 클릭합니다.

## 07 해당 부분이 확대됩니다.

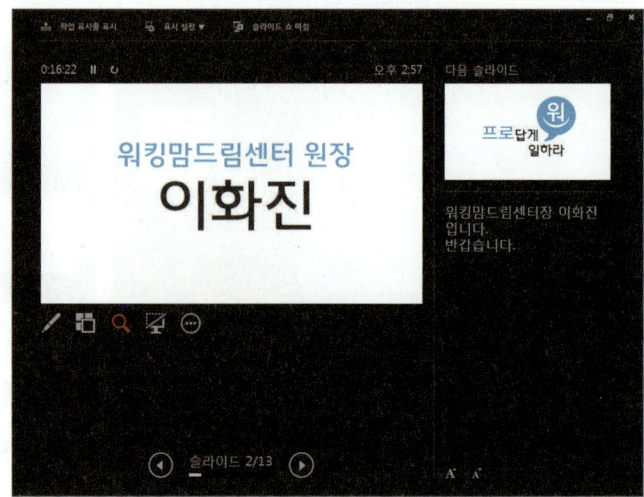

**08** 다시 본래의 상태로 돌아오려면 발표자 도구에서 **[축소]**를 클릭합니다. 확대 전 상태로 돌아오는 것을 확인할 수 있습니다.

 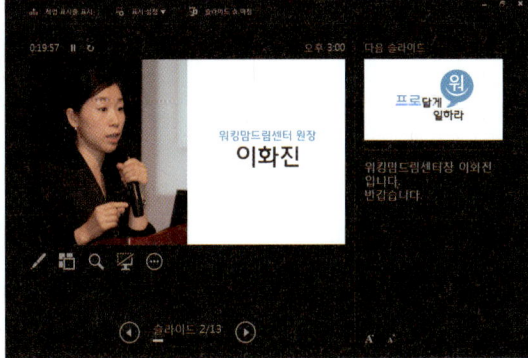

**09 화면 검정으로 만들기**

발표자 도구에서 **[슬라이드 쇼를 검정으로 설정/취소]**를 클릭합니다. 화면이 검정색으로 변경됩니다.

 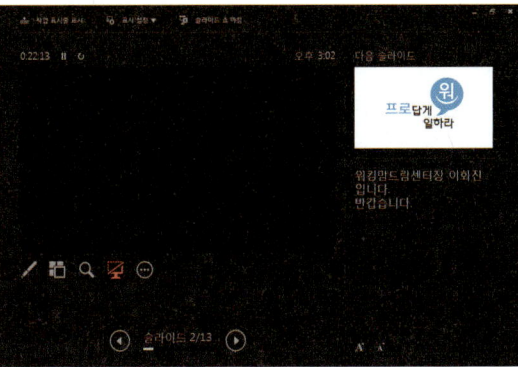

**바로 통하는 TIP** 본래의 상태로 돌아오려면 [슬라이드 쇼 검정으로 설정/취소]를 다시 클릭합니다.

**10 슬라이드 쇼 마치기**

화면의 위쪽에 있는 **[슬라이드 쇼 마침]**을 클릭합니다. 기본 보기 화면으로 돌아옵니다.

 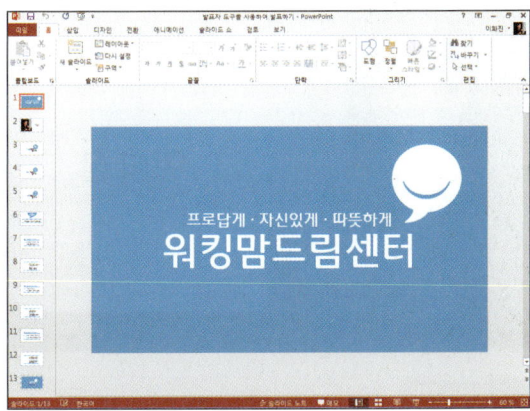

## 핵심기능실습

# 68 슬라이드 쇼 녹화하기

슬라이드 쇼가 실행되는 동안 재생되는 오디오 설명, 레이저 포인터 동작, 애니메이션을 녹화할 수 있습니다. 프레젠테이션에 참석하지 못한 청중이라면 이렇게 녹화한 파일을 통해 현장감 있는 프레젠테이션 발표 내용을 그대로 보고 들을 수 있습니다.

- 실습 파일 파워포인트 \ 7장 \ 슬라이드 쇼 녹화하기.pptx   · 완성 파일 파워포인트 \ 7장 \ 슬라이드 쇼 녹화하기_완성.pptx

**01 슬라이드 쇼 녹화하기**
① [슬라이드 쇼] 탭 – [설정] 그룹 – [슬라이드 쇼 녹화▼] 클릭
② [처음부터 녹음 시작] 선택
③ [슬라이드 쇼 녹화] 대화상자에서 [녹화 시작]을 클릭합니다.

**02** 화면 왼쪽 위에 [녹화] 대화상자가 나타나고 녹화되는 시간과 누적된 시간이 보입니다. 슬라이드 쇼가 끝난 후 각 슬라이드에는 발표 내용이 녹음된 오디오 파일이 생성되고 재생해보면 프레젠테이션 내용을 확인할 수 있습니다.

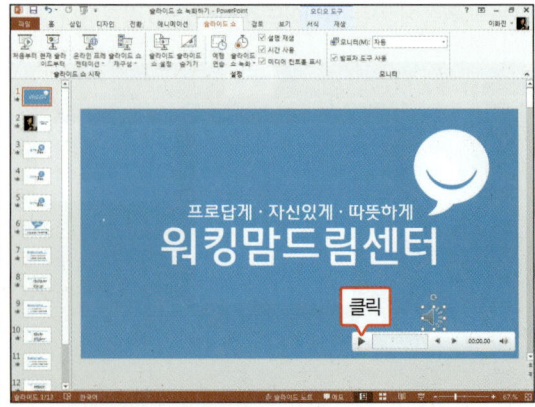

**바로 통하는 TIP** 슬라이드 쇼를 실행하면 설명 녹음과 함께 화면 전환 효과가 자동으로 적용되면서 넘어가는 것을 확인할 수 있습니다.

핵심기능실습

# 69 온라인으로 프레젠테이션 진행하기

무료 제공 서비스인 Office Presentation Service를 사용하면 파워포인트에서 온라인으로 프레젠테이션을 진행할 수 있습니다. 이렇게 하면 발표장에 오지 않아도 온라인에 접속할 수 있는 시청자라면 어디서나 프레젠테이션을 볼 수 있습니다.

▪ 실습 파일 파워포인트 \ 7장 \ 온라인으로 프레젠테이션 진행하기.pptx

**01 온라인 프레젠테이션 시작하기**
① [파일] 탭 – [공유] 선택
② [온라인 프레젠테이션] 선택
③ [온라인 프레젠테이션]을 클릭합니다.

**02** Office Presentation Service에 연결 중인 화면이 나타난 후 링크 주소가 나타나면 복사하여 원격 시청자에게 보냅니다.

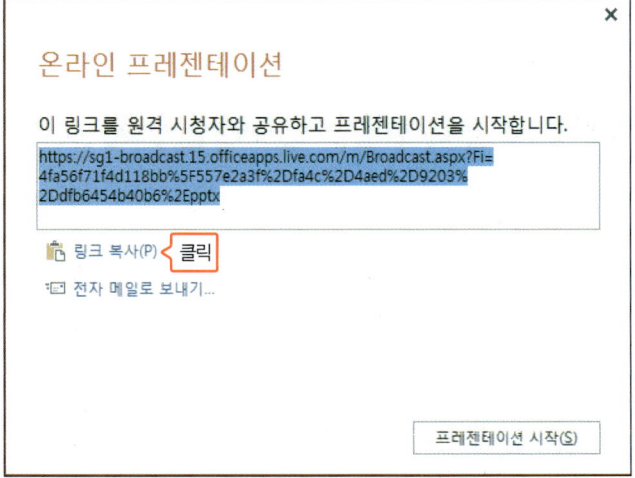

CHAPTER 07 프레젠테이션 발표 준비 및 발표하기 • **387**

**03** **링크 주소**를 웹 페이지 주소 창에 붙여 넣습니다.

**04** [**프레젠테이션 시작**]을 클릭합니다.

**05** 발표자의 화면과 온라인상에서 시청자의 화면이 같은 것을 확인할 수 있습니다.

## 06 온라인 프레젠테이션 종료하기

① [온라인 프레젠테이션] 탭 - [온라인 프레젠테이션] 그룹 - **[온라인 프레젠테이션 종료]** 클릭

② 프레젠테이션 종료를 확인하려면 메시지 창에서 **[온라인 프레젠테이션 종료]**를 클릭합니다.

## 07 온라인 프레젠테이션이 종료됩니다.

## 08 온라인 시청자의 화면에 **프레젠테이션이 끝났습니다**라는 메시지가 나타납니다.

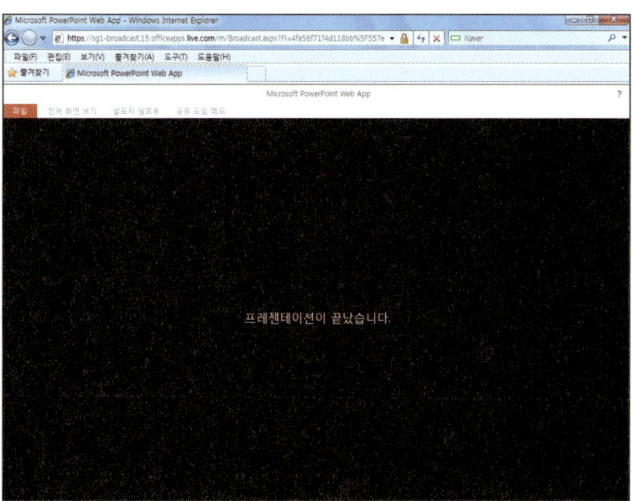

**책속특별부록**

# 70 파워포인트 핵심 기능으로 프레젠테이션 디자인 기획 시트 완성하기

프레젠테이션 내용을 기획하듯 프레젠테이션 디자인도 기획이 중요합니다. 디자인 기획은 주제에 따른 글꼴, 색, 이미지, 레이아웃 등을 어떻게 할 것인지 결정하는 작업입니다. 그러나 대부분 이 부분의 중요성을 모른 채 화려한 기능에만 빠져서 꾸미기에만 급급한 경우가 많습니다. 이렇게 계획 없이 작업하다 보면 시간도 많이 걸리고 전체적인 조화도 이뤄지지 않습니다. 프레젠테이션 디자인 기획 시트를 완성하는 과정에 대해서 알아보겠습니다.

• 실습 파일 파워포인트 \ 책속특별부록 \ 프레젠테이션 디자인 기획 시트.pptx
• 완성 파일 파워포인트 \ 책속특별부록 \ 더원플러스 프레젠테이션 디자인 기획 시트.pptx, 더원플러스 템플릿.pptx

## 더원플러스의 회사 소개 프레젠테이션을 위한 디자인 기획 시트 제작

### ● 프레젠테이션 개요 작성하기

프레젠테이션 디자인 기획 시트를 만들기 위해서는 먼저 프레젠테이션의 기본적인 개요를 작성해야 합니다.

### ● 상황 분석하기

프레젠테이션의 3P, 즉 Purpose(목적), People(사람), Place(장소)에 대한 상황을 정확하고 자세하게 분석해야 합니다. 특히 청중을 잘 분석해야 프레젠테이션에서 성공을 거둘 수 있습니다.

- **청중의 니즈 파악 후 해결 방안 모색하기**

프레젠테이션을 통해 청중은 과연 무엇을 얻고자 하는지, 그리고 얻고자 하는 것을 위해 어떤 문제점을 해결해야 하는지 고민해야 합니다. 또한 그 내용은 슬라이드 디자인에서 잘 표현되어야 합니다.

| 청중 니즈 | 문제점 | 해결 방안 |
|---|---|---|
| 대학의 선진화 | 과목의 후진성 | 선진화 과목 도입 |
| 대학 교육 실무화 | 자체 교재 | 실무 교재 사용 |
| 발표 교육 | 수동적인 학생 | 프레젠테이션 과목 도입 |

- **브랜드 찾기**

프레젠테이션 디자인에서 가장 중요한 것은 전체적으로 브랜드 아이덴티티가 잘 드러나 있느냐입니다. 프레젠테이션할 회사의 브랜드를 EMF 파일 형태로 가지고 있다면 파워포인트에서 그룹 해제를 사용해 활용할 수 있습니다. 프레젠테이션의 전체 통일성 및 회사의 개성 있는 디자인을 만들려면 브랜드가 가지고 있는 디자인적 요소를 잘 파악해야 합니다. 해당 회사의 홈페이지에 들어가면 브랜드를 쉽게 찾을 수 있습니다.

- **디자인 콘셉트 세우기**

프레젠테이션 디자인을 할 때는 목적과 개념을 정리해서 디자인을 전개하고 방향성을 제시해야 합니다. 결국 슬라이드 디자인을 어떻게 할 것인가에 대한 결론입니다.

디자인 컨셉:
교육 회사의 신뢰성을 고려
장식 요소는 최대한 줄이고
더원플러스 브랜드 색이
자연스럽게 드러나도록
절제된 디자인을 함

## 글꼴 및 글꼴 크기 설정하기

내가 주장하는 바가 무엇이고 어떤 대상을 프레젠테이션하느냐에 따라서 글꼴 선택이 달라집니다. 또한 상황에 따라서도 달라질 수 있습니다. 쉽게 생각해 이성에 호소하는 프레젠테이션이라면 딱딱한 고딕 계열의 글꼴을 선택하고, 감성에 호소하는 프레젠테이션의 경우에는 명조 계열의 서체를 선택하는 것입니다. 글꼴의 크기는 중요도에 따라 달라지는데, 내용이 중요하면 크게 하고 그렇지 않으면 작게 합니다. 마지막으로 글꼴의 크기를 결정하는 중요한 요소가 한 가지 더 있습니다. 바로 장소입니다. 스크린의 위치부터 맨 뒤에 앉을 청중과의 거리를 계산해야 합니다. 실제 슬라이드 디자인 작업 전 스크린에 여러 가지 글꼴 크기를 써놓고 맨 뒤에 앉았을 때도 잘 보이는 글꼴의 크기를 테스트한 후 글꼴 크기를 결정합니다.

| | | 한글 글꼴 | | 영문 글꼴 | |
|---|---|---|---|---|---|
| | | 제목 | 본문 | 제목 | 본문 |
| 글꼴 & 글꼴 크기 | 글꼴 | 나눔고딕 ExtraBold | 나눔고딕 | 나눔고딕 ExtraBold | 나눔고딕 |
| | 글꼴 크기 | 48pt | 36pt | 48pt | 36pt |
| | | 강조 글꼴 | | | |
| | | 한글 글꼴 | | 영문 글꼴 | |
| | 글꼴 | 나눔명조(B) | | 나눔명조(B) | |
| | 글꼴 크기 | 54pt | | 54pt | |

**01 파워포인트 2013에서 테마 글꼴 설정하기**

① [디자인] 탭 – [적용] 그룹 – [자세히] 클릭
② [글꼴] 선택
③ [글꼴 사용자 지정]을 선택합니다.

## 02

① [새 테마 글꼴 만들기] 대화상자에서 원하는 [영어 글꼴]과 [한글 글꼴]의 제목, 본문 글꼴 선택

② [이름]에 **더원플러스** 입력

③ [저장]을 클릭합니다.

## 03

[디자인] 탭 - [적용] 그룹 - [자세히 ▼]를 클릭합니다. [글꼴]의 [사용자 지정]에 **더원플러스**라는 이름의 글꼴이 생긴 것을 확인할 수 있습니다.

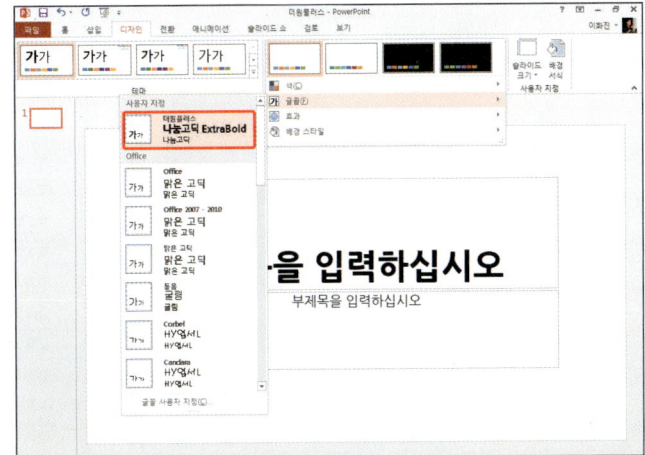

### ● 색 설정하기

프레젠테이션의 전체적인 일관성을 좌우하는 가장 핵심적인 요소가 바로 색입니다. 색을 사용할 때의 기준은 바로 브랜드 색입니다. 프레젠테이션을 만들 때 브랜드가 가지고 있는 색과 해당 회사의 규정 색상을 활용하면 그 회사의 아이덴티티가 잘 드러나게 디자인할 수 있습니다. 어떤 색을 주조색으로 사용하고, 또 주조색을 보조하는 색은 어떤 색으로 할 것인지, 강조할 때는 어떤 색을 사용할 것인지 등을 이 단계에서 결정합니다. 이렇게 하면 프레젠테이션의 처음부터 끝까지 색을 통한 일관성을 유지할 수 있습니다.

**01 파워포인트 2013에서 테마 색 설정하기**
① [디자인] 탭 - [적용] 그룹 - [**자세히**] 클릭
②③ [**색**] - [**색 사용자 지정**]을 선택합니다.

**02**
① [새 테마 색 만들기] 대화상자에서 **원하는 색** 설정
② **더원플러스** 입력
③ [**저장**]을 클릭합니다.

**03** [디자인] 탭 - [적용] 그룹 - [**자세히**]를 클릭합니다. [색]의 [사용자 지정]에 [더원플러스]라는 이름의 색이 생긴 것을 확인할 수 있습니다.

- **템플릿 만들기**

전체 슬라이드의 통일성을 좌우하는 템플릿 디자인을 작업합니다. 템플릿 기본 구성 요소는 5가지로, 프레젠테이션의 핵심 주제가 있는 표지, 어떤 내용과 순서로 프레젠테이션을 진행할 것인지 보여주는 목차, 내용을 단락별로 구분하기 위한 간지, 본문의 배경을 표현하는 내지, 맺음말을 표현하는 엔딩이 있습니다.

## 01 템플릿 디자인하기

① [보기] 탭 - [마스터 보기] 그룹 - [슬라이드 마스터] 클릭

　최상위 슬라이드 마스터에서 아래 레이아웃에 공통으로 적용될 개체를 작업합니다.

② 오른쪽 위에 사각형 두 개를 그리고 각각의 색을 테마 색 [라임, 강조 2]와 [파랑, 강조 1]로 적용

　11개의 레이아웃 오른쪽 위에 사각형 두 개가 생긴 것을 확인할 수 있습니다.

③ [제목 슬라이드 레이아웃]을 제외한 나머지 레이아웃을 삭제합니다. 레이아웃을 삭제하려면 삭제할 레이아웃을 선택하고 Delete 를 누릅니다.

## 02 [제목 슬라이드 레이아웃]을 표지 레이아웃으로 디자인해줍니다. 슬라이드 아래쪽에 3개의 개체 틀을 선택한 후 Delete 를 눌러 삭제합니다.

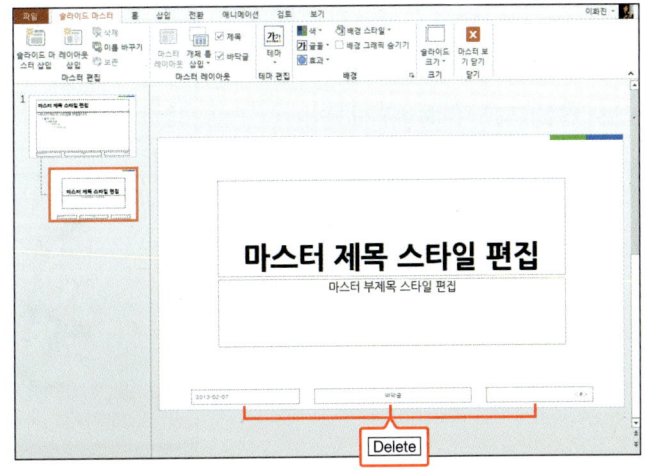

**03** 왼쪽에 이미지를 불러옵니다. [삽입] 탭 - [이미지] 그룹 - **[그림]**을 클릭합니다. [그림 삽입] 대화상자에서 **여자.png**를 선택한 후 **[삽입]**을 클릭합니다. 불러온 이미지를 슬라이드 왼쪽에 위치시킵니다.

**04** 텍스트를 입력할 개체 틀의 서식을 지정해줍니다.

① 새로운 개체 틀을 삽입하려면 [슬라이드 마스터] 탭 - [마스터 레이아웃] 그룹 - **[개체 틀 삽입]** 클릭

② **[텍스트]**를 다음과 같이 입력합니다.

> **바로 통하는 TIP** 텍스트 스타일은 다음과 같이 지정합니다.
> - **표지 부제목** : 나눔명조, 28pt,
>   글꼴 색(R 89, G 89, B 89)
> - **표지 제목 1** : 나눔명조, 80pt,
>   글꼴 색(강조 2 색 R 128, G 195, B 65)
> - **표지 제목 2** : 나눔명조, 66pt,
>   글꼴 색(강조 1 색 R 0, G 123, B 201)
> - **발표자 이름** : 나눔명조, 24pt,
>   글꼴 색(R 89, G 89, B 89)

**05**

① 레이아웃의 이름을 바꾸기 위해 레이아웃 선택 후 [슬라이드 마스터] 탭 - [마스터 편집] 그룹 - **[이름 바꾸기]** 클릭

② [레이아웃 이름 바꾸기] 대화상자에서 [레이아웃 이름]에 **표지** 입력

③ **[이름 바꾸기]**를 클릭합니다.

**06** 목차 레이아웃을 만들기 위해 레이아웃을 삽입합니다. [슬라이드 마스터] 탭 – [마스터 편집] 그룹 – **[레이아웃 삽입]**을 클릭합니다. 최상위 슬라이드 마스터와 같은 디자인의 레이아웃이 삽입됩니다.

**07**
① 불필요한 개체 틀을 삭제한 후 목차 형식에 맞게 개체 틀을 삽입하고 서식 지정
② 레이아웃 이름을 **목차**라고 지정합니다.

**바로 통하는 TIP** 텍스트 스타일은 다음과 같이 지정합니다.
- **목차 제목**: 나눔명조, 54pt,
  글꼴 색(강조 2 색 R 128, G 195, B 65)
- **목차 내용**: 나눔명조, 44pt,
  글꼴 색(강조 1 색 R 0, G 123, B 201)

**08**
① 간지 레이아웃을 만들기 위해 [슬라이드 마스터] 탭 – [마스터 편집] 그룹 – **[레이아웃 삽입]** 클릭
② 불필요한 개체 틀을 삭제한 후 간지 형식에 맞게 **개체 틀**을 삽입하고 서식 지정
③ 레이아웃 이름을 **간지**라고 지정합니다.

**바로 통하는 TIP** 텍스트 스타일은 다음과 같이 지정합니다.
- **번호**: 나눔명조, 60pt,
  글꼴 색(R 255, G 255, B 255)
- **목차 내용**: 나눔명조, 54pt,
  글꼴 색(강조 1 색 R 0, G 123, B 201)
- **사각형 개체**: 높이 3.5cm, 너비 4.5cm,
  색(강조 2 색 R 128, G 195, B 65)

**09** 내지 레이아웃을 만들기 위해 레이아웃을 삽입합니다.
① [슬라이드 마스터] 탭 - [마스터 편집] 그룹 - **[레이아웃 삽입]** 클릭
② 불필요한 개체 틀을 삭제한 후 내지 형식에 맞게 개체 틀을 삽입하고 서식 지정
③ 레이아웃 이름을 **내지**라고 지정합니다.

> **바로 통하는 TIP** 텍스트 스타일은 다음과 같이 지정합니다.
> - **슬라이드 제목 입력** : 나눔고딕, 44pt, 글꼴 색(R 0, G 0, B 0)
> - **선 개체** : 너비 1.8cm, 두께 2.25pt, 색(R 159, G 159, B 159)

**10**
① 엔딩 레이아웃을 만들기 위해 [슬라이드 마스터] 탭 - [마스터 편집] 그룹 - **[레이아웃 삽입]** 클릭
② 불필요한 개체 틀을 삭제한 후 내지 형식에 맞게 개체 틀을 삽입하고 서식 지정
③ **더원플러스 로고** 삽입 후 슬라이드 아래로 위치 조정
④ 레이아웃 이름을 **엔딩**이라고 지정합니다.

> **바로 통하는 TIP** 텍스트 스타일은 다음과 같이 지정합니다.
> - **엔딩 내용 1** : 나눔명조, 54pt, 글꼴 색(강조 2 색 R 128, G 195, B 65)
> - **엔딩 내용 2** : 나눔명조, 54pt, 글꼴 색(강조 1 색 R 0, G 123, B 201)
> - **발표자 이름** : 나눔명조, 24pt, 글꼴 색(R 89, G 89, B 89)

**11** 슬라이드 오른쪽 위에 있는 두 개의 사각형, 즉 최상위 슬라이드 마스터에서 적용한 디자인을 숨기려면 [슬라이드 마스터] 탭-[배경] 그룹-**[배경 그래픽 숨기기]**에 체크 표시합니다. 두 개의 사각형이 사라지는 것을 확인할 수 있습니다.

**12** 만든 레이아웃을 슬라이드에 사용하기 위해 슬라이드 마스터를 빠져 나갑니다. [슬라이드 마스터] 탭-[닫기] 그룹-**[마스터 보기 닫기]**를 클릭합니다. 본래 슬라이드 창으로 바뀝니다.

**13** 표지 레이아웃의 서식을 변경하기 위해 [홈] 탭-[슬라이드] 그룹-**[레이아웃]**을 클릭합니다. 슬라이드 마스터에서 디자인한 서식이 그대로 적용되는 것을 확인할 수 있습니다. 개체 틀에 필요한 내용을 입력하여 표지를 완성합니다.

 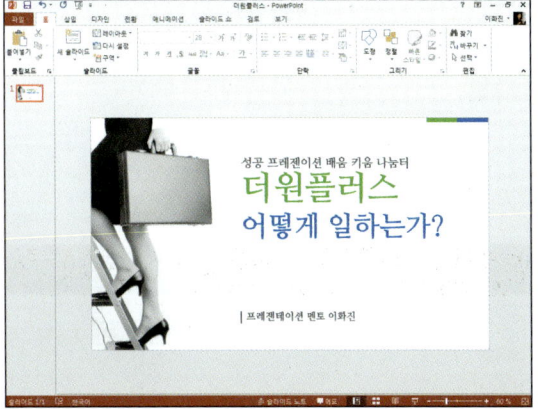

**14**
목차 레이아웃 슬라이드를 추가합니다.
① [홈] 탭 – [슬라이드] 그룹 – **[새 슬라이드 ▼]** 클릭
② **[목차]** 를 선택합니다. 목차 레이아웃 슬라이드가 추가됩니다.

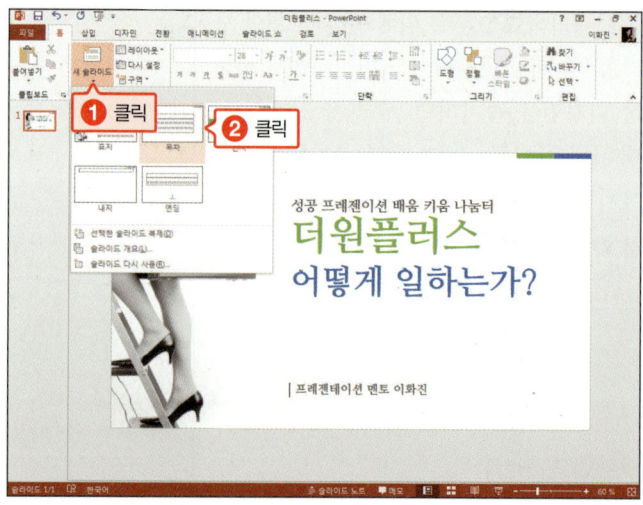

**15** 개체 틀에 필요한 내용을 입력하여 목차를 완성합니다.

**16** 나머지 간지, 내지, 엔딩도 같은 방법으로 슬라이드를 추가하고 내용을 입력하여 완성합니다.

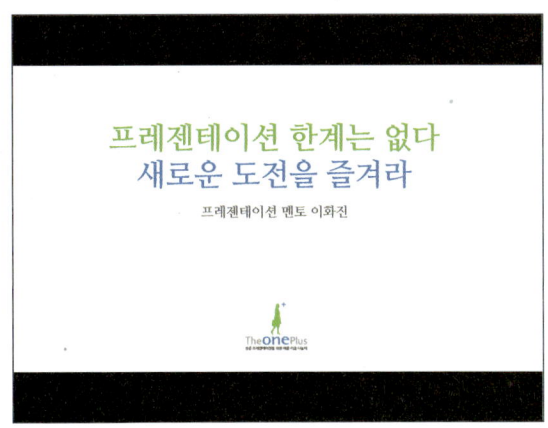

- **도해 샘플 만들기**

해당 프레젠테이션 주제에 맞도록 몇 개의 도해 샘플을 만들어놓습니다. 프레젠테이션 디자인 기획 단계에서 프레젠테이션 디자인 기획 시트를 잘 만들어놓게 되면 전체적인 브랜드 아이덴티티가 느껴지는 일관성 있는 디자인을 만들 수 있습니다. 프레젠테이션 슬라이드 디자인을 하기 전에 꼭 한 번 만들어보기 바랍니다. 여러분의 프레젠테이션을 성공으로 이끌어줄 것입니다.

# PART 03

## 워드 2013

WORD 2013

CHAPTER

# 01

## 워드 2013
## 기본기 다지기

워드 2013을 본격적으로 익히기 전에 워드 2013의 화면 구성이나 각 부분의 명칭을 익히고 새 문서를 만들고 저장하는 방법 및 문서에 비밀번호를 지정하고 해제하는 방법, 화면 확대/축소와 보기 옵션 등 워드 2013을 다루는 데 있어 기본이 되는 부분에 대해서 살펴보겠습니다.

## 들어가기 전에

# 00 워드 2013의 기본 화면 구성 살펴보기

워드 2013의 기본 화면 구성은 워드 2010과 유사합니다. 몇 가지 메뉴의 위치가 작업의 효율성을 위해 다른 리본 메뉴로 이동하는 정도의 변화만 있습니다.

## 기본 화면 구성

① **리본 메뉴** : 오피스 2007부터 선보인 메뉴 방식으로, 메뉴를 리본처럼 펼쳐놓아 사용자 접근성을 높였습니다. 탭은 파일, 홈, 삽입, 디자인, 페이지 레이아웃, 참조, 편지, 검토, 보기로 구성되어 있습니다.

② **빠른 실행 도구 모음** : 사용자가 자주 사용하는 명령을 빠르게 실행하도록 모아놓은 도구함입니다. 사용자가 필요에 따라 명령을 추가하거나 삭제할 수 있습니다.

③ **제목 표시줄** : 현재 작업 중인 문서의 이름을 표시합니다. 문서 이름을 별도로 지정하지 않을 경우 새로운 문서를 열었을 때 문서1, 문서2, 문서3… 순으로 이름이 자동 부여됩니다.

④ **도움말 버튼** : 워드 도움말 창이 열립니다. 단축키 F1 을 눌러도 됩니다.

⑤ **리본 메뉴 표시 옵션** : 리본 메뉴 자동 숨기기, 탭 표시, 탭 및 명령 표시가 가능합니다.

⑥ **프로그램 창 조절 버튼** : 워드 창을 최소화/최대화하거나 닫을 때 사용합니다.

⑦ **사용자 이름 및 사진** : 오피스 2013부터 마이크로소프트 클라우드 서비스인 원드라이브(OneDrive) 사용자 계정 정보를 표시합니다. 로그인하면 사용자 정보가 표시됩니다.

⑧ **리본 메뉴 축소** : 문서 편집 영역을 넓게 사용하고자 할 경우 리본 메뉴 최소화 도구를 클릭하면 리본 메뉴를 숨

⑨ **탭 버튼** : 탭을 전환할 수 있는 버튼입니다. 클릭할 때마다 왼쪽 탭, 가운데 탭, 오른쪽 탭, 소수점 탭, 줄 탭, 첫 줄 들여쓰기, 내어쓰기 등으로 전환할 수 있습니다.

⑩ **가로 세로 눈금자** : 문서의 위치를 표시해주므로 문서를 작성할 때 위치를 확인하거나 도형, 표 등을 규칙적으로 배열할 수 있도록 도와주는 보조적인 도구입니다.

⑪ **편집 창** : 워드 2013에서 문자, 표, 도형, 차트 등의 개체를 입력해 문서를 편집하는 창입니다.

⑫ **세로 스크롤바** : 스크롤바를 움직이면 문서 위치를 위아래로 이동할 수 있습니다.

⑬ **상태 표시줄** : 편집 창에서 커서가 놓인 곳의 페이지 위치, 단어 수, 입력 언어, 입력 모드(삽입/겹쳐쓰기) 등에 관한 정보를 표시합니다.

⑭ **문서 보기 및 확대 축소** : 읽기 모드, 인쇄 모양, 웹 모양, 문서 확대 슬라이드 등으로 구성되어 있습니다. 각 버튼을 이용해 화면에 문서를 표현하는 방식을 변경할 수 있습니다. 기본 설정은 인쇄 모양입니다.

## 워드 빠르게 시작하기

워드 2013을 실행하면 그림과 같은 시작 화면이 표시됩니다. ① 왼쪽에는 [최근에 사용한 항목]과 ② [다른 문서 열기] 기능이 배치되고 ③ 오른쪽에는 다양한 서식 파일을 바로 사용할 수 있도록 서식 목록이 표시됩니다. 서식을 클릭하면 선택한 서식으로 새로운 문서를 작성할 수 있습니다. ④ 오른쪽 상단 모서리에는 마이크로소프트 계정 정보가 표시됩니다.

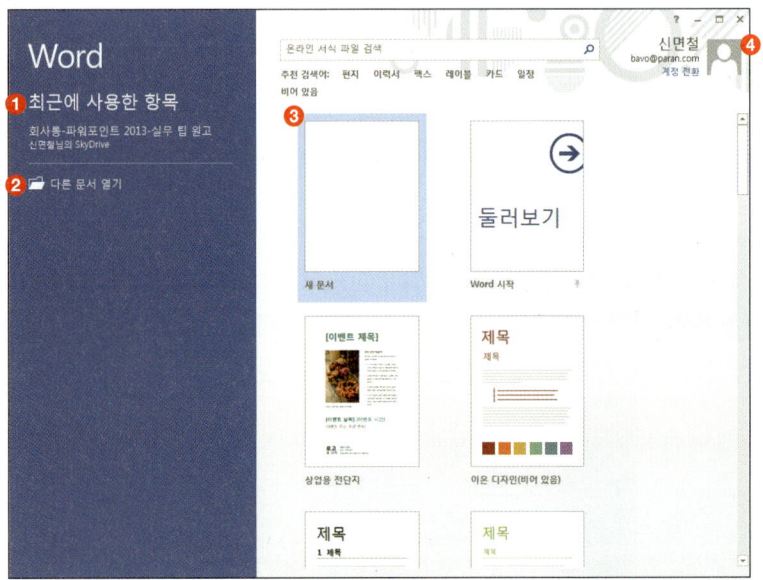

핵심기능실습

# 01 새 문서 만들고 저장하기/ 다른 형식으로 저장하기

워드에서 문서를 작성할 때는 새 문서를 열어 빈 화면에서 작업하거나 마이크로소프트에서 제공하는 기본 서식을 사용할 수도 있습니다. 작성한 문서를 저장해두면 언제든 다시 불러와 인쇄하거나 편집할 수 있습니다. 문서를 저장하고 다른 워드프로세서에서 사용할 수 있도록 다른 형식으로 저장하는 방법에 대해서 알아보겠습니다.

### 01 워드 시작 후 새 문서 만들기

워드 2013을 실행하고 첫 화면에서 [새 문서] 템플릿을 더블클릭합니다.

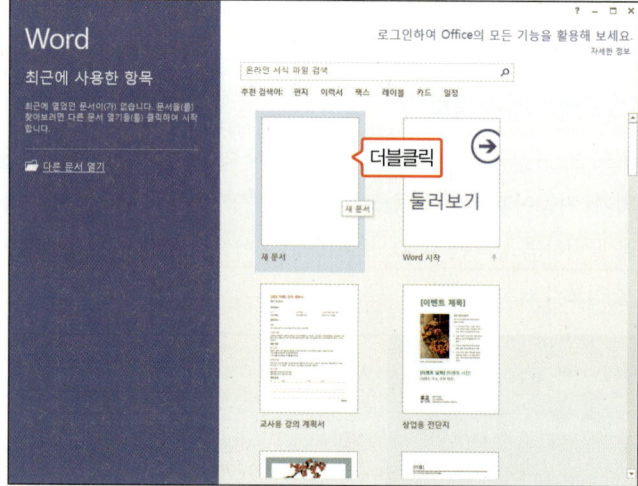

### 02 워드 작업 중 새 문서 만들기

문서를 작성하던 중 새로운 문서를 열어 작업해야 하는 경우가 있습니다. 편집 창에서 새 문서를 열어보겠습니다.

① [파일] 탭 클릭
② 파일 메뉴에서 [새로 만들기] 선택
③ 오른쪽 템플릿에서 [새 문서]를 더블클릭합니다.

새 문서가 하나 더 열립니다.

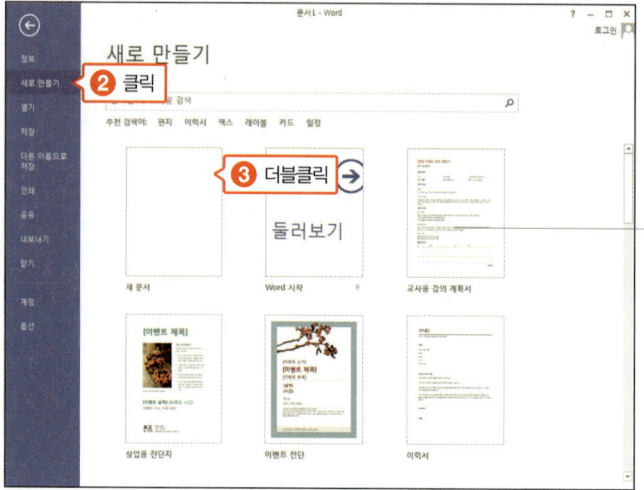

## 03 문서 저장하기

① [파일] 탭-[저장] 선택
② [컴퓨터] 선택
③ [바탕 화면] 선택
④ [다른 이름으로 저장] 대화상자 왼쪽에 나타나는 탐색기에서 [바탕 화면] 선택
⑤ [파일 이름]에 **연습1** 입력
⑥ [저장]을 클릭합니다.

바탕 화면에 연습1.docx 파일이 저장됩니다.

**바로 통하는 TIP** 문서를 처음 작성하고 저장할 경우에는 [저장]을 선택하면 [다른 이름으로 저장] 대화상자가 나타납니다. 이후로는 저장할 때 [다른 이름으로 저장] 대화상자가 나타나지 않고 바로 저장됩니다. 두 번째 저장할 때 다른 이름으로 저장하려면 [파일] 탭에서 [다른 이름으로 저장]을 선택합니다.

## 04 문서 다른 형식으로 저장하기

워드 2013에서 작성한 문서를 하위 버전인 'Word 97-2003'에서 열 수 있도록 형식을 변경해 저장해보겠습니다.

① [파일] 탭-[**다른 이름으로 저장**] 선택
② [컴퓨터] 선택
③ [바탕 화면]을 선택합니다.

## 05

① [다른 이름으로 저장] 대화상자에서 [**바탕 화면**] 선택
② [파일 이름] 항목에 **연습2** 입력
③ [파일 형식]을 Word 97-2003 문서로 변경
④ [저장]을 누릅니다. 파일이 다른 형식으로 저장됩니다.

바탕 화면에 연습2.doc 파일이 저장됩니다.

**바로 통하는 TIP** 워드 2013 버전의 파일은 워드 97-2003 버전에서 정상적으로 열리지 않을 수 있습니다. 워드 2013에서 작성된 파일을 하위 버전이 설치된 컴퓨터에서 보려면 위와 같이 파일 형식을 바꿔서 저장하면 됩니다.

핵심기능실습

# 02 문서에 암호 지정 및 해제하기

문서에 암호를 지정해 타인이 무단으로 열람하거나 편집하지 못하도록 설정할 수 있습니다. 워드에서는 열기 암호와 쓰기 암호를 각각 설정할 수 있는데, 열기 암호는 문서를 열지 못하도록 할 때 사용하며 쓰기 암호는 문서를 열 수는 있으나 내용을 수정하지 못하게 할 때 사용합니다. 지정한 암호는 [다른 이름으로 저장] 대화상자에서 언제든 해제할 수 있습니다.

**01 문서에 암호 지정하기**
① [파일] 탭 – [**다른 이름으로 저장**] 선택
② [**컴퓨터**] 선택
③ 컴퓨터 그룹에서 [**바탕 화면**]을 선택합니다.

**02**
① [다른 이름으로 저장] 대화상자에서 [파일 이름]에 **연습3** 입력
② [**도구 ▼**] 클릭
③ [**일반 옵션**]을 선택합니다.

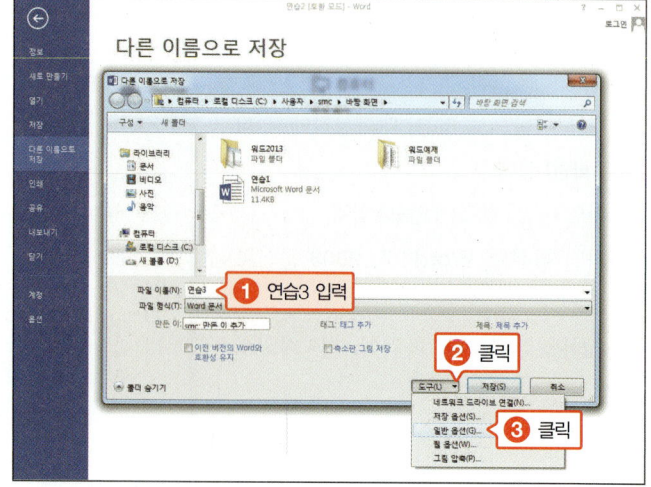

## 03 열기 암호와 쓰기 암호 입력하기

암호 형식은 문자, 숫자 또는 문자와 숫자 혼합으로 지정할 수 있습니다.

① [일반 옵션] 대화상자에서 **[열기 암호]**와 **[쓰기 암호]** 입력

② **[확인]**을 클릭합니다.

---

[암호 확인] 창이 활성화됩니다.

> **바로 통하는 TIP** 열기 암호와 쓰기 암호의 차이점
>
> 열기 암호는 파일을 열 때 사용하는 암호이고 쓰기 암호는 파일을 수정한 뒤 저장할 때 묻는 암호입니다. 문서를 아예 열지 못하도록 할 때는 열기 암호를 지정하고, 문서를 열어 열람할 수 있지만 내용을 수정하지 못하게 할 때는 쓰기 암호를 지정합니다.

## 04 지정한 암호 확인하기

① [암호 확인] 대화상자에서 입력한 **[열기 암호]** 재입력

② **[확인]** 클릭

   앞 단계에서 설정한 암호가 정확한지 확인합니다.

③ 마찬가지로 **[쓰기 암호]** 재입력

④ **[확인]**을 클릭합니다.

## 05 암호가 올바로 지정된 것을 확인했다면 **[저장]**을 클릭합니다. 문서가 저장됩니다.

## 06 암호 적용 확인하기

현재 실행 중인 워드 2013을 종료한 후 바탕화면에서 암호를 포함해 저장한 **연습3** 파일을 더블클릭해 실행합니다.

① 열기 [암호] 대화상자가 나타나면 **03**에서 입력한 [**열기 암호**] 입력
② [**확인**] 클릭

쓰기 [암호] 대화상자가 활성화됩니다.

③ 앞서 입력한 [**쓰기 암호**] 입력
④ [**확인**]을 클릭합니다. 문서가 열립니다.

**바로 통하는 TIP** [열기 암호]와 [쓰기 암호]를 모두 설정한 경우에는 두 개의 대화상자가 순서대로 활성화됩니다. 한 가지 암호만 입력했다면 한 가지 대화상자만 활성화됩니다. 두 가지 암호를 모두 설정한 상태에서 [열기 암호]만 입력하고 쓰기 [암호] 대화상자에서 [읽기 전용]을 클릭하면 문서를 열람할 수 있지만 문서를 수정할 수는 없습니다.

## 07 지정한 암호 해제하기

암호가 지정된 파일을 실행한 후 암호를 해제해보겠습니다.

① [파일] 탭 – [**다른 이름으로 저장**] 선택
② [컴퓨터]를 선택한 후 컴퓨터 그룹에서 [**바탕 화면**]을 선택
③ [다른 이름으로 저장] 대화상자에서 [**도구▼**] 클릭
④ [**일반 옵션**]을 선택합니다.

## 08

① [일반 옵션] 대화상자에서 입력되어 있는 [**열기 암호**]와 [**쓰기 암호**] 삭제
② [**확인**]을 클릭합니다.

[다른 이름으로 저장] 대화상자에서 [저장]을 클릭하여 바탕 화면에 저장합니다. 실행 중인 문서를 종료하고 바탕 화면에 저장한 파일을 실행해 암호가 해제되었는지 확인합니다.

### 핵심기능실습 03

# 화면 확대/축소하기와 보기 옵션 변경하기

워드 2013으로 문서를 작성할 때 화면을 확대하거나 축소하는 방법에 대해 살펴보겠습니다. 문서 내에서 자세히 살펴볼 부분이 있다면 화면을 확대하고, 전체적인 레이아웃을 확인할 때는 화면을 축소해 사용합니다. 보기 옵션에는 [인쇄 모양], [웹 모양], [읽기 모드] 등이 제공되어 원하는 형식으로 화면 보기를 변경할 수 있습니다.

• 실습 파일 워드\1장\화면 확대 축소하기.docx

**01** [보기] 탭의 [확대/축소] 이용하기

[보기] 탭 - [확대/축소] 그룹 - [확대/축소]를 클릭해 나타나는 [확대/축소] 대화상자에서 원하는 배율을 선택할 수 있습니다.

① [보기] 탭 - [확대/축소] 그룹 - **[확대/축소]** 클릭
② [확대/축소] 대화상자에서 **[페이지 크기에 맞게]** 선택
③ **[확인]**을 클릭합니다.

**02** 페이지 크기에 맞게 전체 페이지가 한 화면에 표시됩니다.

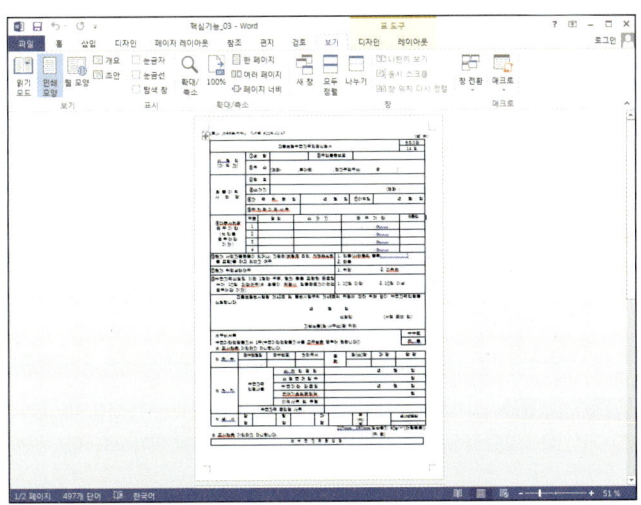

## 03 [보기] 탭의 리본 메뉴 이용하기

[보기] 탭 - [확대/축소] 그룹에서 [여러 페이지], [한 페이지], [페이지 너비], [100%] 등을 선택해 편집하기 좋은 화면 구성을 적용합니다.

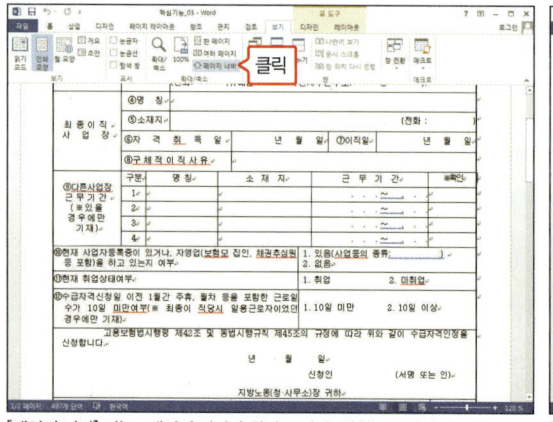
[페이지 너비] 기능 : 페이지 너비가 화면 크기에 맞춰 표시됩니다.

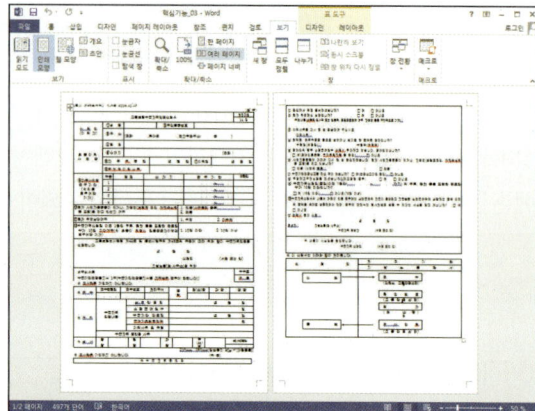
[여러 페이지] 기능 : 두 페이지를 한 화면에 펼쳐볼 수 있습니다.

**바로 통하는 TIP** 그밖에 간단한 화면 확대/축소 방법

[확대/축소] 슬라이드 및 키보드와 마우스 휠을 이용해 간단히 화면을 확대하거나 축소할 수 있습니다.

① 워드 2013 화면 오른쪽 하단에 위치한 [확대/축소] 슬라이드를 이용해 화면 배율을 변경할 수 있습니다.

② 사용 중인 마우스에 휠이 장착되어 있다면 Ctrl +마우스 휠을 이용하여 화면을 확대/축소할 수 있습니다.

## 04 보기 옵션 변경하기

[읽기 모드]는 문서를 읽기만 하고 쓰거나 편집하지 않을 때 사용하는 보기 옵션입니다. ① [보기] 탭 - [보기] 그룹 - [읽기 모드] 클릭 ② [읽기 모드] 화면에서 **좌우 화살표**를 클릭하면 페이지가 전환됩니다.

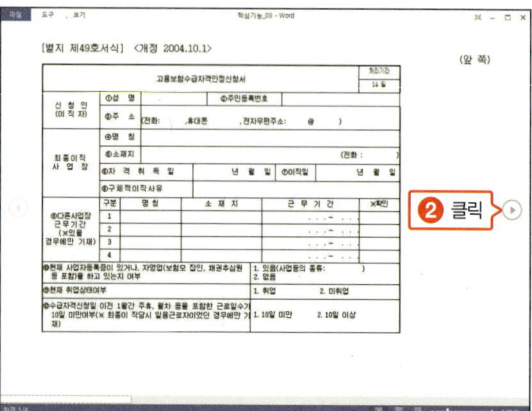

**바로 통하는 TIP** [읽기 모드]를 다시 [인쇄 모양]으로 전환할 때는 ESC 를 이용하거나 화면 오른쪽 하단의 보기 모드에서 [인쇄 모양]을 클릭합니다. 보기 모드는 문서 편집, 웹 모양, 읽기 모드, 개요, 초안 등으로 전환할 수 있습니다.

CHAPTER

# 02

# 입력 및
# 기본 편집하기

문서에 한자를 입력하거나 한자 사전에 자주 사용하는 한자 단어를 등록하는 기능, 문장을 꾸밀 때 사용하는 특수 기호나 단위 기호 입력 등 문서를 입력하고 작성할 때 좀 더 편리하게 사용할 수 있는 기본 기능에 대해서 알아봅니다. 문서에서 특정 단어를 찾거나 찾아 바꿀 때 사용하는 기능, 맞춤법 검사 기능 등은 오류 없는 정확한 문서를 만들 때 사용할 수 있는 유용한 기능입니다.

## 04 한자 입력 및 변환하기 / 자주 사용하는 한자 등록하기

워드에서는 한글 입력 후 한글 음에 따라 제공되는 한자를 [한글/한자 변환] 대화상자에서 찾아 쉽게 변환할 수 있습니다. 기본적으로 쓰이는 단어는 한자 사전에 거의 등록되어 있지만 별도로 등록되어 있지 않은 한자어는 한자 한 글자씩, 혹은 단어를 조합해 한자 사전에 등록할 수 있습니다.

• 실습 파일 워드\2장\한자 입력 및 변환하기.docx   • 완성 파일 워드\2장\한자 입력 및 변환하기_완성.docx

### 01 한글을 한자로 변환하기 [사용자▷使用者]

워드에서는 한글을 음절 단위나 단어 단위로 한자 변환할 수 있습니다. '계약직 연봉 계약서'의 표 항목 중 '사용자'를 한자로 변환해보겠습니다.

① **사용자** 블록 설정 후 [한자]
② [한글/한자 변환] 대화상자의 [한자 선택]에서 **使用者** 선택
③ 대화상자 하단의 [입력 형태]에서 [**漢字**] 선택
④ [**변환**]을 클릭합니다.

'사용자'가 '使用者'로 변경됩니다.

### 02 한글과 한자 병기하기 [근로자▷근로자(勤勞者)]

문서 작성 중 한글과 한자를 병기해주어야 하는 경우가 있습니다. '근로자'를 한자로 변환하고 괄호 안에 한글을 함께 표시해보겠습니다.

① **근로자** 블록 설정 후 [한자]
② [한글/한자 변환] 대화상자의 [한자 선택]에서 **勤勞者** 선택
③ [입력 형태]에서 [**한글(漢字)**] 선택
④ [**변환**]을 클릭합니다.

'근로자'가 '근로자(勤勞者)'로 변경됩니다.

## 03 한자를 한글로 변환하기

한자로 입력되어 있는 근로자 성명 '洪吉童'을 한글로 변환해보겠습니다.

① **洪吉童** 블록 설정 후 [한자]
② [한자/한글 변환] 대화상자의 [입력 형태]에서 [한글] 선택
③ **[변환]**을 클릭해 한자를 한글로 변환합니다.

## 04 한자 사전 이용해 변환하기

① **연봉액** 블록 설정 후 [한자]
② [한글/한자 변환] 대화상자의 [한자 선택]에서 **年俸** 선택
③ **[한자 사전]** 클릭
④ [한자 사전] 대화상자에서 한자의 의미를 확인하고 **[확인]** 클릭
⑤ **[변환]**을 클릭합니다.

> **바로 통하는 TIP** 한자로 변환할 단어인 '연봉액'에서 '연봉'만 우선 변환되는 이유는 '연봉액'이라는 단어가 사전에 등록되어 있지 않기 때문입니다. 한자 사전에 이미 입력되어 있는 '연봉'을 우선 변환하고 '액'은 다음 단계에서 일반 한자로 찾아 변환합니다.

**05** **연봉액** 중 **연봉**만 한자로 변환되었습니다. 계속해서 **액**에 해당하는 한자 선택 목록이 나타납니다.

① [한자 선택] 항목에서 **額** 선택
② 앞 단계와 동일하게 **[한자 사전]** 클릭
③ 한자의 음과 뜻을 확인하고 **[확인]** 클릭
④ [한글/한자 변환] 대화상자에서 **[변환]**을 클릭합니다. **연봉액**을 정확한 한자로 변환합니다.

'연봉액'이 '年俸額'으로 변경됩니다.

**06** **자주 사용하는 한자를 한자 사전에 등록하기**

문서를 작성할 때 자주 사용하게 되는 한자를 미리 한자 사전에 등록하여 필요할 때마다 불러 쓸 수 있습니다.

① 한자 사전에 등록할 문자인 **임금내역** 블록 설정 후 [한자]
② [한글/한자 변환] 대화상자에서 **[고급 기능]** 클릭
③ **[새 단어 등록]** 클릭
④ [한자 단어 등록] 대화상자에서 각각 의미에 맞는 한자를 선택합니다.

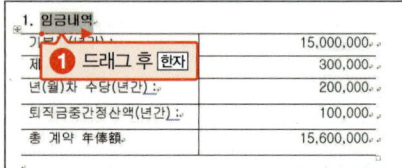

한 글자씩 한자를 선택한 후 [선택]을 클릭하면 다음 글자에 해당하는 [한자 선택] 목록이 이어서 나타납니다.

**바로 통하는 TIP** 정확한 한자를 모른다면 [한자 사전]을 클릭해 의미가 맞는지 확인할 수 있습니다.

**07** 변환이 모두 완료되면 한자 사전에 등록하기 위해 **[목록에 추가]**를 클릭합니다.

**08** 등록이 완료되면 그림과 같이 [한자 선택] 목록에 한자가 표시됩니다. **[변환]**을 클릭해 변환 작업을 완료합니다.

# 05 특수 기호와 수식 입력하기

문서를 작성할 때는 한글이나 영문, 숫자 외에도 다양한 특수 기호를 입력해야 하는 경우가 있습니다. 키보드에서 입력할 수 없는 다양한 문자와 외국어 등은 [기호] 대화상자를 통해 입력할 수 있으며 특수 문자를 잘 활용하면 문서의 해당 항목을 눈에 띄게 편집할 수 있습니다. 또한 수식 입력 시 '÷', '≠', '≤' 등에 해당하는 사칙 연산 기호를 [기호] 대화상자에서 일일이 찾아 넣으려면 문서 작성이 번거로울 수 있으므로 워드에서 수식을 입력하는 방법에 대해서 알아두는 것이 좋습니다.

- 실습 파일 워드 \ 2장 \ 특수 기호와 수식 입력하기.docx  - 완성 파일 워드 \ 2장 \ 특수 기호와 수식 입력하기_완성.docx

## 01 특수 기호 입력하기

지출결의서 문서 제목 앞에 ◆ 모양의 특수 문자를 삽입해보겠습니다.

① 제목의 **지출결의서** 앞부분 클릭
② [삽입] 탭 - [기호] 그룹 - **[기호]** 클릭
③ **[다른 기호]**를 선택합니다.

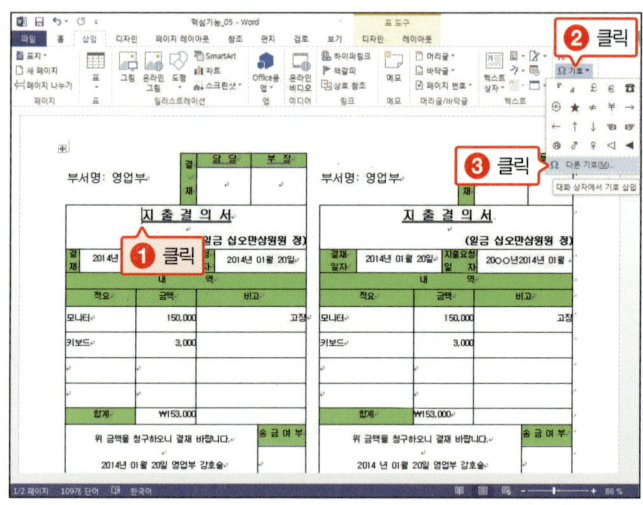

## 02

① [기호] 대화상자에서 [글꼴]을 **[Windings]**로 선택
② 스크롤을 조절해 ◆ 도형을 찾아 선택
③ **[삽입]**을 클릭해 문서에 삽입합니다.

## 03

① **지출결의서** 뒤쪽 클릭
② [기호] 대화상자에서 다시 [삽입] 클릭
③ 도형 삽입이 모두 완료되면 [닫기]를 클릭합니다. [기호] 대화상자를 닫습니다.

'지출결의서' 뒤로 '◆' 기호가 삽입됩니다.

## 04 특수 문자 바로 가기 키 지정하기

자주 사용하는 특수 문자는 바로 가기 키를 지정해 단축키로 사용할 수 있습니다. ➜ 기호를 바로 가기 키로 등록해보겠습니다.

[삽입] 탭 - [기호] 그룹 - [기호]를 클릭한 후 [다른 기호]를 선택합니다. [기호] 대화상자가 활성화됩니다.

① [글꼴]을 [Windings]로 선택
② **스크롤바**를 아래로 드래그
③ ➜ 선택
④ [바로 가기 키] 클릭

## 05

① [새 바로 가기 키]에서 Ctrl + Shift + →
② [지정] 클릭
③ [닫기]를 클릭합니다.

바로 가기 키 지정이 완료됩니다.

## 06

① [기호] 대화상자에서 **[닫기]** 클릭
② 문서 편집 상태에서 **부서명** 앞을 클릭한 후 지정한 바로 가기 키 Ctrl + Shift + ┘를 누릅니다. 특수 문자가 정상적으로 입력되는지 확인합니다.

---

### 실무활용노트 WORD | 특수 문자 바로 가기 키 확인하기

[기호] 대화상자에서 [특수 문자] 탭은 자동 고침으로 등록된 문자들과 [바로 가기 키]를 표시합니다. 예를 들어 자동 고침은 'c'를 입력했을 때 ⓒ 특수 문자로 자동 변경되는 기능입니다. 자동 고침에 대한 자세한 내용은 '핵심기능실습 06 단위 기호 입력과 자동 고침 사용 및 해제하기'에서 다룹니다.

---

## 07 사칙 연산과 부등호 입력하기

본문 우측 스크롤바를 아래로 내리거나 PageDown 을 눌러 2페이지로 이동합니다.
① [삽입] 탭 - [기호] 그룹 - **[수식]** 클릭 ② 알파벳은 키보드로 입력하고 기호는 리본 메뉴의 [기호]를 클릭합니다. 그림과 같이 입력하고 수식을 완성합니다.

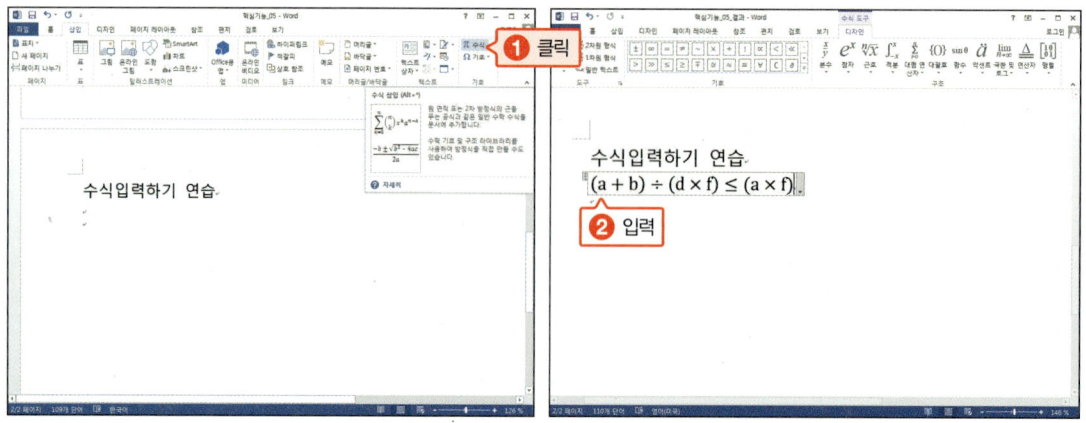

**바로 통하는 TIP** 수식 입력 시 ÷, ×, ≤ 등의 기호는 [수식 도구] - [디자인] 탭의 [기호] 그룹 내에서 기호를 클릭하면 삽입됩니다.

## 08 분수 수식 입력하기

① [삽입] 탭 - [기호] 그룹 - [**수식 ▼**] 클릭
② 목록에서 [**새 수식 삽입**]을 선택합니다.

## 09

① [**여기에 수식을 입력하세요**] 클릭
② [디자인] 탭 - [구조] 그룹 - [**분수 ▼**] 클릭
③ 그림과 같이 [**상하형 분수**] 모양 선택
④ 분수 수식 입력 상태에서 분모 부분에 해당하는 사각형 상자를 클릭하고 c를 입력합니다.

## 10 근호 입력하기

① **분자 상자** 클릭
② [디자인] 탭 - [구조] 그룹 - [**근호 ▼**] 클릭
③ 첫 번째 [**제곱근**] 형태 선택
④ **근호 안** 클릭
⑤ 5를 입력한 후 키보드에서 오른쪽 방향키 →를 눌러 근호 수식에서 벗어납니다.

**바로 통하는 TIP** 수식에서 벗어나지 않으면 근호 안에 계속 입력됩니다.

# 11

① [디자인] 탭 - [기호] 그룹 - [÷] 클릭
② [디자인] 탭 - [구조] 그룹 - [**근호 ▼**] 클릭
③ [**제곱근**]을 선택합니다.

# 12

① 제곱근 상자 클릭
② **10**을 입력합니다.

---

### 실무활용노트 WORD — 다양한 수식 구조 알아보기

구조화되어 있는 다양한 수식을 형태별로 입력할 수 있습니다.

① **분수** : 분수 수식을 입력할 때 사용합니다.
② **첨자** : 승수 등의 첨자를 입력할 때 사용합니다.
③ **근호** : 루트 등의 근호 입력할 때 사용합니다.
④ **적분** : 적분 식을 입력할 때 사용합니다.
⑤ **함수** : 삼각함수 식을 입력할 때 사용합니다.

### 핵심기능실습 06
# 단위 기호 입력과 자동 고침 사용 및 해제하기

워드에서는 기본 단위 기호를 제공하고 있어 cm, cm², kg 등과 같은 길이와 면적, 무게 단위, $, ¥ 등과 같은 화폐 단위를 쉽게 입력할 수 있습니다. 문서에 사용되는 단위 기호를 입력하는 방법 및 기호의 자동 입력을 도와주는 자동 고침 기능에 대해서 알아보겠습니다. 자동 고침은 미리 지정해둔 단어를 한글로 입력하면 자동으로 해당 기호로 변경되는 기능입니다.

•실습 파일 워드\2장\단위 기호 입력과 자동 고침 사용 및 해제하기.docx  •완성 파일 워드\2장\단위 기호 입력과 자동 고침 사용 및 해제하기_완성.docx

## 01 한중일 호환용 단위 기호 입력하기
① [단위연습] 열의 **첫 번째** 칸 클릭
② [삽입] 탭 – [기호] 그룹 – **[기호]** 클릭
③ **[다른 기호]**를 선택합니다. [기호] 대화상자가 활성화됩니다.

## 02
① [기호] 대화상자에서 [글꼴]을 **[(현재글꼴)]**로 선택
② [하위 집합]을 **[한중일 호환]**으로 선택
③ 기호 목록에서 **[m²]** 선택
④ **[삽입]**을 클릭합니다.

다른 칸의 단위도 [기호] 대화상자가 활성화된 상태에서 기호 선택 – [삽입] 순서로 클릭해 완성합니다.

단위연습 항목에 m²이 삽입됩니다.

## 03 기타 단위 기호 입력하기

① [**단위연습**] 열의 다섯 번째 칸 클릭
② [하위 집합]을 [**라틴어-1 추가**]로 선택
③ [**¥**]을 입력합니다. [기호] 대화상자에서 순서대로 찾아 더블클릭하거나 [기호] 대화상자 하단의 [삽입]을 클릭해 [**£**], [**¢**]를 입력합니다.

## 04

① [하위 집합]을 [**글자 모양 기호**]로 선택
② [**€**], [**℃**], [**℉**]를 순서대로 더블클릭하거나 [기호] 대화상자 하단의 [삽입] 클릭
③ 입력이 완료되면 [기호] 대화상자의 [**닫기**]를 클릭해 작업을 종료합니다.

## 05 자동 고침 설정하기

자동 고침 기능을 이용해 '화시'라고 입력할 경우 ℉가 입력되도록 설정해보겠습니다.
① [삽입] 탭-[기호] 그룹-[**기호**] 클릭
② [**다른 기호**]를 선택합니다.

## 06

① [기호] 대화상자가 활성화되면 하단의 [최근에 사용한 기호]에서 [℉] 선택
② **[자동고침]**을 클릭합니다.

## 07

① [자동 고침] 대화상자의 [입력]란에 **화시** 입력
② **[추가]** 클릭
　자동 고침 문자를 추가합니다.
③ **[확인]**을 클릭합니다. [자동 고침] 대화상자를 닫습니다.

[기호] 대화상자도 닫습니다.

## 08 추가한 자동 고침 적용하기

예제 표의 [자동고침] 열 마지막 행에 **화시**를 입력하고 Space Bar 를 누릅니다.

**09** 자동 고침 기능으로 '화시'가 ℉로 변환됩니다.

**10 추가한 자동 고침 해제하기**

자동 고침 기능이 기호를 입력할 때는 도움이 되지만, **화시**라는 단어를 그대로 사용해야 할 경우에는 유용하지 않습니다. 추가한 자동 고침 문자 ℉를 문자인 **화시**로 다시 변환해보겠습니다.

① 예제 표의 ℉에 마우스 포인터를 올려놓으면 [자동 고침 옵션] 선택 메뉴 활성화
② [**자동 고침 옵션**] 클릭
③ [**"화시"로 다시 변경**]을 선택해 자동 고침을 해제할 수 있습니다.

> **바로 통하는 TIP** 자동 고침 해제 기능을 적용해도 추가한 자동 고침 목록이 삭제되는 것은 아니므로 '화시'를 입력한 후 Space Bar 를 누르면 다시 '℉'가 입력됩니다.

---

**실무활용노트 WORD** | **자동 고침된 기호 변경 중지하기**

자동 고침된 ℉의 아래쪽에 나타나는 [자동 고침 옵션]을 클릭합니다. [자동으로 "화시" 고침 중지]를 선택하면 '화시'에 대한 자동 고침이 해제됩니다. 이 경우에는 추가된 자동 고침 기호가 [자동 고침]에서 삭제되므로 더 이상 사용할 수 없습니다.

핵심기능실습

# 07 찾기 및 찾아 바꾸기

문서를 작성하거나 편집하다 보면 문서 내에서 원하는 단어의 위치를 찾아야 하는 경우가 많습니다. 이때 찾기 기능을 사용합니다. 찾은 내용을 일괄적으로 변경할 때는 일일이 찾아 바꾸는 번거로움을 줄일 수 있는 찾아 바꾸기 기능을 이용할 수 있습니다.

• 실습 파일 워드\2장\찾기 및 찾아 바꾸기.docx   • 완성 파일 워드\2장\찾기 및 찾아 바꾸기_완성.docx

## 01 빠르게 찾기

워드 2013에서는 이전 버전에 비해 발전된 찾기 기능이 제공됩니다. 찾을 단어를 입력하면 바로 전체 문서 내에서 해당 단어를 찾아 표시해줍니다. 또한 [탐색] 작업 창 아래 탐색 결과가 실시간으로 표시됩니다.

① [홈] 탭 - [편집] 그룹 - **[찾기]** 클릭
② 화면 왼쪽에 [탐색] 작업 창이 실행되면 검색란에 **대화**를 입력합니다.

**바로 통하는 TIP**  찾기는 단축키 Ctrl + F 를 이용해도 됩니다.

## 02 찾아 바꾸기

찾아 바꾸기 기능을 이용해 문서 전체에서 '상대방'이라고 쓰인 단어를 '고객'으로 변경해보겠습니다.

① [홈] 탭 - [편집] 그룹 - **[바꾸기]** 클릭
   [찾기 및 바꾸기] 대화상자가 활성화됩니다.
② [찾기 및 바꾸기] 대화상자에서 [찾을 내용]에 **상대방** 입력
③ [바꿀 내용]에 **고객** 입력
④ [찾기 및 바꾸기] 대화상자에서 하단의 **[바꾸기]**를 클릭해 한 단어씩 찾아 상대방을 고객으로 변경합니다.

**바로 통하는 TIP**  만약 한 개씩 바꾸는 것이 번거롭다면 [모두 바꾸기]를 클릭해 한 번에 모두 변경할 수도 있습니다. 찾아 바꾸기의 단축키는 Ctrl + H 입니다.

CHAPTER 02 입력 및 기본 편집하기 • **427**

## 03 서식 바꾸기

문서에서 해당 문자열을 찾아 서식을 지정해 새로운 서식으로 변경할 수 있습니다.
① [홈] 탭 - [편집] 그룹 - **[바꾸기]** 클릭
② [찾을 내용]과 [바꿀 내용]에 **인간관계** 입력
③ **[서식]** 클릭
④ **[글꼴]**을 선택합니다.
  [서식] 버튼이 보이지 않으면 [자세히]를 눌러 대화상자를 확장시켜줍니다.

## 04

① [글꼴 바꾸기] 대화상자에서 [한글 글꼴]을 **[궁서체]**로 설정
② [글꼴 스타일]은 **[굵게]**로 설정
③ [크기]는 **[12]**로 설정
④ [글꼴 색]은 **[빨강]**으로 설정
⑤ [밑줄 스타일]은 **[이중 실선]**으로 설정
⑥ [밑줄 색]은 **[연한 파랑]**으로 설정
⑦ [강조점]은 **[˙]**로 설정
⑧ 설정이 완료되면 **[확인]**을 클릭해 창을 닫습니다.

## 05

① [찾기 및 바꾸기] 대화상자에서 **[모두 바꾸기]** 클릭
  바꾼 개수가 표시되는 대화상자가 활성화됩니다.
② **[확인]** 클릭
③ [찾기 및 바꾸기] 대화상자에서 **[닫기]**를 클릭합니다.

**06** 문서에 적용된 내용을 확인합니다.

### 실무활용노트 WORD | [찾기 및 바꾸기] 대화상자의 [바꾸기] 탭

문서에서 원하는 문자열을 찾고 변경할 때 사용하며 바꿀 내용을 하나씩 찾아 바꾸거나 한 번에 모두 바꿀 수 있습니다.

① 찾기 및 바꾸기를 이용해 찾거나 바꿀 내용에 적용된 서식이나 옵션을 표시합니다.
② 바꿀 내용을 하나씩 찾아가며 바꿀 때 사용합니다.
③ 여러 단어를 한 번에 바꿀 때 사용합니다.
④ 단어를 변경하지 않고 찾을 때 사용합니다.
⑤ [아래쪽으로], [위쪽으로], [문서 전체] 등 검색 방향을 선택합니다.
⑥ 찾을 내용 또는 바꿀 내용의 서식을 변경할 때 사용합니다.
⑦ 특수 문자 또는 기타 찾기 및 바꾸기 기능을 지정합니다.
⑧ 찾을 내용 또는 바꿀 내용에 적용된 서식을 삭제할 때 사용합니다.

### 핵심기능실습

# 08 실행 취소 및 다시 실행하기

문서 작업 중 잘못된 작업을 실행 취소하거나 실행 취소한 작업을 다시 이전 상태로 되돌리기 위한 방법을 알아보겠습니다. 실행 취소는 잘못 실행한 작업을 바로 앞 단계로 되돌리거나 최대 1,000단계까지 취소할 수 있어 문서 편집 시 유용하게 사용할 수 있습니다.

•실습 파일 워드\2장\실행 취소 및 다시 실행하기.docx  •완성 파일 워드\2장\실행 취소 및 다시 실행하기_완성.docx

## 01 실행 취소하기

① [홈] 탭 - [편집] 그룹 - [바꾸기] 클릭
② [찾을 내용]에 **본 회사** 입력
③ [바꿀 내용]에 **한빛 미디어** 입력
④ [모두 바꾸기] 클릭. 문서 내의 **본 회사**라는 단어가 **한빛 미디어**로 바뀌었는지 확인합니다.
⑤ 찾아 바꾸기의 실행을 취소하려면 대화상자를 닫고 Ctrl + Z 를 눌러 실행된 작업을 취소합니다.

**바로 통하는 TIP** Ctrl + Z 단축키 외에 워드 2013 왼쪽 상단의 빠른 실행 도구에서 실행 취소도 가능합니다.

## 02 다시 실행하기

실행이 취소된 상태에서 Ctrl + Y 를 누르거나 빠른 실행 도구의 [다시 실행]을 클릭합니다.

문서 내 '본 회사'로 표시된 부분이 '한빛 미디어'로 다시 수정됩니다.

## 핵심기능실습 09
# 문장 이동 및 복사하기/ 엑셀 표를 워드로 가져오기

문서 작성 중에 이미 작성한 문장을 다른 위치로 이동하거나 같은 내용의 문장을 다른 곳에 복사할 때 사용하는 문장 이동 및 복사하기 기능에 대해서 알아보겠습니다. 이 기능을 이용하면 엑셀 문서의 내용을 복사해 워드에 붙여 넣는 것도 가능합니다.

- **실습 파일** 워드\2장\문장 이동 및 복사하기.docx, 엑셀 표를 워드로 가져오기.docx, 엑셀 표를 워드로 가져오기.xlsx
- **완성 파일** 워드\2장\문장 이동 및 복사하기_완성.docx, 엑셀 표를 워드로 가져오기_완성.docx

## 01 단축키로 문장을 잘라내 이동시키기

부서별 업무 분담 표에서 **총무 담당**의 분장 업무 중 빨간색 글씨로 적힌 내용을 아래쪽에 **인사 담당** 부분으로 이동해보겠습니다.

① 빨간색으로 칠해진 글씨를 잘라내기 위해 블록 설정 후 Ctrl + X

② 아래쪽 인사 담당의 빈칸을 클릭한 후 Ctrl + V를 눌러 잘라낸 문장을 붙여 넣습니다.

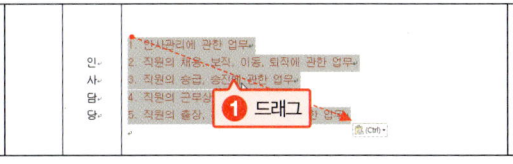

## 02 키보드를 사용하지 않고 마우스로 끌어 이동시키기

① **인사 담당** 부분으로 이동된 빨간색 글씨 블록 설정
② 마우스 포인터를 **선택 범위** 위에 위치
③ 클릭한 채로 위쪽 **총무 담당** 부분으로 드래그합니다.

총무 담당의 5번 항목 아래에 선택 범위가 이동됩니다.

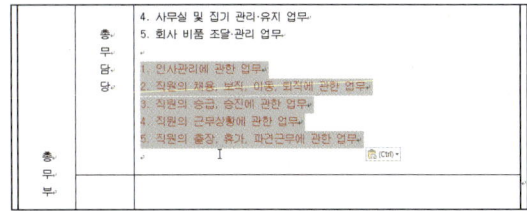

## 03 단축 메뉴를 이용한 복사하기

① **총무 담당** 부분의 빨간색 글씨 블록 설정 후 마우스 오른쪽 버튼 클릭
② 바로가기 메뉴에서 **[복사]** 선택
③ **복사하고자 하는 위치**에 마우스 포인터를 올려 놓고 마우스 오른쪽 버튼 클릭
④ [붙여넣기 옵션] 중 **[원본 서식 유지]**를 선택합니다.

> **바로 통하는 TIP** 워드 2013에서는 붙여넣기할 때 붙여 넣을 부분을 미리 볼 수 있는 기능을 제공합니다.

## 04 클립보드 도구를 이용해 복사하기

① [홈] 탭 - [클립보드] 그룹 - **[클립보드]** 대화상자 표시 아이콘 클릭
   [클립보드] 작업 창이 활성화됩니다.
② **총무 담당** 부분의 빨간색 글씨 블록 설정
③ [홈] 탭 - [클립보드] 그룹 - **[복사]** 클릭
④ 문단을 붙여 넣을 위치인 **인사 담당** 빈칸 클릭
⑤ [클립보드] 작업 창의 [붙여 넣을 항목 클릭]에서 **복사된 항목**을 클릭합니다.

인사 담당란에 선택 범위가 붙여집니다.

> **바로 통하는 TIP** [클립보드] 작업 창은 문장을 이동할 때도 사용할 수 있습니다. 즉 이동하기, 복사하기 기능을 사용할 때는 단축키, 마우스로 드래그, 바로가기 메뉴, [클립보드] 작업 창을 모두 사용할 수 있습니다. 가장 편한 방법을 선택해 사용합니다.

---

### 실무 활용 노트 WORD | 스마트 태그 사용하기

스마트 태그는 문장을 붙여 넣을 때 서식 적용에 대한 옵션을 선택할 수 있는 기능입니다. 스마트 태그는 문장을 복사해 [붙여넣기]하면 활성화됩니다. 예를 들어 그림과 같이 '5. 직원의 출장, 휴가…' 문장을 복사해 아래 줄에 복사하면 스마트 태그가 활성화되고 [붙여넣기]를 누르면 [붙여넣기 옵션]을 선택할 수 있습니다.

① **원본 서식 유지** : 복사한 원본 문장의 서식을 유지한 상태로 붙여 넣습니다.
② **서식 병합** : 붙여 넣을 위치의 서식으로 변경합니다.
③ **텍스트만 유지** : 서식을 모두 제거한 상태로 붙여 넣습니다.

> **실무활용노트 WORD** 클립보드 작업 창 살펴보기

복사할 내용을 차례로 저장해두었다가 원하는 내용을 붙여 넣을 때 클립보드를 사용할 수 있습니다.

① **모두 붙여넣기** : 여러 내용을 클립보드에 복사해놓고 해당 내용을 한 번에 삽입할 때 사용합니다.
② **모두 지우기** : 클립보드의 내용을 모두 지울 때 사용합니다.
③ **클립보드 작업 선택** : 각각 클립보드의 [붙여넣기] 및 [삭제] 메뉴를 활성화합니다.
④ **붙여넣기/삭제** : 클립보드의 내용을 붙여 넣거나 삭제할 때 사용합니다.
⑤ **옵션** : 클립보드 표시 방법을 선택할 때 사용합니다.

## 05 서식 복사하기

① 부서별 업무 분담 표에서 **기획부** 부분의 파란 취소선 문장 블록 설정
마우스를 놓는 순간 우측 그림과 같이 [바로 가기 도구 모음]이 활성화됩니다. [바로 가기 도구 모음]이 사라졌다면 블록 설정 상태에 마우스 오른쪽 버튼을 클릭하면 됩니다.

② [바로 가기 도구 모음]에서 **[서식 복사]** 클릭. [홈] 탭 – [클립보드] 그룹 – [서식 복사]를 클릭해도 됩니다.

[바로 가기 도구 모음]에서 [서식 복사]를 클릭하고 서식을 복사할 다른 문장에 마우스를 이동해보면 마우스가 붓 모양으로 변경되는 것을 확인할 수 있습니다.

**06** 붓 모양의 마우스 커서로 서식을 복사할 범위를 드래그하면 복사해둔 서식이 적용됩니다.

> **바로 통하는 TIP** 서식 복사하기를 여러 곳에 적용하고 싶을 때
> [홈] 탭 – [클립보드] 그룹 – [서식 복사]를 더블클릭하면 여러 곳에 서식을 복사할 수 있습니다. 중간에 서식 복사를 중단하고자 한다면 ESC 를 눌러 해제합니다.

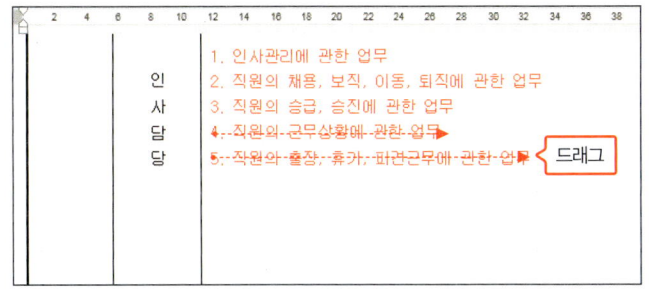

## 07 엑셀 표를 워드로 가져오기

엑셀에서 만든 세금계산서를 워드로 가져와 붙여 넣어보겠습니다.

① **엑셀 표를 워드로 가져오기.docx, 엑셀 표를 워드로 가져오기.xlsx**를 순서대로 실행 엑셀 파일에서 가져오고자 하는 범위의 표 내용을 블록 설정합니다.

② Ctrl + C 를 눌러 내용을 복사합니다.

## 08

작업 표시줄에서 워드 2013으로 창을 전환합니다. 복사할 내용을 붙여 넣을 위치에 마우스 포인터를 놓습니다.

① 마우스 오른쪽 버튼 클릭. 바로 가기 메뉴에서 [붙여넣기] – [원본 서식 유지]에 마우스 포인터를 올려놓으면 붙여 넣을 표 모양을 미리 보기로 볼 수 있습니다.

② 미리 보기가 문제없다면 바로 가기 메뉴에서 [붙여넣기] – **[원본 서식 유지]**를 선택해 붙여 넣습니다.

## 핵심기능실습 10
# 메모 삽입하고 표시하기/숨기기/삭제하기

문서 공동 작업 시 문서에 메모를 삽입하여 구성원들에게 문서에 대한 부연 설명을 남길 수 있습니다. 그룹 구성원들은 각각 자신의 의견을 추가로 작성해서 메모를 삽입할 수 있습니다.

- 실습 파일 워드 \ 2장 \ 메모 삽입, 표시 및 숨기기, 삭제하기.docx
- 완성 파일 워드 \ 2장 \ 메모 삽입, 표시 및 숨기기, 삭제하기_완성.docx

**01 메모 삽입하기**
① 예제 파일에서 **제1조(목적)** 블록 설정
② [검토] 탭 – [메모] 그룹 – **[새 메모]** 클릭
③ 문서의 오른쪽에 메모 공간이 활성화되면 메모를 입력합니다.

**02 메모 표시하기**
메모를 추가하면 문서 오른쪽에 말풍선 도형이 표시되고 작성한 메모는 **말풍선 도형**을 클릭해야 볼 수 있습니다.

**03 메모 숨기기**
[검토] 탭 – [메모] 그룹 – **[메모 표시]**를 클릭하면 문서 오른쪽에 메모를 항상 표시할 수 있습니다. 반대로 [메모 표시]를 한 번 더 눌러 해제하면 메모가 다시 숨겨집니다.

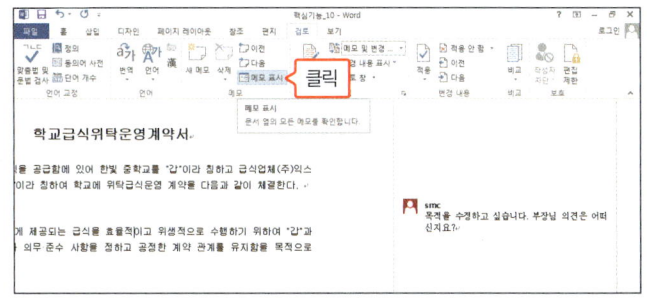

**바로 통하는 TIP** [메모 표시]를 실행했는데도 메모가 활성화되지 않는다면 [검토] 탭 – [추적] 그룹 – [변경 내용 표시]를 클릭하고 [메모]가 선택되어 있는지 확인합니다.

CHAPTER 02 입력 및 기본 편집하기 • **435**

## 04 검토 창 이용하기

검토 창은 문서의 메모 내용과 수정 내용을 표시하는 작업 창입니다. 검토 창을 이용하면 좀 더 편리하게 메모를 관리할 수 있습니다.

① [검토] 탭 - [추적] 그룹 - **[검토 창▼]** 클릭
② **[세로로 표시]**를 선택합니다.

## 05

① 새로 추가할 **제2조(운영원칙)** 블록 설정
② [검토] 탭 - [메모] 그룹 - **[새 메모]**를 클릭합니다. [검토 창]에 새로운 메모를 추가합니다.

## 06 메모 삭제하기

① 삭제할 **메모 클릭**
② [검토] 탭 - [메모] 그룹 - **[삭제▼]** 클릭
③ **[삭제]**를 선택합니다.

**바로 통하는 TIP** 문서 내의 전체 메모를 삭제하려면 [검토] 탭 - [메모] 그룹 - [삭제▼]에서 [문서에서 메모 모두 삭제]를 선택합니다.

핵심기능실습

# 11 맞춤법 검사기를 이용해 문서 오류 수정하기

맞춤법 검사기를 이용하면 문서를 입력 시 간편하게 오류를 찾고 수정할 수 있습니다. 문서를 입력할 때 맞춤법을 자동으로 검사하기 위해서는 옵션에서 이를 활성화해주어야 합니다. 맞춤법 검사 옵션이 활성화되면 문서에서 맞춤법과 문법에 맞지 않는 내용을 빨간색 밑줄로 표시해줍니다.

•실습 파일 워드 \ 2장 \ 맞춤법 검사기를 이용해 문서 오류 수정하기.docx　•완성 파일 워드 \ 2장 \ 맞춤법 검사기를 이용해 문서 오류 수정하기_완성.docx

## 01 맞춤법 검사 설정하기

① [파일] 탭 클릭 후 [옵션] 선택
② [Word 옵션] 대화상자가 활성화되면 왼쪽 메뉴에서 [언어 교정] 선택
③ [Word에서 맞춤법 검사 및 문법 검사]의 네 가지 항목에 모두 체크 표시
④ [확인]을 클릭한 후 [Word 옵션] 대화상자를 닫습니다.

바로 통하는 TIP  이 옵션은 워드 2013의 기본 값입니다. 프로그램 설치 후 변경한 적이 없다면 이미 선택되어 있습니다.

02 [Word 옵션] 대화상자에서 위와 같이 설정해두면 문서에서 맞춤법과 문법에 어긋나는 단어는 빨간색 밑줄이 그어집니다. 만약 문서를 편집할 때 빨간색 밑줄을 확인하는 것이 거추장스럽다면 [Word 옵션] 대화상자에서 [언어 교정] - [입력할 때 자동으로 맞춤법 검사]의 체크 표시를 해제합니다.

## 03 맞춤법에 어긋나는 단어를 교정하는 추천 단어 보기

① 맞춤법에 어긋나서 빨간 밑줄이 그어진 **단어**를 드래그한 후 마우스 오른쪽 버튼 클릭

② 워드 2013에서 제시하는 **추천 단어**를 볼 수 있습니다. 알맞은 단어를 선택해 맞춤법에 맞게 교정합니다.

## 04 맞춤법 검사기 이용하기

문서 전체의 맞춤법을 검사할 때는 맞춤법 검사기를 사용합니다. 좀 더 빠르게 교정할 수 있습니다.

① [검토] 탭 - [언어 교정] - **[맞춤법 및 문법 검사]** 클릭

[맞춤법 검사] 작업 창을 활성화합니다. [맞춤법 검사] 작업 창은 맞춤법과 문법이 잘못된 경우를 감지하여 추천 단어 및 문장을 제공해줍니다.

② **회사명**은 문법과 관련이 없으므로 **[모두 건너뛰기]**나 [추가]를 클릭합니다.

**바로 통하는 TIP** 문서의 파란색 밑줄은 문법에 오류가 있음을 표시합니다. 문서 구성에 나타난 문법적 오류를 감지하는 기능입니다.

## 05

① 다음 오류를 찾으면 아래 **추천 단어** 클릭

② **[변경]**을 클릭합니다. 문장이 맞춤법에 맞게 수정됩니다.

CHAPTER
# 03

# 글꼴 꾸미기

문서에 포함된 특정 단어를 강조할 때 글꼴을 변경하거나 음영을 설정할 수 있습니다. 글꼴은 문서를 이루는 기본 요소이므로 글꼴의 색, 장평, 글자 간격 등을 조정해 문서를 꾸밀 수 있습니다. 윗주나 첨자, 강조점 등을 적절히 사용하면 문서 내에서 특정 글자를 강조해 돋보이게 만들 수 있습니다.

핵심기능실습

# 12 글꼴, 글꼴 색, 글꼴 크기, 밑줄 및 음영 지정하기

[홈] 탭-[글꼴] 그룹의 명령이나 [글꼴] 대화상자를 이용하면 원하는 모양으로 글꼴 서식을 변경할 수 있습니다. 글꼴, 글꼴 색, 글꼴 크기 등을 문서의 내용에 맞게 지정하고 좀 더 보기 좋은 문서를 작성하는 방법에 대해서 알아보겠습니다.

- 실습 파일 워드\3장\글꼴, 글꼴 색, 글꼴 크기, 밑줄 및 음영 지정하기.docx
- 완성 파일 워드\3장\글꼴, 글꼴 색, 글꼴 크기, 밑줄 및 음영 지정하기_완성.docx

❶ 글꼴 및 글꼴 색, 글꼴 크기 변경하기
❷ 서식 변경하기
❸ 밑줄 및 밑줄 색상 적용하기
❹ 형광펜 기능으로 음영 지정하기

▲ 핵심기능실습 미리 보기

## 01 글꼴 대화상자를 이용해 변경하기

문서 제목인 '한빛신문'의 글꼴 서식을 [글꼴] 대화상자에서 변경해보겠습니다.

① 글꼴 서식을 변경할 **한빛신문** 블록 설정
② [홈] 탭 - [글꼴] 그룹 - [**글꼴** ⊡] 대화상자 표시 아이콘을 클릭합니다.

## 02

① [글꼴] 대화상자에서 [한글 글꼴]을 [**궁서체**]로 설정
② [글꼴 스타일]은 [**굵게**]로 설정
③ [크기]는 [**24**]로 설정
④⑤ [글꼴 색]에서 [**진한 파랑**]을 선택. 글꼴 색은 ⊡을 눌러 나타는 메뉴에서 선택할 수 있으며, 기본 값으로 검정색이 적용되어 있습니다.
⑥ 설정이 완료되면 [**확인**]을 클릭합니다.

글꼴 모양과 스타일, 크기, 색 등이 변경됩니다.

## 03 리본 메뉴를 이용하여 서식 변경하기

리본 메뉴의 [홈] 탭 - [글꼴] 그룹을 이용하면 좀 더 빠르게 글꼴을 꾸밀 수 있습니다.

① 본문의 **한빛신문** 블록 설정
②③ [홈] 탭 - [글꼴] 그룹 - [**굵게**]와 [**기울임꼴**] 클릭
④ [**글꼴 크기 크게**] 두 번 클릭. 12포인트로 설정합니다.
⑤ [글꼴 색▼] - [**빨강**]을 선택합니다.

> **실무활용노트 WORD** | 간단한 글꼴 서식 변경 방법
>
> 워드 2013에서는 더 간단한 방법으로 글꼴 서식을 변경할 수 있습니다. 서식을 변경할 블록을 설정하면 그림과 같은 [바로 가기 도구 모음]이 활성화됩니다. [바로 가기 도구 모음]을 이용해 간단한 글꼴 서식을 변경할 수 있습니다.

## 04 밑줄 및 밑줄 색상 적용하기

① 본문의 **2. 성장 잠재력~할 수 있습니다.** 부분 블록 설정
② [홈] 탭 - [글꼴] 그룹 - [**밑줄▼**] 클릭
③ 밑줄의 종류를 [**물결선밑줄**]로 선택합니다.

## 05

① [홈] 탭 - [글꼴] 그룹 - [**밑줄▼**] 클릭
② [밑줄 색] - [**자주**]를 선택합니다.

---

선택 범위에 자주색 물결선 모양으로 밑줄이 적용됩니다.

### 실무활용노트 WORD | 밑줄 해제 및 밑줄 스타일 변경하기

밑줄을 해제하고 싶을 때는 해제할 부분을 블록 설정한 후 [홈] 탭-[글꼴] 그룹-[밑줄]을 한 번 클릭해줍니다. 기본 목록에 없는 밑줄 종류를 선택하려면 [홈] 탭-[글꼴] 그룹-[밑줄▼]을 클릭하고 [다른 밑줄]을 선택하면 [글꼴] 대화상자가 실행됩니다. [글꼴] 대화상자 [밑줄 스타일]에서 다른 밑줄로 종류를 변경할 수 있습니다.

## 06 형광펜 기능으로 음영 지정하기

① 본문의 **3. 한빛신문은 경제 활동을 ~ 할 수 있습니다.** 부분 블록 설정
② [홈] 탭-[글꼴] 그룹-**[텍스트 강조색▼]** 클릭
③ 색상 팔레트에서 **[옥색]**을 선택하면 그림과 같이 형광색이 적용됩니다.

핵심기능실습

# 13 글자 간격과 장평 조정하기

글자와 글자 사이의 간격을 '자간'이라고 부르며 글자의 세로 길이 대비 가로의 폭을 비율로 설정하는 것을 '장평'이라고 합니다. 자간과 장평을 잘 조절하면 보기 좋은 글씨 스타일을 문서에 적용할 수 있습니다. 글자 간격과 장평을 조정하는 방법에 대하여 알아보도록 하겠습니다.

• 실습 파일 워드\3장\글자 간격과 장평 조정하기.docx  • 완성 파일 워드\3장\글자 간격과 장평 조정하기_완성.docx

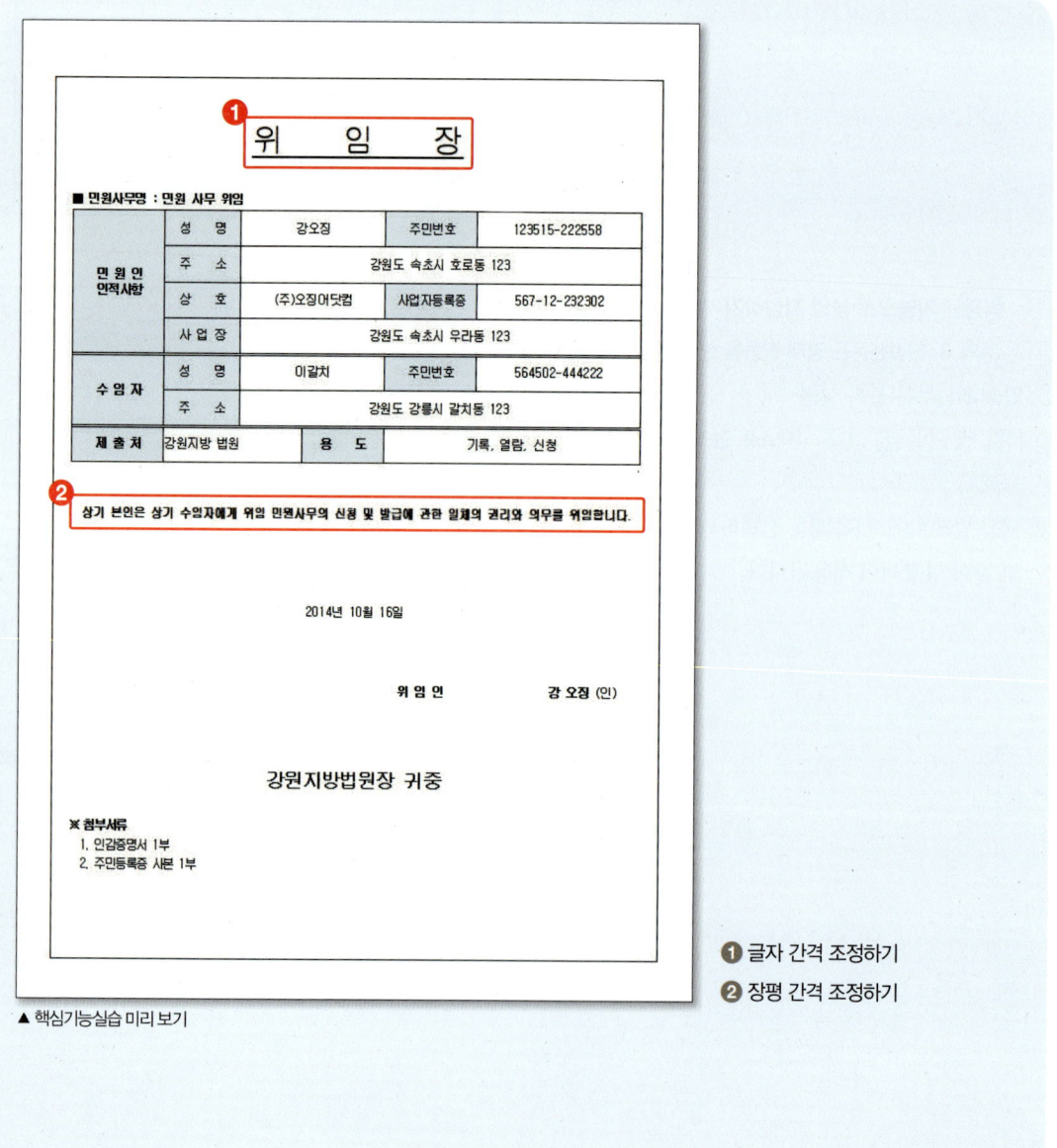

❶ 글자 간격 조정하기
❷ 장평 간격 조정하기

▲ 핵심기능실습 미리 보기

## 01 글자 간격 조정하기

제목인 '위임장'의 글자 간격을 조정해 보겠습니다.

① 제목 **위임장** 중 **위임** 두 글자만 블록 설정
② [홈] 탭 – [글꼴] 그룹 – [**글꼴** ] 대화상자 표시 아이콘을 클릭합니다.

## 02

① [글꼴] 대화상자가 활성화되면 [**고급**] 탭 클릭
② [문자 간격]에서 [간격]을 [**넓게**]로 설정
③ [값]을 [**25pt**]로 설정
④ [**확인**]을 클릭해 글자 간격을 적용합니다.

## 03 제목 글자 사이에 간격이 적용되었습니다.

**바로 통하는 TIP** '위임장' 세 글자를 모두 블록 설정한 후 위와 같이 적용하면 마지막 글자 뒤에도 간격이 표시됩니다.

## 04 장평 조정하기

본문에 표시되어 있는 위임장의 내용에서 글자의 장평을 조정해 문장이 한 줄에 모두 표시되도록 수정해보겠습니다.

① 본문의 중앙에 위치한 **상기 본인은~위임합니다.** 문장 블록 설정
② [홈] 탭 – [글꼴] 그룹 – [글꼴 ] 대화상자 표시 아이콘을 클릭합니다.

## 05

① [글꼴] 대화상자의 [고급] 탭 클릭
② [문자 간격]의 [장평]을 [90%]로 설정
③ [확인]을 클릭해 장평을 적용합니다.

위임장의 내용이 한 줄에 모두 표시됩니다.

---

**실무활용노트 WORD** | **글자 간격과 장평의 차이**

표준을 기준으로 글자 간격을 [넓게]로 지정하면 글자 사이가 넓어지고 [좁게]를 선택하면 글자 사이의 간격이 좁아집니다. 반면 장평은 글자의 세로 길이 대비 폭의 비율을 설정하는 것입니다. 장평 200%는 세로 길이를 100%로 보았을 때 가로 길이를 200%로 늘리는 것을 의미합니다.

| 표준 | 오피스 워드 |
|---|---|
| 글자간격 넓게(2pt) | 오 피 스  워 드 |
| 글자간격 좁게(2pt) | 오피스워드 |
| 장 평 (200%) | 오피스 워드 |
| 장 평 (50%) | 오피스 워드 |

### 실무활용노트 WORD | [글꼴] 대화상자를 이용해 글자 위치 조정하기

기준에서부터 글자의 위치를 올리거나 내릴 수 있습니다.

① [글꼴] 대화상자의 [고급] 탭-[위치]에서 [글자 위치 올림] 선택
② [값]을 [10pt]로 설정하면 현재 글꼴의 위치가 기준에서 10pt 올라갑니다. 반대로 [글자 위치 내림]을 선택할 경우에는 글자 위치를 내릴 수 있습니다.

## 핵심기능실습 14 그림자 효과 및 윗주 지정하기

[글꼴] 대화상자의 [텍스트 효과] 기능을 이용하면 글자에 그림자나 외곽선, 반사, 네온 등의 다양한 효과를 적용할 수 있습니다. 효과가 적용된 글자는 다른 글자와 구별되어 쉽게 눈에 띕니다. 윗주 기능을 사용하면 해당 단어 위에 부연 설명에 필요한 텍스트를 추가해 표시할 수 있습니다.

- 실습 파일 워드\3장\그림자 효과 및 윗주 지정하기.docx
- 완성 파일 워드\3장\그림자 효과 및 윗주 지정하기_완성.docx

### 01 그림자 효과 지정하기

아기의 탄생을 알리는 카드에서 아기 이름에 그림자 효과를 적용해 눈에 띄도록 표현해보겠습니다.

① 본문의 **신선율** 블록 설정
② [홈] 탭 - [글꼴] 그룹 - [**텍스트 효과와 타이포그래피**] 클릭
③ 기본 템플릿에서 [**채우기 - 검정, 텍스트1, 윤곽선 - 배경1, 진한 그림자 - 배경1**]을 선택해 그림자를 설정합니다.

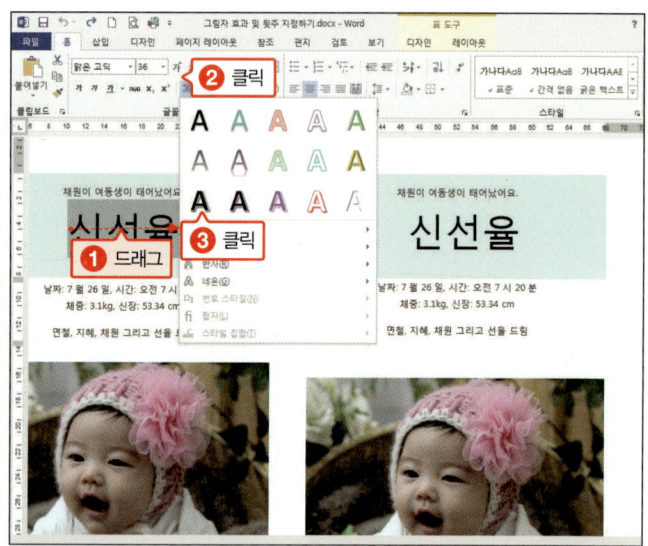

검은색 텍스트에 윤곽선이 표시되며 검은색 그림자가 적용됩니다.

### 02 텍스트 효과 서식 대화상자 이용하기

간단한 그림자는 리본 메뉴의 [텍스트 효과와 타이포그래피]에서 적용할 수 있지만 좀 더 다양한 표현을 원한다면 [텍스트 효과 서식] 대화상자를 사용할 수 있습니다. 계속해서 신선율에 블록이 설정되어 있는 상태입니다.

① [홈] 탭 - [글꼴] 그룹 - [**글꼴**] 대화상자 표시 아이콘 클릭
② [글꼴] 대화상자의 [**텍스트 효과**]를 클릭합니다.

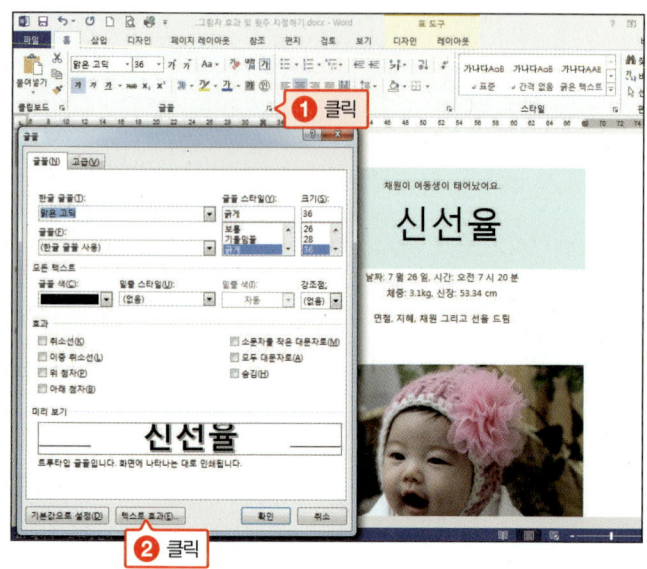

## 03

① [텍스트 효과 서식] 대화상자에서 [텍스트 효과] 클릭
② [그림자] 선택
③ [색]-[연한 파랑], [투명도]-[10%], [크기]-[105%], [흐리게]-[5pt], [간격]-[1pt]로 각각 설정
④ [확인] 클릭. [텍스트 효과 서식] 대화상자와 [글꼴] 대화상자를 종료합니다.
⑤ [홈] 탭-[글꼴] 그룹-[글꼴 색]을 [파랑]으로 선택합니다.

글자와 그림자의 색이 파란색으로 변경되었습니다.

**바로 통하는 TIP** [텍스트 효과 서식] 대화상자에서 다양한 표현을 할 수 있습니다.
**색** : 그림자의 색을 지정합니다.
**투명도** : 그림자의 투명도를 지정합니다. 숫자가 클수록 투명해집니다.
**크기** : 그림자의 크기를 지정합니다. 숫자가 클수록 그림자의 크기가 커집니다.
**흐리게** : 그림자의 음영을 지정합니다. 숫자가 클수록 그림자가 흐려집니다.
**각도** : 그림자의 각도를 지정합니다.
**간격** : 글자와 글자 사이의 거리를 지정합니다. 숫자가 클수록 그림자와 글자 사이의 간격이 멀어집니다.

## 04 윗주 지정하기

그림자가 지정된 문자에 윗주를 지정하면 윗주에도 그림자가 자동으로 적용됩니다. 여기에서는 그림자 효과가 적용되지 않은 글자에 아기 이름에 해당하는 한자를 윗주로 적용해보겠습니다.

① 두 번째 단의 **신선율** 블록 설정
② [홈] 탭-[글꼴] 그룹-[**윗주 달기**]를 클릭합니다.

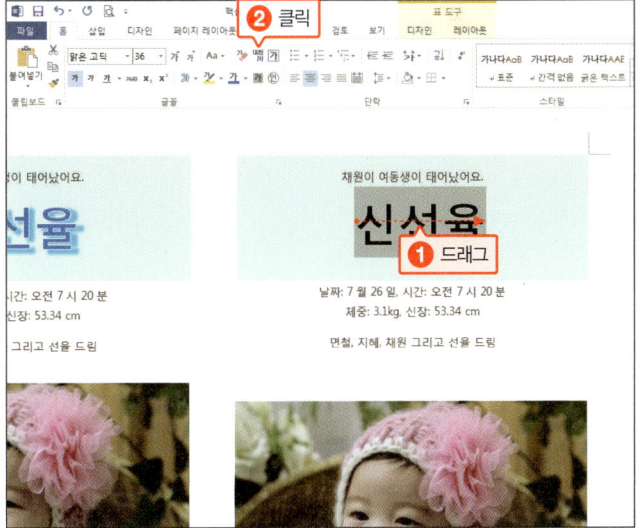

## 05

① [윗주 달기] 대화상자에서 윗주 부분 빈칸에 그림과 같이 **申, 先, 栗**을 한자로 변환해 각각 입력

② [맞춤] - **[0 - 1 - 0]**, [간격] - **[0]**, [글꼴] - **[궁서체]**, [크기] - **[20pt]**로 각각 설정

③ **[확인]**을 클릭합니다.

## 06 윗주가 적용됩니다.

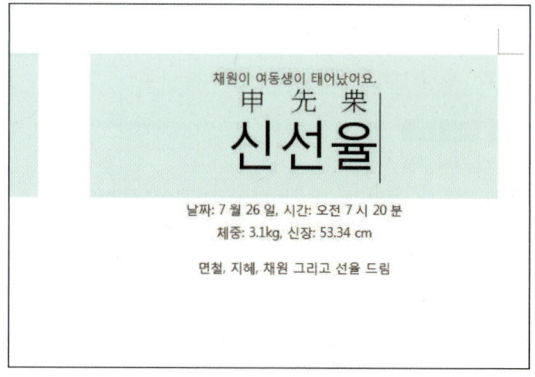

## 핵심기능실습 15 첨자, 원 문자, 강조점 입력하기

첨자, 원 문자, 강조점 등을 적절히 활용하면 문서를 좀 더 보기 좋게 꾸밀 수 있습니다. 위 첨자와 아래 첨자, 강조점은 [글꼴] 대화상자에서, 원 문자는 [홈] 탭-[글꼴] 그룹-[원 문자]에서 적용할 수 있습니다.

• 실습 파일 워드 \ 3장 \ 첨자, 원 문자, 강조점 입력하기.docx    • 완성 파일 워드 \ 3장 \ 첨자, 원 문자, 강조점 입력하기_완성.docx

### 01 위 첨자 지정하기

부동산 임대차 계약서에서 토지와 건물, 임대할 부분의 면적을 표시하기 위해 'm2'를 'm²'으로 변경해보겠습니다.

① [면적]에서 **2** 블록 설정
② Ctrl 을 누른 채로 아래 칸에 위치한 두 개의 **2**를 연속으로 블록 설정합니다.

**바로 통하는 TIP** 각 문자를 연속으로 선택할 때는 Ctrl 을 이용합니다.

### 02

① [홈] 탭-[글꼴] 그룹-[**글꼴**] 대화상자 표시 아이콘 클릭
② [글꼴] 대화상자의 [효과]에서 [**위 첨자**]에 체크 표시
③ [**확인**]을 클릭해 위 첨자를 적용합니다.

CHAPTER 03 글꼴 꾸미기 • **451**

**03** 제곱미터를 표현할 수 있도록 2가 위 첨자로 적용되었습니다.

**04 아래 첨자 지정하기**

① 아래 첨자를 지정할 단어인 [중도금]의 **지불하며** 블록 설정

② Ctrl 을 누른 상태에서 [잔금]과 [차임]의 **지불한다**를 연속으로 블록 설정합니다.

**05**

① [홈] 탭 - [글꼴] 그룹 - **[글꼴 ]** 대화상자 표시 아이콘 클릭

② [글꼴] 대화상자의 [효과]에서 **[아래 첨자]**에 체크 표시

③ **[확인]**을 클릭해 아래 첨자를 적용합니다.

**06** 블록으로 설정한 본문 내용이 아래 첨자로 적용되었습니다.

## 07 원 문자 입력하기

[원 문자] 기능을 이용하면 일반 글자를 원 문자로 변경할 수 있습니다.

① 원 문자로 변경할 **인** 블록 설정
② [홈] 탭 - [글꼴] 그룹 - **[원 문자]** 를 클릭합니다.

## 08

① [원 문자] 대화상자에서 **[기호를 크게]** 선택
② **[확인]** 을 클릭해 원 문자를 적용합니다.

'인'이 원 문자로 변경되었습니다.

**바로 통하는 TIP** [원 문자] 대화상자에서 [없음]을 선택하면 원 문자가 해제됩니다. [문자를 작게]는 원 크기가 현재 글꼴 크기에 맞게 원 문자가 생성되며, [기호를 크게]는 원 안의 글꼴 크기가 현재 글꼴 크기와 같아지도록 원 문자가 생성됩니다.

## 09 강조점 지정하기

본문에서 눈에 잘 띄어야 할 단어인 '특약사항'에 강조점을 적용해보겠습니다.

① **특약사항** 블록 설정
② [홈] 탭 - [글꼴] 그룹 - **[글꼴 ]** 대화상자 표시 아이콘을 클릭합니다.

## 10

① [글꼴] 대화상자에서 [강조점]을 그림과 같이 선택
② [확인]을 클릭합니다.

## 11 본문에서 강조한 '특약사항'에 강조점이 적용되었습니다.

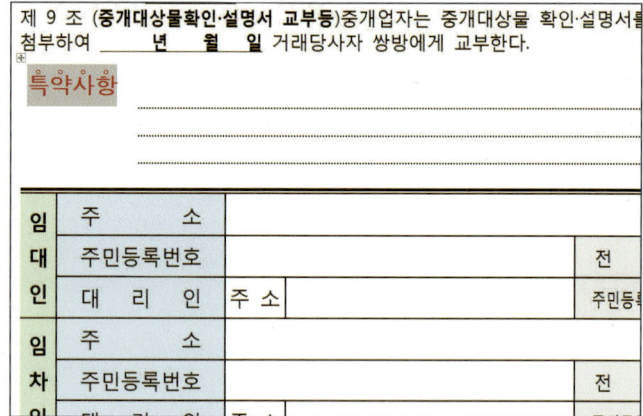

CHAPTER
# 04

# 단락 꾸미기

워드프로세서로 문서를 작성하는 가장 큰 이유 중에 하나는 단락을 꾸며서 통일된 형태의 문서를 완성하는 데 있습니다. 각 단락에 번호를 넣거나 번호의 서식을 간단히 변경하는 기능, 각 단락의 들여쓰기와 단락의 줄 간격을 조정하는 기능 등을 사용해 특정 단락을 강조하고 다단을 표현하는 등 체계적이고 통일된 문서를 만드는 방법에 대하여 알아보도록 하겠습니다.

핵심기능실습

# 16 단락에 번호 삽입하기/ 번호 서식 및 시작 번호 변경하기

단락에 일일이 번호를 입력하지 않고도 한 번에 단락 번호를 매길 수 있습니다. 단락 번호 서식은 원하는 형식에 맞춰 원 번호나 로마자 등으로 변경해 사용합니다. 단락 번호를 매길 때 시작 번호가 1이 아닌 경우에는 [번호 매기기 값 설정] 대화상자에서 시작 번호를 변경할 수 있습니다.

- 실습 파일 워드\4장\단락에 번호 삽입하기, 번호 서식 및 시작번호 변경하기.docx
- 완성 파일 워드\4장\단락에 번호 삽입하기, 번호 서식 및 시작번호 변경하기_완성.docx

❶ 단락 번호 삽입 후 번호 서식 변경하기
❷ 시작 번호를 다른 번호로 변경하기

▲ 핵심기능실습 미리 보기

## 01 단락 번호 삽입하기

월간 업무보고서에서 입력되어 있는 업무 내용에 단락 번호를 적용해보겠습니다.

① 단락 번호를 삽입할 빨간색 단락 블록 설정
② [홈] 탭-[단락] 그룹-[**번호 매기기▼**] 클릭
③ [번호 매기기 라이브러리]에서 [**번호 맞춤 : 왼쪽**]을 선택합니다.

단락에 원각 기호 번호가 적용됩니다.

## 02 번호 서식 변경하기

단락 번호의 스타일을 변경할 수 있습니다.

① 앞서 작업한 번호 서식이 적용된 단락 블록 설정
② [홈] 탭-[단락] 그룹-[**번호 매기기▼**] 클릭
③ [번호 매기기 라이브러리]의 [**새 번호 서식 정의**]를 선택합니다.

## 03

① [새 번호 서식 정의] 대화상자에서 번호 스타일을 [I, II, III, ...]으로 변경
② [**확인**]을 클릭합니다.

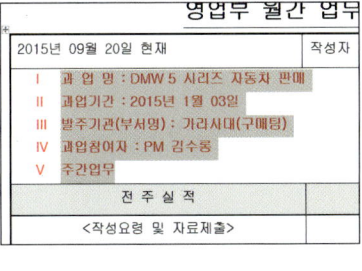

로마자로 번호 서식이 적용됩니다.

**바로 통하는 TIP** [번호 서식]에서 글꼴을 클릭하면 숫자의 글꼴을 수정할 수 있습니다.

## 04 시작 번호를 다른 번호로 변경하기

단락의 시작 번호를 원하는 숫자로 변경할 수 있습니다.
① 시작 번호를 변경할 단락 블록 설정
② [홈] 탭 - [단락] 그룹 - [**번호 매기기▼**] 클릭
③ [번호 매기기 라이브러리]의 [**번호 매기기 값 설정**]을 선택합니다.

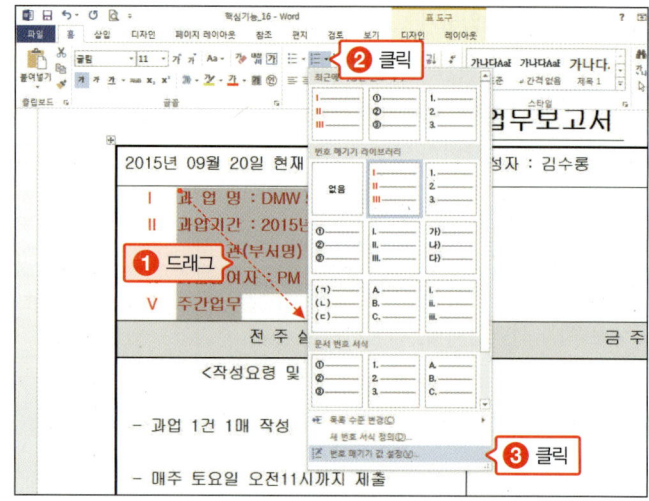

## 05

① [번호 매기기 값 설정] 대화상자에서 시작 번호를 [**III**]으로 변경
② [**확인**]을 클릭합니다.

단락의 시작 번호가 'III'으로 변경됩니다.

## 핵심기능실습 17
# 단락에 글머리 기호, 그림 글머리 기호 삽입하기

단락에 글머리 기호를 적용해두면 단락을 작성할 때 자동으로 글머리 기호가 생성되어 입력 작업을 편리하게 할 수 있습니다. 글머리 기호는 [글머리 기호 라이브러리]에서 원하는 모양을 선택하거나 그림을 삽입해 새로운 모양을 적용할 수 있습니다.

- **실습 파일** 워드\4장\단락 글머리 기호, 그림 글머리 기호 삽입하기.docx　　- **완성 파일** 워드\4장\단락 글머리 기호, 그림 글머리 기호 삽입하기_완성.docx

## 01 글머리 기호 삽입하기
① 글머리 기호를 적용할 빨간색 단락 블록 설정
②③ [홈] 탭 – [단락] 그룹 – **[글머리 기호▼]** 에서 **[새 글머리 기호 정의]** 를 선택합니다.

## 02 [새 글머리 기호 정의] 대화상자에서 [글머리 기호] – **[기호]** 를 클릭합니다.

[기호] 대화상자가 활성화됩니다.

> **바로 통하는 TIP** [새 글머리 기호 정의]에서 한 번 사용한 글머리 기호는 [최근에 사용한 글머리 기호]에 자동 등록됩니다. 같은 글머리 기호를 반복 적용할 때 유용하게 활용할 수 있습니다.

## 03

① [기호] 대화상자에서 [글꼴] – [Wingdings]로 변경
② 그림과 같은 □ **도형** 선택
③ **[확인]**을 클릭합니다.

---

[새 글머리 기호 정의] 대화상자에서 [확인]을 클릭해 글머리 기호를 적용합니다.

## 04 해당 단락에 글머리 기호가 적용되었습니다.

## 05 그림 글머리 기호 삽입하기

글머리 모양으로 적용하고 싶은 그림이 있다면 그림을 삽입해 글머리로 사용할 수 있습니다.
① 본문 아래의 빨간색 단락 블록 설정
② [홈] 탭 – [단락] 그룹 – **[글머리 기호▼]** 클릭
③ **[새 글머리 기호 정의]**를 선택합니다.

**06** [새 글머리 기호 정의] 대화상자에서 **[그림]**을 클릭합니다.

**07** [그림 삽입] 대화상자의 [파일에서] - [찾아보기]를 클릭하면 [그림 삽입] 대화상자가 나타납니다.

**08** 그림 글머리를 만들 때는 마이크로소프트에서 제공하는 클립아트를 검색해 사용하거나 미리 준비해둔 그림을 사용할 수 있습니다. 준비해둔 그림을 글머리 기호로 적용해보겠습니다.

① 예제 파일에서 **그림 글머리기호1.jpg**를 선택

② **[삽입]**을 클릭합니다. [새 글머리 기호 정의] 대화상자의 미리 보기에 삽입한 글머리 기호가 적용된 것을 확인할 수 있습니다.

 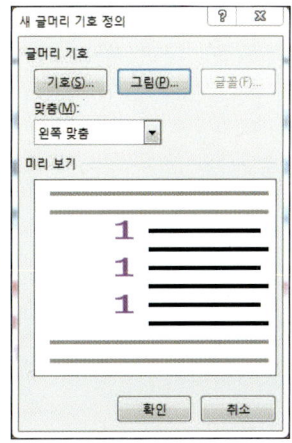

## 핵심기능실습 18 첫 줄 들여쓰기와 둘째 줄 이하 들여쓰기

보고서를 작성할 때 개요 번호가 달려 있어 첫 줄 들여쓰기와 둘째 줄 이하 들여쓰기를 해야 할 경우가 있습니다. 문서 내용이 많다면 스타일을 적용하는 것이 효율적이지만 문서가 단순하고 내용이 적다면 첫 줄 들여쓰기와 둘째 줄 이하 들여쓰기를 활용하는 것이 더 간편합니다.

• 실습 파일 워드\4장\첫 줄 들여쓰기와 둘째 줄 이하 들여쓰기.docx　• 완성 파일 워드\4장\첫 줄 들여쓰기와 둘째 줄 이하 들여쓰기_완성.docx

### 01 첫 줄 들여쓰기 지정하기
① 첫 줄 들여쓰기를 지정할 단락 블록 설정
② [홈] 탭 - [단락] 그룹 - [단락 🗔] 대화상자 표시 아이콘을 클릭합니다.

[단락] 대화상자가 활성화됩니다.

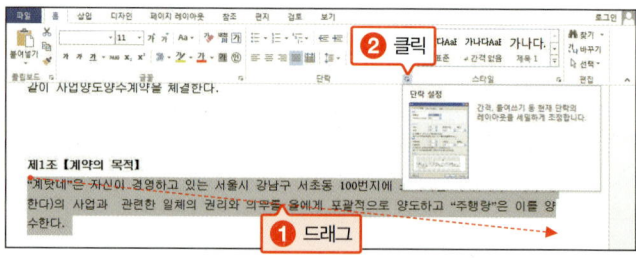

### 02
① [단락] 대화상자에서 [첫 줄] - **첫 줄**로 설정
② [값] - **1글자**로 설정
③ **[확인]**을 클릭합니다.

지정한 단락에 첫 줄 들여쓰기가 적용됩니다.

## 03 둘째 줄 이하 들여쓰기 지정하기

① 둘째 줄 이하 들여쓰기를 지정할 단락 블록 설정
② [홈] 탭 - [단락] 그룹 - **[단락 ]** 대화상자 표시 아이콘을 클릭합니다.

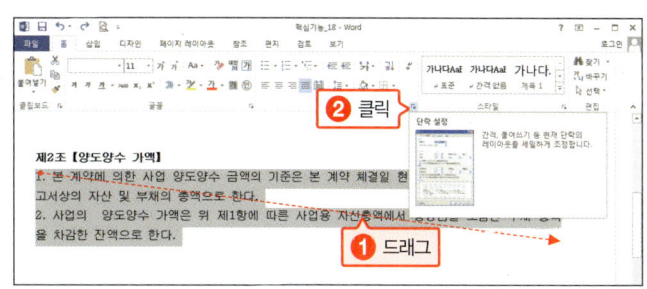

## 04 [단락] 대화상자가 활성화됩니다.

① [단락] 대화상자에서 [첫 줄] - **[둘째 줄 이하]** 로 설정
② [값] - **[1.5 글자]** 로 설정
③ **[확인]** 을 클릭합니다.

둘째 줄 이하 들여쓰기가 적용됩니다.

## 05 단락 전체 들여쓰기

① 단락 전체 들여쓰기를 지정할 부분 블록 설정
② [홈] 탭 - [단락] 그룹 - **[단락 ]** 대화상자 표시 아이콘을 클릭합니다.

[단락] 대화상자가 활성화됩니다.

## 06

① [단락] 대화상자에서 [들여쓰기] - [왼쪽]을 **[2글자]**
로 설정

② **[확인]**을 클릭합니다.

---

단락 전체 들여쓰기가 적용됩니다.

**바로 통하는 TIP** 단락 전체 들여쓰기 및 내어쓰기는 리본 메뉴에서 간단히 적용할 수 있습니다. ① [내어쓰기], ② [들여쓰기] 버튼을 한 번 누를 때마다 한 글자 단위씩 이동합니다.

### 실무활용노트 WORD | 한글과 숫자 간격을 자동으로 조절하기

문서 내에 한글과 숫자가 혼용되어 사용될 경우 한글과 숫자의 간격을 자동으로 조절할 수 있습니다. 적용할 범위를 선택한 후 [단락] 대화상자 [한글 입력 체계] 탭의 [문자 간격]에서 [한글과 숫자 간격을 자동으로 조절]에 체크 표시하면 한글과 숫자의 글자 간격이 자동으로 설정됩니다.

## 핵심기능실습 19 단락 줄 간격 조정하기

문서 내에는 글을 넣을 범위가 한정되어 있습니다. 범위에 넣을 글이 많을 때는 줄 간격을 줄입니다. 반대로 범위는 넓은데 글이 적을 때는 줄 간격을 늘려 문서를 편집할 수 있습니다.

- 실습 파일 워드 \ 4장 \ 단락 줄 간격 조정하기.docx  - 완성 파일 워드 \ 4장 \ 단락 줄 간격 조정하기_완성.docx

**01 단락 줄 간격 조정하기**
① 줄 간격을 조절할 빨간색 글꼴 블록 설정
② [홈] 탭 – [단락] 그룹 – **[선 및 단락 간격]** 클릭
③ **[줄 간격 옵션]**을 선택합니다.

**02**
① [단락] 대화상자에서 [간격] – [줄 간격]을 **[2줄]**로 설정
② **[확인]**을 클릭합니다.

줄 간격이 적용되어 문장 사이의 간격이 넓어집니다.

**바로 통하는 TIP**  줄 간격 목록과 수치 값 알아보기

[홈] 탭 – [단락] 그룹 – [줄 간격]에서 리본 메뉴로 간단하게 줄 간격을 조정할 수 있습니다. [1.0]은 글꼴에 약간의 공간을 더하여 줄 간격을 설정하고, [1.5]와 [2.0]은 줄 간격의 너비가 [1.0]에 비해 각각 1.5배와 2배 넓습니다. [최소]와 [고정]은 pt로 줄 간격의 너비를 조절하고, [배수]는 1을 기준으로 1.11로 설정하면 줄 간격이 11% 늘어나며, 3을 입력하면 300%, 즉 3배로 늘어납니다. 여러 옵션을 선택하여 줄 간격을 설정해봅니다.

CHAPTER 04 단락 꾸미기 • 465

핵심기능실습

# 20 단락 음영 색 적용 및 서식 복사하기

문서 내에서 강조할 단락이 있다면 음영 색을 지정해 단락에 채울 수 있습니다. 원하는 색으로 단락 배경이 표시되어 해당 부분을 눈에 띄게 편집할 수 있습니다. 문서의 일부에 적용된 서식을 다른 글자에도 적용할 때는 [서식 복사] 기능을 사용합니다. 손쉽게 서식을 적용할 수 있습니다.

▪실습 파일 워드\4장\단락 음영 색 적용 및 서식 복사하기.docx  ▪완성 파일 워드\4장\단락 음영 색 적용 및 서식 복사하기_완성.docx

## 01 단락에 음영 색 지정하기
① 음영을 적용해 강조할 단락 블록 설정
② [디자인] 탭 - [페이지 배경] - **[페이지 테두리]** 를 클릭합니다.

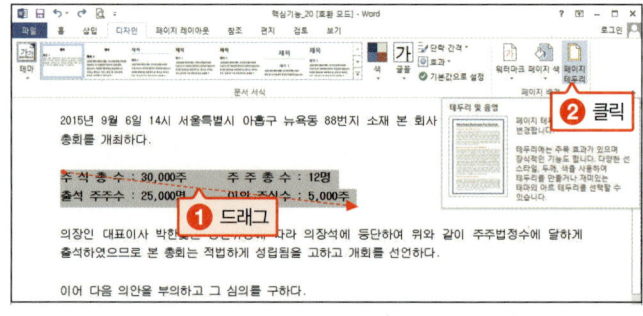

[테두리 및 음영] 대화상자가 활성화됩니다.

## 02
① **[음영]** 탭 클릭
② ③ **[채우기]** 색을 임의로 설정. 여기에서는 [연한 파랑]을 선택했습니다.
④ [적용 대상] - **[단락]** 선택
⑤ **[확인]** 을 클릭합니다.

지정한 단락에 연한 파랑색으로 음영 색 채우기가 적용됩니다.

## 실무활용노트 WORD — 적용 대상 [단락]과 [텍스트]의 차이

[단락]을 선택하면 단락 전체에 음영 색이 적용되지만 [텍스트]를 선택하면 줄 간격에 음영 색이 지정되지 않습니다.

| 주 식 총 수 : 30,000주   주 주 총 수 : 12명 |
| 출석 주주수 : 25,000명   이의 주식수 : 5,000주 |

적용 범위가 [단락]일 때

| 주 식 총 수 : 30,000주   주 주 총 수 : 12명 |
| 출석 주주수 : 25,000명   이의 주식수 : 5,000주 |

적용 범위가 [텍스드]일 때

## 03 서식 복사하기

① 서식을 복사할 범위 블록 설정
② [홈] 탭 – [클립보드] 그룹 – **[서식 복사]**를 클릭합니다.

## 04
마우스포인터가 붓 모양으로 변경되면 서식을 복사할 범위를 드래그해 서식을 복사합니다.

복사한 서식이 적용됩니다.

 **바로 통하는 TIP**  서식 복사 중에 활성화된 붓은 ESC 를 누르면 해제됩니다.

## 핵심기능실습 21 다단 지정하기

다단 지정하기는 신문이나 화보, 찾아보기 등을 만들 때 글을 읽기 쉽도록 한 페이지를 여러 개의 단으로 나누는 기능입니다. 다단을 사용하면 문서가 정돈되어 보이는 효과가 있으며, 보다 많은 내용을 한눈에 볼 수 있습니다. 각 단의 너비가 서로 다른 단을 만들 수도 있고, 한 페이지 내에서도 단의 수가 다른 단을 여러 개 만들 수 있습니다.

• 실습 파일 워드\4장\다단 지정하기.docx  • 완성 파일 워드\4장\다단 지정하기_완성.docx

### 01 2단 지정하기

범위를 지정하지 않고 단을 지정하면 현재 문서의 전체 내용이 다단으로 적용됩니다. 만약 구역이 나누어진 문서라면 현재 마우스 포인터가 위치한 구역에만 다단이 지정됩니다.

① **임의의 위치** 클릭
② [페이지 레이아웃] 탭 - [페이지 설정] 그룹 - **[단]** 클릭
③ **[둘]**을 선택합니다.

다단이 적용되어 문서가 2단 구조로 변경됩니다.

---

**실무활용노트 WORD** | [단] 대화상자의 구성 요소 알아보기

[단] 대화상자에서는 단의 개수, 단의 너비 및 간격, 경계선 삽입 여부 등을 설정할 수 있습니다.

① [미리 설정]에서는 단의 개수 및 레이아웃을 설정할 수 있습니다.
② [단 개수]에서는 단의 개수를 임의로 설정할 수 있습니다.
③ [경계선 삽입]을 체크하면 단 사이에 경계선을 삽입할 수 있습니다.
④ [너비 및 간격]에서는 각 단의 너비와 간격을 설정할 수 있습니다.
⑤ [단 너비를 같게]의 체크를 해제하면 각 단의 너비를 다르게 설정할 수 있습니다.
⑥ [적용 대상]에서는 다단을 적용할 위치를 설정할 수 있습니다.

## 02 원하는 구역만 다단 지정하기

문서의 일부에만 다단을 지정할 수 있습니다.

① 다단을 지정할 구역만 블록 설정
② [페이지 레이아웃] 탭 - [페이지 설정] 그룹 - [단] 클릭
③ [기타 단]을 선택합니다.

## 03

① [단] 대화상자에서 [미리 설정] - [둘] 선택
② [간격] - [5글자]로 설정
③ [경계선 삽입]에 체크 표시
④ [확인]을 클릭합니다.

## 04 다단이 적용되어 블록을 설정한 부분이 2단 구조로 변경됩니다.

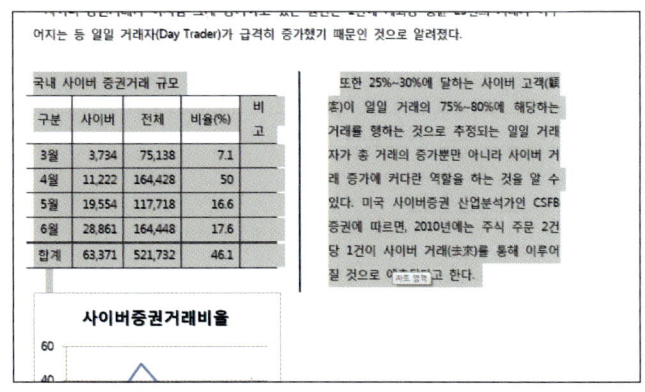

## 핵심기능실습 22

# 스타일 모음을 이용하여 스타일 지정 및 수정하기

자주 사용하는 글자 모양이나 문단 모양을 미리 정해놓고 사용하는 것을 스타일이라고 합니다. 스타일을 만들어놓으면 필요할 때 해당 스타일을 선택하는 것만으로 글자와 문단 모양을 한 번에 바꿀 수 있습니다. 스타일은 간편하게 글자나 문단을 변경하기 위한 기능이라기보다는 긴 글을 일관성 있는 편집 형태로 유지할 때 사용하는 기능입니다.

- 실습 파일 워드 \ 4장 \ 스타일 모음을 이용하여 스타일 지정 및 수정하기.docx
- 완성 파일 워드 \ 4장 \ 스타일 모음을 이용하여 스타일 지정 및 수정하기_완성.docx

❶ 제목 스타일 적용하기
❷ 굵은 텍스트 스타일 적용하기
❸ 스타일 테마 변경하기
❹ 스타일 서식 변경하기

▲ 핵심기능실습 22, 23 공통 미리 보기

## 01 스타일 작업 창 이용해 스타일 적용하기

① 제목 스타일을 지정할 **첫 번째 줄** 클릭
② [홈] 탭 – [스타일] 그룹 – [**스타일**] 표시 아이콘 클릭
③ [스타일] 작업 창의 [**미리 보기 표시**]에 체크 표시
④ [**제목**]을 선택합니다.

첫 번째 줄에 '제목' 스타일이 적용됩니다.

## 02

① 페이지 아래로 이동해 **마지막 줄**에서 임의의 위치 클릭
② [**제목1**]을 선택합니다.

마지막 줄에 '제목1' 스타일이 적용됩니다.

## 03 리본 메뉴에서 바로 스타일 적용하기

① 스타일을 적용할 범위 블록 설정
② [홈] 탭 – [스타일] 그룹 – [**스타일 자세히**] 클릭
③ [스타일 자세히] 메뉴에서 [**굵은 텍스트**]를 선택합니다.

해당 범위에 굵은 텍스트 스타일이 적용됩니다.

## 04 스타일 테마 변경하기

워드 2013에서는 여러 가지 스타일 테마 형태를 제공합니다. 별도의 작업 없이 스타일을 다양한 형태로 변경할 수 있습니다.

① [디자인] 탭-[문서 서식] 그룹-**[테마]** 클릭
② 임의의 **테마**를 선택합니다.

앞서 적용한 스타일이 다른 형태의 테마로 변경됩니다. 워드 2013의 기본 테마는 [Office]입니다.

## 05 스타일 서식 변경하기

① 스타일을 변경할 부분 클릭
② [홈] 탭-[스타일] 그룹-**[스타일 ]** 표시 아이콘 클릭
③ [스타일] 작업 창에서 **[제목1▼]** 선택
④ **[수정]**을 선택합니다.

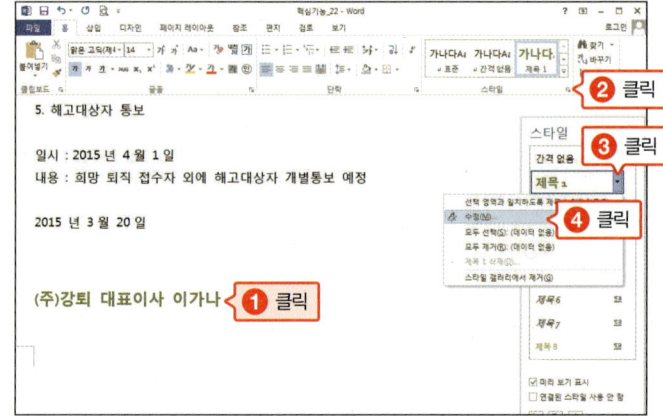

## 06

① [스타일 수정] 대화상자에서 [이름]에 **발신인명** 입력
② [문장 정렬]-**[가운데]** 클릭
③ [글꼴 크기]-**[20]**으로 설정
④ **[확인]**을 클릭해 스타일을 수정합니다.

문장이 가운데로 정렬되고 글꼴 크기가 20으로 변경됩니다.

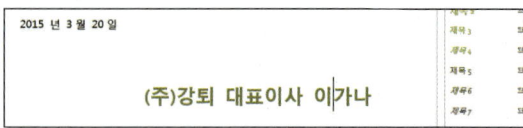

핵심기능실습

# 23 스타일 새로 만들기

기존에 제공되는 스타일 외에 원하는 스타일을 새롭게 추가해 사용할 수 있습니다. 문단에 번호를 자동으로 적용하는 새로운 스타일을 만들고 스타일 목록에 추가하는 방법에 대해서 알아보겠습니다.

▪실습 파일 워드\4장\스타일 새로 만들기.docx　▪완성 파일 워드\4장\스타일 새로 만들기_완성.docx

## 01 새 스타일 만들기

① 새 스타일을 만들어 적용할 단락 블록 설정
② [홈] 탭-[스타일] 그룹-**[스타일 ]** 표시 아이콘 클릭
③ [스타일] 작업 창에서 **[새 스타일]**을 클릭합니다.

[서식에서 새 스타일 만들기] 대화상자가 활성화됩니다.

## 02

① [이름]에 **번호단락** 입력
② **[서식]** 클릭
③ **[번호 매기기]**를 선택합니다.

## 03

① [번호 매기기 및 글머리 기호] 대화상자의 [번호 매기기 라이브러리]에서 임의의 **번호 서식** 선택

② **[확인]**을 클릭합니다.

[스타일 수정] 대화상자에서 [확인]을 클릭합니다.

## 04 새로 만들어진 스타일이 적용되어 단락에 자동으로 번호가 매겨집니다.

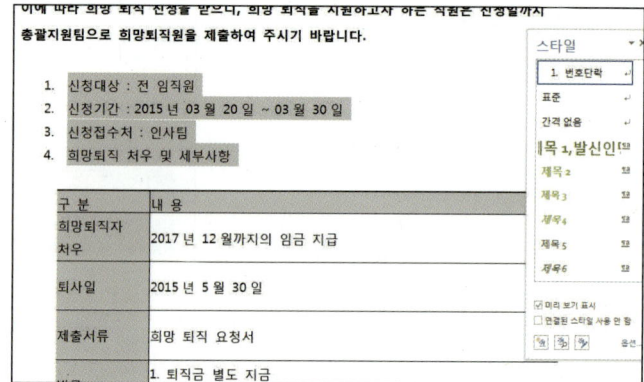

---

### 실무활용노트 WORD | 스타일에 사용되는 번호 서식 변경하기

스타일에 사용되는 번호 서식을 변경할 수 있습니다. ① [번호 매기기 및 글머리 기호] 대화상자 아래쪽의 [새 번호 서식 정의] 클릭 ② [새 번호 서식 정의] 대화상자에서 [번호 스타일]을 변경하면 [번호 매기기 라이브러리]에 없는 스타일도 적용할 수 있습니다.

CHAPTER
05

# 도형 및 객체 활용하기

문서에서 문자뿐만 아니라 그림과 도형, WordArt를 삽입하여 적절히 편집하면 눈에 띄면서도 좀 더 화려한 문서로 꾸밀 수 있습니다. 도형이나 WordArt를 삽입하고 편집하는 방법 및 간단한 차트 등을 문서에 추가해 내용을 더욱 풍성하게 만드는 방법 등에 대해서 알아보도록 하겠습니다.

핵심기능실습

# 24 검색한 약도 이미지 삽입하고 서식 지정하기

초대장 등의 문서를 작성할 때 약도를 첨부해야 하는 경우가 있습니다. 이때 다음이나 네이버의 지도 서비스를 이용해 약도를 추가하는 방법에 대해서 알아보겠습니다. 지도를 삽입한 후 크기를 조절하고, 자르는 방법 등도 같이 살펴보겠습니다.

• **실습 파일** 워드 \ 5장 \ 검색한 약도 이미지 삽입하고 서식 지정하기.docx   • **완성 파일** 워드 \ 5장 \ 검색한 약도 이미지 삽입하고 서식 지정하기_완성.docx

## 01 약도 이미지 구하기

지점 개설 초대장에 행사장의 위치를 표시하는 지도를 첨부해보겠습니다. 네이버나 다음에서 [다음지도]를 검색해 클릭(http://map.daum.net)합니다.

① 다음지도 상단 검색 바에 **제주그랜드호텔** 입력
② **[검색]** 클릭
③ 화면 오른쪽의 확대/축소 바를 이용해 적당한 배율로 조정
④ **[저장]**을 클릭합니다.

## 02 지도 이미지 저장하기

① [저장하기] 대화상자가 활성화되면 **[현재 화면 크기로 저장]** 선택
② **[확인]** 클릭
③ [파일 다운로드] 대화상자에서 **[저장]**을 클릭합니다.

[다른 이름으로 저장] 대화상자가 활성화됩니다.

## 03

① [다른 이름으로 저장] 대화상자에서 저장 위치를 **[바탕화면]**으로 선택

② [파일 이름]에 **약도** 입력

③ **[저장]**을 클릭합니다.

약도가 저장됩니다.

**바로 통하는 TIP** 익스플로러 버전에 따라 파일 다운로드 대화상자가 하단에 텍스트로 표시되는 경우도 있습니다. [저장▼]을 클릭한 후 [다른 이름으로 저장]을 선택합니다.

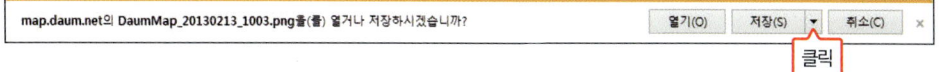

## 04 약도 삽입하기

① **약도 이미지**를 삽입할 위치 클릭

② [삽입] 탭 – [일러스트레이션] 그룹 – **[그림]**을 클릭합니다.

[그림 삽입] 대화상자가 활성화됩니다.

## 05 약도 파일 선택하기

① [그림 삽입] 대화상자에서 약도가 저장되어 있는 **[바탕화면]** 선택

② **약도** 파일 선택

③ **[삽입]**을 클릭합니다.

약도가 문서에 삽입됩니다.

CHAPTER 05 도형 및 객체 활용하기 • **477**

## 06 도형에 맞게 약도 자르기

문서에 삽입된 약도를 도형 모양을 적용해 잘라보겠습니다.

① 문서에 삽입된 **약도** 클릭
② [그림 도구] - [서식] 탭 - [크기] 그룹 - **[자르기▼]** 클릭
③ [도형에 맞춰 자르기] - **[모서리가 둥근 직사각형]**을 선택합니다.

## 07 약도에 테두리 지정하기

도형 모양으로 자른 약도에 테두리를 지정해보겠습니다.

① [그림 도구] - [서식] 탭 - [그림 스타일] 그룹 - **[그림테두리]** 클릭
② **[연한 파랑]**을 선택합니다.

연한 파란색으로 테두리 색이 지정됩니다.

## 08 약도 크기 조절하기

① **약도** 클릭
② **4개** 모서리의 크기 조절점 중 하나를 클릭한 채 **약도 안쪽**으로 드래그해 약도의 크기를 적당히 조절합니다.

## 09 약도에 해당 위치 표시하기

① [삽입] 탭 - [일러스트레이션] 그룹에서 [도형] 클릭

② [아래쪽 화살표]를 선택합니다.

## 10 약도에 **제주 그랜드호텔** 위치에 도형을 적당한 크기로 삽입합니다.

---

### 실무활용노트 WORD | 그림 자르기 메뉴 알아보기

그림을 잘라 불필요한 영역을 제거할 때 사용할 수 있는 기능입니다.

① **자르기** : 원하는 크기를 마우스로 드래그해서 설정할 수 있습니다.
② **도형에 맞춰 자르기** : 워드 2013에서 제공하는 기본 도형 모양에 맞게 자를 수 있습니다.
③ **가로 세로 비율** : 그림을 가로와 세로 비율에 맞춰 자릅니다.
④ **채우기** : 가로와 세로 비율은 유지되며, 정해진 크기에 맞춰 그림을 채우는 경우에 사용합니다.
⑤ **맞춤** : 채우기와 비슷한 기능입니다.

핵심기능실습

# 25 문서 안에서 그림 배치 설정하기

문서 내에 그림을 함께 배치하는 경우가 종종 있습니다. 이때 텍스트와 그림을 잘 어울리게 배치하려면 [레이아웃 옵션] 도구를 사용합니다.

- 실습 파일 워드 \ 5장 \ 문서 안에서 그림 배치 설정하기.docx
- 완성 파일 워드 \ 5장 \ 문서 안에서 그림 배치 설정하기_완성.docx

❶ 텍스트 내 그림 배치하기
❷ 텍스트 뒤로 그림 배치하기

▲ 핵심기능실습 미리보기

## 01 텍스트 내 그림 배치하기

① **그림**을 클릭하면 우측 모서리에 [레이아웃 옵션] 도구 활성화
② **[레이아웃 옵션]** 클릭
③ [텍스트 배치] - **[정사각형]**을 선택합니다.

**02** 사진을 마우스로 드래그하여 **문서의 우측 경계**로 이동합니다. 초록색 경계선이 활성화되면 그 경계선에 따라 사진을 배치합니다.

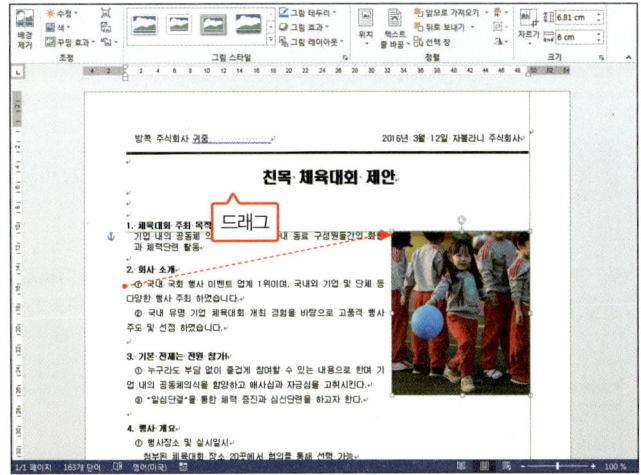

**바로 통하는 TIP** [레이아웃 옵션]-[텍스트 배치]에서 [정사각형], [빽빽하게], [투과하여] 외의 옵션을 선택한 경우 초록색 경계선이 나타나지 않습니다. [그림 도구]-[서식] 탭-[정렬] 그룹에서 [개체 맞춤]-[맞춤 안내선 사용]에 체크 표시가 되어 있는지 확인합니다.

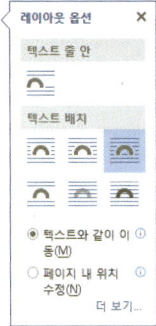

## 03 텍스트 뒤로 그림 배치하기

그림을 텍스트 뒤로 배치하여 텍스트와 그림이 서로 겹쳐 보이는 효과를 내보겠습니다.

① 문서 아래로 스크롤을 내려 **도장 그림** 클릭 ② **[레이아웃 옵션]** 클릭 ③ **[텍스트 배치]** – **[텍스트 뒤]** 선택 ④ 그림을 드래그하여 **인** 위에 배치합니다.

 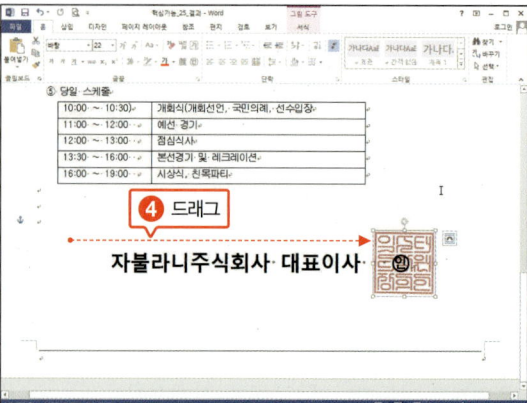

### 실무활용노트 WORD — 바로 가기 메뉴에서 [텍스트 줄 바꿈] 기능 이용하기

바로 가기 메뉴에서 문서 내 그림의 배치 모양을 설정할 수 있습니다.

① 그림을 선택하고 마우스 오른쪽 버튼을 클릭하여 ② [바로 가기] 메뉴–[텍스트 줄 바꿈]에서 원하는 배치 모양을 선택합니다.

① **텍스트 줄 안** : 기본적으로 설정되어 있는 기본 값입니다. 삽입된 그림을 한 글자처럼 취급합니다.
② **정사각형** : 그림을 정사각형으로 취급하여 글자가 배치됩니다. 정사각형이 아닌 그림도 정사각형으로 취급합니다.
③ **빽빽하게** : 투명한 영역에 텍스트를 채웁니다.
④ **투과하여** : [빽빽하게]와 마찬가지로 그림의 투명한 영역을 글자로 채웁니다.
⑤ **위/아래** : 그림의 현재 위치를 기준으로 글자를 위와 아래로 나누어 채웁니다.
⑥ **텍스트 뒤** : 삽입된 그림을 글자 뒤로 이동시켜 글자를 그림 위에 채웁니다.
⑦ **텍스트 앞** : [텍스트 뒤]와 반대로 삽입된 그림을 글자 앞으로 이동시켜 그림 뒤에 글자를 채웁니다.

핵심기능실습

# 26 도형 삽입하고 서식 변경하기/ 도형 안에 텍스트 입력하기

[삽입] 탭-[일러스트레이션] 그룹-[도형]에서 다양한 도형을 삽입할 수 있습니다. 삽입한 도형에는 서식을 지정하거나 도형 내에 텍스트를 입력할 수 있습니다. 도형에 텍스트를 입력할 때는 도형을 선택한 상태에서 텍스트를 입력해야 합니다.

- 실습 파일 워드 \ 5장 \ 도형 삽입하고 서식 변경하기, 도형 안에 텍스트 입력하기.docx
- 완성 파일 워드 \ 5장 \ 도형 삽입하고 서식 변경하기, 도형 안에 텍스트 입력하기_완성.docx

## 01 도형 삽입하기

구매승인신청서의 제목을 도형을 이용해 꾸며보겠습니다.

① [삽입] 탭-[일러스트레이션] 그룹-[도형] 클릭

② [모서리가 둥근 직사각형] 선택

③ 드래그하여 제목 크기에 맞게 도형을 그려줍니다.

## 02 도형 서식 변경하기

① 삽입된 도형 클릭 후 [그리기 도구]-[서식] 탭-[도형 스타일] 그룹-[스타일 자세히] 클릭

② 도형 스타일 목록에서 적당한 모양을 선택합니다. 여기에서는 [강한 효과-파랑, 강조1]을 선택했습니다.

지정한 스타일로 도형 서식이 변경됩니다.

CHAPTER 05 도형 및 객체 활용하기 • 483

## 03 도형 안에 텍스트 입력하기

① 도형을 선택한 상태에서 **구매승인신청서** 입력
② 입력한 **제목** 블록 설정
   [바로 가기 도구 모음]이 활성화됩니다.
③ [바로가기 도구 모음]에서 글꼴을 [**맑은 고딕**]으로 설정
④ 글꼴 크기는 [20]으로 설정합니다.

도형에 입력된 '구매승인신청서' 제목의 글꼴과 크기가 변경됩니다.

---

### 실무활용노트 WORD | [도형 서식] 작업 창 활용하기

도형의 테두리를 선택한 후 마우스 오른쪽 버튼 클릭합니다. 바로 가기 메뉴에서 [도형 서식]을 클릭하면 [도형 서식] 작업 창이 나타납니다. [도형 서식] 작업 창에서는 좀 더 다양한 도형 효과를 적용할 수 있습니다.

① **채우기** : 채우기 없음, 단색, 그라데이션, 그림 또는 질감, 패턴 채우기를 설정할 수 있습니다.
② **선** : 선 없음, 실선, 그라데이션 등의 선 색을 설정할 수 있습니다.
③ **그림자** : 도형의 그림자를 설정할 수 있으며 그림자의 모양, 색, 투명도, 크기, 각도 등을 설정할 수 있습니다.
④ **반사** : 도형이 유리에 비친 듯한 느낌을 주도록 설정할 수 있습니다.
⑤ **네온** : 도형에 네온을 설정하고 네온의 색, 크기, 투명도를 지정할 수 있습니다.
⑥ **부드러운 가장자리** : 도형에 가장자리를 부드럽게 처리할 수 있습니다.
⑦ **3차원 서식** : 도형을 3차원 입체 형식으로 설정하고, 표면의 재질도 설정할 수 있습니다.
⑧ **3차원 회전** : 도형을 3차원으로 회전할 수 있으며, 각도를 설정할 수 있습니다.

## 핵심기능실습 27

# 도형 복사, 정렬, 회전하기

문서에 삽입된 도형은 텍스트와 마찬가지로 복사하거나 정렬할 수 있습니다. 문서에 삽입된 같은 모양의 도형이라도 회전해서 배치하면 다른 분위기를 얻을 수 있습니다. 도형의 복사, 정렬, 회전 방법에 대해서 알아보겠습니다.

- **실습 파일** 워드 \ 5장 \ 도형 복사, 정렬, 회전하기.docx
- **완성 파일** 워드 \ 5장 \ 도형 복사, 정렬, 회전하기_완성.docx

### 01 도형 복사하기

① 문서에서 **화살표 도형** 클릭 후 Ctrl + C

② Ctrl + V 를 **4번** 더 반복해 눌러 도형을 복사합니다.

**바로 통하는 TIP** 도형을 선택한 상태에서 Ctrl + 드래그 그해도 도형을 복사할 수 있습니다.

### 02 도형 정렬하기

① 마지막으로 복사한 도형을 문서의 **오른쪽으로 이동**

② Ctrl 이나 Shift 를 누른 상태에서 나머지 도형을 각각 클릭해 **5개 도형을 모두 선택**합니다.

### 03

① [그리기 도구]-[서식] 탭-[정렬] 그룹-**[맞춤▼]** 클릭

② **[가로 간격을 동일하게]** 선택

③ 다시 **[맞춤▼]** 클릭

④ **[위쪽 맞춤]**을 선택해 도형 정렬을 마무리합니다.

첫 번째 도형과 마지막 도형 사이에 나머지 도형이 동일한 간격으로 배치됩니다.

CHAPTER 05 도형 및 객체 활용하기 • **485**

## 실무활용노트 WORD | 드래그로 도형 여러 개 선택하기

① [홈] 탭-[편집] 그룹-[선택▼]을 클릭하고 [개체 선택]을 선택합니다. ② 도형을 마우스로 드래그하면 여러 도형을 마우스 드래그만으로 선택할 수 있습니다. 선택을 취소할 때는 ESC를 누르면 됩니다.

## 04 도형 회전하기

① 맨 **오른쪽 도형** 클릭
② 도형을 복사하기 위해 Ctrl+Shift를 누른 **상태에서 아래쪽으로** 드래그
③ 복사된 도형을 선택한 후 상단의 회전 점을 클릭한 채 움직여 그림과 같이 오른쪽으로 **90도 회전**합니다.

**바로 통하는 TIP** 마우스를 움직일 때 Shift를 누르고 있으면 회전 각도를 15도씩 조절할 수 있습니다.

## 05 리본 메뉴를 사용하면 도형을 90도씩 회전시킬 수 있습니다.

① 앞서 회전된 **도형** 클릭
② [그리기 도구]-[서식] 탭-[정렬] 그룹- **[회전▼]** 클릭
③ **[오른쪽으로 90도 회전]**을 선택합니다.

도형이 오른쪽으로 회전됩니다.

핵심기능실습

# 28 WordArt 삽입 및 수정하기

문서에 WordArt를 삽입하면 문서의 제목이나 강조할 내용 등을 화려하게 꾸밀 수 있습니다. WordArt를 삽입하고 효과를 설정하는 방법에 대해서 알아보겠습니다.

- 실습 파일 워드\5장\WordArt 삽입 및 수정하기.docx  • 완성 파일 워드\5장\WordArt 삽입 및 수정하기_완성.docx

## 01 WordArt 삽입하고 문구 입력하기

크리스마스 파티 초대장의 제목을 WordArt를 이용해 화려하게 꾸며보겠습니다.

① WordArt를 삽입할 부분 클릭
② [삽입] 탭 - [텍스트] 그룹 - [WordArt] 클릭
③ 임의의 WordArt 스타일 선택
   그림과 같이 문장을 입력할 수 있는 WordArt 텍스트 상자가 표시됩니다.
④ Christmas Party를 입력합니다.

## 02 WordArt 배치하기

WordArt 텍스트 상자를 문서 중앙으로 이동합니다. 워드 2013부터는 중앙 배치선이 나타납니다.

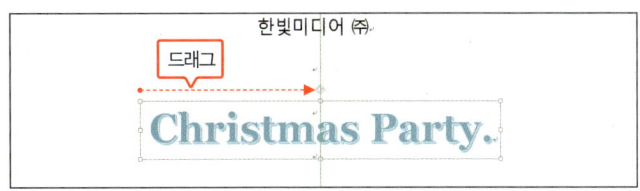

## 03 WordArt 꾸미기

① [그리기 도구] - [서식] 탭 - [WordArt 스타일] 그룹 - [텍스트 효과] 클릭
② [변환] - [휘기]에서 임의의 스타일을 선택해 WordArt의 모양을 변경합니다.

## 04 WordArt 반사 설정하기

① **WordArt 텍스트 상자** 클릭
② [그리기 도구]-[서식] 탭 - [WordArt 스타일] 그룹 - [**텍스트 효과 서식**] 표시 아이콘 클릭
③ [도형 서식] 작업 창에서 [**반사**] 선택
④ [**미리 설정**] 클릭
⑤ [반사 변형] - [**근접 반사, 4pt 오프셋**]을 선택합니다.

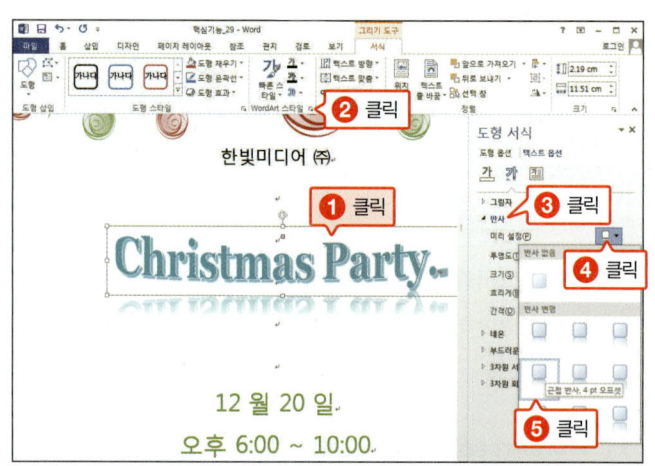

반사 효과가 적용됩니다.

## 05 WordArt 네온 설정하기

① [도형 서식] 작업 창에서 [**네온**] 선택
② [**미리 설정**] 클릭
③ [네온 변형] - [**파랑, 18pt 네온, 강조색 1**]을 선택합니다.

네온 효과가 적용됩니다.

---

### 실무활용노트 WORD | 일반 텍스트 상자에서 WordArt 효과 주기

텍스트를 넣을 때 꼭 WordArt 도구로 텍스트 상자를 만들지 않아도 됩니다. 워드 2013에서는 일반 텍스트 상자를 이용해서 WordArt 효과를 설정할 수 있습니다. ① [삽입] 탭 - [텍스트] 그룹 - [텍스트 상자]를 클릭해 ② 임의의 스타일을 선택하여 텍스트 상자를 생성하고 ③ ④ [그리기 도구] - [서식] 탭 - [WordArt 스타일] 그룹 - [텍스트 효과]를 이용해 WordArt를 적용할 수 있습니다.

# 29 SmartArt로 다이어그램 만들기

SmartArt는 서식이 미리 지정된 여러 도형의 구성으로 정보를 시각적으로 표현할 수 있도록 제공되는 그래픽 개체입니다. 도형이나 클립 아트 등으로 레이아웃과 디자인 서식이 미리 지정되어 있으므로 전문가가 아니더라도 수준 높은 일러스트레이션을 쉽게 작성할 수 있습니다. SmartArt를 이용해 문서에 다이어그램을 삽입하고 편집하는 방법에 대해서 알아보겠습니다.

- 실습 파일 워드 \ 5장 \ SmartArt를 이용해 다이어그램 만들기.docx
- 완성 파일 워드 \ 5장 \ SmartArt를 이용해 다이어그램 만들기_완성.docx

## 01 SmartArt를 이용해 다이어그램 만들기

① SmartArt를 삽입할 위치 클릭
② [삽입] 탭 - [일러스트레이션] 그룹 - [SmartArt] 클릭
③ [SmartArt 그래픽 선택] 대화상자에서 [프로세스형] 선택
④ [연속 블록 프로세스형] 선택
⑤ [확인]을 클릭합니다.

선택한 SmartArt가 삽입됩니다.

## 02 텍스트 추가하기

다이어그램이 삽입되면 텍스트 창이 활성화됩니다. 텍스트 창에 예제 문서의 추진 방향을 순서대로 입력합니다. 새로운 항목을 추가할 때는 텍스트 창에서 Enter 를 누릅니다.

SmartArt에 새로운 도형이 자동으로 추가됩니다.

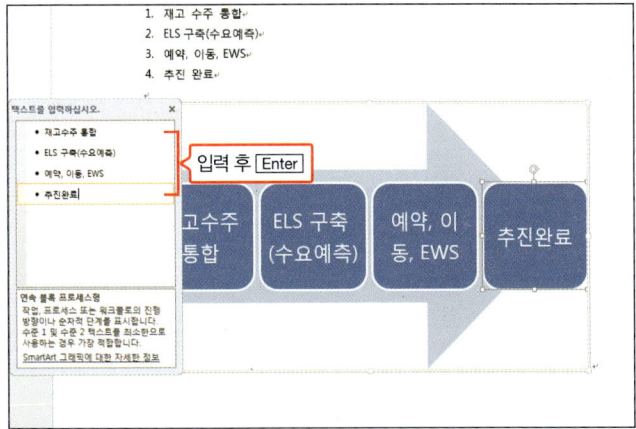

> **실무활용노트 WORD** 텍스트 창이 사라졌을 때
>
> [SMARTART 도구]-[디자인] 탭-[그래픽 만들기] 그룹-[텍스트 창]을 클릭하면 SmartArt 텍스트 창이 활성화됩니다.

## 03 SmartArt 색상 변경하기

① **SmartArt 테두리** 클릭

② [SMARTART 도구]-[디자인] 탭-[SmartArt 스타일] 그룹-**[색 변경]** 클릭

③ [색상형]-**[색상형 - 강조색]**을 선택합니다.

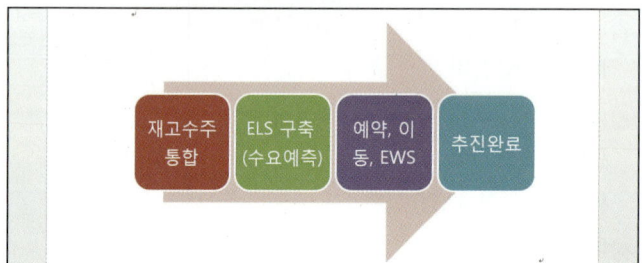

## 04 SmartArt 스타일 변경하기

① SmartArt 테두리가 선택된 상태에서 [SMARTART 도구]-[디자인] 탭-[SmartArt 스타일] 그룹-**[자세히]** 클릭

② 스타일 목록에서 [3차원]-**[조감도]**를 선택합니다.

**05** 선택한 스타일이 적용되어 3차원 형식의 SmartArt로 변경됩니다.

## 핵심기능실습 30

# 차트 삽입하고 스타일, 종류, 크기 변경하기

차트는 수치 데이터를 한눈에 파악하고 비교, 분석할 수 있도록 시각화하는 도구입니다. 수치와 텍스트만으로 이루어진 문서에 비해 자료의 변화를 직관적으로 파악할 수 있어 유용합니다. 문서에 차트를 삽입하고 차트 스타일, 차트 종류, 차트 크기를 변경하는 방법에 대해 알아보겠습니다.

- 실습 파일 워드 \ 5장 \ 차트 삽입하고 스타일, 종류, 크기 변경하기.docx   · 완성 파일 워드 \ 5장 \ 차트 삽입하고 스타일, 종류, 크기 변경하기_완성.docx

### 01 차트 삽입하기

워드 2013에서 차트를 추가하려면 사용할 데이터를 미리 복사해놓아야 합니다.

① 표 전체 블록 설정 후 Ctrl + C
② 차트가 추가될 위치 클릭
③ [삽입] 탭 - [일러스트레이션] 그룹 - **[차트]**를 클릭합니다.

[차트 삽입] 대화상자가 활성화됩니다.

### 02

① [차트 삽입] 대화상자에서 [세로막대형] - **[3차원 묶은 세로 막대형]** 선택
② **[확인]**을 클릭합니다.

3차원 묶은 세로 막대형 차트가 문서에 삽입됩니다.

## 03 차트 데이터 입력하기

① 활성화된 [Microsoft Word의 차트] 엑셀 창에서 **전체 셀 선택** 버튼을 클릭해 모든 데이터 선택
② Delete 를 눌러 전체 **데이터 삭제**
③ **[A1]** 셀을 클릭한 후 Ctrl + V
앞에서 복사한 데이터를 붙여넣습니다.
④ 기존 차트의 영역선 **모서리를 드래그**해서 새로 붙여 넣은 데이터 범위에 맞게 영역 선을 이동합니다.

## 04 차트 스타일 변경하기

① **차트** 클릭
워드 2013에서 새로 추가된 기능으로 오른쪽에 차트 속성 변경 도구가 활성화 됩니다.
② 속성 변경 도구들 중 **[차트 스타일]** 도구 클릭. [디자인] 탭 - [차트 스타일] 그룹에서도 변경할 수 있습니다.
③ 스타일 목록에서 **[스타일 8]**을 선택해 스타일을 적용합니다.

각 과목의 상반기, 하반기 수강생 인원을 확인할 수 있는 차트가 적용한 스타일에 맞게 삽입됩니다.

## 05 차트 종류 변경하기

① **차트 영역**에서 마우스 오른쪽 버튼 클릭
② 바로 가기 메뉴에서 **[차트 종류 변경]**을 선택합니다.

## 06

① [차트 종류 변경] 대화상자에서 [가로 막대형] 선택
② [3차원 묶은 가로 막대형] 선택
③ [확인]을 클릭합니다.

차트 모양이 변경됩니다.

## 07 차트 크기 조절하기

① **차트 영역** 클릭
② 오른쪽 아래 모서리의 크기 조절점을 마우스로 드래그하여 **차트 크기**를 조절해줍니다.

### 실무활용노트 WORD | 차트 영역과 그림 영역

차트 영역에서는 차트의 위치와 크기 등을 조절할 수 있습니다. 그림 영역에는 실제 그래프가 표시됩니다.

핵심기능실습

# 31 차트 레이아웃 설정, 데이터 변경하기

차트가 선택된 상태에서는 리본 메뉴에 [차트 도구]가 표시됩니다. [차트 도구]–[디자인] 탭에서는 차트의 종류, 데이터 범위, 레이아웃, 스타일 등을 수정할 수 있습니다. 문서에 삽입된 차트의 레이아웃을 설정하고 데이터를 변경하는 방법과 차트 테두리를 지정하는 방법에 대해 알아보겠습니다.

- 실습 파일 워드\5장\차트 레이아웃 설정, 데이터 변경하기.docx  • 완성 파일 워드\5장\차트 레이아웃 설정, 데이터 변경하기_완성.docx

## 01 차트 레이아웃 설정하고 차트 제목, 축 이름 입력하기

2014년 상반기와 하반기 과목별 총 수강생 인원을 표시하는 차트에 [차트 제목], [축 제목], [범례] 등을 표시하는 레이아웃을 설정해보겠습니다.

① **차트 영역** 클릭
② [차트 도구]–[디자인] 탭–[차트 레이아웃] 그룹–**[빠른 레이아웃]** 클릭
③ **[레이아웃 8]**을 선택해 레이아웃을 설정합니다.

각 과목의 상반기, 하반기 수강생 인원을 확인할 수 있는 차트가 적용한 스타일에 맞게 삽입됩니다.

## 02
① **차트 제목 영역**에 차트 이름 입력
② 세로 축 이름을 **과목**으로 변경
③ 가로 축 이름을 **점수**로 변경합니다.

## 03 범례 위치 변경하기

그래프의 색이나 모양이 어떤 데이터 계열인지 알려주는 표식을 범례라고 합니다. 차트 오른쪽에 표시된 범례의 위치를 변경해 보겠습니다.

① **차트 영역** 클릭
② [**차트 요소**] 클릭
③ [**범례▶**] 선택
④ [**위쪽**]을 선택합니다.

## 04 범례 위치가 위쪽으로 변경됩니다.

## 05 특정 계열에 데이터 레이블 추가하기

① 그림 영역의 **하반기 계열**에서 마우스 오른쪽 버튼 클릭
② 바로 가기 메뉴에서 [데이터 레이블 추가] - [**데이터 레이블 추가**]를 선택합니다.

데이터 값을 나타내는 데이터 레이블이 추가됩니다.

## 06 차트 데이터 변경하기

① **차트 영역**에서 마우스 오른쪽 버튼 클릭
② 바로 가기 메뉴에서 [데이터 편집] - [**데이터 편집**]을 선택합니다.

> **바로 통하는 TIP** 리본 메뉴의 [데이터 편집]
> 차트 영역을 클릭한 후 [차트 도구] - [디자인] 탭 - [데이터] 그룹 - [데이터 편집]을 클릭하면 데이터를 편집할 수 있습니다.

## 07

① [Microsoft Word의 차트] 엑셀 창이 활성화되면 사회 과목 하반기 값을 **600**으로 변경

② [Microsoft Word의 차트] 창을 닫습니다.

## 08 차트 둥근 테두리 지정하기

① 차트 영역에서 마우스 오른쪽 버튼 클릭
② 바로 가기 메뉴에서 **[차트 영역 서식]** 선택
  오른쪽에 [차트 영역 서식] 작업 창이 활성화됩니다.
③ [차트 영역 서식] - **[테두리]** 선택
④ **[실선]** 선택
⑤ **[둥근 모서리]**에 체크 표시합니다.

## 09 차트에 둥근 테두리가 적용되었습니다.

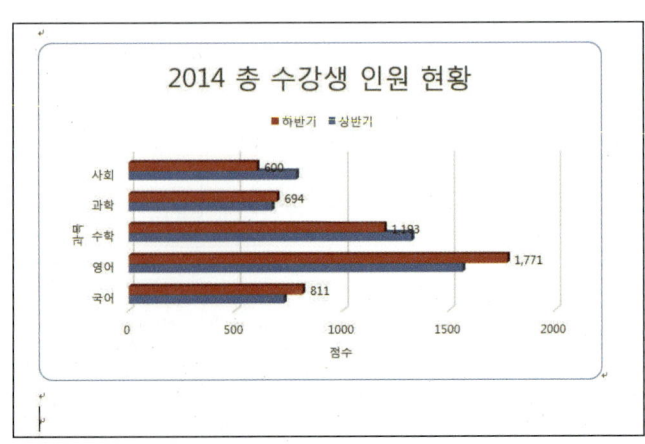

CHAPTER

# 06

# 표 꾸미기

워드프로세서의 백미는 표 기능입니다. 여러 가지 데이터가 문서에 삽입되었을 때 표를 이용하여 가독성 있게 표현할 수 있으며 좀 더 체계적으로 정리된 문서를 만들 수 있습니다. 표 만들기, 행/열을 삽입하거나 삭제하는 기능, 표에서 문자열을 정렬하고 표의 셀에 테두리와 음영을 적용해 표 스타일을 변경하는 등의 기능에 대해서 알아보도록 하겠습니다.

# 32 표 삽입, 크기 조절, 이동, 셀 합치기 및 나누기

문서에 포함된 복잡한 내용이나 수치 자료 등을 한눈에 확인하기 쉽도록 작성할 때 표를 사용합니다. [삽입] 탭에서 [표] 기능으로 간편하게 표를 만들 수 있습니다. 표를 삽입하고 표의 크기를 조절, 이동하는 기능 및 셀을 합치고 나누는 기능에 대해서 알아보겠습니다.

- 실습 파일 워드\6장\표 삽입, 크기 조절, 이동, 셀 합치기 및 나누기.docx
- 완성 파일 워드\6장\표 삽입, 크기 조절, 이동, 셀 합치기 및 나누기_완성.docx

## 01 표 만들기
차입금 내역서에 필요한 결재란을 표로 만들어 삽입해보겠습니다.
① 표를 **삽입할 위치** 클릭
② [삽입] 탭 - [표] 그룹 - [**표**] 클릭
③ 마우스를 드래그해 **5×3** 크기로 만들고 클릭합니다.

표가 삽입됩니다.

## 02 삽입된 표의 셀을 클릭하고 그림과 같이 내용을 입력합니다.

| 결재 | 대표이사 | 기획이사 | 부장 | 과장 |
|---|---|---|---|---|
|  |  |  |  |  |
|  |  |  |  |  |

### 실무활용노트 WORD | 표를 삽입하는 또 다른 방법

[삽입] 탭 - [표] 그룹 - [표 ▼] - [표 삽입]을 이어서 클릭하면 [표 삽입] 대화상자가 활성화됩니다. [열 개수]는 가로를 기준으로 한 칸의 수를 말하며, [행 개수]는 세로를 기준으로 한 줄의 수를 말합니다. [표 삽입] 대화상자를 이용해도 표를 삽입할 수 있습니다.

## 03 표 크기 조절하기

표 오른쪽 하단 모서리에 마우스를 올려보면 [크기 조절점]이 활성화됩니다.

① **[크기 조절점]** 클릭

② 클릭한 채 드래그하여 **표 크기**를 적당하게 조절합니다.

## 04 표 이동하기

표 왼쪽 위 모서리에 마우스를 올리면 [표 이동] 버튼이 활성화 됩니다.

**[표 이동]** 버튼을 클릭한 채 드래그하여 **문서의 오른쪽**으로 이동시킵니다.

## 05 셀 병합하기

① **병합할 셀** 드래그

② [표 도구] - [레이아웃] 탭 - [병합] 그룹 - **[셀 병합]**을 클릭합니다.

선택한 셀이 병합됩니다.

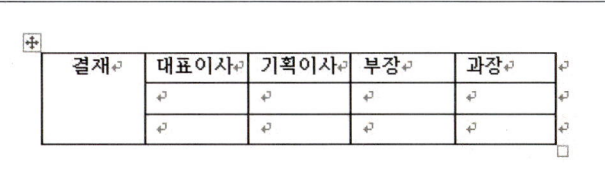

### 실무활용노트 WORD | 셀을 병합하는 또 다른 방법

리본 메뉴 외에도 바로 가기 메뉴에서 셀을 병합할 수 있습니다.

① 병합할 셀을 마우스로 드래그하여 선택한 후 마우스 오른쪽 버튼을 클릭해 나타나는 바로 가기 메뉴에서 ② [셀 병합]을 선택해도 셀을 병합할 수 있습니다.

## 06 셀 분할하기

① **분할할 셀** 클릭

② [표 도구] - [레이아웃] 탭 - [병합] 그룹에서 **[셀 분할]**을 클릭합니다.

## 07

① [셀 분할] 대화상자가 나타나면 그림과 같이 [행 개수]를 3으로 변경

② **[확인]**을 클릭합니다.

## 08 병합되었던 셀을 다시 분할할 수 있습니다.

> **바로 통하는 TIP** 셀 병합과 마찬가지로 바로 가기 메뉴를 이용해서 셀을 분할할 수 있습니다. 바로 가기 메뉴에서 [셀 분할]을 선택합니다.

핵심기능실습

# 33 표에 행/열 삽입, 삭제하고 문자열 정렬하기

이미 만들어둔 표에 줄, 칸을 추가해 편집하거나 불필요한 행을 삭제해야 하는 경우가 있습니다. 표에 행과 열을 삽입, 삭제하고 표 안에 입력된 문자열을 정렬하는 방법에 대해서 알아보겠습니다.

- 실습 파일 워드 \ 6장 \ 표에 행, 열 삽입 삭제하고 문자열 정렬하기.docx
- 완성 파일 워드 \ 6장 \ 표에 행, 열 삽입 삭제하고 문자열 정렬하기_완성.docx

**01 리본 메뉴를 이용해 행/열 삽입하기**
표 아래에 행을 한 줄 더 삽입해보겠습니다.
① 임의의 **열 맨 아래 셀** 클릭
② [표 도구]-[레이아웃] 탭-[행 및 열] 그룹-[**아래에 삽입**]을 클릭합니다.

행이 삽입됩니다.

**02** 열을 추가할 곳 위에 마우스 포인터를 올려놓으면 그림과 같은 [열 삽입] 버튼이 활성화됩니다. **[열 삽입]** 버튼을 클릭합니다.

열이 자동으로 추가됩니다.

---

**실무활용노트 WORD** | Tab 을 이용해 행 추가하기

표의 오른쪽 모서리 셀을 선택하고 Tab 을 누르면 자동으로 행이 추가됩니다.

CHAPTER 06 표 꾸미기 • **501**

## 03 바로 가기 메뉴를 이용해 열 삭제하기

① 삭제할 열 전체를 드래그해 **범위 선택**
② 마우스 오른쪽 버튼 클릭
③ 바로 가기 메뉴에서 **[열 삭제]**를 선택합니다.

**바로 통하는 TIP** 열 삭제와 동일한 방법으로 행도 삭제할 수 있습니다.

## 04 플로팅 도구를 이용해 행/열 삭제하기

① 삭제할 행 드래그
   [플로팅 도구]가 활성화됩니다.
② [플로팅 도구] - **[삭제]** 클릭
③ **[행 삭제]** 선택
④ **마지막 열** 드래그
⑤ [플로팅 도구] - **[삭제]** 클릭
⑥ **[열 삭제]** 선택합니다.

행과 열이 삭제됩니다.

**바로 통하는 TIP** [플로팅 도구]가 사라졌을 경우에는 다시 블록을 설정하면 나타납니다.

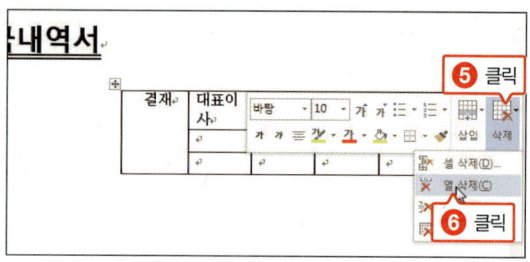

## 05 문자열 정렬하기

① 표의 **크기 조절점**을 이용해 표의 폭 조정
② **표 전체** 범위 드래그
③ [레이아웃] 탭 - [맞춤] 그룹 - **[정가운데]**를 클릭합니다.

문자열이 정가운데로 정렬됩니다.

## 06 열의 폭 조절하기

폭을 조정할 열 경계선에 마우스 포인터를 올리면 경계 **조절 커서**로 변경됩니다.

① **경계선**을 클릭한 채 드래그

열의 폭을 조정할 수 있습니다.

② 결재란을 제외한 **나머지 셀** 드래그

③ [표 도구] - [레이아웃] 탭 - [셀 크기] 그룹 - **[열 너비를 같게]**를 클릭합니다.

나머지 열의 폭이 같게 설정됩니다.

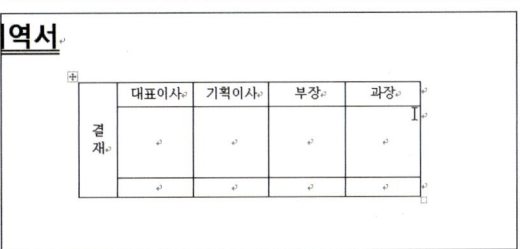

## 07 2행 경계선을 클릭한 상태에서 아래로 드래그해 **2행의 높이**를 변경해줍니다.

결재란이 완성됩니다.

**바로 통하는 TIP** 열의 폭을 조절했던 것과 동일한 방법으로 행 높이도 같게 설정할 수 있습니다.

## 핵심기능실습 34 셀 테두리 및 음영 지정하기

문서에 삽입한 표에서 눈에 띄게 강조해야 할 부분에는 기본 서식 이외의 테두리 스타일을 적용하고 음영 색을 변경해주면 좀 더 보기 좋은 표 서식을 완성할 수 있습니다. 워드 문서에 삽입된 표의 테두리와 음영을 지정하는 방법에 대해서 알아보겠습니다.

- **실습 파일** 워드\6장\셀 테두리 및 음영 지정하기.docx
- **완성 파일** 워드\6장\셀 테두리 및 음영 지정하기_완성.docx

❶ 투명 테두리 설정하기
❷ 테두리 색 및 두께 변경하기
❸ 셀 음영 설정하기

▲ 핵심기능실습 미리보기

## 01 투명 테두리 설정하기

'주간업무계획서'에서 부서명, 작성자, 작성일자가 표로 삽입되어 있습니다. 표의 테두리를 투명하게 설정해보겠습니다.

① 투명 테두리를 설정할 셀 드래그
② 마우스 오른쪽 버튼 클릭
③ 바로 가기 메뉴에서 **[표 속성]**을 클릭합니다.

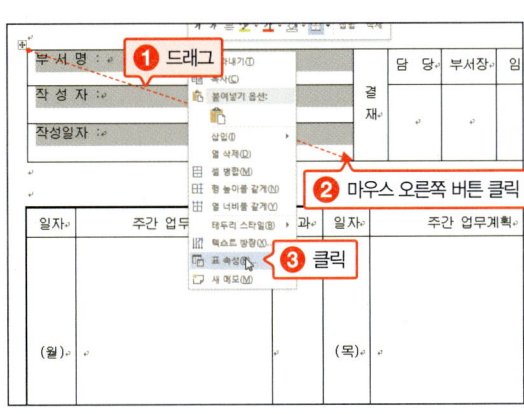

[표 속성] 대화상자가 활성화됩니다.

## 02
[표 속성] 대화상자 하단의 **[테두리 및 음영]**을 클릭합니다.

## 03 테두리 설정하기

① [테두리 및 음영] 대화상자에서 [설정] – **[없음]** 선택
② [스타일] – **[실선]** 선택
③ [미리 보기] – **[오른쪽 테두리]** 클릭
④ **[확인]** 클릭
⑤ [표 속성] 대화상자도 **[확인]**을 클릭해 종료합니다.

표의 오른쪽 테두리는 실선이, 나머지에는 투명 테두리가 설정되었습니다.

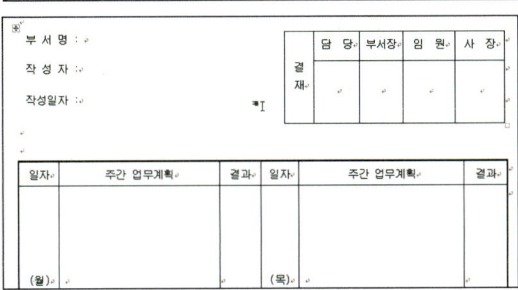

## 04 테두리 색 및 두께 변경하기

테두리 색 및 두께를 변경해보겠습니다.

① **표** 드래그
② [표 도구] - [디자인] 탭 - [테두리] 그룹에서 [선 두께] - **[2pt]**로 설정
③ [펜 색] - **파랑**으로 설정
④ **[테두리▼]** 클릭
⑤ **[모든 테두리]**를 선택합니다.

테두리 색 및 두께가 변경됩니다.

## 05 셀 음영 설정하기

셀 음영을 변경해보겠습니다.

① **셀** 드래그
② [디자인] 탭 - [표 스타일] 그룹 - **[음영▼]** 클릭
③ **[노랑]**을 선택합니다.

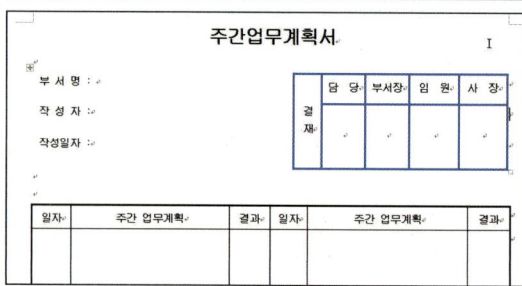

음영색이 노랑으로 설정됩니다.

---

**실무활용노트 WORD** — [테두리 복사]를 이용해 테두리 색 변경하기

[테두리 복사]를 이용하면 원하는 부분의 표 테두리 선 스타일을 변경할 수 있습니다. 테두리 스타일을 임의로 변경하고 ① [표 도구] - [디자인] 탭 - [테두리] 그룹 - [테두리 복사]를 클릭합니다. ② 변경할 테두리 선을 그림과 같이 드래그하면 해당 부분만 선 스타일이 변경됩니다.

핵심기능실습

# 35 표 스타일 적용 및 캡션 붙이기

삽입한 표를 클릭하면 리본 메뉴에 [표 도구]-[디자인] 탭이 활성화되어 표 스타일을 빠르게 지정할 수 있습니다. 셀 스타일에는 테두리, 셀 색, 표시 형식, 글꼴 등이 미리 정의되어 있어 간편하게 완성도 높은 표를 만들어낼 수 있습니다. 표 스타일을 변경하고 캡션을 붙이는 방법에 대하여 알아보겠습니다.

- 실습 파일 워드\6장\표 스타일 적용 및 캡션 붙이기.docx  - 완성 파일 워드\6장\표 스타일 적용 및 캡션 붙이기_완성.docx

**01 표 스타일 적용하기**
결혼식 순서를 안내하는 프로그램 표에 표 스타일을 적용해 꾸며보겠습니다. 표에서 임의의 셀을 클릭하고 [표 도구]-[디자인] 탭-[표 스타일] 그룹-**[자세히 ]**를 클릭합니다.

**02** 표 스타일 목록에서 **[눈금 표 5 어둡게 - 강조색 1]**을 선택합니다.

선택한 스타일이 표에 적용됩니다.

**03** [표 도구]-[디자인] 탭-[표 스타일] 그룹-**[자세히 ]**를 클릭합니다.

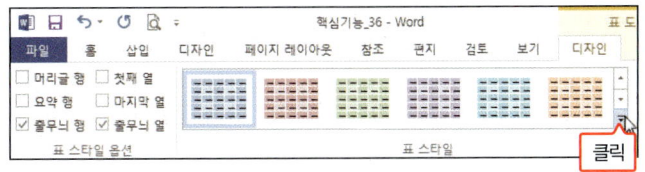

**04** 표 스타일 목록 아래에 있는 **[표 스타일 수정]**을 선택합니다.

[스타일 수정] 대화상자가 활성화됩니다.

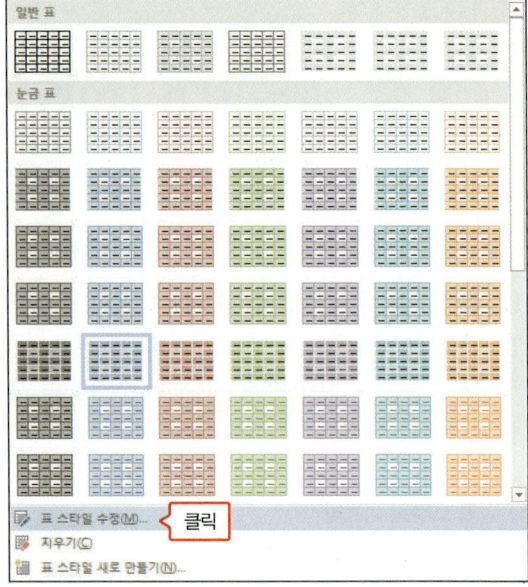

**05**
① [스타일 수정] 대화상자에서 [글꼴]을 **[맑은 고딕(본문)]**으로 설정
② **[문자열 정렬 ▼]** 클릭
③ **[가운데 양쪽 맞춤]** 선택
④ **[확인]**을 클릭합니다.

스타일이 적용됩니다.

**바로 통하는 TIP** [스타일 수정] 대화상자에서 셀 음영과 텍스트 서식 및 표 서식을 변경할 수 있습니다.

## 06 캡션 삽입하기

'결혼식 식순'을 나타내는 표라는 것을 쉽게 알아볼 수 있도록 표에 캡션을 붙여보겠습니다.

① 표 왼쪽 모서리의 **[표 선택]** 도구 마우스 오른쪽 버튼 클릭
② 바로 가기 메뉴에서 **[캡션 삽입]**을 클릭해 [캡션] 대화상자를 실행합니다.

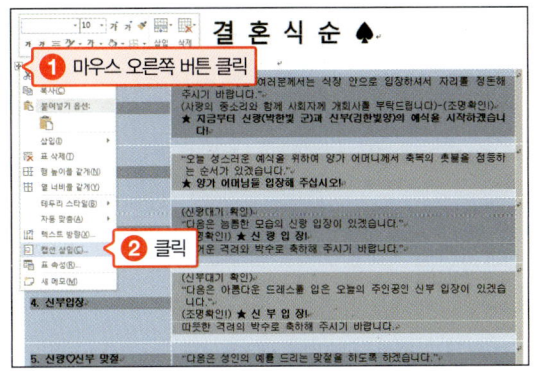

## 07

① [캡션] 대화상자에서 **[새 레이블]** 클릭
② [새 레이블] 대화상자의 [레이블]에 **서식** 입력
③ **[확인]**을 클릭합니다.

새 레이블이 추가됩니다.

## 08
① [캡션] 대화상자의 [캡션]에 그림과 같이 **.결혼식 식순** 입력 ② [위치] - **[선택한 항목 위]** 선택 ③ **[확인]**을 클릭합니다. 캡션이 삽입됩니다.

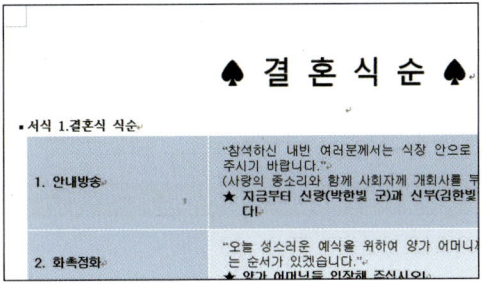

---

### 실무활용노트 WORD | 간단하게 표를 선택하는 방법

[레이아웃] 탭 - [표] 그룹 - [선택]을 클릭하면 [셀 선택], [열 선택], [행 선택], [표 선택]이 나타납니다.

① 화면의 커서를 '1. 안내방송' 셀에 두고 ② [선택]에서 ③ [셀 선택]을 선택하면 해당 셀만 선택됩니다. [선택] 기능을 이용하면 커서의 위치를 기준으로 간단하게 행, 열 또는 표 전체를 선택할 수 있습니다.

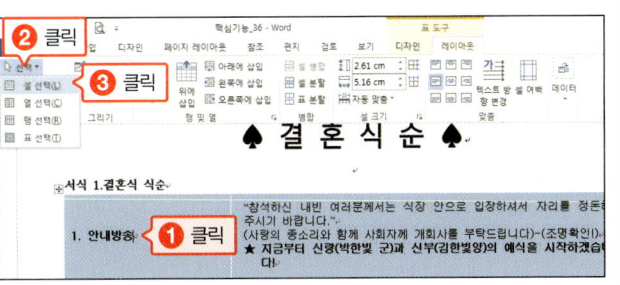

핵심기능실습

# 36 표 내용을 오름차순이나 내림차순으로 정렬하기

표에 삽입된 내용을 가, 나, 다 순서나 그 역순으로 정리할 수 있습니다. 숫자의 경우 작은 값이 위에 오도록 정렬하거나 그 반대로 정렬하는 것이 가능합니다. [정렬] 기능을 이용해 표의 내용을 기준에 맞게 오름차순, 혹은 내림차순으로 정리하는 방법에 대해서 알아보겠습니다.

- 실습 파일 워드 \ 6장 \ 표 내용을 오름차순이나 내림차순으로 정렬하기.docx    • 완성 파일 워드 \ 6장 \ 표 내용을 오름차순이나 내림차순으로 정렬하기_완성.docx

### 차입금 내역표

| 은행명 ❷ | 계좌번호 | 날짜 | 현금 | 어음 | 총차입금 ❸ | 상환일자 | 상환액 | 미상환액 ❶ |
|---|---|---|---|---|---|---|---|---|
| 국민 | 333-456-564 | 2/1 | | 3300000 | 3,300,000 | 12/26 | 500000 | 2800000 |
| 국민 | 333-456-565 | 2/5 | | 2200000 | 2,200,000 | 12/26 | 500000 | 1700000 |
| 국민 | 333-456-567 | 2/10 | 600000 | 550000 | 1,150,000 | 12/26 | 500000 | 650000 |
| 국민 | 333-456-670 | 2/15 | 1000000 | | 1,000,000 | 12/26 | 500000 | 500000 |
| 농협 | 123-456-674 | 2/20 | 1000000 | | 1,000,000 | 12/26 | 500000 | 500000 |
| 농협 | 123-456-671 | 3/4 | 600000 | | 600,000 | 12/26 | 500000 | 100000 |
| 농협 | 123-456-678 | 3/6 | 500000 | 50000 | 550,000 | 12/26 | 500000 | 150000 |
| 농협 | 123-456-650 | 3/5 | 500000 | | 500,000 | 12/26 | 500000 | 0 |
| 농협 | 123-456-673 | 3/1 | | 110000 | 110,000 | 12/26 | 500000 | 600000 |
| 현대증권 | 10123-56-678 | 1/20 | 900000 | | 900,000 | 12/26 | 500000 | 400000 |
| 현대증권 | 10123-46-678 | 1/20 | 800000 | | 800,000 | 12/26 | 500000 | 300000 |
| 총합계 | | | 1,700,000 | 6,050,000 | 12,110,000 | | 5500000 | 7700000 |

▲ 핵심기능실습 미리보기

❶ 정렬하기
❷ 은행명 기준으로 오름차순 정렬하기
❸ 총차입금 기준으로 내림차순 정렬하기

## 01 정렬하기

'차입금 내역표'에서 차입한 은행명, 총차입한 금액에 따라 표 내용을 정렬해보겠습니다. 이때 은행명은 오름차순으로, 총차입금액은 큰 금액부터 표시되도록 내림차순으로 정렬합니다.

① 표 내용 중 항목 이름부터 총 합계를 제외한 부분을 드래그하여 **범위 설정**
② [표 도구] - [레이아웃] 탭 - [데이터] 그룹 - **[정렬]**을 클릭합니다.

## 02

① [정렬] 대화상자에서 [선택한 범위의 첫 행]을 **[머리글 행]**으로 선택
② [첫째 기준]을 **[은행명]**, [형식] - **[사전]**, **[오름차순]**으로 설정
③ [둘째 기준]을 **[총차입금]**, [형식] - **[숫자]**, **[내림차순]**으로 설정
④ **[확인]**을 클릭합니다.

선택한 기준에 맞춰 정렬이 적용됩니다.

---

### 실무활용노트 WORD | 오름차순과 내림차순 및 선택한 범위의 첫 행

[정렬] 대화상자의 오른쪽에서 [오름차순]과 [내림차순]을 선택할 수 있습니다. [오름차순]은 가, 나, 다, 라…와 같이 일반적으로 생각하는 정렬 순서입니다. [내림차순]은 그 반대로 큰 값이 위쪽에 정렬되는 형식입니다. [선택한 범위의 첫 행]의 [머리글 행]은 선택한 표의 첫 행에서 항목 이름을 표시하고, [머리글 행 아님]을 선택하면 열 번호로 표시됩니다. 주의할 점은 [머리글 행 아님]은 열 이름을 함께 선택할 수 없는 표에서 사용되며 만약 열 이름까지 같이 선택한 상태에서 이 옵션을 선택하면 열 이름도 정렬 대상에 포함된다는 것입니다. 그림은 열 이름을 정렬 범위에 포함한 채 [머리글 행 아님]을 선택하고 정렬한 결과입니다.

## 핵심기능실습

# 37 수식 기능 이용하여 표 내용 자동 계산하기

다양한 함수 계산은 엑셀로 처리하는 것이 편리하지만 표에 입력된 수치를 계산하는 간단한 합계, 평균 계산 정도는 워드에서 바로 처리할 수 있습니다. 간단히 수식을 적용하고 값을 계산하는 방법에 대해서 알아보겠습니다.

- 실습 파일 워드\6장\표 내용을 수식 기능 이용하여 자동 계산하기.docx  - 완성 파일 워드\6장\표 내용을 수식 기능 이용하여 자동 계산하기_완성.docx

### 01 합계 계산하기

학생별로 각 과목 시험 성적의 합계 점수를 구해보겠습니다. SUM 함수를 사용해 합계를 구할 수 있습니다.

① 합계를 계산할 **첫 번째 셀** 클릭
② [표 도구] - [레이아웃] 탭 - [데이터] 그룹 - [**수식**] 클릭
③ [수식]란에서 **=SUM(LEFT)** 확인
④ [**확인**]을 클릭합니다.

첫 번째 셀의 합계가 계산됩니다.

### 02

① 계산된 값을 드래그한 후 Ctrl + C
② 계산된 값 아래에 있는 **나머지 셀** 드래그
③ **마우스 오른쪽 버튼** 클릭
④ 바로 가기 메뉴에서 [붙여넣기 옵션] - [**원본 서식 유지**]를 선택합니다.

수식 값이 나머지 셀에 붙여 넣어집니다.

**03** 복사된 값이 적용된 **모든 셀**을 마우스로 드래그해 선택한 후 F9를 눌러 각 셀에 맞는 내용의 결과 값으로 **업데이트**합니다.

**04 평균 계산하기**

각 과목별 평균 점수를 구해보겠습니다. AVERAGE 함수를 사용해 평균을 구할 수 있습니다.

① 평균을 **계산할 셀** 클릭
② [표 도구] - [레이아웃] 탭 - [데이터] 그룹 - [**수식**] 클릭
③ [수식] 대화상자에서 [수식]을 그림과 같이 **=AVERAGE(ABOVE)**로 변경
④ [숫자 형식]을 [**#,##0**]으로 선택
⑤ [**확인**]을 클릭합니다.

평균이 계산됩니다.

**05** 앞 단계와 동일하게 수식을 복사해 나머지 셀에 붙여 넣고 F9를 눌러 업데이트를 적용합니다.

## 실무활용노트 WORD | 수식의 종류와 숫자 형식

[수식] 대화상자에서 선택할 수 있는 함수와 숫자 형식은 다음과 같습니다.

**수식** : [함수 마법사]를 선택하여 함수를 선택할 수 있습니다.
- SUM : 합계를 계산합니다.
- ABS : 절댓값을 계산합니다.
- AVERAGE : 평균을 계산합니다.
- COUNT : 항목의 개수를 계산합니다.
- INT : 정수로 반올림합니다.
- MAX : 최댓값을 계산합니다.
- MIN : 최솟값을 계산합니다.

**숫자 형식** : 계산된 값의 숫자 형식을 지정하는 기능입니다.
- #,##0 : 계산 결과 값에 천 단위 구분 기호를 표시합니다.
- #,##0.00 : 계산 결과에 천 단위 구분 기호와 소수점 2자리까지 표시합니다.
- ?#,##0;(?#,##0) : 계산 결과 값을 통화 형식으로 표시합니다.
- 0 : 계산 결과 값을 정수로 표시합니다.
- 0% : 계산 결과 값을 백분율로 표시합니다.
- 0.00 : 계산 결과 값을 소수점 2자리까지 표시합니다.

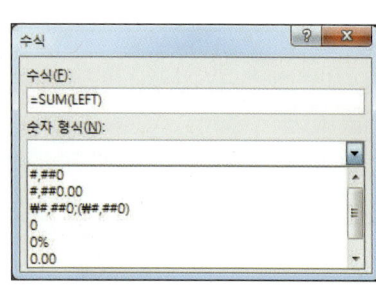

CHAPTER
# 07

# 페이지 관리하기

문서를 편집하다 보면 문서 말미에 새로운 페이지를 삽입하거나 문서 중간에서 페이지를 나누고 페이지별로 다른 쪽 번호나 머리글, 바닥글 등을 설정해야 하는 경우가 많습니다. 문서 전체 페이지를 좀 더 쉽게 관리할 수 있도록 문서 내 구역 나누기, 페이지 번호 삽입, 번호 서식을 변경할 수 있는 기능 등에 대해서 알아보겠습니다.

## 핵심기능실습 38 페이지 삽입과 페이지 나누기

문서 작성 중 페이지 중간에 새로운 페이지를 삽입하거나 특정 문단 이하를 다음 페이지로 나누는 기능을 알아보겠습니다. 페이지를 삽입하면 선택한 위치에 1페이지가 삽입되고 선택한 위치 이하 내용은 2페이지로 밀려납니다.

▪ 실습 파일 워드\7장\페이지 삽입과 페이지 나누기.docx

**01 페이지 삽입하기**

새 페이지가 삽입되는 것을 시각적으로 확인하면서 작업해보겠습니다.

① [보기] 탭 – [확대/축소] 그룹 – [확대/축소] 클릭
② [확대/축소] 대화상자에서 [여러 페이지] 선택
③ [보기]에서 [1×3페이지] 선택
④ [확인]을 클릭해 여러 페이지 보기 설정을 적용합니다.

**02** ① **두 번째 페이지** 첫 번째 행 맨 앞 클릭 ② [삽입] 탭 – [페이지] 그룹 – [새 페이지]를 클릭해 새 페이지를 추가합니다.

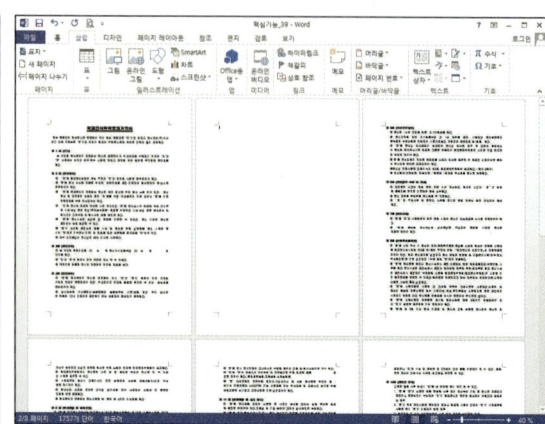

## 03 페이지 나누기

페이지 내에서 선택한 위치 이후에 들어 있는 내용을 다음 페이지로 밀려나게 하는 기능입니다. ① 4페이지 **첫 번째 단락** 앞 클릭 ② [삽입] 탭 - [페이지] 그룹 - **[페이지 나누기]**를 클릭해 페이지 나누기를 적용합니다.

> **바로 통하는 TIP** 페이지를 나눌 위치를 클릭한 후 Ctrl + Enter 를 눌러도 페이지 나누기가 실행됩니다.

## 04 삽입한 페이지 작업 취소하기

① [홈] 탭 - [단락] 그룹 - **[편집 기호 표시/숨기기]** 클릭

[페이지 나누기] 편집 기호가 화면에 표시됩니다.

② 표시된 **[페이지 나누기]** 편집 기호를 드래그한 후 Delete 를 눌러 **삭제**합니다.

삽입했던 페이지가 다시 삭제됩니다.

## 05 페이지 나누기 작업 취소하기

아래 페이지의 **[페이지 나누기]** 편집 기호도 드래그한 후 Delete 를 눌러 **삭제**하여 페이지 나누기를 취소합니다.

핵심기능실습

# 39 페이지 구역 나누고 구역별로 페이지 방향 및 테두리 지정하기

문서 내에서 구역을 나누어 적용하면 각 구역별로 머리글/바닥글, 다단, 배경, 페이지 방향 등을 다르게 적용할 수 있습니다. 이러한 페이지 레이아웃을 적용하기 위해서는 우선 기준이 되는 레이아웃 구역을 나누어야 합니다. 각 구역별로 페이지 방향과 테두리를 지정해보겠습니다.

- 실습 파일 워드 \ 7장 \ 페이지 구역 나누고 구역별로 페이지 방향 및 테두리 지정하기.docx
- 완성 파일 워드 \ 7장 \ 페이지 구역 나누고 구역별로 페이지 방향 및 테두리 지정하기_완성.docx

## 01 페이지 구역 나누기

1페이지의 '물품구매내역서'와 2페이지의 '물품구매내역'의 표 모양이 달라 2페이지의 용지 방향을 가로로 바꿔주어야 합니다. 레이아웃을 변경하기 위해 우선 페이지 구역을 나눠보겠습니다.

① 페이지 구역을 나누기 위해 [보기] 탭 - [확대/축소] 그룹 - **[여러 페이지]** 클릭

② **2페이지 제목 앞**을 클릭합니다.

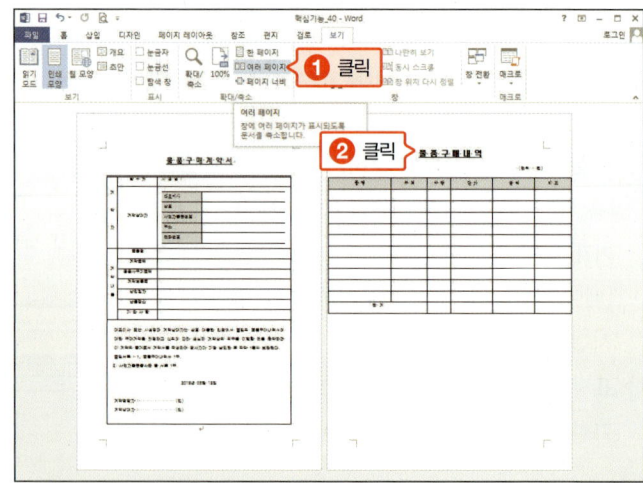

## 02

① [페이지 레이아웃] 탭 - [페이지 설정] 그룹 - **[나누기]** 클릭

② **[이어서]**를 선택합니다.

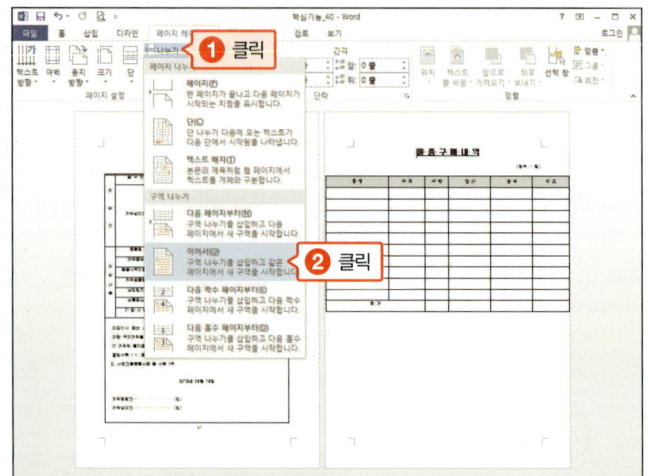

## 03 용지 방향 변경하기

① 2페이지 제목 앞 클릭
② [페이지 레이아웃] 탭 – [페이지 설정] 그룹 – [용지 방향] 클릭
③ [가로]를 선택합니다.

2페이지의 용지 방향이 가로로 변경됩니다.

## 04 1페이지 테두리 지정하기

① 1페이지 제목 앞 클릭
② [디자인] 탭 – [페이지 배경] 그룹 – [페이지 테두리]를 클릭합니다.

## 05

① [테두리 및 음영] 대화상자에서 [페이지 테두리] 탭 클릭
② [그림자] 선택
③ [적용대상] – [이 구역] 선택
④ [확인]을 클릭합니다.

페이지 전체에 테두리가 적용됩니다.

## 06 페이지 테두리 지정하기

① 2페이지 제목 앞 클릭
② [디자인] 탭 - [페이지 배경] 그룹 - [페이지 테두리]를 클릭합니다.

## 07

① [테두리 및 음영] 대화상자에서 [페이지 테두리] 탭 클릭
② [스타일] - [2중 실선] 선택
③ [색] - [빨강] 선택
④ [두께] - [3pt] 선택
⑤ [미리 보기]에서 위, 아래의 가로선 각각 클릭
⑥ [적용 대상]에서 [이 구역] 선택
⑦ [확인]을 클릭합니다.

테두리가 적용됩니다.

---

**실무활용노트 WORD** | 구역별로 여백이나 용지 방향을 바꾸는 방법

**용지 설정** : 변경하고자 하는 페이지에서 임의의 위치를 클릭한 후 [페이지 레이아웃] 탭 - [페이지 설정] 그룹 - [크기]에서 변경합니다.
**여백 설정** : 변경하고자 하는 페이지에서 임의의 위치를 클릭한 후 [페이지 레이아웃] 탭 - [페이지 설정] 그룹 - [여백]에서 변경합니다.

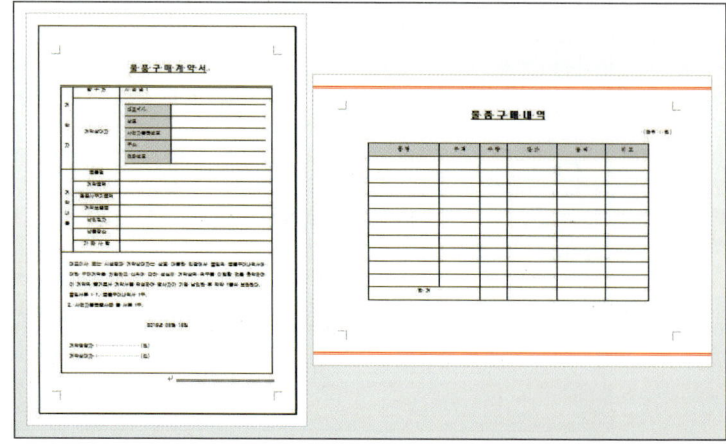

핵심기능실습

# 40 문서에 머리글/바닥글 지정하기

페이지마다 회사 로고, 페이지 번호, 출력 날짜/시간 등을 인쇄할 때는 머리글이나 바닥글 영역을 활용합니다. 문서에 머리글/바닥글을 지정해두면 문서 전체에 머리글과 바닥글을 반복해서 표시할 수 있습니다.

- 실습 파일 워드 \ 7장 \ 문서에 머리글, 바닥글 지정하기.docx
- 완성 파일 워드 \ 7장 \ 문서에 머리글, 바닥글 지정하기_완성.docx

## 01 머리글 지정하기

재직증명서의 결재란을 머리글 영역으로 옮겨 삽입해보겠습니다.

① 표 왼쪽 상단 모서리의 [표 선택] 도구를 이용해 머리글에 사용할 표 **전체 선택**
② Ctrl + X
③ [삽입] 탭 – [머리글/바닥글] 그룹 – [**머리글**] 클릭
④ [**비어 있음**]을 선택합니다.

## 02

① 머리글 영역이 활성화되면 [**여기에 입력**] 클릭
  기본 값으로 전체가 선택됩니다.
② Ctrl + V를 누릅니다.

머리글에 사용할 표가 붙여 넣어집니다.

**03** 표가 정상적으로 머리글 영역에 추가된 것을 확인한 후 [디자인] 탭 – [닫기] 그룹 – [머리글/바닥글 닫기]를 클릭합니다.

머리글 편집 상태가 닫힙니다.

**04 바닥글 지정하기**
재직증명서 하단의 회사 로고를 바닥글 영역으로 옮겨 삽입해보겠습니다.
① 바닥글로 지정할 **그림** 클릭
② Ctrl + X
③ [삽입] 탭 – [머리글/바닥글] 그룹 – **[바닥글]** 클릭
④ **[비어 있음]**을 선택합니다.

바닥글 편집 영역이 활성화됩니다.

**05**
① 머리글 지정 방식과 동일하게 **[여기에 입력]**을 전체 선택한 후 Ctrl + V 그림을 바닥글에 배치합니다.
② [디자인] 탭 – [닫기] 그룹 – **[머리글/바닥글 닫기]**를 클릭합니다.

바닥글 편집 상태가 닫힙니다. 회사 로고가 바닥글에 삽입되었습니다.

> **바로 통하는 TIP** 머리글/바닥글 편집이 완료되면 반드시 [머리글/바닥글 닫기]를 클릭해 편집 상태를 종료합니다. 머리글이나 바닥글 편집 상태에서는 본문을 편집할 수 없습니다.

핵심기능실습

# 41 구역별로 머리글/바닥글 삽입하기

문서의 레이아웃을 다르게 지정하려면 우선 구역을 나눠주어야 합니다. 문서에서 구역을 나누고 머리글/바닥글을 구역별로 다르게 지정하는 방법을 알아보도록 하겠습니다.

- 실습 파일 워드\7장\구역별로 머리글, 바닥글 삽입하기.docx  - 완성 파일 워드\7장\구역별로 머리글, 바닥글 삽입하기_완성.docx

## 01 머리글/바닥글을 다르게 삽입할 경계에 구역 나누기

각 문서의 제목을 머리글로 지정하기 위해 구역을 나눈 후 각 구역에 해당하는 머리글을 입력해보겠습니다.

① 구역 나누기를 쉽게 하기 위해 [보기] 탭
　-[확대/축소] 그룹-[**여러 페이지**] 클릭
② 두 번째 페이지 제목 앞 클릭
③ [페이지 레이아웃] 탭 - [페이지 설정] 그룹-[**나누기**] 클릭
④ [**이어서**]를 선택합니다.

## 02 첫 번째 구역 머리글 삽입하기

① **첫 번째 페이지**에서 임의의 위치 클릭
② [삽입] 탭 - [머리글/바닥글] 그룹 - [**머리글**] 클릭
③ [**모션(짝수 페이지)**]를 선택합니다.

머리글 편집 창이 활성화됩니다.

**03** 머리글 영역에 **가산세면제신청서**를 입력합니다.

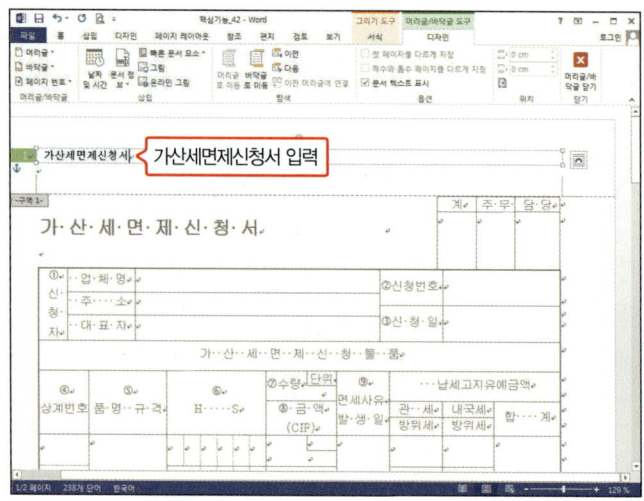

**04 두 번째 구역 머리글 다르게 삽입하기**
① 두 번째 페이지의 머리글로 이동한 후 **머리글 영역** 클릭
② [머리글/바닥글 도구] - [디자인] 탭 - [탐색] 그룹 - **[이전 머리글에 연결]**을 한 번 클릭해 기능을 해제합니다.

**05**
① 머리글 텍스트 상자에 **관세면제신청서** 입력
② 머리글 입력이 마무리되면 [머리글/바닥글 도구] - [디자인] 탭 - [닫기] 그룹 - **[머리글/바닥글 닫기]**를 클릭합니다.

머리글 편집 상태가 종료됩니다.

## 핵심기능실습 42 — 짝/홀수 페이지별로 바닥글 지정하고 머리글/바닥글 삭제하기

책을 펼쳤을 때처럼 짝수 페이지는 왼쪽, 홀수 페이지는 오른쪽 바닥글로 표시해야 할 경우가 있습니다. 짝/홀수 페이지별로 머리글/바닥글의 위치를 다르게 배치하는 방법에 대해서 알아보겠습니다.

- 실습 파일 워드 \ 7장 \ 짝홀수 페이지별로 바닥글 지정하고 머리글, 바닥글 삭제하기.docx
- 완성 파일 워드 \ 7장 \ 짝홀수 페이지별로 바닥글 지정하고 머리글, 바닥글 삭제하기_완성.docx

**01 홀수 페이지 바닥글 삽입하기**
① **1페이지**에서 임의의 위치 클릭
② [삽입] 탭 – [머리글/바닥글] 그룹 – **[바닥글]** 클릭
③ **[모션(홀수 페이지)]** 를 선택합니다.

바닥글 편집 상태로 전환됩니다.

**02**
① 생성된 바닥글의 [날짜]를 클릭하면 나타나는 **[날짜▼]** 컨트롤 클릭
② **[오늘]**을 클릭합니다.

**03**
① 표시된 날짜 옆의 **세로 구분 뒤쪽** 클릭
② [머리글/바닥글 도구] – [디자인] 탭 – [옵션] 그룹 – **[짝수와 홀수 페이지를 다르게 지정]**에 체크 표시
③ [디자인] 탭 – [닫기] 그룹 – **[머리글/바닥글 닫기]**를 클릭합니다.

바닥글 편집 상태가 닫힙니다.

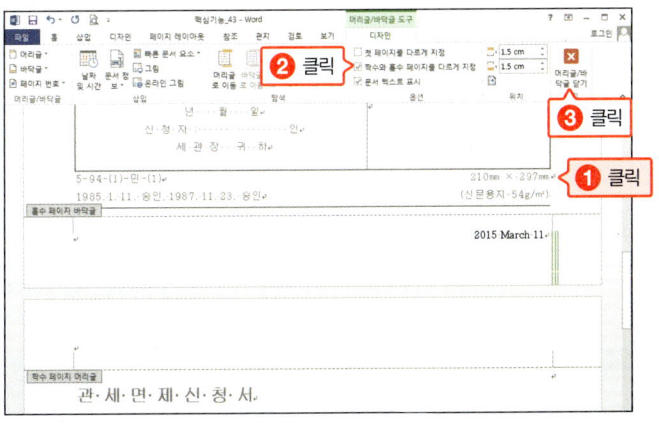

## 04 짝수 페이지 바닥글 삽입하기

① **2페이지**에서 임의의 위치 클릭
② [삽입] 탭 - [머리글/바닥글] 그룹 - **[바닥글]** 클릭
③ **[모션(짝수 페이지)]**를 선택합니다.

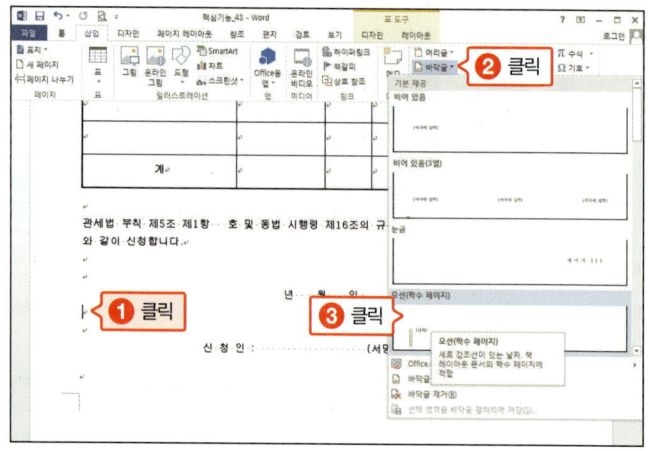

## 05
짝수 페이지 바닥글 편집 상태에서 바닥글이 정상 삽입되었는지 확인합니다. [머리글/바닥글 도구] - [디자인] 탭 - [닫기] 그룹 - **[머리글/바닥글 닫기]**를 클릭합니다.

바닥글 편집 상태가 닫힙니다.

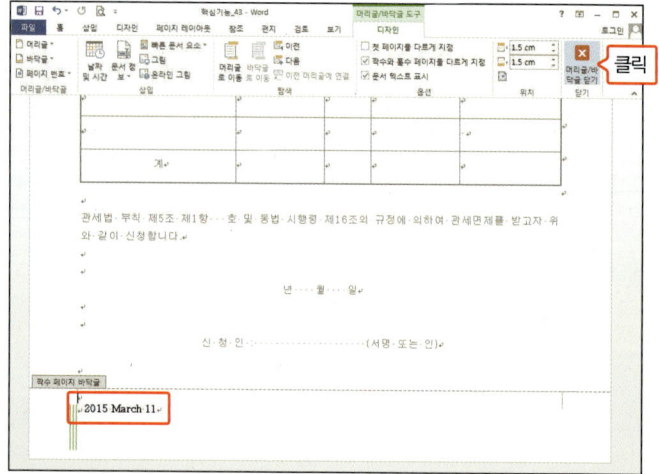

## 06 바닥글 제거하기

① 1페이지 **바닥글 부분** 더블클릭
  바닥글 편집 상태로 전환합니다.
② [머리글/바닥글 도구] - [디자인] 탭 - [머리글/바닥글] 그룹 - **[바닥글]** 클릭
③ **[바닥글 제거]** 선택
④ [머리글/바닥글 도구] - [디자인] 탭 - [닫기] 그룹 - **[머리글/바닥글 닫기]**를 클릭합니다.

바닥글 편집 상태가 닫힙니다. 1페이지에 삽입되었던 바닥글이 삭제되었습니다.

**바로 통하는 TIP** 머리글도 동일한 방법으로 삭제합니다.

## 핵심기능실습 43 페이지 번호 삽입하고 번호 서식 변경하기 / 페이지 번호 삭제하기

페이지 번호를 삽입하면 문서에 페이지 번호가 자동으로 생성되어 페이지 위치, 문서 분량 등을 좀 더 편리하게 확인할 수 있습니다. 문서에 페이지 번호를 삽입하고 페이지 번호 서식을 변경하는 방법에 대하여 알아보도록 하겠습니다. 또한 페이지 시작 번호 변경과 페이지 번호 삭제에 대한 방법도 함께 알아봅니다.

• 실습 파일 워드 \ 7장 \ 페이지 번호 삽입하고 번호 서식 변경하기.docx    • 완성 파일 워드 \ 7장 \ 페이지 번호 삽입하고 번호 서식 변경하기_완성.docx

### 01 페이지 번호 삽입하기
① **1페이지**에서 임의의 위치 클릭
② [삽입] 탭 - [머리글/바닥글] 그룹 - **[페이지 번호]** 클릭
③ **[아래쪽]** - **[삼각형 2]** 선택
   페이지 번호가 삽입된 것을 확인합니다.
④ [머리글/바닥글 도구] - [디자인] 탭 - [닫기] 그룹 - **[머리글/바닥글 닫기]**를 클릭합니다.

바닥글 편집 상태가 닫힙니다.

### 02 페이지 번호 서식 변경하기
① 1페이지 **바닥글 부분** 더블클릭
② [머리글/바닥글 도구] - [디자인] 탭 - [머리글/바닥글] 그룹 - **[페이지 번호]** 클릭
③ **[페이지 번호 서식]**을 선택합니다.

[페이지 번호 서식] 대화상자가 활성화됩니다.

CHAPTER 07 페이지 관리하기 • **527**

## 03

① [번호 서식]을 [가, 나, 다...]로 변경
② [확인] 클릭
③ [머리글/바닥글 도구] - [디자인] 탭 - [닫기] 그룹 - [머리글/바닥글 닫기]를 클릭합니다.

페이지 번호 서식이 변경됩니다.

## 04 시작 페이지 번호 변경하기

① 1페이지에서 임의의 위치 클릭
② [삽입] 탭 - [머리글/바닥글] 그룹 - [페이지 번호] 클릭
③ [페이지 번호 서식] 선택
④ [페이지 번호 서식] 대화상자에서 [시작 번호]를 [다]로 변경
⑤ [확인]을 클릭합니다.

변경된 시작 번호가 적용됩니다.

## 05 페이지 번호 제거하기

① 페이지 바닥글 위치 더블클릭
② [머리글/바닥글 도구] - [디자인] 탭 - [머리글/바닥글] 그룹 - [페이지 번호] 클릭
③ [페이지 번호 제거] 선택
④ 페이지 번호가 삭제되면 [머리글/바닥글 도구] - [디자인] 탭 - [닫기] 그룹 - [머리글/바닥글 닫기]를 클릭합니다.

페이지 번호가 제거됩니다.

> **바로 통하는 TIP** 페이지 번호는 [삽입] 탭 - [머리글/바닥글] 그룹 - [페이지 번호]를 클릭한 후 [페이지 위쪽], [아래쪽], [페이지 여백], [현재 위치] 등을 선택해서 삽입할 수 있습니다.

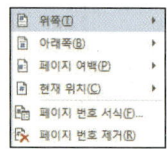

핵심기능실습

# 44 페이지에 각주와 미주 삽입하기

각주와 미주는 문서 내에서 부연 설명을 작성할 때 사용합니다. 각주는 각 페이지 하단에, 미주는 문서 끝에 부가 설명이 추가됩니다.

• 실습 파일 워드 \ 7장 \ 페이지에 각주와 미주 삽입하기.docx    • 완성 파일 워드 \ 7장 \ 페이지에 각주와 미주 삽입하기_완성.docx

## 01 문서에 각주 삽입하기

채권가압류신청서 내에서 부연 설명이 필요한 단어에 각주를 삽입해 페이지 하단에 표시해보겠습니다.

① 각주를 삽입할 단어인 **피보전권리** 뒤 클릭
② [참조] 탭 - [각주] 그룹 - [**각주 삽입**]을 클릭합니다.

페이지 하단에 각주 편집 창이 활성화됩니다.

## 02

① 각주 편집 창에 **각주 내용**을 그림과 같이 입력
② **본문** 내 임의의 위치를 클릭하면 각주 입력이 완성됩니다.

각주가 지정된 단어 뒤에는 각주 번호가 숫자로 표시되고 각주 기호에 마우스 포인터를 올리면 각주가 팝업 형태로 표시됩니다.

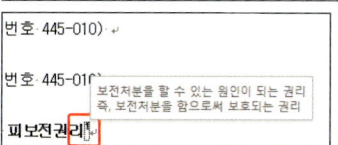

## 03 문서에 미주 삽입하기

문서에 미주를 삽입하면 문서의 맨 마지막에 부연 설명한 내용이 표시됩니다.

① 미주를 삽입할 단어 **신청취지** 뒤 클릭
② [참조] 탭-[각주] 그룹-**[미주 삽입]** 클릭
　문서의 마지막 페이지 하단에 미주 편집 창이 활성화됩니다.
③ 미주 편집 창에 그림과 같이 **미주 내용**을 입력
④ **본문** 내 임의의 위치를 클릭합니다.

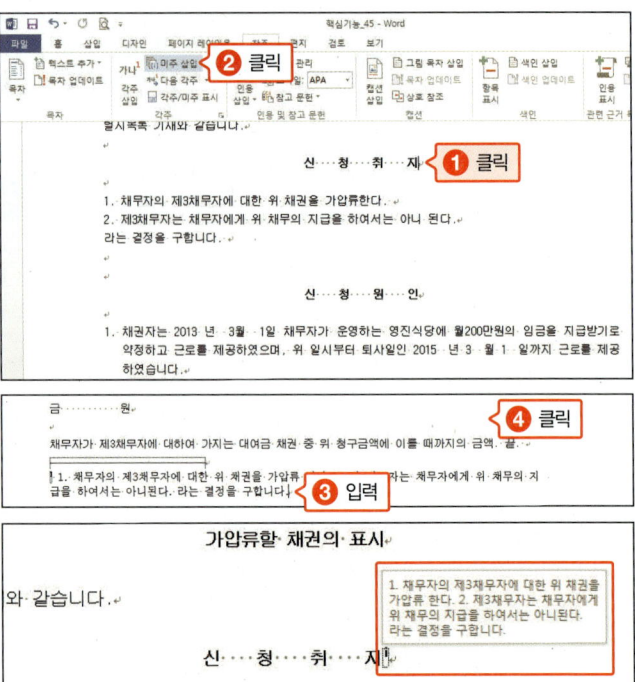

미주 삽입 작업이 마무리됩니다.

## 04 미주 번호 서식 변경하기

미주 번호가 알파벳 대문자 형식으로 표시되도록 번호 서식을 수정해보겠습니다.

① [참조] 탭-[각주] 그룹-**[각주 및 미주]** 대화상자 표시 아이콘 클릭
　[각주 및 미주] 대화상자가 활성화됩니다.
② [각주 및 미주] 대화상자에서 [위치]-**[미주]** 선택
③ [번호 서식]을 **[A, B, C, …]**로 변경
④ **[삽입]**을 클릭합니다.

번호 서식이 변경됩니다.

> **바로 통하는 TIP** [각주와 미주] 대화상자에서 [위치]-[각주]로 선택하면 각주 번호 서식이 변경됩니다.

## 핵심기능실습 45 | 목차 만들기

자동으로 목차를 만들려면 문서에서 목차가 될 부분에 미리 제목 스타일이 적용되어 있어야 합니다. 제목 스타일을 기준으로 목차가 작성되기 때문입니다. 실습 파일은 [각장 – 제목1], [각조 – 제목2]로 스타일이 이미 지정된 상태입니다.

- 실습 파일 워드\7장\목차 만들기.docx  ■ 완성 파일 워드\7장\목차 만들기_완성.docx

### 01 목차를 삽입할 페이지 만들기

① 1페이지 **제목** 앞 클릭
② [페이지 레이아웃] – [페이지 설정] 그룹 – **[나누기]** 클릭
③ **[다음 페이지부터]** 선택
  목차가 들어갈 페이지와 본문 페이지의 구역을 분리합니다.
④ [홈] 탭 – [단락] 그룹 – **[편집 기호 표시/숨기기]** 클릭
  구역 나누기 편집 기호를 표시합니다.
⑤ 구역 나누기 **편집 기호** 앞을 클릭합니다.

### 02 목차 삽입하기

① [참조] 탭 – [목차] 그룹 – **[목차]** 클릭
② **[자동 목차 2]**를 선택합니다.

자동 목차가 추가됩니다.

**03** 일반적으로 목차는 페이지 번호에 포함되지 않고 본문부터 1페이지로 설정하는 경우가 많습니다. 앞서 작업한 목차는 목차가 1페이지로 시작하고 본문이 2페이지부터 설정되어 있습니다.

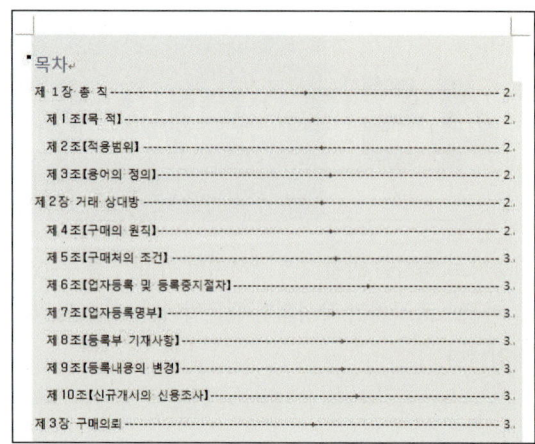

**04 목차 페이지 변경을 위해 페이지 번호 변경하기**

본문의 시작 페이지를 1페이지로 설정하고 목차를 업데이트하여 변경해보겠습니다.

① 본문 **제목** 앞 클릭
② **[삽입]** 탭 - **[머리글/바닥글]** 그룹 - **[페이지 번호]** 클릭
③ **[페이지 번호 서식]** 선택
④ **[페이지 번호 서식]** 대화상자에서 **[시작 번호]** - **[1]**로 변경
⑤ **[확인]**을 클릭합니다.

현재 페이지가 1페이지로 설정됩니다.

**05 목차 업데이트하기**

① 목차 내 **임의의 위치** 클릭
② 목차 위의 **[목차 업데이트]** 클릭
  [목차 업데이트] 대화상자가 활성화됩니다.
③ **[페이지 번호만 업데이트]** 선택
④ **[확인]**을 클릭합니다.

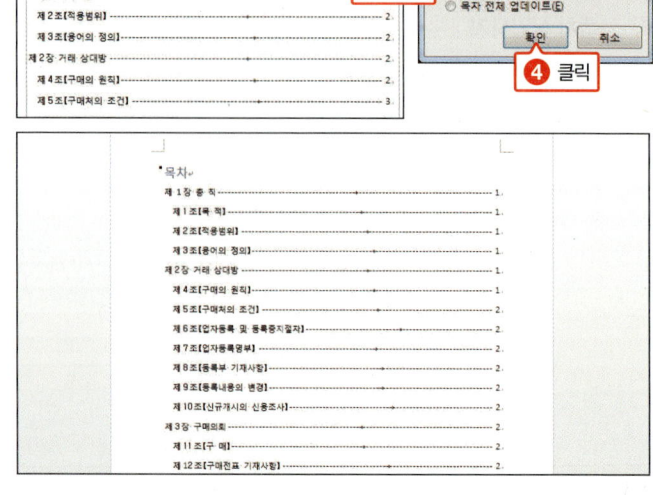

목차가 업데이트됩니다.

핵심기능실습

# 46 문서에 표지 삽입하고 배경색 및 워터 마크 지정하기

깔끔한 문서를 완성하기 위해 문서의 얼굴인 표지를 간단히 만들어보겠습니다. 문서의 전체적인 분위기를 바꿔주는 배경색과 문서의 저작권을 표시하기 위한 워터마크 적용 방법도 알아보겠습니다.

- 실습 파일 워드\7장\문서에 표지 삽입하고 배경색 및 워터 마크 지정하기.docx
- 완성 파일 워드\7장\문서에 표지 삽입하고 배경색 및 워터 마크 지정하기_완성.docx

## 01 표지 만들기

차례 앞 페이지에 표지를 넣어보겠습니다. ① **차례** 앞 클릭 ② [삽입] 탭 – [페이지] 그룹 – [**표지**] 클릭 ③ [**이온(어둡게)**]선택 ④ 삽입된 표지에 **제목**을 그림과 같이 입력합니다.

## 02 문서 배경색 지정하기

① 문서에서 **임의의 위치** 클릭
② [디자인] 탭 – [페이지 배경] 그룹 – [**페이지 색**] 클릭
③ [**황갈색, 강조 4, 80% 더 밝게**]를 선택합니다.

배경색이 적용됩니다.

## 03 문서에 워터마크 적용하기

① 문서 내 **임의의 위치** 클릭

② [디자인] 탭 - [페이지 배경] 그룹 - [워터마크] 클릭

③ [사용자 지정 워터마크]를 선택합니다.

---

[워터마크] 대화상자가 활성화됩니다.

## 04

① [텍스트 워터마크] 선택
② [텍스트]를 [복사 금지]로 선택
③ [색]을 [빨강]으로 선택
④ [확인]을 클릭해 워터마크를 적용합니다.

## 05 저작권을 표시하는 '복사금지' 문자가 워터마크로 삽입되었습니다.

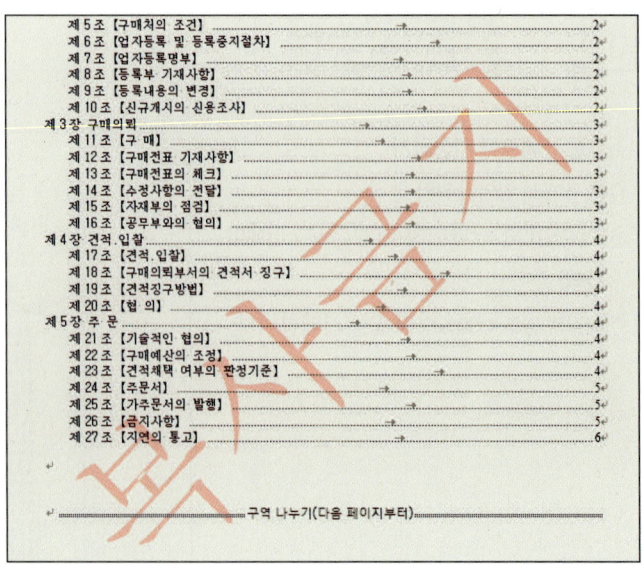

CHAPTER

# 08

# 출력 기능
# 알아보기

최근에는 종이 문서에서 전자 문서로 문서의 저장 방식이나 전달 방식이 바뀌고 있지만 아직까지는 워드프로세서로 작성한 문서를 출력해 결재를 받거나 다른 사람들에게 전달하는 경우가 더 많습니다. 잘 꾸며진 문서를 용지에 출력할 때 종이나 여백을 설정하고 여러 사람들에게 동보를 전송하기 위한 편지 병합 기능, 레이블 출력 등의 기능에 대해서 알아보겠습니다.

# 페이지 및 여백 설정하기

문서를 출력하기 위해 페이지 사이즈를 설정하거나 여백을 설정하는 방법에 대해서 알아보겠습니다.

• 실습 파일 워드 \ 8장 \ 페이지 및 여백 설정하기.docx

## 리본 메뉴에서 페이지 설정하기

인쇄 전에 [페이지 레이아웃] 탭 – [페이지 설정] 그룹에서 [여백], [용지 방향], [크기]를 설정할 수 있습니다.

① 여백 조정 : [기본], [좁게], [보통], [넓게] 등 워드에서 기본 제공하는 여백을 설정할 수 있습니다.
② 용지 방향 : [세로] 또는 [가로]로 변경할 수 있습니다.
③ 용지 크기 : 국제 표준인 용지 규격을 선택해 변경할 수 있습니다.

## 페이지 여백, 용지 방향, 용지 크기 변경하기

인쇄 페이지와 관련된 설정을 할 수 있는 메뉴입니다. 기본 A4 용지의 세로 방향 인쇄 설정은 다음과 같습니다.
① [페이지 레이아웃] 탭 – [페이지 설정] 그룹 – [**여백**] 클릭 ② [**기본**] 선택 ③ [페이지 레이아웃] 탭 – [페이지 설정] 그룹 – [**용지 방향**] 클릭 ④ [**세로**] 선택 ⑤ [페이지 레이아웃] 탭 – [페이지 설정] 그룹 – [**크기**] 클릭 ⑥ [**A4**]를 선택합니다.

## 리본 메뉴에서 페이지 설정하기

리본 메뉴를 이용한 페이지 설정은 간단하고 빠르게 표준화된 양식을 적용할 때는 편리하지만 별도의 사용자 지정을 할 수 없다는 단점이 있습니다.

① [페이지 레이아웃] 탭 - [페이지 설정] 그룹 - [**페이지 설정**] 대화상자 표시 아이콘 클릭
② [여백] 탭에서 [**여백**]의 [위쪽], [아래쪽], [왼쪽], [오른쪽]을 모두 [**1.5**]로 설정
③ [용지 방향]은 [**세로**]로 선택
④ [페이지]는 [여러 페이지] - [**기본**]으로 선택합니다.

## [페이지 설정] 대화상자 이용하기

[페이지 설정] 대화상자를 사용하면 여백, 용지 방향, 용지 크기 등을 사용자의 필요에 맞게 변경할 수 있습니다.

① [페이지 설정] 대화상자의 [**용지**] 탭 클릭
② [용지 크기]를 [**사용자 지정 크기**]로 선택
③ [너비]를 [**20.5**], [높이]를 [**29**]로 설정
④ [**확인**]을 클릭해 설정을 완료합니다.

## 핵심기능실습 48

# 인쇄 미리 보기 및 인쇄하기

인쇄 미리 보기 방식은 워드 2010 버전부터 선보인 기능입니다. 화면에서 인쇄 미리 보기 및 인쇄 설정이 가능해져 인쇄 작업이 이전 버전보다 편리해졌습니다.

• 실습 파일 워드\8장\인쇄 미리보기 및 인쇄하기.docx

## 빠른 실행 도구에 인쇄 미리 보기 도구 활성화하기

[빠른 실행 도구]에 인쇄 미리 보기 도구를 활성화해두면 클릭 한 번으로 간단히 문서 전체를 인쇄할 수 있습니다. ① **[빠른 실행 도구]**를 클릭. [빠른 실행 도구 모음 사용자 지정]을 활성화합니다. ② **[인쇄 미리 보기 및 인쇄]**를 선택해 [인쇄 미리 보기 및 인쇄 도구]를 활성화합니다.

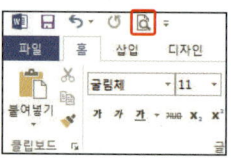

## 인쇄 미리 보기

인쇄 미리 보기에서는 인쇄 매수, 프린터, 인쇄 범위, 인쇄 방향, 인쇄 용지, 여백, 인쇄 배율 등 대부분의 인쇄와 페이지 설정을 선택하고 설정 상황을 미리 볼 수 있습니다. [빠른 실행 도구]의 **[인쇄 미리 보기 및 인쇄]**를 클릭해 인쇄 미리 보기를 실행하거나 ① **[파일]** 탭을 클릭하고 ② **[인쇄]**를 선택합니다.

## 인쇄 미리 보기의 각 기능 이해하기

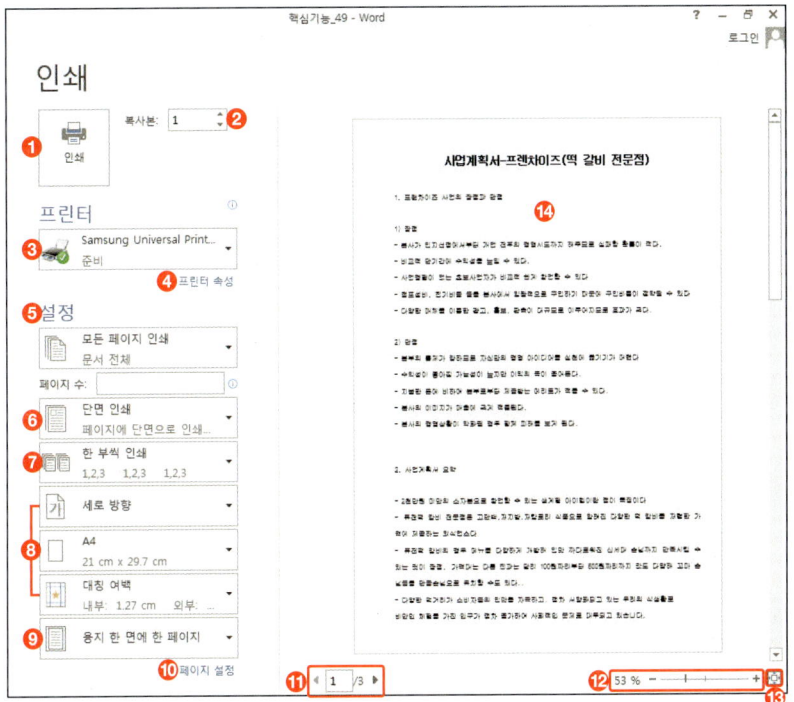

① **인쇄** : 설정이 완료된 후 인쇄를 실행하는 버튼입니다.

② **복사본** : 인쇄할 복사본의 매수를 결정합니다.

③ **프린터** : 인쇄할 프린터를 선택할 수 있습니다. 여러 대의 프린터가 설치된 경우에는 그중에서 하나를 선택해 출력합니다.

④ **프린터 속성** : 설치된 프린터의 속성을 설정하는 버튼으로 프린터 제조사에서 제공하는 프로그램이 실행되어 다양한 옵션을 설정할 수 있습니다.

⑤ **설정** : 모든 문서를 인쇄하거나 홀수/짝수 페이지를 선택해 인쇄합니다. [페이지 수]에서 연속된 페이지 범위를 인쇄할 경우에는 '-'를, 연속되지 않은 각각의 페이지를 인쇄할 때는 ','를 사용할 수 있습니다.

　예) 1~10 페이지까지 인쇄 : 1-10
　　　1, 3, 6, 8 페이지만 인쇄 : 1,3,6,8

⑥ **인쇄 방식** : [단면/양면] 인쇄 설정을 변경할 수 있습니다.

⑦ **인쇄 순서** : ②의 [복사본] 항목에서 설정한 수만큼 복사본을 출력할 때 한 부씩 인쇄할 것인지, 한 장씩 인쇄할 것인지 결정합니다.

⑧ [용지 방향], [용지 크기], [용지 여백]을 설정할 수 있습니다.

⑨ **인쇄 배율** : 용지 한 면에 여러 장을 인쇄할 때 사용합니다. 인쇄 테스트용이나 배포용 문서를 출력할 때 사용합니다.

⑩ **페이지 설정** : [페이지 설정] 대화상자를 실행합니다.

⑪ **페이지 보기** : 미리 보기 문서 페이지를 검색할 수 있습니다.

⑫ **확대/축소** : 미리 보기 창에 보이는 문서의 [확대/축소]를 설정할 수 있습니다.

⑬ **현재 창 크기에 맞춤** : 미리 보기 창에 보이는 문서를 1장 크기에 맞출 때 사용합니다.

⑭ **인쇄 미리 보기 영역** : 인쇄가 어떻게 나올지 미리 보여주는 창입니다.

## 인쇄 범위 변경하기

인쇄 미리 보기 창에서 [설정] – **[모든 페이지 인쇄]**를 선택하면 그림과 같이 [문서] 옵션 창이 활성화됩니다.

① **모든 페이지 인쇄** : 문서의 처음부터 끝까지 모든 페이지를 인쇄할 때 사용합니다.

② **현재 페이지 인쇄** : 현재 미리 보기 창에 보이는 페이지만 인쇄할 때 사용합니다.

③ **사용자 지정 인쇄** : 사용자가 원하는 페이지만 골라서 인쇄할 때 사용합니다.

④ **홀수/짝수 페이지만 인쇄** : 홀수 페이지만, 혹은 짝수 페이지만 인쇄할 때 사용합니다.

## 사용자 지정 범위 인쇄

특정 페이지나 구역 등 사용자가 지정한 범위만 인쇄할 수 있습니다.

① 인쇄 미리 보기 창에서 [설정] – [모든 페이지 인쇄] – **[사용자 지정 인쇄]**를 선택합니다.
② 연속되지 않은 범위를 인쇄할 때는 그림과 같이 [페이지 수] 항목에 각 페이지를 ','로 구분해 입력합니다.
③ 연속 범위를 인쇄할 때는 그림과 같이 [페이지 수] 항목에 각 페이지를 '–'로 구분해 입력합니다.

---

**실무활용노트 WORD** | 용지 한 면에 여러 페이지 인쇄하기

[용지 한 면에 여러 페이지]를 클릭해 출력할 페이지를 선택하고 한 장에 모아서 출력할 수 있습니다. 이 기능은 인쇄 테스트용이나 배포용 인쇄에 사용됩니다.

핵심기능실습

# 49 편지 병합 기능으로 주소록을 초대장 문서에 인쇄하기

편지 병합은 동일한 초대장 내용에 미리 준비된 주소록 명단을 이용하여 받을 사람의 정보를 초대장 내 원하는 위치에 표시할 수 있는 기능입니다. 별도의 작업 없이 초대장에 수신인만 바꿔 주소록의 명단 개수만큼 출력할 수 있습니다.

• **실습 파일** 워드 \ 8장 \ 편지 병합 기능으로 주소록을 초대장 문서에 인쇄하기.docx, 주소록.xlsx

## 01 편지 병합 준비하기

편지 병합을 위해서는 초대장 원본 문서와 초대할 사람들의 명단이 필요합니다. 워드 2013에서 편지 병합에 사용되는 주소록은 워드 문서, 엑셀 문서, 액세스 문서, Outlook 주소록을 사용하거나 직접 입력하는 등 입력 방식이 다양합니다. 여기에서는 엑셀에 준비된 주소록을 이용하겠습니다.

## 02 초대장에 각기 다른 수신인 표시해 출력하기

① 초대장 본문에서 **수신인**이 표시될 위치 클릭

② [편지] 탭 – [편지 병합 시작] 그룹 – [**받는 사람 선택**] 클릭

③ [**기존 목록 사용**]을 선택합니다.

[데이터 원본 선택] 대화상자가 활성화됩니다.

CHAPTER 08 출력 기능 알아보기 • **541**

## 03

① 예제 폴더 내의 **주소록.xlsx** 파일 선택

② **[열기]** 클릭

③ [테이블 선택] 대화상자에서 **[회원목록$]** 선택

④ **[확인]** 을 클릭해 주소로 원본 데이터를 읽어옵니다.

## 04 받는 사람의 이름 필드 입력하기

① 받는 사람의 **이름**이 입력될 위치 클릭

② [편지] 탭 - [필드 쓰기 및 삽입] 그룹 - **[병합 필드 삽입▼]** 클릭

③ **[이름]**을 선택합니다.

---

이름 필드가 삽입됩니다.

## 05 소속, 직급 필드 입력하기

[이름] 필드 입력 방식과 동일하게 [소속], [직급] 필드도 추가해보겠습니다.

① **[이름]** 필드 뒤 클릭

② [편지] 탭 - [필드 쓰기 및 삽입] 그룹 - **[병합 필드 삽입▼]** 클릭

③ **[소속]**을 선택합니다.

## 06

①②③ [직급] 필드도 [소속] 필드를 추가한 것과 같은 방법으로 추가합니다.

## 07 편지 병합한 문서 인쇄하기

① [편지] 탭 - [마침] 그룹 - **[완료 및 병합]** 클릭
② **[문서 인쇄]** 선택
③ [프린터로 출력] 대화상자가 열리면 [인쇄 기록]의 **[모두]** 선택
④ **[확인]**을 클릭합니다.

출력 작업이 완료됩니다.

---

### 실무활용노트 WORD | 개별 문서 편집하기

수신인별로 문장을 수정하고 싶을 경우에는 ① [편지] 탭 - [마침] 그룹 - [완료 및 병합] 클릭 ② [개별 문서 편집] 선택 ③ [새 문서로 병합] 대화상자에서 [모두] 선택 ④ [확인]을 클릭합니다. 수신인이 페이지별로 구분된 새로운 워드 문서가 실행됩니다. 각 페이지의 수신인별로 문서를 수정하고 저장한 후 출력합니다.

## 핵심기능실습 50 받는 사람 주소를 레이블 용지에 출력하기

초대장 봉투에 붙일 주소를 주소 레이블 용지에 출력해보겠습니다. 주소 레이블 용지는 제조사마다 각각 다르므로 일반적으로 가장 많이 사용되는 'Formtec 3108(14칸)' 용지를 기준으로 설명하겠습니다. 현재 가지고 있는 레이블 용지가 다른 종류라면 레이블 옵션에서 해당 제조사의 제품을 선택합니다.

▪실습 파일 워드 \ 8장 \ 받는 사람 주소를 레이블 용지에 출력하기.xlsx ▪완성 파일 워드 \ 8장 \ 받는 사람 주소를 레이블 용지에 출력하기_완성.docx

### 01 주소 레이블 인쇄하기

워드 2013을 실행하고 [새 문서]를 선택합니다.

① [편지] 탭 – [편지 병합 시작] 그룹 – [**편지 병합 시작**] 클릭

② [**레이블**] 선택

③ [레이블 제조 회사] – [**Formtec**] 선택

④ [제품 번호] – [**Formtec 3108**] 선택

⑤ [**확인**]을 클릭합니다.

레이블 용지 구분 표시가 나타납니다.

### 02

① [편지] 탭 – [편지 병합 시작] 그룹에서 [**받는 사람 선택**] 클릭

② [**기존 목록 사용**] 선택

③ [데이터 원본 선택] 대화상자에서 **받는 사람 주소를 레이블 용지에 출력하기.xlsx** 파일 선택

④ [**열기**]를 클릭합니다.

## 03

① [테이블 선택] 대화상자에서 [회원목록$] 선택
② [확인]을 클릭합니다.

## 04 레이블 필드 삽입하기

① [편지] 탭 – [필드 쓰기 및 삽입] 그룹 –
   [병합 필드 삽입▼]을 클릭
② [주소]를 클릭합니다.

---

[소속], [이름], [직급] 역시 같은 방법으로 순서대로 삽입합니다.

## 05 각 레이블 칸에 첫 번째 입력한 병합 필드 업데이트하기

① [편지] 탭 – [필드 쓰기 및 삽입] 그룹 –
   [레이블 업데이트] 클릭
② [편지] 탭 – [결과 미리 보기] 그룹 – [결과 미리 보기]를 클릭합니다.
   레이블이 정상적으로 적용이 되었는지 확인합니다.

---

주소 레이블이 정상적으로 적용되어 주소, 소속, 이름, 직급 순서가 표시됩니다.

## 06 주소 레이블 출력하기

① [편지] 탭 - [마침] 그룹 - **[완료 및 병합]** 클릭
② **[문서 인쇄]** 선택

[프린터로 출력] 대화상자가 활성화됩니다.

③ **[모두]** 선택
④ **[확인]**을 클릭합니다.

## 07

[인쇄] 대화상자에서 프린터 설정을 확인한 후 **[확인]**을 클릭합니다.

인쇄가 시작됩니다.

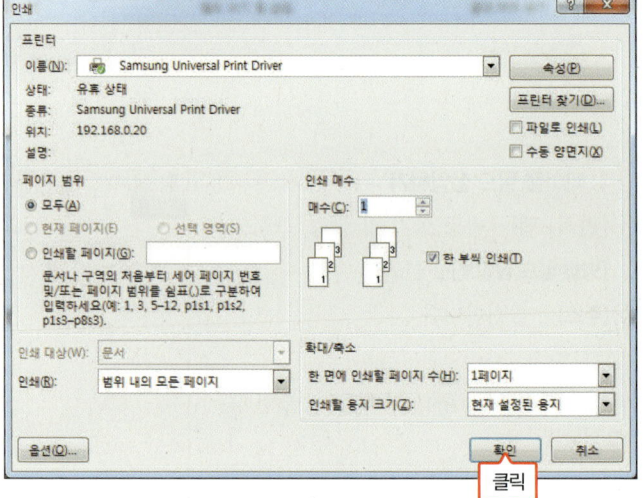

---

### 실무활용노트 WORD | 주소 필드의 글꼴 크기를 변경하고 싶을 때

① [주소] 필드를 마우스로 드래그한 후 ② [홈] 탭 - [글꼴] 그룹 - [글꼴 크기]를 [14]로 설정합니다. ③ [편지] 탭 - [필드 쓰기 및 삽입] 그룹 - [레이블 업데이트]를 클릭한 후 ④ [결과 미리 보기]를 클릭해 적용 내용을 확인합니다.

핵심기능실습

# 51 원드라이브에서 웹 오피스 사용하기

마이크로소프트의 무료 웹 클라우드인 원드라이브(OneDrive)에 파일을 저장하면 장소나 기기에 구애받지 않고 실시간으로 파일을 불러와 사용할 수 있습니다. 개인이나 회사 계정으로 로그인한 후 클라우드에서 파일을 작성하는 방법에 대해서 알아보겠습니다.

## 원드라이브(OneDrive)란?

원드라이브는 마이크로소프트사에서 서비스하는 클라우드(Cloud) 서비스입니다. 클라우드 서비스는 일반적인 웹 하드를 떠올리면 쉽습니다. 구름처럼 떠다니는 웹하드, 즉 장소와 장치에 구애 받지 않고 PC, 태블릿 PC, 스마트폰 등을 이용해 어느 곳에서든지 문서를 활용할 수 있도록 해주는 저장 공간입니다. 원드라이브에서 기본으로 제공하는 용량은 15GB입니다. 원드라이브 서버가 해외에 있어 속도가 빠른 편은 아니지만 마이크로소프트의 오피스 프로그램을 웹에서 사용할 수 있다는 점이 원드라이브 서비스의 강점입니다. 국내 서비스 중에는 네이버 N드라이브가 이와 비슷한 기능을 제공하고 있습니다.

## 원드라이브 접속하기

원드라이브를 사용하기 위해서는 마이크로소프트 사이트에 회원가입이 되어 있어야 합니다. Windows 8의 경우 설치 시 등록한 이메일을 통해 원드라이브가 자동 설치되어 바로 로그인할 수 있지만 Windows 7 이하 버전의 운영체제에서는 별도로 가입한 후 서비스를 사용해야 합니다.

**01 원드라이브 페이지 열기**

① 인터넷 익스플로러 주소 창에 http://onedrive.live.com 입력 후 Enter 원드라이브 페이지로 이동합니다. 이때 검색 엔진에서 '원드라이브'를 검색해도 됩니다.

② 화면 우측 모서리의 [로그인]을 클릭합니다. 로그인 버튼의 위치는 원드라이브 페이지 내에서 변경될 수 있습니다.

## 02 로그인하기

① 마이크로소프트 아이디로 쓰이는 **이메일 주소** 입력

만약 가입이 되어있지 않다면 이전 단계에서 [회원가입] 버튼을 클릭하여 회원가입한 후 진행합니다.

② **[다음]**을 클릭합니다.

## 03

① **비밀번호** 입력
② **[로그인]**을 클릭합니다.

## 04 웹 오피스 실행하기

[OneDrive] 옆의 **[아래 화살표 ▼]**를 클릭합니다.

**05** 웹 오피스의 목록이 표시되면 [Word Online]을 클릭하여 실행합니다.

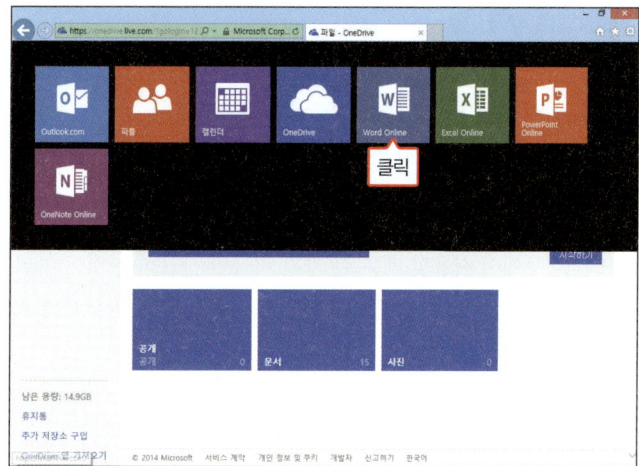

**06 Word Online 시작하기**
[새 문서]를 클릭하여 새로운 문서를 시작합니다. [Word Online]의 경우 [새 문서]를 클릭하는 순간부터 원드라이브에 자동 저장이 시작됩니다.

**07** [Word Online] 페이지에 임의의 문자를 입력해봅니다.

책속특별부록

# 52 워드 핵심 기능으로 실무 문서 완성하기

워드를 실무에서 사용할 때는 한 가지 기능만 사용하는 것이 아니라 복합적으로 다양한 기능을 사용하여 문서를 작성해야 합니다. 워드에서 자주 사용하는 기능을 실무 문서에 적용하여 문서를 완성하는 과정에 대해서 알아보겠습니다.

- 실습 파일 워드\책속특별부록\개인정보보호서비스안내.docx, top.jpg, kisa.gif   ■완성 파일 워드\책속특별부록\개인정보보호서비스안내_완성.docx

## 01 제목 서식 변경

'개인정보보호 서비스 안내' 문서에서 제목이 눈에 띄게 표시되도록 제목 서식을 수정해보겠습니다.

① **개인정보보호서비스안내** 블록 설정
② [홈] 탭 - [글꼴] 그룹에서 [글꼴 ] 대화상자 표시 아이콘을 클릭합니다.

## 02

① [글꼴] 대화상자의 [글꼴] 탭 - [한글 글꼴] - **[궁서]** 선택
② [글꼴 스타일] - **[굵게 기울임꼴]** 선택
③ [크기] - **[22]** 선택
④ [밑줄 스타일] - **[실선]**으로 선택합니다.

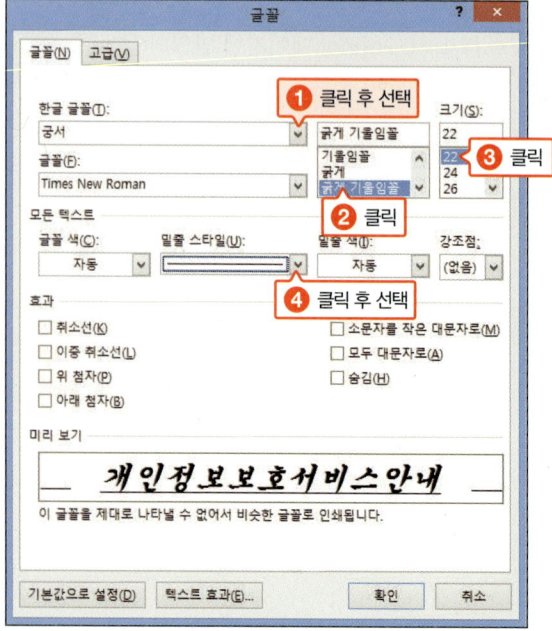

## 03

① [글꼴] 대화상자의 [고급] 탭 클릭
② [간격] – [넓게] 선택
③ [값] – [3pt]로 설정
④ [확인]을 클릭합니다.

변경 사항이 적용됩니다.

## 04 단락의 첫 문자 장식하기

① 지에 마우스 포인터 위치
② [삽입] 탭 – [텍스트] 그룹 – [단락의 첫 문자 장식▼] 클릭
③ [본문] 선택
④ 첫 문자에 장식이 적용된 지 블록 설정
⑤ 글꼴 색을 [빨강]으로 변경합니다.

## 05 그림 추가하기

① 첫 줄 뒤쪽의 이러한 앞쪽 클릭
② [삽입] 탭 – [일러스트레이션] 그룹 – [그림] 클릭
   [그림 삽입] 대화상자가 활성화됩니다.
③ top.jpg 파일 선택
④ [삽입]을 클릭합니다.

사진이 문서에 삽입됩니다.

## 06 그림 크기 변경 및 배치하기

① 삽입된 **top.jpg** 파일 선택
② [서식] 탭 - [크기] 그룹에서 크기를 가로 **4cm**, 세로 **4.07cm**로 변경
③ 그림 오른쪽 위의 [**레이아웃 옵션**] 도구 클릭
④ [텍스트 배치] - [**정사각형**] 선택합니다.

## 07 그림을 드래그하여 오른쪽 위에 배치합니다.

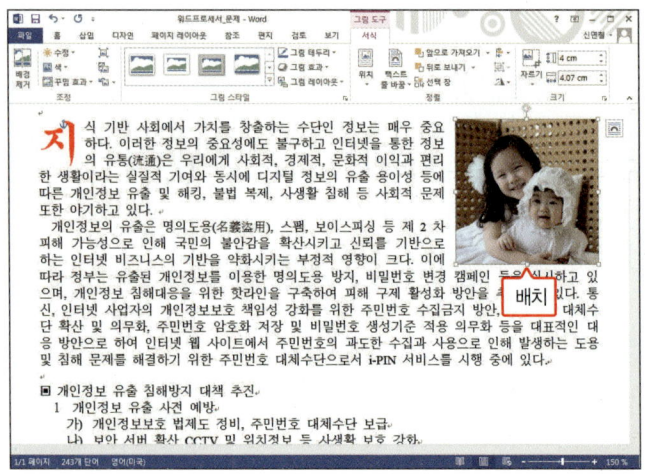

## 08 각주 삽입하기

부연 설명이 필요한 단어에 각주를 삽입해 페이지 하단에 표시해보겠습니다.
① 각주를 삽입할 **보이스피싱** 블록 설정
② [참조] 탭 - [각주] 그룹 - [**각주 삽입**]을 클릭합니다.

각주 입력 상태로 전환됩니다.

**09** 그림과 같이 각주 내용을 입력합니다.

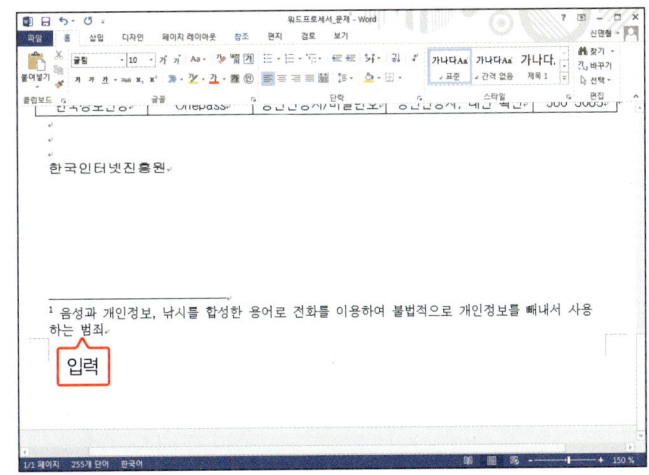

**10** 중 제목 꾸미기

① **개인정보 유출 침해방지 대책 추진** 드래그
② Ctrl 을 누른 채 **i-PIN 서비스 제공 본인 확인 기관** 드래그
③ [홈] 탭 – [글꼴] 그룹 – [**글꼴 ▣**] 대화상자 표시 아이콘을 클릭합니다.

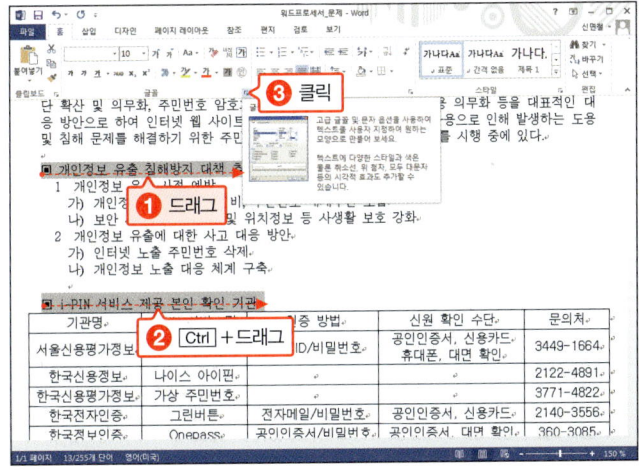

**11**

① [글꼴] 대화상자의 [글꼴] 탭에서 [한글 글꼴] – [**굴림**] 선택
② [크기] – [**18**]로 변경합니다.

## 12

① **[고급]** 탭 클릭

② **[장평]** - **[90%]** 설정

③ **[확인]**을 클릭해 글꼴 설정을 적용합니다.

## 13 표 테두리 변경 및 음영 지정하기

① 테두리를 변경하려는 범위 블록 설정

② **[표 도구]** - **[디자인]** 탭 - **[테두리]** 그룹
  - **[테두리 스타일]** 클릭

③ **[이중 실선 ½pt]**를 선택합니다.

## 14

① **[표 도구]** - **[디자인]** 탭 - **[테두리]** 그룹
  - **[테두리]** 클릭

② **[아래쪽 테두리]** 선택

③ **[위쪽 테두리]**를 선택합니다.

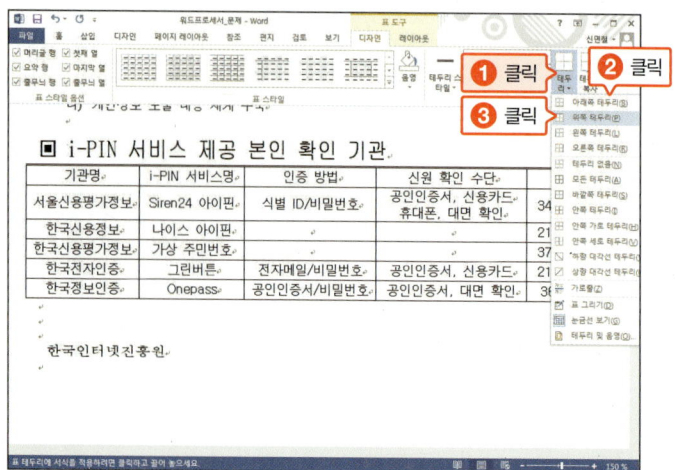

선 스타일이 변경됩니다.

## 15

①②③④ 표 마지막 행도 첫 행과 같은 방법으로 선택하고 선 스타일을 변경합니다.

## 16

① 표의 첫 행을 다시 블록 선택
② [표 스타일] 그룹 - [음영] - **[노랑]**을 선택합니다.

음영 색이 적용됩니다.

## 17 표 셀 병합하기

① 그림과 같이 3열의 **3개 셀**을 선택한 후 마우스 오른쪽 버튼 클릭
② 바로가기 메뉴에서 **[셀 병합]**을 선택합니다. 셀 병합 후 4열의 3행도 3열과 같은 방식으로 병합합니다.

## 18 문서 하단 발신인 꾸미기

① **한국인터넷진흥원** 블록 설정
② [홈] 탭 - [글꼴] 그룹 - [글꼴]을 [굴림]으로 설정
③ [크기]를 [22]로 설정
④ [굵게]를 클릭합니다.

## 19

① **한국인터넷진흥원** 앞 클릭
② [삽입] 탭 - [일러스트레이션] 그룹 - [그림]을 클릭합니다.

## 20

① [그림 삽입] 대화상자에서 **kisa.gif** 선택
② [삽입]을 클릭해 그림을 삽입합니다.

**21** [크기] 그룹에서 세로를 **0.6cm**, 가로를 **2.02cm**로 설정합니다.

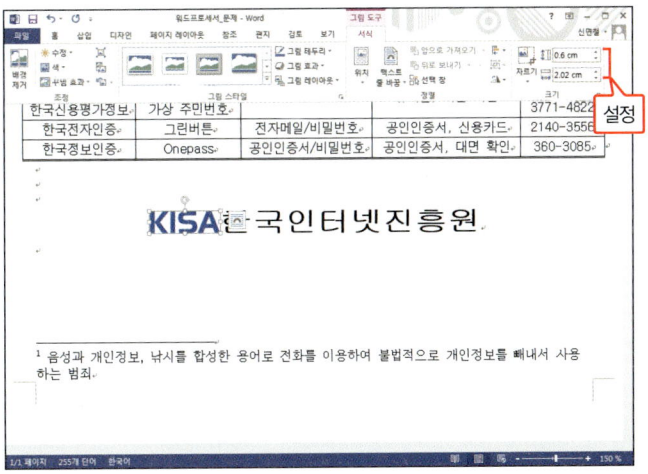

**22** 다음과 같이 문서가 완성된 것을 확인할 수 있습니다.

# 찾아보기

## 엑셀

### ㄱ ㄴ

| | |
|---|---|
| 값 붙여넣기 | 044 |
| 값 필드 설정 | 208 |
| 같은 내용으로 채우기 | 058 |
| 개발 도구 | 216 |
| 구성 요소 보이기/숨기기 | 035, 241 |
| 구조적 참조 | 118 |
| 규칙 관리 | 093 |
| 규칙 지우기 | 219 |
| 규칙 편집하기 | 092 |
| 그룹 | 029 |
| 그룹 지정 | 233, 235 |
| 그룹화 | 208 |
| 그림 | 107, 238 |
| 그림으로 연결하여 붙여넣기 | 043 |
| 그림으로 표식 지정 | 176 |
| 근무 시간 표시 | 086 |
| 근속수당 구하기 | 228 |
| 근속연수 구하기 | 228 |
| 글꼴 | 073, 074, 239 |
| 글꼴 크기 지정하기 | 073 |
| 급여 명세서 작성 | 230 |
| 기록 중지 | 219, 220 |
| 기본 화면 구성 | 028 |
| 기타 붙여넣기 | 044 |
| 기타 함수 | 133 |
| 기호 입력 | 055 |
| 날짜 | 052, 065, 086, 087 |
| 날짜 및 시간 | 150, 155 |
| 날짜 필터 | 198 |
| 날짜/시간 사용자 지정 형식에 사용되는 기호 살펴보기 | 087 |
| 내림차순 | 192 |
| 내보내기 | 220 |

### ㄷ ㄹ

| | |
|---|---|
| 너비를 유지하여 붙여넣기 | 040 |
| 네 자리마다 쉼표로 표시하기 | 085 |
| 논리 | 135, 137, 139, 140 |
| 눈금선 | 035, 174, 235, 241 |

| | |
|---|---|
| 다른 통합 문서 열기 | 031 |
| 다시 실행 | 042 |
| 다중 부분합 작성 | 201 |
| 데이터 레이블 | 172, 176 |
| 데이터 막대 | 093, 098, 240 |
| 데이터 설정 | 233 |
| 데이터 수정 | 056 |
| 데이터 요약 | 203 |
| 데이터 유효성 검사 | 062, 064, 230 |
| 데이터 유효성 검사 목록 설정 | 064, 231 |
| 데이터 유효성 검사로 한글/영문 모드 설정 | 062, 064 |
| 데이터 통합 | 188 |
| 데이터 표시 형식 사용자 지정 | 078 |
| 데이터베이스 작성 규칙 | 190 |
| 도움말 버튼 | 029 |
| 레이아웃 | 210 |
| 레이아웃 설계 | 233, 234 |
| 리본 메뉴 | 028 |
| 리본 메뉴 축소 | 035, 235 |
| 리본 메뉴 축소 버튼 | 029 |
| 리본 메뉴 표시 옵션 | 029, 035 |

### ㅁ ㅂ

| | |
|---|---|
| 막대로 조건부 서식 지정하기 | 092, 098 |
| 만 단위 쉼표 표시하기 | 084, 085 |
| 맞춤 | 076, 239 |
| 매크로 | 221, 227 |
| 매크로 기록 | 217, 219 |
| 매크로 보안 설정 | 216 |
| 매크로 사용 통합 문서 | 217, 220 |
| 매크로 삭제 | 227 |
| 매크로 실행 | 221 |
| 매크로 양식 컨트롤 실행 | 222 |
| 매크로 편집 | 224, 227 |

| | |
|---|---|
| 매크로 포함 문서 저장 | 220 |
| 머리글 추가 | 106 |
| 모두 정렬 | 100 |
| 목록 | 064 |
| 묶은 가로 막대형 | 166 |
| 문자 데이터 입력 | 050 |
| 문자 연결 연산자 | 111 |
| 문자 표시 형식 사용자 지정 | 079 |
| 바닥글로 이동 | 106 |
| 바둑판식 | 100 |
| 바로 가기 키 | 221, 222 |
| 반복할 행 | 103 |
| 배경 그림 삽입 | 107 |
| 배열 수식 | 147 |
| 백만 단위로 표시하기 | 084 |
| 백분율 스타일 | 077 |
| 범례 | 172 |
| 범위 편집 허용 | 048 |
| 범위로 변환 | 071 |
| 병합하고 가운데 맞춤 | 075, 239 |
| 보고서 레이아웃 | 211 |
| 복사/붙여넣기 | 235, 236 |
| 부분합 | 201, 202, 203, 210 |
| 붙여넣기 | 044 |
| 비주얼 베이식 편집기 창 | 224, 225 |
| 빠른 레이아웃 | 168 |
| 빠른 분석 | 097, 098, 190, 240 |
| 빠른 서식 적용하기 | 188 |
| 빠른 실행 도구 모음 | 028 |
| 빠른 채우기 | 061 |

### ㅅ ㅇ

| | |
|---|---|
| 사용자 지정 | 078, 083, 240 |
| 사용자 지정 목록 | 194, 229 |
| 사용자 지정 목록 편집 | 060 |
| 사용자 지정 표시 형식 | 080 |
| 사용자 지정으로 정렬 | 193, 194 |
| 사용자 형식 코드 | 084 |
| 사용자가 지정한 순서로 정렬 | 193 |
| 산술 연산자 | 111 |
| 상대 참조 | 110 |

| | | | | | |
|---|---|---|---|---|---|
| 상위 | 010, 200 | 수학/삼각 | 128, 129, 130, 132, 145, 146 | 오름차순 | 191 |
| 상위/하위 규칙 | 089 | | | 오피스 로그인 버튼 | 029 |
| 상태 표시줄 | 030 | 숫자 1씩 증가하면서 채우기 | 059 | 요약 행 | 120 |
| 새 규칙 | 096 | 숫자 데이터 입력 | 051 | 요일 표시 | 086 |
| 새 시트 | 047 | 숫자 데이터 표시 형식 | 078, 079, 083 | 요일과 누적 시간 사용자 지정 | 086 |
| 새 창 | 100 | 숫자 필터 | 198, 200 | 우선순위 | 111 |
| 새 통합 문서 | 031 | 숫재(한글) | 081, 082 | 워크시트 | 029, 031 |
| 새로 만들기 | 032 | 숫자만 바꾸면서 채우기 | 059 | 워크시트 보호 | 048 |
| 새로운 값으로 대치 | 202 | 쉼표 스타일 | 077, 239 | 워크시트 삽입 및 이동하기 | 047 |
| 색 기준 필터 | 199 | 스파크라인 | 181, 182 | 워크시트 삽입 버튼 | 030 |
| 색 변경 | 169 | 스파크라인 차트 두께 변경 | 182 | 워크시트 이동/복사/삭제 | 046 |
| 색조로 조건부 서식 지정 | 090, 098 | 스파크라인 차트 삽입 | 179, 180 | 워크시트 이름 바꾸기 | 046 |
| 서식 | 098, 240 | 스파크라인 차트 스타일 변경 | 181 | 원형 차트 3차원 서식 | 177 |
| 서식 복사 | 042 | 스파크라인 차트 종류 변경 | 180 | 윤곽 기호 | 203 |
| 서식 없이 채우기 | 059, 113, 116 | 스파크라인 차트 표식 | 181 | 이름 관리자 | 038 |
| 서식 지우기 | 057 | 슬라이서 | 213 | 이름 바꾸기 | 045 |
| 서식 지정 | 081, 083, 235, 238 | 슬라이서 창 배치 | 214 | 이름 상자 | 029 |
| 서식 통합 문서 | 031 | 슬라이서 필터링 | 214 | 이름 정의 | 115, 230 |
| 서식 필터로 데이터 추출 | 199 | 슬라이서와 시간 표시 막대 제거 | 215 | 이름으로 수식 만들기 | 115 |
| 선택 영역에서 이름 만들기 | 038 | 시간 | 086, 087 | 이중 축 혼합 차트 | 176 |
| 선택 영역에서 이름 정의 | 115 | 시간 입력 | 052 | 인쇄 미리 보기 | 101 |
| 선택하여 붙여넣기 | 040, 043, 237 | 시간 표시 막대 | 213, 214, 215 | 인쇄 배율 | 104 |
| 설명 메시지 | 066 | 시간 표시 막대 시작/종료 구간 설정 | 215 | 인쇄 영역 설정 | 101, 232 |
| 세로 막대형 | 167 | 시트 보호 | 049 | 인쇄 제목 | 103 |
| 세로축 | 174 | 시트 보호 해제 | 049 | | |
| 셀 | 029, 030 | 시트 탭 | 030 | ㅈ ㅊ | |
| 셀 값을 기준으로 정렬 | 191 | 시트 탭 이동 버튼 | 030 | 자동 매크로 기록 저장 | 217 |
| 셀 강조 규칙 | 089 | 실행 취소 | 042 | 자동 채우기 옵션 | 058, 059, 113, 116 |
| 셀 강조와 상위/하위 규칙으로 조건부 서식 지정하기 | 088 | 아이콘 집합 | 090 | 자동 필터 | 235, 236 |
| | | 양식 컨트롤 | 221, 222 | 자동 필터로 데이터 추출 | 197 |
| 셀 범위 이름으로 정의 | 037 | 엑셀 2013의 인터페이스 | 028 | 자동 합계 | 117 |
| 셀 범위 지정 | 036 | 엑셀 빠르게 시작하기 | 031 | 자릿수 늘림 | 077 |
| 셀 스타일 | 069 | 엑셀 서식 파일 | 032 | 장기 근속자 명단 작성 | 235 |
| 셀 주소 | 030 | 여러 개의 워크시트 | 047 | 절대 참조 | 112 |
| 셀 포인터 | 029 | 여러 조건으로 정렬 | 191 | 정렬 | 191, 194, 201, 228, 229 |
| 속성 창 | 225 | 여백 설정 | 102 | 정의한 이름으로 수식 만들기 | 116 |
| 수식 구조 | 111 | 여백 표시 | 102 | 제목 표시줄 | 028 |
| 수식 복사 | 111 | 연결된 그림 | 043 | 조건부 서식 | 088, 089, 090, 093, 095 |
| 수식 입력줄 확장/축소 | 029 | 연산자의 종류 | 111 | 조건부 서식의 상위/하위 규칙 적용 | 089 |
| 수식으로 조건부 서식 지정 | 095 | 열 너비 | 039 | 조건부 서식의 셀 강조 규칙 적용 | 089 |
| 수직 이동줄 | 030 | 열 머리글 | 030 | 종류 변경 | 179 |

| | | | | | | | |
|---|---|---|---|---|---|---|---|
| 중복된 항목 제거 | 186 | 페이지 나누기 미리 보기 | 104 | 행 머리글 | 030 |
| 차트 레이아웃 | 168 | 페이지 나누기 삽입/수정/제거 | 105 | 행 삽입/삭제 | 057 |
| 차트 배경 | 173 | 페이지 레이아웃 보기 | 106 | 행과 열 너비 조정 | 039 |
| 차트 스타일 | 169, 170, 177 | 페이지 번호 | 106 | 현재 날짜 | 106 |
| 차트 요소 | 170, 171, 172, 174 | 페이지 설정 | 102 | 호환성 | 133 |
| 차트 이동 | 167 | 페이지 수 | 106 | 혼합 참조 | 114 |
| 차트 제목 | 168 | 페이지 확대/축소 | 102 | 화면에 보이는 셀만 범위로 지정 | 203 |
| 차트 종류 변경 | 167, 176 | 평균 | 117 | | |
| 차트 필터 | 169 | 평균 초과 데이터 추출 | 200 | **Ⓐ Ⓒ Ⓓ Ⓔ Ⓕ Ⓗ** | |
| 차트에 테마 적용 | 178 | 표 | 098, 118, 120, 190 | AND | 139 |
| 창 정렬 | 100 | 표 서식 | 068 | CHOOSE | 148 |
| 찾기/참조 영역 | 127, 148, 156, 163 | 표 서식을 범위로 변환 | 071 | COUNTA | 125 |
| 채우기 색 | 074 | 표 스타일 변경 | 070 | COUNTBLANK | 126 |
| 채우기 핸들 | 029, 058, 111, 116 | 표시 형식 | 076, 077, 081, 086, 239 | COUNTIF | 142, 143 |
| 천 단위로 표시하기 | 084 | 표식 색 | 182 | COUNTIFS | 142, 144 |
| 총합계 | 210 | 표에서 요약 행 지정 | 120 | DATE | 150, 228 |
| 최근에 사용한 항목 | 031 | 표의 구조적 수식 | 123 | DATEDIF | 153, 154, 228 |
| 추천 차트 | 166 | 표의 구조적 참조 | 119 | Dim | 225 |
| 추천 피벗 테이블 | 205 | 프로그램 창 조절 버튼 | 029 | EOMONTH | 153, 155 |
| 축 | 174 | 프로시저 | 225 | FIND | 151 |
| 축 옵션 | 171 | 프로젝트 탐색기 창 | 225 | FORMULATEXT | 127 |
| | | 피벗 테이블 | 206, 210 | FREQUENCY | 147 |
| **ㅋ Ⓔ** | | 피벗 테이블 그룹 | 208 | HLOOKUP | 158, 159 |
| 코드 창 | 225 | 피벗 테이블 도구 | 208 | | |
| 콤보(이중 축 혼합) 차트 | 175, 176 | 피벗 테이블 레이아웃 | 207, 210 | **Ⓘ Ⓛ Ⓜ Ⓞ Ⓟ Ⓠ** | |
| 키보드를 이용해 범위 지정하기 | 036 | 피벗 테이블 스타일 | 211 | IF | 135, 137, 139, 141, 229 |
| 탭 | 029, 216 | 피벗 테이블 슬라이서 시간 표시 막대 삽입/제거 | 213 | IF 중첩 | 137, 228 |
| 탭 색 | 045 | | | IFERROR | 160, 161 |
| 테두리 | 073, 074, 240 | 피벗 테이블 옵션 | 211 | INDEX | 162, 163 |
| 텍스트 | 151, 152 | 피벗 테이블 작성 | 233, 234 | InputBox | 225 |
| 텍스트 나누기 | 184 | 필드 머리글 | 212 | LARGE | 124 |
| 텍스트 줄 바꿈 | 076 | 필드 목록 | 212 | LEFT | 150, 151 |
| 텍스트 필터 | 197 | 필드 필터링 | 209, 214 | MATCH | 162, 163 |
| 통합 문서 | 031, 032 | 필터 | 197, 200, 201, 236 | MAX | 123 |
| 틀 고정/취소 | 099 | 한자/기호 입력 | 053 | MID | 148, 150 |
| | | 한자로 표시하는 형식 코드 | 082 | MOD | 130, 225 |
| **ㅍ ㅎ** | | 한자를 이용해서 특수 문자 입력 | 055 | OR | 139, 140 |
| 파일 탭 | 028 | 함수 라이브러리 | 122, 123 | PDF 파일로 저장 | 034 |
| 파일 형식 변경 | 220 | 함수 삽입 | 029, 139 | PDF/XPS 문서 만들기 | 034 |
| 페이지 구분선 | 104, 105 | 함수 인수 | 123 | QUOTIENT | 129 |
| 페이지 나누기 모두 원래대로 | 105 | 행 높이 | 039 | | |

## R S T V

| | |
|---|---|
| RANK | 133 |
| RANK.AVG | 134 |
| RANK.EQ | 133 |
| ROUNDDOWN | 128 |
| ROW | 131 |
| SUBSTITUTE | 151, 152 |
| SUBTOTAL | 195, 196 |
| SUMIF | 145 |
| SUMIFS | 146 |
| SUMPRODUCT | 131, 132 |
| Table_Array에 대한 규칙과 에러 | 159 |
| TOTAL | 197 |
| VLOOKUP | 156, 230, 231 |

## 기호

| | |
|---|---|
| 0의 형식 지정하기 | 083 |
| 3차원 묶은 세로 막대형 | 167 |
| 3차원 서식 | 177, 178 |

## 파워포인트

### ㄱ ㄴ

| | |
|---|---|
| 개체 간 중간 맞춤 및 가로 간격 동일하게 하기 | 299 |
| 개체 틀에 텍스트 입력 | 280 |
| 구역 삭제하기 | 350 |
| 구역 이동하기 | 351 |
| 구역 이름 바꾸기 | 350 |
| 구역 추가하기 | 350 |
| 그림 삽입하기 | 254 |
| 그림 서식 복사하고 붙여넣기 | 326 |
| 그림 원형으로 자르기 | 330 |
| 그림 테두리 변경하기 | 326 |
| 그림 프레젠테이션 만들기 | 359 |
| 그림에 그림자 적용하기 | 326 |
| 그림에 빠른 스타일 적용하기 | 255 |
| 그림에서 배경 제거하기 | 328 |
| 그림에서 제거할 영역 표시 | 329 |
| 그림을 SmartArt 그래픽으로 변환 | 312 |
| 그림의 원하는 부분만 남기고 자르기 | 324 |
| 그림자 적용하기 | 306 |
| 글꼴 변경하기 | 282 |
| 글꼴 색 변경하기 | 283 |
| 글꼴 크기 변경하기 | 283 |
| 글머리 기호 삽입하기 | 284 |
| 글머리 기호를 번호로 변경하기 | 287 |
| 내어쓰기 | 292 |

### ㄷ ㄹ

| | |
|---|---|
| 다른 그림으로 그림 변경하기 | 327 |
| 다른 이름으로 문서 저장하기 | 261 |
| 단락 간격 조정하기 | 290 |
| 도움말 버튼 | 244 |
| 도해 샘플 만들기 | 401 |
| 도형 그리기 | 253 |
| 도형 다중 선택 | 297 |
| 도형 병합하기 | 297 |
| 도형 복사하기 | 306 |
| 도형 빼기 | 297 |
| 도형 서식 복사 | 303 |
| 도형 서식 붙여넣기 | 304 |
| 도형 수평 복사 | 298 |
| 도형 순서 바꾸기 | 295 |
| 도형 윤곽선 변경 | 295 |
| 도형 채우기 변경 | 295 |
| 도형 추가 | 310 |
| 도형 크기 변경하기 | 298 |
| 도형에 그라데이션 적용 | 302 |
| 도형에 빠른 스타일 적용 | 253 |
| 도형에 텍스트 입력하기 | 281 |
| 들여쓰기 | 291 |
| 디자인 콘셉트 세우기 | 391 |
| 리본 메뉴 | 244 |
| 리본 메뉴 표시 옵션 | 244 |

### ㅁ ㅂ

| | |
|---|---|
| 마스터 제목 스타일 편집하기 | 270 |
| 메모 버튼 | 245 |
| 모든 구역 확장/축소 | 352, 353 |
| 모든 슬라이드 보기 | 383 |
| 미디어 파일 압축 | 348 |
| 발표자 도구 구성 | 382 |
| 발표자 도구 표시하기 | 382 |
| 배경 그래픽 숨기기 | 271 |
| 배경 서식 변경 | 269 |
| 배경 이미지 삽입하기 | 269 |
| 브랜드 찾기 | 391 |
| 비디오 삽입 | 339 |
| 비디오 클립에 그림자 적용 | 343 |
| 비디오 클립에 책갈피 추가 | 345 |
| 비디오 클립의 모양 변경 | 342 |
| 비디오 클립의 색 변경 | 343 |
| 비디오 트리밍 | 344 |
| 비디오로 저장 | 357 |

### ㅅ ㅇ

| | |
|---|---|
| 사용자 이름 및 사진 | 244 |
| 상태 표시줄 | 245 |
| 새 테마 글꼴 만들기 | 266 |
| 새 테마 색 만들기 | 267 |
| 새 테마 저장하기 | 277 |
| 새 프레젠테이션 만들기 | 247 |
| 색 추출하기 | 301 |
| 셀 병합하기 | 315 |
| 셀 안에 텍스트 위치 맞추기 | 315 |
| 셀 여백 지정하기 | 316 |
| 셀에 배경색 채우기 | 314 |
| 스포이트 | 301 |
| 슬라이드 노트 버튼 | 245 |
| 슬라이드 노트 보기 | 375 |
| 슬라이드 노트 인쇄하기 | 375 |
| 슬라이드 노트 창 열기 | 374 |
| 슬라이드 레이아웃 변경하기 | 249 |
| 슬라이드 복사 | 250 |
| 슬라이드 붙여넣기 | 251 |
| 슬라이드 비율 바꾸기 | 248 |
| 슬라이드 삭제 | 251 |
| 슬라이드 쇼 녹화 | 386 |
| 슬라이드 쇼 마치기 | 385 |
| 슬라이드 쇼 설정 | 370 |
| 슬라이드 쇼 재구성 | 372 |

| 항목 | 페이지 |
|---|---|
| 슬라이드 쇼하기 | 380 |
| 슬라이드 이동 | 250 |
| 슬라이드 창 | 245 |
| 슬라이드 추가 | 248 |
| 슬라이드 축소판 창 | 245 |
| 슬라이드에 번호 삽입 | 275 |
| 슬라이드에 화면 전환 효과 적용 | 368 |
| 압축한 그림 저장 | 331 |
| 애니메이션 복사 | 266 |
| 애니메이션 순서 변경 | 364 |
| 애니메이션 실행 | 367 |
| 애니메이션 창 열기 | 363, 365 |
| 애니메이션 추가 | 365 |
| 애니메이션 효과 옵션 변경 | 362 |
| 예행 연습 | 378 |
| 오디오 클립 삽입 | 334 |
| 오디오 클립 트리밍 | 337 |
| 온라인 프레젠테이션 시작 | 387 |
| 온라인 프레젠테이션 종료 | 389 |
| 유인물 레이아웃 설정 | 376 |
| 유인물 인쇄 | 376 |
| 유인물에 페이지 번호 삽입 | 377 |
| 입체 도형 만들기 | 305 |

## ㅈ ㅊ ㅌ

| 항목 | 페이지 |
|---|---|
| 작업 창 | 246 |
| 잘린 그림 주변 부드럽게 처리 | 324 |
| 정원 그리기 | 294 |
| 제목 표시줄 | 244 |
| 줄 간격 넓히기 | 289 |
| 차트 레이아웃 변경 | 318 |
| 차트 삽입 | 258 |
| 차트 색 변경 | 318 |
| 차트 서식 저장 | 321 |
| 차트 제목과 범례 없애기 | 318 |
| 차트 종류 변경 | 319 |
| 차트에 빠른 스타일 적용 | 259 |
| 터치 마우스 모드 | 246 |
| 텍스트 SmartArt 그래픽으로 변환 | 311 |
| 텍스트 상자에 텍스트 입력 | 281 |
| 텍스트에 애니메이션 적용 | 362 |

| 항목 | 페이지 |
|---|---|
| 템플릿 디자인하기 | 395 |
| 템플릿 만들기 | 395 |

## ㅍ ㅎ

| 항목 | 페이지 |
|---|---|
| 파일 열기 | 260 |
| 파일 저장하기 | 260 |
| 페이드 인/아웃 설정 | 338 |
| 펜으로 주석 달기 | 382 |
| 표 디자인 | 313 |
| 표 삽입 | 256 |
| 표 테두리 두께 변경하기 | 313 |
| 표 테두리 색 변경하기 | 313 |
| 표에 빠른 스타일 적용 | 257 |
| 프레젠테이션 개요 작성하기 | 390 |
| 프로그램 창 조절 버튼 | 244 |
| 행 높이 | 315 |
| 현재 슬라이드부터 슬라이드 쇼하기 | 381 |
| 현재 창 크기에 맞춤 | 246 |
| 화면 보기 버튼 | 245 |
| 화면 전환 | 368 |
| 화면 확대/축소 | 246 |

## 영문

| 항목 | 페이지 |
|---|---|
| CD에 프레젠테이션 저장하기 | 360 |
| OneDrive에 파일 저장하기 | 355 |
| PDF 문서 만들기 | 356 |
| SmartArt 그래픽 삽입하기 | 308 |
| SmartArt 그래픽에 텍스트 입력 | 308 |
| WordArt 스타일 | 252 |

## 워드

## ㄱ ㄴ

| 항목 | 페이지 |
|---|---|
| 각주 삽입하기 | 529 |
| 강조점 지정하기 | 453 |
| 그림 글머리 기호 삽입하기 | 460 |
| 그림 배치하기 | 480 |
| 그림 자르기 | 479 |
| 그림자 효과 지정하기 | 448 |
| 근호 입력하기 | 421 |

| 항목 | 페이지 |
|---|---|
| 글머리 기호 삽입하기 | 459 |
| 글자 간격 조정하기 | 445 |
| 글자 간격과 장평의 차이 | 446 |
| 글자 위치 조정하기 | 447 |
| 내림차순 | 511 |

## ㄷ ㅁ

| 항목 | 페이지 |
|---|---|
| 다단 지정하기 | 468 |
| 다시 실행하기 | 430 |
| 다이어그램 | 489 |
| 단 대화상자 | 468 |
| 단락 전체 들여쓰기 | 463 |
| 단락 줄 간격 조정하기 | 465 |
| 단락에 음영 색 지정하기 | 466 |
| 도형 복사하기 | 485 |
| 도형 삽입하기 | 483 |
| 도형 서식 변경하기 | 483 |
| 도형 서식 작업 창 | 484 |
| 도형 안에 텍스트 입력하기 | 484 |
| 도형 회전하기 | 486 |
| 둘째 줄 이하 들여쓰기 | 463 |
| 마우스로 끌어 문장 이동시키기 | 431 |
| 맞춤법 검사 설정하기 | 437 |
| 맞춤법 검사기 | 438 |
| 맞춤법 및 문법 검사 | 438 |
| 머리글 지정하기 | 521 |
| 메모 삭제하기 | 436 |
| 메모 삽입하기 | 435 |
| 메모 숨기기 | 435 |
| 메모 표시하기 | 435 |
| 목차 삽입하기 | 531 |
| 문서 다른 형식으로 저장하기 | 407 |
| 문서 저장하기 | 407 |
| 문서에 암호 지정하기 | 408 |
| 미주 삽입하기 | 530 |
| 밑줄 스타일 변경하기 | 443 |
| 밑줄 해제하기 | 443 |

## ㅂ ㅅ

| 항목 | 페이지 |
|---|---|
| 바닥글 제거하기 | 526 |
| 바닥글 지정하기 | 522 |

| | | | | | |
|---|---|---|---|---|---|
| 범례 위치 변경하기 | 495 | 자동 고침 설정하기 | 424 | 한글과 한자 병기하기 | 414 |
| 보기 옵션 변경하기 | 411 | 장평 | 444 | 한글을 한자로 변환하기 | 414 |
| 부등호 입력하기 | 420 | 장평 조정하기 | 446 | 한자 사전에 한자 등록하기 | 415 |
| 분수 수식 입력하기 | 421 | 적분 | 422 | 한자를 한글로 변환하기 | 415 |
| 빠르게 찾기 | 427 | 주소 레이블 인쇄하기 | 544 | 함수 | 422 |
| 새 문서 만들기 | 406 | 줄 간격 | 465 | 합계 | 512 |
| 새 스타일 만들기 | 473 | 지정한 암호 해제하기 | 409 | 행 삽입하기 | 501 |
| 서식 바꾸기 | 428 | | | 형광펜 기능 | 443 |
| 서식 변경하기 | 441 | **ㅊ ㅋ** | | 화면 확대 축소 | 411 |
| 서식 복사하기 | 433, 467 | 차트 레이아웃 | 494 | | |
| 셀 병합하기 | 499 | 차트 삽입하기 | 491 | **영문** | |
| 셀 분할하기 | 500 | 차트 스타일 변경하기 | 492 | AVERAGE | 513 |
| 셀 음영 설정하기 | 506 | 차트 크기 조절하기 | 493 | OneDrive | 547 |
| 수식 대화상자 | 514 | 찾기 및 바꾸기 대화상자 | 429 | SmartArt 색상 변경하기 | 490 |
| 수식 입력하기 | 421 | 첨자 | 422 | SmartArt 스타일 변경하기 | 490 |
| 스마트 태그 사용하기 | 432 | 첫 줄 들여쓰기 | 462 | SUM | 512 |
| 스타일 작업 창 | 471 | 추천 단어 | 438 | Word Online 시작하기 | 549 |
| 스타일 테마 변경하기 | 472 | 캡션 삽입하기 | 509 | WordArt 꾸미기 | 487 |
| 시작 페이지 번호 변경하기 | 528 | 클립보드 작업 창 | 433 | WordArt 스타일 | 487 |
| 실행 취소하기 | 430 | | | | |
| | | **ㅌ ㅍ ㅎ** | | | |
| **ㅇ ㅈ** | | 테두리 두께 변경하기 | 506 | | |
| 아래 첨자 지정하기 | 452 | 테두리 색 변경하기 | 506 | | |
| 엑셀 표를 워드로 가져오기 | 434 | 테두리 설정하기 | 505 | | |
| 열 삭제하기 | 502 | 텍스트 뒤로 그림 배치하기 | 482 | | |
| 열 삽입하기 | 501 | 투명 테두리 설정하기 | 505 | | |
| 열의 폭 조절하기 | 503 | 특수 기호 입력하기 | 418 | | |
| 오름차순 | 511 | 특수 문자 바로 가기 키 지정하기 | 419 | | |
| 용지 방향 변경하기 | 519 | 페이지 구역 나누기 | 518 | | |
| 용지 한 면에 여러 페이지 인쇄하기 | 540 | 페이지 번호 삽입하기 | 527 | | |
| 워드 빠르게 시작하기 | 405 | 페이지 번호 서식 변경하기 | 527 | | |
| 워터마크 | 534 | 페이지 설정 대화상자 | 537 | | |
| 원드라이브 | 547 | 페이지 테두리 지정하기 | 520 | | |
| 웹 오피스 실행하기 | 548 | 평균 | 513 | | |
| 위 첨자 지정하기 | 451 | 표 만들기 | 498 | | |
| 윗주 지정하기 | 449 | 표 스타일 적용하기 | 507 | | |
| 인쇄 미리 보기 | 538, 539 | 표 정렬하기 | 510 | | |
| 인쇄 범위 변경하기 | 540 | 표 크기 조절하기 | 499 | | |
| 일반 텍스트 상자에서 | | 표지 만들기 | 533 | | |
| WordArt 효과 주기 | 488 | 한글과 숫자 간격을 자동으로 조절하기 | | | |
| 자간 | 444 | | 464 | | |

## 업무 잘 하는 직장인이 되기 위한 필수 코스! 오피스 도서 단계별 학습 로드맵

한빛미디어의 오피스 학습 로드맵을 이용하면 스스로의 오피스 활용 능력을 점검하고 앞으로 공부해야 할 부분이 무엇인지 한눈에 확인할 수 있습니다.